Agile Innovation

Markus Glück

Agile Innovation

Mit neuem Schwung zum Erfolg

2. Auflage

 Springer Vieweg

Markus Glück
Fakultät Optik und Mechatronik, Hochschule
Aalen – Technik und Wirtschaft
Aalen, Deutschland

ISBN 978-3-658-46583-4   ISBN 978-3-658-46584-1   (eBook)
https://doi.org/10.1007/978-3-658-46584-1

Die Deutsche Nationalbibliothek verzeichnet diese Publikation in der Deutschen Nationalbibliografie; detaillierte bibliografische Daten sind im Internet über https://portal.dnb.de abrufbar.

© Springer Fachmedien Wiesbaden GmbH, ein Teil von Springer Nature 2022, 2025

Planung/Lektorat: Volker Darr
Springer Vieweg ist ein Imprint der eingetragenen Gesellschaft Springer Fachmedien Wiesbaden GmbH und ist ein Teil von Springer Nature.
Die Anschrift der Gesellschaft ist: Abraham-Lincoln-Str. 46, 65189 Wiesbaden, Germany

Wenn Sie dieses Produkt entsorgen, geben Sie das Papier bitte zum Recycling.

Vorwort zur 2. Auflage

Die Zeiten ändern sich mit extremem Tempo. Als die Einführung zu diesem Buch im Rahmen der ersten Auflage entstand, schien man „nur" gewarnt zu sein. Die Rahmenbedingungen an den Märkten erschienen beherrschbar und die Innovationsaufgabe war eine Herausforderung, an der man wachsen könnte. Man musste sich nur darauf einlassen und loslegen.

Dies alles ist mittlerweile Geschichte. Die Welt scheint aus den Fugen zu geraten. Unsere Wirtschaft ist in einer VUCA-Welt angekommen. Kriegerische Auseinandersetzungen in Osteuropa, Teilen Afrikas und im Nahen Osten, der Erfolg der aufstrebenden Automobil- und Maschinenindustrie in China, die erdrückende Vormachtstellung der Chinesen auf wichtigen Rohstoffmärkten und in Schlüsseltechnologien wie der Batterie- und der Solarzellentechnik, sie machen uns zu schaffen. Beim Fortschritt der Elektromobilität scheint man ein kritisches Stadium für den Standort Deutschland erreicht zu haben. Zu Fragen der alternativen Energieversorgung haben wir lediglich Konzepte erarbeitet.

Auch die digitale Transformation erwischt uns mit voller Wucht. Wir scheinen auf dem Feld der Künstlichen Intelligenz den großen Playern in USA und China nahezu chancenlos hinterherzulaufen. Manche unter uns haben es noch nicht einmal geschafft, ihre aktuellen und künftigen Geschäftsmodelle auf Chancenpotenziale der Digitalisierung und der Künstlichen Intelligenz hin abzuklopfen, geschweige denn dies durch besondere Entwicklungsanstrengungen nachhaltig zu verfolgen. Dabei nimmt die KI-Revolution so richtig Fahrt auf und wir steigen gerade ein in eine ganz neue Ära der Mensch-Roboter-Interaktion.

Gleichzeitig ist der Klimawandel mit seinen Auswirkungen auch bei uns sichtbar. Er ist nicht mehr nur auf entfernte Lebensräume, auf Wüstenzonen oder das Umfeld der Regenwälder beschränkt. Die Temperaturen steigen, die Wetterlagen werden extremer, das Abschmelzen der Gletscher und Permafrostböden beschleunigt sich. Konkrete Erlebnisse gab es in jüngster Zeit viele: Verheerende Waldbrände, Dürren und Starkregenereignisse mit Überschwemmungen beispielsweise. Wir müssen schnell und generationenübergreifend handeln. Doch es ist ein Irrtum zu glauben, dass uns viel Zeit bleibt, um das angestrebte Ziel einer Begrenzung des klimabedingten Temperaturanstiegs um maximal 1,5 °C in diesem Jahrhundert zu erfüllen.

Wir brauchen darüber hinaus neue Lösungsansätze, um eine klimaneutrale Produktion zu erreichen und den weltweiten Ressourcenbedarf drastisch zu reduzieren. Konkrete technische Lösungen zum Beispiel für energieeffiziente Antriebe oder CO_2-arme Fertigungsprozesse müssen entwickelt werden. Neue Ansätze zur Bewertung von ökologischen Fußabdrücken sind zu finden, alternative Materialien einzusetzen, Kreislaufprozesse sind zu gestalten.

Wir müssen ganz einfach die Chancen, die sich aus einem modernen, nachhaltig ausgerichteten Systems Engineering ergeben, ausnützen. Alles klar?

Nur es rührt sich wenig. Viele führen diese Behäbigkeit gerne auf die große Verunsicherung in den Unternehmen zurück, die mit einer Vielzahl transformativer Herausforderungen und hartnäckiger globaler Krisen konfrontiert seien. Aber ist es nicht jetzt Zeit, mentale Blockaden zu überwinden und Neues durch konsequente agile Innovation zu wagen?

Daher habe ich die vorliegende zweite Ausgabe dieses hoffentlich aufrüttelnden Fachbuchs ergänzt um Lösungsansätze, die diesen neuen Handlungsbedarf adressieren. Erweitert habe ich die Hinweise zur agilen Arbeitsweise und zum Führungsverständnis in Zeiten des Wandels.

Vor allem der Nachhaltigkeit– dem Megatrend des 21. Jahrhunderts, der unsere Gesellschaft ebenso prägen wird, wie die Digitalisierung und die Künstliche Intelligenz – habe ich in dieser Ausgabe ein größeres Augenmerk gewidmet. Wir Ingenieure stehen hier in einer ganz besonderen Verantwortung, wenn wir uns allen eine lebenswerte Welt erhalten wollen.

Die Generation von morgen hat zweifellos das Recht auf eine lebenswerte Welt – auf ein stabiles Klima, nachhaltige Ressourcennutzung, gesunde Lebensbedingungen, sichere Arbeitsplätze, ein faires Miteinander und soziale Stabilität. Diese lebenswerte Welt muss aber heute aktiv und sinnvoll gestaltet werden. Lassen Sie uns gemeinsam anpacken, denn nur durch erfolgreiche und agile Innovationsarbeit wird es uns gelingen, diese Herausforderungen zu meistern und unsere gegenwärtige Lethargie zu überwinden.

Hierzu habe ich Ihnen ein paar neue und überarbeitete Impulse zusammengestellt und diese mit Erfahrungswerten aus der konkreten Innovationspraxis ergänzt. Lassen Sie sich inspirieren und gehen Sie das Abenteuer agile Innovation an. Es lohnt sich!

Aalen   Markus Glück
im Herbst 2024

Einführung

Innovationen – neue Ideen, Produkte, Verfahren, Geschäftsmodelle und Dienstleistungen, die erfolgreich am Markt platziert werden – sind Triebfedern des Fortschritts und das langfristige Lebenselixier sowie die Zukunftssicherung eines jeden Unternehmens. Innovationen sind der unabdingbare Schlüssel zu mehr Wettbewerbsfähigkeit. Ohne sie sind Unternehmen schnell auf verlorenem Posten – Bestandsunternehmen wie Startups.

Doch bis aus einer Erfindung oder einer guten Idee ein markt- und wettbewerbsfähiges, von den Kunden in großem Stil angenommenes Produkt wird, ist eine Menge methodisches Arbeiten, leidenschaftliches Engagement, Kapital und Durchhaltevermögen erforderlich.

Beste Beispiele aus der Geschichte sind die Erfindung des Automobils, des Smartphones und der Informationstechnik sowie die erfolgreiche Entwicklung namhafter großer und zahlreicher mittelständischer Unternehmen. Neu und äußerst erfreulich ist die erfrischende Dynamik der Gründerszene. Startups und ihre offene Kultur haben zuletzt dem etwas erlahmten Innovationsgeschehen am Standort Deutschland richtig gutgetan.

Alle Unternehmen eint ein wichtiges Grundverständnis: Innovationen entstehen nicht zufällig. Sie fallen nicht einfach vom Himmel. Sie sind das Ergebnis harter Arbeit, konsequenten unternehmerischen Handelns, innovationsfördernder Umfeldbedingungen, ambitionierter Zielsetzungen und richtiger Weichenstellungen sowie effektiver Prozesse und nutzbarer Freiräume.

Doch unsere Zukunftssicherung darf nicht nur unter kurz- und mittelfristigen ökonomischen Gesichtspunkten im Takt von Quartalsberichten erfolgen. Sie muss sich ständig an die aktuellen Erfordernisse im höchsten Maße volatiler Märkte rasch anpassen, tragfähige Antworten auf aktuelle Megatrends liefern und den Kunden, seine Wünsche, Schmerzen und Bedürfnisse im Fokus haben.

Dabei stehen die Märkte aktuell an vielen Stellen vor markanten Umbrüchen:

Parallel zu den wichtigsten Megatrends der Globalisierung, des demographischen Wandels, der Nachhaltigkeit mit dem Ziel einer klimaneutralen und kreislauffähigen Gestaltung unserer Produkte und Prozesse wandelt sich die Welt immer mehr in eine durch und durch digitale. Digitale Zwillinge, die Künstliche Intelligenz und das Maschinelle Lernen revolutionieren die Maschinenentwicklung und die Prozessorganisation. Neue

Geschäftsmodelle entstehen in hohem Tempo, getragen von der zwischenzeitlich zur Realität gewordenen allumfassenden Vernetzung und der geradezu galoppierenden digitalen Transformation. Der Druck durch internationale Marktbegleiter und deren Erfolge wächst immens. Selbst die Automobilindustrie in Deutschland und ihre Zuliefererfirmen können davon gerade ein trauriges Lied singen.

Auch die industrielle Produktion steht neben dem Zwang zur verbesserten Gestaltung ihrer weltweiten Lieferketten vor einem fundamentalen Wandel: Zunehmend ziehen Roboter in die Werkshallen ein. Es entstehen smarte, teilweise schon autonom agierende Produktionslinien. Nachgefragt ist die flexiblere Automation der Fertigungslinien und der Produktionsprozesse. Mehr denn je geht es darum, einerseits dem ständig zunehmendem Kostendruck und dem wachsenden Bedarf an individualisierten Produktvarianten gerecht zu werden sowie andererseits schnellstmöglich produktionsreife Lösungen für die Fertigung ganz neuer Produkte in immer kleineren Losgrößen bereitzustellen.

Neuentwicklungen und neu erschlossene Anwendungsfelder für Künstliche Intelligenz prägen aktuelle Innovationsdebatten. Ebenfalls neu zu gestalten sind intuitive Formen der Interaktion von Menschen mit Robotern, Produktionsanlagen, smarten Komponenten und digitalen Assistenzsystemen, mit denen sich die Menschen vermehrt ihr Lebens- und Arbeitsumfeld teilen, beispielsweise durch die Nutzung mobiler Endgeräte, einer Gesten- und Sprachsteuerung.

Gleichzeitig wandelt sich die Mobilität grundlegend: Beschlossen ist das Ende fossile Kraftstoffe nutzender Verbrennungsmotoren. Wir entwickeln uns mit hohem Tempo hin zur Elektromobilität. Es besteht zweifellos maßgeblicher Handlungsbedarf zur Erreichung von Klimaneutralitäts- und Nachhaltigkeitszielen. Neue Formen der Mobilität prägen die Debatten um Geschäftsmodellinnovationen, getragen von bekannten, auch bisher branchenfremden Akteuren und neu gegründeten Startups, die von einer bisher nicht in Deutschland bekannten Gründereuphorie beflügelt werden.

Parallel dazu halten uns Störungen der Beschaffungsmärkte, der Transportwege, Handelsbeschränkungen, Inflation und kriegerische Auseinandersetzungen auf Trapp.

Kein Zweifel: Die Märkte sind derzeit in einem bisher kaum gekannten Ausmaß revolutionären Veränderungen unterworfen. Sie sind volatiler, die Beschaffungswege globaler und komplexer, die Kunden anspruchsvoller, die Vertriebswege zum Kunden durch Portale, Plattformen und unmittelbare Zugänge direkter geworden. Kürzere Innovationszyklen und Kooperationen mit Partnern sind zu wesentlichen Erfolgsfaktoren der künftigen Unternehmensentwicklung gereift. Noch nie war der Wettbewerb um die Kunden so groß wie heute.

Der Innovationsdruck verschont keine Branche: Ob erhöhter Kosten- und Margendruck, steigende Anforderungen an Marktzugang und Kompensation, zunehmende Regulierung und Reglementierung, digitaler Wandel oder gar fehlende Alleinstellungsmerkmale der Produkte, die Unternehmen stehen vor großen Herausforderungen. Nur erfolgreiche Innovationen können ein Unternehmen voranbringen, seine Wettbewerbsfähigkeit stärken und dessen künftige Weiterentwicklung über ein gesundes Wachstum sicherstellen.

Noch wichtiger ist es daher heute, als Unternehmen nicht nur in einem „normalen" Umfang innovativ zu sein, sondern auch außerhalb der angestammten Geschäftsfelder aktiv zu werden und neue Märkte anzuvisieren. Dies bedeutet, Notwendigkeiten und Chancen von Innovationen zu einem frühen Zeitpunkt durch ein vorausschauendes Scouting zu ergründen und zu erkennen, auch außerhalb des eigenen Erfahrungshintergrunds und idealerweise zu einem Zeitpunkt, an dem diese noch keinen allgemeinen Trend darstellen.

Eine Technologieführerschaft erreicht man nicht durch Zufall oder über eine Bildungsreise ins vielgelobte Silicon Valley, sondern indem man sich eine langfristig wirkende, strategisch ausgerichtete Positionierung gibt, ambitionierte Ziele setzt, diese verständlich als überzeugende Zielebilder visualisiert und mit Mut, Ausdauer, besonderer Leidenschaft, aber auch mit Fehlertoleranz und großem Vertrauen in die handelnden Akteure nachhaltig verfolgt.

Transparenz bezüglich der Ziele, eine inspirierende Vision sowie die wertschätzende, fortwährend interessiert begleitende Präsenz der Führenden sind dabei essenziell. Darüber hinaus müssen Unternehmen ein kreatives Umfeld schaffen und den Mut finden, neue Ideen zu akzeptieren, auch wenn sie kein gutes Ende nehmen oder auf Ablehnung stoßen könnten.

Oft kommen Innovationsbemühungen jedoch auf Grund des hohen operativen Arbeitspensums im betrieblichen Alltag zu kurz oder geraten ganz ins Stocken, denn neben dem Innovationsdruck besteht für Unternehmen der Effizienzdruck gleichermaßen fort. Dies führt häufig zu einem schnell sich auswachsenden Zielwiderspruch bei der Ideenfindung und der Entwicklung innovativer Produkte. Diesen aufzulösen oder auszubalancieren, das ist die hohe Kunst der Führung, Fachkräftesicherung und Personalentwicklung.

Viele Innovations-, Unternehmens- und Entwicklungsverantwortliche scheitern im Alltag an den notwendigen Veränderungen. Sie schaffen es nicht, die für ein wirkungsvolles Innovationsgeschehen erforderliche Teamaufstellung zu bewerkstelligen, klare Leitplanken zu setzen und die für einen Innovationserfolg nötigen kulturellen Rahmenbedingungen zu schaffen. Sie unterschätzen die Bedeutung kundenzentrierter Innovation, machen vermeidbare methodische Fehler oder erkennen Fehleinflüsse auf die Innovationsfähigkeit ihres Unternehmens- bzw. ihres Fachbereichs zu spät.

In der Konsequenz macht sich Enttäuschung breit. Ein lähmender Nebel legt sich über die Fachbereiche. Mitarbeiterfluktuation setzt ein. Führungsverantwortliche machen ihrem Unmut Luft. Frustrierte Mitarbeiter ziehen sich zurück. Ein Dauerlamento über Bestandsunternehmen am scheinbar drögen Standort Deutschland bestimmt die Diskussionen. Mit Planungshysterie und Ideenaktionismus wird reagiert, zugedeckt, am Ende alles in Prozessdiskussionen lahmgelegt. Die Unternehmen bewegen sich nur noch träge wie schwere Tanker. Man sehnt sich nach dem Gründerspirit, den wendigen Schnellbooten, fürchtet sich vor neuen Marktbegleitern, lähmt sich selbst.

Schnell macht eine neue kulturelle Idee – ein Zauberwort – die Runde: „Agilität" und agile Arbeitsformen. Mit Sicherheit ein interessanter, ja revolutionärer Ansatz. Doch was sind die zentralen Werte und Eckpunkte agiler Methodenansätze und Kulturen? Welche Vor- und Nachteile sind bei ihrer Anwendung zu beobachten? Welche Rolle kommt agilen Methodenansätzen und Kreativitätstechniken im Innovationsprozess zu? Oder handelt es sich etwa nur um weltverbessernde Startup- und Silicon Valley-Schönfärberei?

Wie man seine Innovationsfähigkeit wirkungsvoll steigert, sich Innovationen systematisch erarbeitet, innovationsfreundliche Rahmenbedingungen gestaltet, dies angereichert mit Erfahrungswerten aus dem Unternehmensalltag sowie neuen Erkenntnissen aus Forschung und Unternehmensberatung zum Einsatz agiler Methoden steht im Mittelpunkt dieses Fachbuchs.

Dargelegt werden Möglichkeiten, wie Optimierungspotenziale erkannt, Mitarbeiter überzeugt und durch verantwortungsbewusst Führende angeleitet werden, um interdisziplinär innovativ im Sinne der Unternehmensziele zu sein und sich hierbei verlässlich auf das Vertrauen in die Sanktionsfreiheit gescheiterter innovativer Versuche abstützen zu können.

Sicher ist: Mit verschiedenen Methoden kann ein Unternehmen seinen Innovationsprozess systematisieren und dabei auch klären, in welchem Umfang es in welche Art der Innovation – evolutionär bis disruptiv – investieren will. Agilität ist hierbei nachweislich von großem Nutzen, auch wenn sie vielleicht nicht das Patentrezept alleine darstellt.

Machen Sie sich auf jeden Fall an die Arbeit, denn das Schaffen der Voraussetzungen für einen Quantensprung in Sachen Innovationskultur über den agilen Denk- und Methodenansatz ist sicher kein Kinderspiel! Die agile Transformation ist ein bedeutsamer Veränderungsprozess, der im Zeitalter der Digitalisierung, Globalisierung, des aufkommenden Fachkräftemangels sowie aller weiterer Markt- und Technologieumbrüche unerlässlich ist.

Vor allem mittelständisch geprägte Firmen brauchen auf diesem Entwicklungspfad dringend konkrete Hilfestellung und realitätsbezogene Orientierungshilfen, die sich umgehend nutzen lassen. Daher sind zur Abrundung des Themas im Anhang zusätzlich Beschreibungen von Kreativitätstechniken, projektbegleitende Checklisten und Schnellbewertungen aufgenommen worden, um die schrittweise zu bearbeitenden Themenfelder konkret zu benennen und anhand von Leitfragen den Einstieg sowie die zur Bewertung anstehenden Aspekte konkret aufzuzählen und in ein ganzheitliches Zielebild agiler Innovation zu überführen.

Sollten Sie nach der Lektüre dieses Buchs den Impuls verspüren, agil innovativ tätig zu werden und sich grundlegend verändern zu wollen, so ist dies jetzt der richtige Zeitpunkt anzufangen. Machen Sie es! Überzeugend, entschlossen und leidenschaftlich engagiert.

Lieber mit etwas radikal Neuem kleine Fehlschläge erleiden als die großen Fehler der Vergangenheit fortzuschreiben. Allen viel Freude beim hoffentlich reichlichen Erkenntnisgewinn und einer schnellen, agilen und ebenso wirkungsvollen Umsetzung.

Inhaltsverzeichnis

Über den Autor

Prof. Dr.-Ing. Markus Glück ist Professor an der Fakultät Optik und Mechatronik der Hochschule Aalen, Lehrgebiet „Automatisierung und Robotik in der Fertigungstechnik". Zuvor war er von 2016 bis 2021 Chief Innovation Officer sowie Geschäftsführer Forschung und Entwicklung der SCHUNK GmbH & Co. KG Spanntechnik und Greifsysteme.

Von 2002 bis 2016 war er Geschäftsführer der Technologie Centrum Westbayern GmbH, einem Produktionsmechatronik An-Institut der Hochschule Augsburg in Nördlingen. Von 2008 bis 2016 war er zudem Professor für Innovationsmanagement in der Mechatronik an der Hochschule Augsburg, Fakultät für Maschinenbau und Verfahrenstechnik. Er ist Netzwerker mit Erfahrungshintergrund aus dem Silicon Valley.

2017 gewann eines seiner Entwicklerteams den renommierten HERMES Innovationspreis für SCHUNK. 2023 wurde er mit dem Lehrpreis der Hochschule Aalen ausgezeichnet. Seit 2014 ist er Träger der Ehrenplakette des VDI (Verein Deutscher Ingenieure e. V.).

Seine Fachgebiete: Sensorik, Produktionsmesstechnik, industrielle Bildverarbeitung (2D/3D), Robotik, Innovationsmanagement, Handhabungs-, Steuerungs- und Automatisierungstechnik. FuE-Schwerpunkte: Digitalisierung der Produktion, Mensch-Roboter-Interaktion.

Studium der Elektrotechnik an der Universität Ulm (1989–1994), wissenschaftlicher Mitarbeiter am Forschungszentrum der Daimler AG in Ulm (1995–1997), Mitglied des Führungsteams der Mattson Thermal Products GmbH (1998–2001, Sondermaschinenbau für Chipfertigung).

Abkürzungsverzeichnis

5G	Mobilfunk Kommunikationsstandard
5W	5 Why, Fragetechnik als Kreativitätsmethode
AGIL	Akronym für Adaption (Anpassung), Goal Attainment (Zielverfolgung), Integration (Eingliederung), Latency (Aufrechterhaltung)
AI	Artificial Intelligence, dt. Künstliche Intelligenz
AR	Augmented Reality
BMC	Business Model Canvas, Methodik zur Geschäftsmodellinnovation
BPM	Business Process Management, Planung der Geschäftsprozesse
CAD	Computer Aided Design
CAM	Computer Aided Manufacturing
CO_2	Kohlendioxid (chemische Summenformel)
EU	European Unity, dt. Europäische Gemeinschaft
FRUGAL	Functional, Robust, User-Friendly, Growing, Affordable, Local
FuE	Forschung und Entwicklung
IT	Information Technology, dt. Informationstechnik
IoT	Internet of Things, dt. Internet der Dinge
KI	Künstliche Intelligenz
KMU	Kleine und mittelständische Unternehmen
LIDAR	Light Imaging Detection and Ranging, dt. Laserlaufzeit Wegsensor
MP3	Digitales Kompressionsformat für Audiodateien
MR	Mixed Reality
MVP	Minimum Viable Product, dt. Funktionsprototyp
OT	Operational Technology, dt. Produktionstechnik
ROI	Return on Investment
SCAMPER	Substitute, Combine, Adapt, Magnify, Put to other use, Eliminate, Rearrange, Akronym für eine Kreativitätstechnik
Scrum	engl. Gedränge, agile Team- und Projektorganisation
Smart	Beschreibung von Kernmerkmalen von Zielen: spezifisch, messbar, ambitioniert, angemessen, realistisch, terminlich bestimmt

SWOT	Strengths, Weaknesses, Opportunities, Threats, dt. Stärken-Schwächen-Analyse mit Chancen und Risiken
TRIZ	russ. Akronym für теория решения изобретательских задач, dt. Theorie des erfinderischen Problemlösens Technology Readiness Level (TRL), dt. Technologiereifegrad
TRL	Technology Readiness Level (TRL), dt. Technologiereifegrad
UML	Unified Modeling Language, Modellierungssprache
UN	United Nations, dt. Vereinte Nationen
VR	Virtual Reality
VUCA	Volatility, Uncertainty, Complexity, Ambiguity

Innovation sichert Zukunft

Menschen mit einer neuen Idee gelten so lange als Spinner, bis sich die Sache durchgesetzt hat.

Mark Twain

Innovation ist das Schlagwort dieses Jahrhunderts. Aber was meint dieser Begriff tatsächlich? Man kann es nicht oft genug sagen: Innovationen – neue Ideen, Produkte, Verfahren, Geschäftsmodelle und Dienstleistungen – sind das Lebenselixier eines jeden Unternehmens. Erfolgreich am Markt platziert, sichern sie die Zukunft von Unternehmen, Standorten, Arbeitsplätzen. Sie sind der Wachstumsgarant. Ein Innovationserfolg ist für den Fortbestand von Firmen und Unternehmen in Gründung unerlässlich. Lassen Sie mich dies einleitend begründen.

1.1 Innovation – Begriffliche Schärfung

Der Begriff *Innovation* geht in seinem Wesenskern maßgeblich auf den österreichischen Wirtschaftswissenschaftler Joseph Alois Schumpeter zurück. In seinem 1911 erstmalig erschienenen Buch „Theorie der wirtschaftlichen Entwicklung" sprach er von der „Durchsetzung neuer Kombinationen", die allerdings nicht regelmäßig und in kleinen Schritten der Verbesserung des Bestehenden erfolgen sollten, sondern sprunghaft. Doch wie kommen wir zu diesen „neuen und andersartigen Kombinationen"? 1942 beschrieb Schumpeter diese „schöpferische Zerstörung" durch Innovationen als besonderer Motor der ökonomischen Weiterentwicklung (Abb. 1.1).

Joseph Alois Schumpeter postulierte, dass mit jeder neuen Welle die Produktivität gewaltig ansteigen und die gesamte Wirtschaft einen kräftigen Wachstumsschub erhalten werde. Aufgabe der Innovativen sei – bei genauer Betrachtung – die Systemstörung,

© Springer Fachmedien Wiesbaden GmbH, ein Teil von Springer Nature 2025
M. Glück, *Agile Innovation,* https://doi.org/10.1007/978-3-658-46584-1_1

Abb. 1.1 Joseph Alois
Schumpeter, Ökonom
(1883–1950)

nicht die Systemzerstörung. Die Störung verfolgt den Zweck, auf vorhandene Defizite und Defekte hinzuweisen. Auf überholte Codes. Auf Regeln, die mit der Wirklichkeit nicht mehr übereinstimmen. Diese gelte es zu überwinden, zu verbessern oder radikal infrage zu stellen.

Heute sprechen Ökonomen im Zusammenhang mit Systemzerstörungen von „Disruptionen" oder „radikalen Innovationen". Sie beschreiben damit die Entwicklung bahnbrechender neuer Technologien, die große Teile bisher bekannter Produkte und Dienstleistungen aus dem Markt verdrängen. Der Buchdruck, die Dampfmaschine, das Automobil, die Kernspaltung, das Tonband, das Fernsehen, der Computer, das MP3-Format, die digitale Fotografie, das Internet und das Smartphone haben die Welt beispielsweise in diesem Sinne grundlegend verändert.

An Kraft haben die frühzeitig in Schumpeters Arbeiten beschriebenen Innovationszyklen seitdem nicht verloren. Er selbst ging davon aus, dass derartige Innovationswellen in einem relativ langen Rhythmus von fünfzig bis sechzig Jahren eintreten würden. Ihre Dynamik hat allerdings in den letzten Jahrzehnten dramatisch durch das Vordringen der Informations- und Automatisierungstechnik sowie zuletzt im Zuge der Digitalen Transformation, der allgegenwärtigen weltweiten Vernetzung und des Siegeszugs der Künstlichen Intelligenz zugenommen.

Gleichzeitig hat sich die Frequenz, in der radikale Innovationen auftreten, deutlich erhöht. Ganze Industrien und neuartige Geschäftsmodelle entstehen mit atemberaubender Geschwindigkeit zum Beispiel im IT- und KI-Umfeld sowie im Handel. Andere dagegen verschwinden im gleichen Zeitraum. Schumpeter formulierte hierzu bereits einen bedeutsamen gedanklichen Grundsatz, wonach Marktmacht und Größe durch „Bessersein" und „Schnellersein" gebrochen werden kann. Damit legte er – bewusst oder unbewusst – einen Grundstein für die agile Innovation und eine Ära der Unternehmensneugründungen.

Der Begriff Innovation wird heute in mannigfaltiger Weise und wohl auch oft ohne Kenntnis der exakten Bedeutung benutzt. Er hat dadurch viel an Präzision eingebüßt und ist zu einem schillernden Schlagwort geworden, das in jedwedem passenden und unpassenden Zusammenhang Anwendung findet. In der umgangssprachlichen Verwendung wird Innovation oft als Synonym für eine originelle Neuheit, Idee, Handlung etc. verwendet.

Unter *Innovation* (lateinisch: *innovare*) ist grundsätzlich das Schaffen von Neuem und dessen erfolgreiche Durchsetzung am Markt zu verstehen. Aus dieser Definition lassen sich wichtige Kernelemente ableiten, nämlich Neuheit und Realisierung bis zur Marktreife. Von Innovationen spricht man nur dann, wenn die Realisierung und Platzierung am Markt erfolgreich verlaufen.

Von der Innovation ist begrifflich die Erfindung – die *Invention* – zu unterscheiden. Sie beschreibt eine neue, in der Regel technische Problemlösung, wird aber erst zur Innovation, wenn sie wirtschaftlich erfolgreich verwertet wird.

Hierzu ein Beispiel: Carl Benz zählt zu den größten Erfindern, die Deutschland hervorgebracht hat. Am 29. Januar 1886 erteilte ihm das Kaiserliche Patentamt unter der Nummer 37.435 das Patent auf einen Motorwagen, ausgerüstet mit Achsschenkellenkung, Differential, Vergaser, Wasserkühler und Gangschaltung – eine durchaus beachtliche Ausstattung für das erste Auto.

Eine Erfindung ist das eine, die Vermarktung das andere. Und wie viele geniale Techniker hatte Carl Benz für das Kaufmännische nicht so viel übrig. So dauerte es zwei Jahre, bis der Motorwagen von sich reden machte. Dafür sorgte Ehefrau Berta als die wahre Innovatorin. Sie rumpelte 1888 über Stock und Stein von Mannheim nach Pforzheim, machte die dauernd verstopfte Benzinleitung mit einer Haarnadel frei und hielt zum Tankstopp vor Apotheken, in denen es das nötige Benzin gab. Erst mit dieser aufsehenerregenden Tour schaffte der Motorwagen den Durchbruch.

Seither haben sich Erfinder, Tüftler und Bastler ungezählte Neuerungen für das Auto einfallen lassen: Automatikgetriebe, Klimaanlage, Tempomat, Antriebsschlupfregelung, Stabilitätsprogramm, Sicherheitsgurte mit Gurtstraffer, elektrisch einstellbare Außenspiegel, elektrische Fensterheber, Rußpartikelfilter, dynamische Kurvenscheinwerfer, Bordcomputer und Navigationssysteme, die Temperatur, Verbrauch, Reichweite, Reiseroute und vieles mehr anzeigen.

Diese Innovationsleistungen sorgen dafür, dass deutsche Autos ihre technische Spitzenstellung noch behaupten können. Sie sind aber lediglich kontinuierliche Verbesserungen eines Bestandsprodukts. Und selbst der Wandel zur Elektromobilität kann nur ansatzweise als Disruption bezeichnet werden, auch wenn damit massive Veränderungen der Automobile, ihrer Antriebsstränge und Systemarchitekturen verbunden sind, neue Anbieter an den Markt drängen und die Position der deutschen Automobilbauer angreifen.

Allerdings findet nicht jede Erfindung Akzeptanz und lässt sich wirtschaftlich erfolgreich umsetzen. Sie muss für den Kunden beziehungsweise die Anwender bedarfs- und anforderungsgerecht konzipiert sein. In vielen Unternehmen wird daher heutzutage vom

Kunden respektive vom Markt ausgehend gedacht: Aktuelle und zukünftige Problembereiche werden identifiziert. Darauf aufbauend werden Lösungsideen entwickelt. Dies ist der Grundstock agiler Innovation!

Die Forschung und Entwicklung ist in den Entstehungsprozess von Innovationen integriert und sucht gezielt nach technischen Lösungsansätzen. Durch diese zielgerichtete und strukturierte Arbeitsweise im Innovationsprozess erhöht sich die Wahrscheinlichkeit einer wirtschaftlich erfolgreichen Verwertbarkeit von Ideen deutlich. Agile Innovatoren nutzen auf diesem Weg intensiv Funktionsmuster (Prototypen) als „Minimum Viable Products", die für frühzeitigen Erkenntnisgewinn und eine beachtliche Risikominderung sorgen.

Der Impuls für eine Innovation kann entweder von der Technik, insbesondere von neuen Technologien, ausgehen (*Technology Push*) oder die Innovationsanregung kommt aus dem Markt, letztlich vom Kunden (*Market Pull*). Man spricht von einem Market Pull, wenn Neuheiten aus expliziten oder latenten Kundenbedürfnissen abgeleitet werden. Dies ist der Kern agiler Innovation! Doch woher kommen die Anregungen, die Ideen und das Feedback der Kunden?

Zahlreiche Hinweise und Anregungen für Innovationen werden nicht selten von den Kunden an die Hersteller herantragen, indem sie Anforderungen an Produkte formulieren oder Anfragen zur Lösung bestimmter Probleme konkret adressieren. Diese Ideen werden dann am grünen Tisch der Marketingstrategen auf der Basis der bestehenden Möglichkeiten entwickelt. Sie stellen in der Regel eine Weiterentwicklung des Vorhandenen dar. Innovationsanstrengungen im Sinne eines Market Pulls können aber auch auf die Politik zurückgehen, wenn der Gesetzgeber Verordnungen oder Gesetze erlässt, um unerwünschte Entwicklungen zu begrenzen (z. B. Emissionsgrenzwerte, Unfallschutzvorschriften oder Klimaschutzziele wie beispielsweise im European Green Deal der EU).

Was wir jedoch verstärkt brauchen, ist ein Technology Push. Etwas radikal Neues. Eine umwälzende Idee, die sich aus aktuellen technologischen Trends und Durchbrüchen ableitet. Hierbei kommen neue Technologien zur Anwendung, die zu großen Teilen der Forschung entspringen. Sie sind in der Regel auch die Basis für wirkungsvolle Geschäftsmodellinnovationen. Google, Amazon, Apple und Tesla belegen beispielsweise auf das Trefflichste, wie man aus solchen neuen, disruptiven Ideen immenses Kapital schlägt.

Grundsätzlich gibt es vier Ansatzpunkte und Arten von Innovationen: Produkt-, Prozess-, Service- und Geschäftsmodellinnovationen (Abb. 1.2).

Im ersten Fall zielt die *Produktinnovation* auf die Optimierung der Funktionalität des Produkts an sich durch deutlich verbesserte Eigenschaften oder Funktionen. Eine Produktinnovation ist die erfolgreiche Realisierung einer kreativen neuen Idee oder Invention mit erweitertem Kunden- und Herstellernutzen.

Abb. 1.2 Vier Arten von
Innovationen am Beispiel der
Robotik (Bildquellen: KUKA
AG)

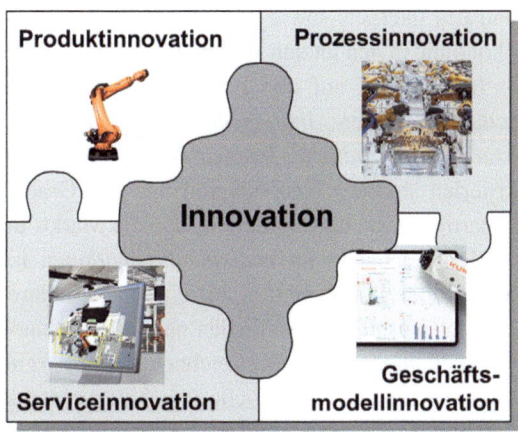

Wenn ein neues Produkt die folgenden Kriterien erfüllt, hat es gute Erfolgschancen:

- Es weist für den Kunden einzigartige Aspekte auf.
- Es entspricht dem Kundenbedarf besser als Konkurrenzprodukte.
- Seine Qualität ist hoch.
- Es löst Probleme, die Kunden mit Konkurrenzprodukten haben.
- Es senkt die Kosten der Kunden.
- Es ist innovativ und neuartig.

Der Erfolg ist von einer Vielzahl unterschiedlicher Faktoren und Kriterien abhängig, die in drei Dimensionen eingeteilt werden können: Der finanzielle Erfolg, der markt- oder kundenbasierte Erfolg und der technische oder prozessbasierte Erfolg.

Oft ist es notwendig, für das neue Produkt zusätzlich einen ganz neuen Produktionsprozess zu entwickeln oder es wurde unabhängig ein innovativer Produktions- oder Wertschöpfungsprozess entwickelt, ohne das Produkt und den bedienten Markt zu verändern. Diese Art wird als *Prozessinnovation* bezeichnet.

Insbesondere für neue Produkte werden vermehrt *Serviceinnovationen* angeboten. Sie beziehen sich auf Leistungen, die einen Bezug zu den Produkten haben. In diesem Zusammenhang wird auch von produktbegleitenden Dienstleistungen gesprochen. Insbesondere im Zuge der digitalen Transformation gewinnen solche Services eine überdurchschnittlich hohe Bedeutung und sind häufig kundenindividuell zugeschnitten.

Geschäftsmodellinnovationen stehen für einen äußerst potenzialträchtigen Ansatz, bei dem aktuelle Trends und Schmerzpunkte im gemeinsamen Wirken von Anbietern und Kunden adressiert werden und darauf basierend ganze Geschäftsprozesse revolutioniert oder neugestaltet werden. Wegbereitend sind hierbei die Möglichkeiten der Vernetzung und des Internets sowie die sehr interessanten Erfahrungen, die im Zuge der Plattform-ökonomie in den letzten Jahren gesammelt wurden.

Im Hinblick auf den Innovationsgrad können vier Typen von Innovationen unterschieden werden: *Inkrementelle Innovationen, Marktdurchbrüche, Technologiedurchbrüche* und *radikale Innovationen*, sogenannte *Disruptionen*. Die Unterscheidungskriterien sind der Neuheitsgrad und der Grad der Erfüllung von Kundenwünschen in neuartigen Geschäftsmodellen, also die Markt- und die Technologiesicht (Abb. 1.3).

Kennzeichnend für *radikale Innovationen* ist ihr besonders hoher Innovationsgrad. Sie erfüllen ihre Funktion auf eine ganz andere Weise. Sie knüpfen nicht an bekannte Lösungsmuster an, erschließen neue Märkte und Kundenkreise und stellen revolutionäre Geschäftsmodelle dar. Sie zeichnen sich im Wettbewerbsvergleich durch eine überlegene Leistung aus, die nicht leicht eingeholt werden kann. Und sie bieten dem Kunden einen erheblich gesteigerten Nutzen, bewirken in aller Regel Verhaltensänderungen.

Im Gegensatz dazu weisen *inkrementelle Innovationen* meist nur marginale Leistungsverbesserungen auf, welche die Marktposition erhalten. Häufig kommen Wettbewerber zeitnah mit sehr ähnlichen Neuerungen an den Markt und die gewonnenen Vorteile lösen sich in Luft auf.

Zwischen diesen beiden Polen liegen die beiden *Durchbruchsinnovationen*. Diese Typen von Innovationen stehen für neue Angebote, die entweder aus technologischer Sicht bedeutend sind, deren Kundennutzen aber vergleichsweise gering ist oder marktrelevante Neuerungen, die allerdings technologisch keine große Innovation darstellen.

Nüchtern betrachtet, lässt sich feststellen, dass – an ihrem Möglichkeitshorizont gemessen – das Gros der technischen Innovationen einem Sturm im Wasserglas gleicht, der unsere Lebenswelt bisher größtenteils nur marginal verändert hat. Beim Auto beispielsweise mögen sich der Fahrkomfort und die Sicherheit verbessert haben, aber im Kern bestehen Autos heute wie damals aus einem Motor, vier Rädern und einer Karosserie.

Zugegeben: Es hat sich etwas getan, doch das sind Kleinigkeiten und nichts Fundamentales. Selbst das Verhältnis von Verbrennungs- zu Elektromotoren ist derzeit noch unausgewogen. Diese inkrementelle Entwicklung steht in bizarrem Gegensatz zum

Abb. 1.3 Vier Typen von Innovationen unterschiedlichen Innovationsgrads

Abb. 1.4 Erfolgsfaktoren für
gelingende Innovation

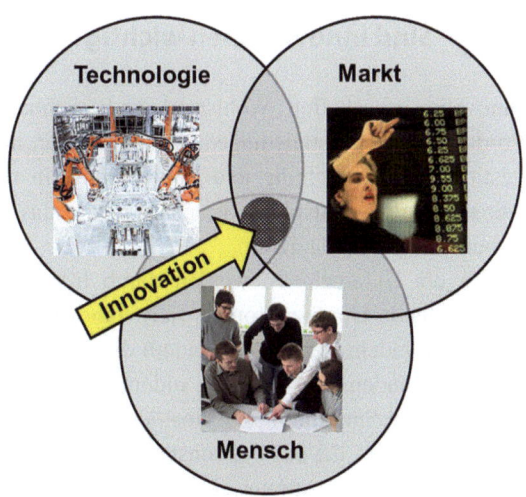

gewaltigen disruptiven Potenzial, welches der Technologie an und für sich innewohnt, wenn man den Mut aufbringt, den richtigen Gebrauch von ihr zu machen. Letztendlich liegt es an uns, in welcher Welt wir leben; welche Möglichkeiten wir Wirklichkeit werden lassen; welche Zukunft wir realisieren (Abb. 1.4).

Kann man Innovationserfolg wirkungsvoll steuern? Und wie denn am besten?

In zunehmender Anzahl erkunden Unternehmen selbst mit verschiedensten Methoden die gesellschaftlichen Trends sowie die Probleme und Bedürfnisse ihrer Kunden und Zielgruppen, um daraus systematisch Innovationsideen abzuleiten. Hierbei bedarf es immer eines Zusammenwirkens von Technologie und Markt. Ihr Weg in die Anwendung ist oft steinig und verschlungen. Er kostet Zeit und Geld. Investitionsbereitschaft und Risikofreude sind gefragt.

Wichtig ist die Entwicklung eines überlegenen Produktes mit deutlichen Vorteilen für den Kunden. Diese Eigenschaft ist für den Erfolg eines neuen Produkts ausschlaggebend. Je höher die Produktüberlegenheit eingeschätzt wird, umso höher die Erfolgsrate.

Geht der Impuls vom Kunden aus, so muss ein technisches Konzept gefunden werden, um das artikulierte Problem schnell zu lösen. Neue Produkte erweisen sich zudem dann als erfolgreich, wenn die Marketingaktivitäten in den Innovationsprozess einbezogen werden. Der Faktor bezieht sich auf Marktforschung inklusive Prototypentests mit Schlüsselkunden.

Ist ein bestimmtes technologisches Knowhow Ausgangspunkt, muss eine Vorstellung entwickelt werden, in welchem Marktsegment und für welche Kundenzielgruppe die Innovation angeboten werden soll. Erfolgreiche Innovatoren bauen auf technologischen Kompetenzen des Unternehmens auf, nutzen diese und entwickeln sie weiter. Die Innovationsidee und das abgeleitete Umsetzungskonzept müssen Technologie- und Markterfordernisse beantworten.

1.2   Sind Innovationen wichtig?

Innovationen schaffen Wohlstand und nachhaltige Wettbewerbsfähigkeit. Innovative Produkte und Dienstleistungen sind profitabler, ihre höhere Rendite ermöglicht mehr Investitionen in Forschung und Entwicklung, in moderne Fabriken. Durch Innovationen werden neue Arbeitsplätze geschaffen, die das Bruttoinlandsprodukt erhöhen und die Arbeitslosigkeit reduzieren.

Für die Unternehmen werden durch Innovationen Wachstumsimpulse gesetzt bzw. schrumpfende Umsätze kompensiert. Innovationen treiben die Welt seit Tausenden von Jahren an, indem sie zunächst einem die Arbeit erleichtern, dann, indem sie die Konkurrenz überwinden, und letztlich, indem sie einen finanziell bereichern. Ohne Innovation gäbe es keine Smartphones, Autos oder Radios, kein Rad und keine Achsen, nicht einmal eine Lichtquelle, die uns das sonst so düstere Leben erhellen würde.

Aber es ist nicht immer einfach, Ideen zu entwickeln und ihr wahres Potenzial aufzudecken. Und es geht nicht nur um neue Produkte und Dienstleistungen, sondern zunehmend auch um Erfolg im Konkurrenzkampf. Schließlich ist Innovation Bewegung und Wandel, bedeutet Leben, Zukunft, Wachstum. Umgekehrt gilt: Ohne Innovation geht heute fast nichts mehr; in keiner Branche. Diejenigen, die zögern oder sich querstellen, werden dies schnell bedauern.

In den verschiedenen Branchen herrscht gewiss eine unterschiedliche Innovationsdynamik, die jeweils von den Marktchancen, vom Wettbewerb und Angebot der bisherigen Leistungsanbieter gekennzeichnet ist. Sie äußert sich in der Vielzahl an neu angebotenen Produkten und Dienstleistungen, an den Produktlebenszyklen (Zeitspanne, in der ein Produkt erfolgreich verkauft werden kann) und wird durch den Zeitbedarf einer Produktneuentwicklung bis zur Marktreife (Innovationszyklus) bestimmt. Und schließlich hängt sie auch von der Aufnahmebereitschaft neuer Angebote im Kundensegment ab.

Sicher aber ist: In der Geschichte der modernen Wirtschaft war es für Unternehmen noch nie so wichtig, selbst in der Lage zu sein, Innovationen zu kreieren, aufkommende Trends frühzeitig zu erkennen und für sich zu nutzen.

Nur wer Märkte intensiv beobachtet, technologische Trenddebatten intensiv begleitet und zeitnah verblüffende Lösungen für Probleme anbieten kann, die den Kunden unter den Nägeln brennen oder die sie möglicherweise noch gar nicht formulieren können, hat einen großen Vorsprung im Wettbewerb. Noch besser ist es, seine Kunden zu überraschen und auf ihre Reaktion mit einem besonderen „Wow!" zu setzen.

Umgekehrt: Ruhe, Behäbigkeit, das akzeptierte Leben und sich sicher Wähnen in einer vertrauten Komfortzone sowie das Ausruhen auf den Lorbeeren eines Unternehmens und seiner Fähigkeiten ist brandgefährlich. Es gibt zahllose Beispiele aus den letzten Jahrzehnten für Unternehmen, die einst an der Spitze ihrer Branche waren und dann zurückfielen und untergingen. So ist es beispielsweise dem traditionsreichen amerikanische Fotoausrüstungshersteller und Technologieführer in der eigenen Branche, Kodak, ergangen.

Kodak galt als eine der wertvollsten Marken der Welt. Das Unternehmen schenkte der Welt die erste massentaugliche Kamera, den ersten Schwarz-Weiß-Film, den ersten Farbfilm für Amateure, … Diese Liste ließe sich beliebig fortsetzen. 1975 änderte sich dies allerdings. In diesem Jahr hatte ein Kodak-Mitarbeiter die Idee zu einer Digitalkamera. Das Filmgeschäft lief für Kodak so gut, dass sich das Unternehmen davor scheute, die neue Technologie zu fördern, und dem Massenmarkt die Idee vorenthielt. Das war der Anfang vom Ende. Sony und Canon erkannten die Marktlücke und führten ihre eigenen Digitalkameras ein. Kodak meldete 2012 Konkurs an.

Wenn man erfolgreich ist, heißt das noch lange nicht, dass man die Marktbedürfnisse ignorieren darf. Nicht nur der Erfolg kann den Fortschritt bremsen, sondern auch das mangelnde Verständnis der Kunden für eine neue Idee. Erfolgreiche Innovatoren zeigen daher ihren Kunden, was sie brauchen und wollen, schon bevor diese es wissen. Eigentlich brauchte niemand ein iPhone, aber Steve Jobs zeigte allen, dass dem doch so war. Dasselbe galt für das Auto. Niemand wusste, was es ist, bevor es erfunden wurde. Pferde waren ein perfektes Transportmittel. Heute kann man sich eine Welt ohne Autos nicht mehr vorstellen.

Radikale Veränderungen bringen jedoch der Welt den wirklichen Fortschritt. Technologische Entwicklungen, gesellschaftliche Veränderungen, berufliche und private Wachstumsmöglichkeiten, sich wandelnde Wertesysteme und verschiedene Prioritäten im Leben führen dazu, dass sich die Bedürfnisse der Gesellschaft und damit auch die der Kunden verschieben.

Auch wenn es so aussieht, als wären alle guten Ideen bereits umgesetzt worden, gibt es immer die Notwendigkeit, vorauszudenken. Jede erfolgreiche Innovation ist nur die Grundlage der nächsten, jede gescheiterte eine neue Erfahrung und eine weitere Gelegenheit zu wachsen, dazuzulernen und sich anzupassen. Gibt es keine Innovation, bewegt sich ein Unternehmen in die Sackgasse.

Ein weiterer zentraler Aspekt, warum Innovationen so wichtig sind, ist ihr Beitrag zur Wertschöpfung und zum Wert eines Unternehmens. Dieser hängt maßgeblich von seiner Innovationsfähigkeit ab und interessiert Investoren. Viele tun sich aber schwer damit, diesen Werttreiber zu erfassen. Es fehlt an klaren Kriterien und Messinstrumenten. Dabei gibt es bereits allgemein anerkannte Kriterien, die Investoren im Rahmen einer Due Diligence zur Bewertung der Innovationsfähigkeit beachten sollten. Was sind das für Kriterien? Es sind fünf:

1. Hat das Zielunternehmen eine Innovationsstrategie, die es in den nächsten fünf Jahren auf Wachstumskurs hält?
2. Ist ausreichend Kapazität und sind die richtigen Kompetenzen vorhanden, um die Innovationen voranzutreiben und am Markt zu platzieren?
3. Hat das Unternehmen eine ausreichend gefüllte Innovationspipeline?
4. Wird der Innovationslebenszyklus systematisch verbessert?
5. Wie groß ist der Beitrag der Innovationen zu Umsatz und Ertrag?

Was ist also zu tun, um passende Antworten liefern zu können? Wie wird etwa eine Innovationsstrategie installiert?

Unternehmer und Entwickler müssen fortlaufend systematisch Trends analysieren und bewerten. Dabei müssen sie sich vor allem fragen, ob sie aus diesen Trends Möglichkeiten für Produkt- oder auch Serviceinnovationen ableiten können. Dies wiederum verlangt einen guten Überblick über Technologien, den Markt und die eigene Industrie.

Es ist wichtig zu wissen, wer in der Wertschöpfungskette über einen technologischen Wandel entscheidet. Den müssen Sie im Auge behalten. Gleichzeitig müssen Sie ein Ohr am Kunden haben. Wer ist als Pionier bekannt? Wer hat welche Innovationen nachgefragt? Antworten auf diese Fragen müssen in Ihre Innovationsstrategie münden.

Wie sollte eine Innovationspipeline aussehen?

Wichtig ist, dass sie nicht aussieht, wie eine Schlange, die einen Hasen verschluckt hat. Es darf keinen Zeitpunkt geben, an dem sich mehrere Projekte ballen. Es braucht eine Pipeline, die kontinuierlich Innovationen auf den Markt spült. Damit dies gelingt, braucht jedes Projekt ein tragfähige Geschäftsmodell. Businesspläne helfen dabei, den Innovationszyklus zu optimieren.

Und wie wird der Erfolg einer Innovation sinnvoll bewertet?

Es gibt natürlich eine ganze Reihe von Kennzahlen. Ein Beispiel ist der Beitrag zum Gewinn oder Umsatz. Wichtig ist die folgerichtige Interpretation der Kennziffern. Gerade bei neuen Technologien ist der Gewinnbeitrag anfangs oft gering. Das darf aber keinesfalls als Signal zum Rückzug verstanden werden. Schließlich geht es darum, einen Fuß in die Tür eines Wachstumsmarktes zu bekommen.

Clayton Christensen fand heraus, dass sich erfolgreich aufstrebende Unternehmen auf diejenigen Marktbereiche konzentrieren, die andere nicht beachten. Und dass sie neue Geschäftsmodelle entwickeln, neue Technologien einsetzen sowie bekannte Technologien auf neue Bereiche übertragen. Basierend auf dieser Grundidee schrieb er eine ganze Reihe von Bestsellern, darunter „The Innovator's Dilemma"," The Innovator's Solution" und „Seeing What's Next".

Christensen unterteilt drei Typen von Innovationen: Erstens *effiziente Innovationen*, die gute Produkte billiger machen. Zweitens *nachhaltige Innovationen*, die gute Produkte besser machen. Und drittens *radikale Innovationen*, die einen Markt überhaupt erst erschaffen.

Die überwiegende Mehrheit der Unternehmen sorgt strenggenommen folglich nicht für Wachstum, weil sie sich nur auf die ersten beiden Typen konzentriert. Wirklich etwas bewirken können nur die markterschaffenden Innovationen.

„Pull" statt „Push" lautet seine Empfehlung: Neue Produkte einführen, die dann von ganz allein Lösungen für weitere Probleme anziehen. Schnell und flexibel auf Veränderungen reagieren, dann beschleunigt sich auch das Wachstum. Doch wie sieht die heutige Innovationsrealität vielfach aus? Warum tun sich viele Unternehmen mit der Herausforderung Innovation so schwer? Die Realität lässt aufhorchen.

1.3   Hemmnisse für Innovation

Vor allem kleine und mittelständische Firmen messen der fortlaufenden Innovation häufig eine geradezu gefährlich untergeordnete Bedeutung bei. Die systematische Generierung von Ideen und Innovationen wird von ihnen selten durchgängig betrieben. Die Gründe sind vielfältig: Eine hohe Arbeitsbelastung im Tagesgeschäft lässt keine konzentrierte Auseinandersetzung mit Innovationserfordernissen zu. Ein Projekt jagt das andere. Reklamationen und einzelne Kundenwünsche anstatt gezielter Innovationsbestrebungen lösen kurzfristige, spontane Entwicklungsaktivitäten aus und binden zentrale Personalressourcen, die im operativen Tagesgeschäft häufig scheinbar gewinnbringender eingesetzt werden müssen.

Neuland zu betreten, erfordert Wissen, Zeit, Kreativität, Mut, Methode und Kompetenz. Das Innovationsgeschehen wird daher nur auf die schnell umsetzbaren Ideen fokussiert, die wenige Risiken bergen und große Erfolge versprechen. Ein großes Ideenpotenzial geht somit verloren, insbesondere dann, wenn Produktideen in frühen Phasen der Innovationsarbeit nach den gleichen Maßstäben beurteilt werden wie das laufende Bestandsproduktportfolio.

Vielfach behindern auch die Führenden in den Unternehmen selbst aufgrund des bestehenden Erfolgsdrucks die Suche nach neuen Produktideen. Gewinnmeldungen wechseln sich mit Absturzwarnungen, Größenwahn mit Ohnmacht. Ein sachlicher Diskurs wird zerrieben im Sitzungsmarathon endloser Besprechungen. Ständig ändert sich alles und dazu auch noch die Organisation. Die Verantwortung wächst, gleichzeitig schrumpfen Wirkungsmacht und Befugnisse. Kritik wird ausgeblendet. Innovationsförderlich ist dies beileibe nicht.

Manche Unternehmen begrenzen sich selbst durch eine zu starke Konzentration auf ihnen vertraute, ausgereifte oder rückläufige Märkte und Branchen. Ihr Mut zur Erschließung neuer potentialträchtiger Marktfelder oder ihr Potenzial zur Eroberung neuer Technologiefelder fehlt. Sie konzentrieren sich vor allem darauf, ihre Prozesse schlanker zu gestalten und die Kosten im Griff zu behalten. Das heißt, sie verfolgen im Großen und Ganzen eine defensiv ausgerichtete Innovationsstrategie durch kontinuierliches Verbessern. Ihre wichtigsten Impulsgeber stammen zudem fast ausschließlich aus ihren eigenen Reihen oder ihrem direkten Umfeld. Kooperationspotenziale mit Kunden und Lieferanten, aber auch die Mitarbeit in Netzwerken kommen zu kurz. Möglichkeiten der Zusammenarbeit mit Hochschulen und Forschungseinrichtungen, werden unterschätzt oder vernachlässigt.

Um umfassendere Lösungen zu entwickeln, müssen Firmen viel mehr und gezielter zusammenarbeiten. Die Innovationselite setzt aktiv auf externes Knowhow. Wichtig ist die Bildung von Netzwerken und Partnerschaften, die Schaffung innovationsfreundlicher Rahmenbedingungen und das Einräumen kreativer Freiräume. Nur so entstehen Ideen, bedeutsame Neuentwicklungen und wahre Innovationen, die für künftige Markt- und

Branchenführer unerlässlich sind. Vernetzte Unternehmen machen deutlich mehr Umsatz und Ertrag!

Einen wesentlichen Anteil an den Innovationshemmnissen haben hierarchische Führungsstile und ein ausgeprägtes Silo-Denken. Der eigentliche Krieg gegen Veränderungen wird oft im Untergrund des betrieblichen Alltags geführt. Vorgegebene und streng einzuhaltende, langsame Entscheidungswege und die damit verbundene Bürokratie sowie eine vielfach zu beobachtende, ausufernde Planungswut behindern das Vorankommen.

Zusätzlich verhindert eine zu stark betonte, kurzfristige Kennzahlen- und Erfolgsorientierung die Durchsetzung guter Ideen im Laufe des Entscheidungsprozesses. Strenge Kontrollen und zu früh eingebaute Rentabilitätsüberprüfungen sowie angstbestimmte Risikoanalysen führen dazu, dass Vorhaben zu früh abgebrochen werden, bevor sie ihre Wirkung entfalten können.

Weiterhin besteht oftmals ein Defizit an Kreativität. Kreativitätstechniken werden im Innovationsprozess gar nicht zur Hilfe genommen, belächelt oder nur sehr rudimentär eingesetzt. Gängige Methoden zur Generierung und Bewertung von Innovationsansätzen sind nicht ausreichend bekannt und nur selten in einem Innovationsprozess institutionalisiert. Auf die mittel- bis langfristige Zukunft gerichtete Innovationen werden komplett vernachlässigt.

Grundsätzlich fehlt es vielen Unternehmen an Dynamik, obwohl sie zur Aufholjagd verdonnert sind. Viele Firmen beschreiben sich oft sogar selbst als träge, langsam, hierarchisch und zeichnen sich noch immer durch eine Arbeitskultur aus der Gründerzeit aus. Allzu viele lassen eine viel zu ausgeprägte Work-Life-Balance zu. Alle Mitarbeitenden fahren morgens zur gleichen Zeit zur Arbeit und spätnachmittags wieder zurück. Man organisiert sich, definiert sich in der Menge, im Schwarm, im Kollektiv, in der Regel, der Routine, dem Bekannten und in Themenfeldern, die man für das Verlässliche hält. Notwendigem Wandel begegnet man mutlos mit Untergangsängsten und panischem Festklammern an Vertrautem. Es überwiegt ein Überlegenheitsgefühl, weil Kritik und Fakten nicht offen diskutiert und häufig ausgeblendet werden. Alles Handeln ist nur auf die wichtigsten Wettbewerber ausgerichtet. Ein Problem ist, dass auch die anderen schneller und so viel besser geworden sind.

Ein weiteres typisches Hemmnis für Neuproduktentwicklungen ist die Angst vor Fehlern, respektive eine Kultur, die Fehler sanktioniert und nur Erfolge positiv bewertet. Aus Fehlern zu lernen, ist für viele Unternehmen heute noch immer schwer vorstellbar. Dabei ist es längst eine Binsenweisheit: Angst lähmt Kreativität und behindert Innovation! Und wer will denn dauerhaft in einer solchen Unkultur noch motiviert und konzentriert arbeiten, kreativ sein? Fehler sind Lernerfahrungen, die man nutzen muss und unweigerlich erfährt. Lamentieren lähmt.

Strategische und systematische Innovation setzt voraus, dass ein Unternehmen Mitarbeitende dafür bereitstellt, die sich an diesem Arbeitspunkt wohlfühlen und agieren dürfen. Innovationen werden von Menschen gemacht. Zu den wichtigsten Erfolgsfaktoren zählen Gestaltungsfreiräume und die besten Arbeitsbedingungen.

Zusätzlich darf das Budget nicht fehlen, das für die Innovationsarbeit notwendig ist, auch wenn noch unklar ist, ob und wie es sich auszahlen wird. Damit ist auch schon das Kernproblem von Innovation erreicht: Welches Unternehmen gibt Geld, das es im heutigen Kernmarkt dringend braucht?

Wo es wirklich hakt, das sind Innovationssprünge in völlig neue Anwendungsfelder. Die Ursachen hierfür sind vielschichtig. Zum einen bleiben Innovationsideen häufig in rigiden Controlling-Instanzen hängen. Zum anderen werden die Schwierigkeiten unterschätzt, die mit Innovationen verbunden sind: Das beginnt bei übersehenen Barrieren im eigenen Hause, wenn etwa die Fertigungsanlagen nicht mit Produktinnovationen passfähig sind. Oder wenn es die bestehenden Anreizstrukturen den Vertriebsmitarbeitern kaum attraktiv machen, das Altgeschäft zugunsten von Produktinnovationen zurückzustellen. Und es endet beim Kunden, dessen Anwendungsbedingungen häufig nur ausschnittweise und rudimentär bekannt sind.

Generell ist eine Professionalisierung des Innovationsgeschehens und seines Managements dringend von Nöten. Schon die Einführung von Innovationsroutinen als erste Prozesse kann sehr schnell Innovationsnachteile wirksam abfangen und rasche erste Erfolge unterstützen.

Wichtige Startvoraussetzungen für den Einstieg in den Wandel sind eine schonungslose Ist-Analyse und ein gründliches Benchmarking. Verschaffen Sie sich daher selbst im Rahmen eines ersten Schnelltests einen ersten Eindruck und halten Sie diesen fest. Hierzu gibt es mehrere Möglichkeiten, zum Beispiel diese:

Verschaffen Sie sich einen ersten qualitativen Eindruck, indem Sie zu den nachfolgenden 10 Themenkreisen die folgenden Leitfragen für sich beantworten.

- *Wertschöpfungsbeitrag von Neuprodukten*
  Wieviel Prozent des Umsatzes werden mit Produkten erwirtschaftet, deren Markteinführung weniger als 3 Jahre zurück liegt? Sind es weniger als 25 %, ist umgehend zu handeln!
- *Anteil von Forschung und Entwicklung*
  Wieviel Prozent des Umsatzes wird jährlich für Innovationen, Forschung und Entwicklung aufgewendet? Richtwert: Mehr als 5 % im Investitionsgüterbereich, besser noch wären mehr als 7 %, vor allem wenn mehrere Produkte sich im Endbereich ihres Lebenszyklus befinden.
- *Schutzrechte und deren Altersstruktur*
  Wann wurde das letzte Schutzrecht angemeldet? Im letzten Jahr? Wieviele Schutzrechte sind Ihr Eigentum? Wie alt sind diese und wie lange bieten sie noch wirksamen Schutz? Die Anzahl der Schutzrechte bzw. der wirkungsvoll geschützten Kernkompetenzen sollte mindestens 20 % der Anzahl der Mitarbeiter mit Prozess- und Entwicklungsverantwortung betragen.
- *Funktionierendes Lebenszyklus Monitoring*
  Kenne ich meine Produktgruppen mit rückläufigen Gewinnspannen und wie reagiere ich darauf? Gibt es korrigierende Automatismen? Wichtig ist, dass Sie eine

fortlaufende Markt- und Trendbeobachtung mit halbjährlicher Überprüfung und Aktualisierung etabliert haben. Leitfragen hierbei: Welche neuen Trends gibt es? Welche neuen Produkte der Wettbewerber?

- Mindestens 5 Punkte sind schriftlich dokumentiert.
- Mindestens 3 Hauptwettbewerber sind analysiert, die Ergebnisse festgehalten.
- Mindestens 3 Fachmessen wurden im letzten Jahr mit offenem Auge besucht.

- *Von der Beharrungs- zur Innovationskompetenz! Fähigkeit zum Wandel*
Welchen Prozess und welche Struktur wurden im zurückliegenden Jahr bedeutsam verändert, vereinfacht oder eliminiert? Sind es weniger als drei Kernprozesse, sollten Sie unbedingt schnell handeln. Verschlankung ist das Ziel! Modernisierung und Digitalisierung die aktuelle Herausforderung!

- *Innovationsfreundliche Rahmenbedingungen, klare Zielsetzungen, Orientierung*
Bestehen innovationsfreundliche Rahmenbedingungen im Unternehmen? Wie motiviert und erfolgreich sind die Produktentwickler? Gibt es eine Innovationskultur? Sind Innovationsprozesse oder zumindest Innovationsroutinen dokumentiert und werden sie wirklich gelebt? Wird Angst – ein wahrhaft schlechter Begleiter – aktiv bekämpft?
Gibt es in Ihrem Unternehmen festgeschriebene Innovationsziele und Strategien, zum Beispiel in Form von Produkt-Roadmaps?
Wenn nicht, geben Sie sich und Ihrem Team konkrete Ziele. Achten Sie darauf, dass diese realistisch, exakt spezifiziert und terminlich bestimmt sind.
Und achten Sie darauf, dass die Zielsetzungen der Produkt-Roadmap mit den Zielsetzungen der Technologie-Roadmap und dem Vor- und Kompetenzentwicklungsbedarf abgestimmt sind.

- *Funktionierendes Ideenmanagement*
Ganz zentral: Jeder Verbesserungsvorschlag ist wichtig und muss zeitnah die nötige Wertschätzung erfahren. Gibt es ein funktionierendes Ideenmanagement in Ihrem Unternehmen? Und funktioniert dieses auch mit der nötigen Effizienz?

- Die max. Durchlaufzeit eines Vorschlags bis zur Umsetzung oder Rückmeldung darf nicht mehr als 3 Monate betragen.
- Die Ablehnungsquote bei Veränderungsvorschlägen darf 60 % nicht überschreiten.
- Auf mind. 90 % aller Einreichungen muss binnen 6 Wochen reagiert werden. Einreicher warten auf Rückmeldung und brauchen dieses wertschätzende Feedback.

- *Vernetzungsgrad der Innovationsanstrengungen*
Innovation lebt vom Wissen vieler und vor allem von den Querdenkern aus anderen Branchen, von Lieferanten und Kunden. Wie oft wurde in Ihrem Unternehmen ein Erfahrungsaustausch mit Lieferanten, anderen Geschäftsführern oder Führungskräften vorgelebt? Leitziele:

- Mehr als 3 branchenfremde Kontakte sind maßgeblich zur Verbesserung der Innovationsanstrengungen pro Jahr genutzt worden.
- Die Top 10 Lieferanten des Unternehmens wurden mindestens ein (besser zwei) Mal innerhalb des letzten Jahres besucht und interviewt.

- Die Top 10 Kunden des Unternehmens wurden mind. ein (besser zwei) Mal innerhalb des letzten Jahres besucht und interviewt.
- Werden Ideen Dritter und die Möglichkeiten des Internets (z. B. Open Innovation) vorteilhaft genutzt? Wird Fachliteratur gelesen und systematisch ausgewertet?

• *Innovation braucht Methode und System, zumindest wirkungsvolle Routinen!*
Werden Kreativitätstechniken verbindlich im Rahmen von Innovationsanstrengungen (zum Beispiel zu Beginn eines Entwicklungs- oder Veränderungsprojekts) vorgeschrieben? Kommen agile Methoden und alternative Kreativtechniken wie zum Beispiel Design Thinking, 6-3-5, TRIZ, die Walt-Disney-Methode oder eine FMEA durchgängig zur Anwendung? Wie groß ist die Berücksichtigung von Analysen aus der Qualitätskontrolle und des Reklamationsmanagements in Produktenwicklungs- und Innovationsprojekten?

• *Innovation braucht Erfahrung, lebt von Wissenstransfer, Lernen und Kultur*
Wie werden Innovationsfreude und Kreativität durch das Unternehmen unterstützt? Wie erfolgt die berufliche Weiterqualifizierung der wichtigsten Mitarbeiter? Wie wird Wissen gesichert und weitergegeben? Vor allem die Güte und Vollständigkeit der Prozess- und Entwicklungsdokumentation spielt eine entscheidende Rolle. Leitfragen und Kennzahlen:

- Für 90 % aller Projekte und kundenspezifischen Anpassungen sind zumindest die grundlegenden Erfahrungen, relevante Erkenntnisse und Arbeitsergebnisse schriftlich dokumentiert, personifiziert und zugänglich gemacht.
- Der Beteiligungsgrad neuer Mitarbeiter in zentralen Entwicklungsprozessen beträgt mindestens 10 %, ebenso der Beteiligungsgrad langjährig erfahrener Mitarbeiter.
- Kunden und potenzielle Lieferanten sind nach Möglichkeit über Jahre in einem für die Zielerreichung sinnvollen Maß in Entwicklungsaktivitäten direkt eingebunden.
- Jeder Mitarbeiter einer Entwicklungsabteilung hat mindestens zwei Mal an einer Weiterbildungsmaßnahme innerhalb eines Jahres teilgenommen.

Eine zweite Möglichkeit der Bewertung der Ausgangssituation ist die ganzheitliche Bewertung von zentralen Erfolgsbausteinen einer wirkungsvollen Innovationsarbeit in einem Innovationsradar. Hierzu wird die Innovationsfähigkeit und die eigene Positionierung anhand einer begrenzten Anzahl an Schlüsselindikatoren qualitativ mit einem Punkteschema bewertet. Am besten holen Sie sich zusätzlich weitere Rückmeldungen ein, um ihre Eigensicht mit der Fremdwahrnehmung zu spiegeln. Abb. 1.5 zeigt ein solches Beispiel für ein Innovationsradar. Vorteilhaft ist die anschauliche Visualisierung in einem Spinnendiagramm.

Bei der Diskussion der Evaluierungsergebnisse lässt sich auf diese Weise objektive – und keine persönliche – Kritik leicht äußern. Oft öffnet das Diagramm den Betrachtern erst richtig die Augen. Gleichzeitig ist diese Form der Innovationsanalyse schnell durchführbar und kann auch in regelmäßigen Abständen während eines Optimierungsprojekts wiederholt werden.

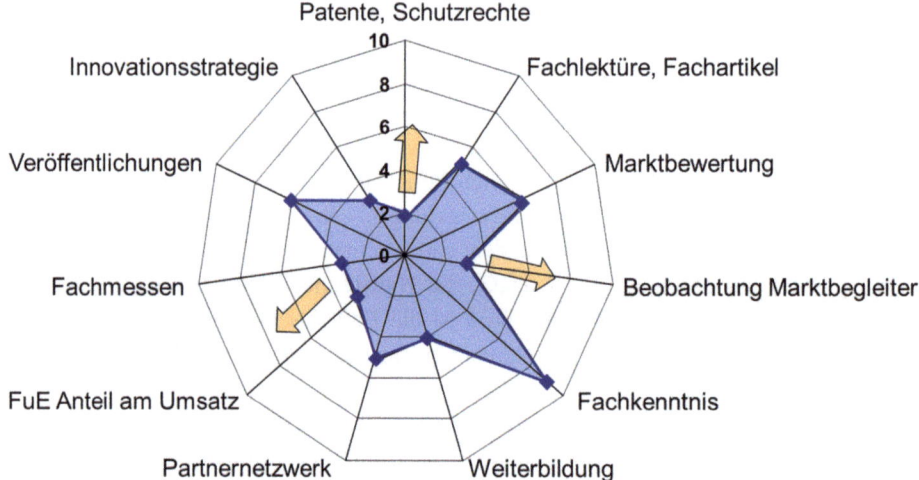

Abb. 1.5 Repräsentatives Beispiel für die ganzheitliche Bewertung der Innovationsleistung eines Fachbereichs oder eines Unternehmens in einem Innovationsradar. Handlungserfordernisse für Korrekturmaßnahmen lassen sich anschaulich darstellen und diskutieren

Ziel ist es, keine einseitige Optimierung von Einzelfaktoren mit Blendwirkung, sondern eine ganzheitliche Verbesserung der Innovationsfähigkeit und der hierfür nötigen Ansatzpunkte und Maßnahmen zu erreichen. Idealerweise ist die Fläche des Innovationsauges möglichst groß, die einzelnen Elemente (Einzelachsen) sind ähnlich und damit ausgeglichen ausgeprägt.

Eine dritte Möglichkeit der Selbstbewertung seiner Innovationsfähigkeit bietet sich anhand der Ermittlung ausgewählter repräsentativer Kennzahlen zur Innovationswirksamkeit an. Diese lassen sich dann im Rahmen eines Innovationscontrollings fortlaufend überprüfen und vergleichbar zur Balanced Scorecard der Unternehmenssteuerung auf einer *Innovation Scorecard* zusammenfassen sowie mit einer Ampelbewertung beurteilen. Ein solcher Ansatz ist in Anhang I exemplarisch dargestellt.

Doch wie geht es im Anschluss an diese erste Selbstanalyse weiter?

Ruhe bewahren, Geduld haben, ist dann zuerst die Devise, wenn man zum Eindruck kommt, dass das Unternehmen stillsteht, obwohl man doch innovativ sein möchte, denn natürlich bewegt man sich zu diesem Zeitpunkt in Wirklichkeit bereits rückwärts. Und dies, obwohl man sehr wohl weiß, dass die Innovationsfähigkeit für den Unternehmenserfolg entscheidend ist.

Doch nur wenige Führende sind dann dazu bereit, den nächsten Schritt auf dem Weg zur agilen Innovation zu machen. Die gute Nachricht ist: Viele denken, dass man Innovation entweder im Blut hat oder nicht, ähnlich wie auch viele denken, dass man eine kreative Person ist oder eben nicht. Doch man kann lernen, als Unternehmen agil und innovativ zu sein.

Selbst Maler müssen schließlich etwas über Wahrnehmung, Komposition, den Umgang mit verschiedenen Materialien und Farben lernen. Sie müssen Dinge ausprobieren und ihr Handwerk erlernen. Sie müssen verstehen, auf welchem Gebiet sie gut sind und wo sie sich verbessern sollten.

Genau wie die Künstler muss Ihr Unternehmen lernen, Innovationen in verschiedenen Handlungsfeldern gezielt voranzutreiben, indem sie Grund- und Methodenkenntnisse zur Innovationsarbeit vermitteln, jedem Mitarbeiter Verantwortung und Anerkennung geben, Innovationen wertschätzen und ein klares, zielorientiertes strategisches Vorgehen vermitteln.

Innovationen sollten gezielt in Angriff genommen und umgesetzt werden. Die Zeitspanne vom Aufgreifen einer Idee bis zur Markteinführung sollte möglichst kurz sein und die Risiken sollten überschaubar bleiben. Dabei muss sich die Organisation von Prozessen befreien, die das Ganze behindern, und die Grundlagen der agilen Innovation erlernen, Kreativräume für interdisziplinäre Zusammenarbeit schaffen, Kollaborationsplattformen schaffen und diese kulturell mit einer Innovationskultur fördern, die das Neue zulässt alle Mitarbeiter beteiligt. Wenn diese fehlt, bringen die schönsten Strategiepapiere nichts.

Neue Innovationsprozesse wie die agile Innovation erschließen Unternehmen zusätzliche attraktive Innovationsoptionen, reduzieren Kosten und Entwicklungszeiten. Selbstverständlich braucht es auch ein klares Ziel und einen klaren Pfad, dem sie auf Ihrem Weg der Transformation folgen können. Auch agile Innovationsprozesse brauchen eine klare Strategie, eine geeignete Organisationsstruktur, innovationsfördernde Rahmenbedingungen als Gestaltungs- sowie Leitplanken als Handlungsrahmen. Dies untermauert durch das volle, entschlossene und sichtbare Engagement der Unternehmensführung.

1.4 Berüchtigte Silos

Wer analysiert, wie sein Unternehmen funktioniert, welche Strukturen und interne Konflikte es gibt, kann häufig drei typische Silos mit Bezug zum Innovationsprozess erkennen: Die Marktfraktion, die Produktentwicklung und die operativen Organisationseinheiten (vgl. Abb. 1.6).

Zur Gruppe der Marktfraktion gehören Bereiche wie Marketing, Vertrieb und Produktmanagement. Sie erleben das Marktgeschehen live – häufig mehr oder weniger intensiv – und erkennen, dass sich Kundenanforderungen verändern, dass das Unternehmen innovativer und die Markteinführungszeit für neue oder verbesserte Produkte und Dienstleistungen reduziert werden muss. Jahrelang ein Produkt zu entwickeln, entspricht nicht mehr der Art, wie die Dinge heutzutage funktionieren. Sie müssen rasch reagieren, sich anpassen und ihr Produkt noch schneller herausbringen, ansonsten erfüllt jemand anderes die Wünsche ihrer Kunden. Darum verliert die Marktfraktion oft die Geduld mit der Produktentwicklung, dem zweiten Silo.

Abb. 1.6 Typische Silos in Unternehmen und gleichzeitig drei maßgebliche Fraktionen im agilen Innovationsprozess: Entwicklung, operationelle Einheiten und die Marktfraktion (Bildquellen: BMK, Melitta, SCHUNK)

Die Produktentwicklung ist verantwortlich für die Entwicklung neuer Produkte oder Dienstleistungen. Auch hier möchten die Mitarbeitenden schnell auf neue Bedürfnisse reagieren und tolle neue Produkte auf den Markt bringen. Aber sie wissen, dass es Grenzen gibt, deren Überwindung eine Herausforderung darstellt, insbesondere der oftmals damit einhergehende Kompetenzaufbau. Zusätzlich gibt es konkurrierende Projekte, die um die gleichen Ressourcen kämpfen, oder widersprüchliche Anforderungen zum gleichen Produkt, dem sie sich im Zuge ihrer Innovationsarbeit widmen möchten. Außerdem werden schnelle Reaktionen und noch schnellere Produktfreigaben durch viele interne Prozesse und bürokratische Hemmnisse erschwert, die beispielsweise fester Bestandteil des Qualitätsmanagements sind oder in der Einhaltung von Einkaufsregelungen bestehen. Dies führt zu höheren Kosten und unerwünschten Verzögerungen. Anstatt innovativ zu arbeiten, investiert die Entwicklungsabteilung Zeit und Ressourcen in Prozesse, Dokumentationsaufgaben und Planungen, welche in Wahrheit Innovationen behindern. Ihre Effizienz wird an Themen gemessen, die der Markt nicht benötigt.

Sobald ein Produkt auf den Markt gebracht wurde, muss jemand dieses pflegen und für die Kunden da sein. Dafür sind die operativen Einheiten als drittes Silo zuständig. Für sie bedeutet Innovation das Anstreben eines stabilen und funktionierenden Produkts, das den Kunden zufriedenstellt. Wenn es ein Problem mit dem Produkt gibt, soll es schnell und kostengünstig gelöst werden können. Doch nicht immer liefert die Produktentwicklung hierfür alle notwendigen Informationen. In der Konsequenz entsteht ein hohes Frustrationspotenzial, vor allem wenn Probleme bei neuen Produkten auftreten und noch keine Routinebearbeitung in den operativen Einheiten erfolgt. Im Hinterkopf steht immer die Forderung, dass die operative Effizienz aufgrund des herrschenden Kostendrucks erhöht werden muss. Die Mitarbeitenden in den operativen Einheiten stehen eben an vorderster Front. Unzufriedene Kunden wenden sich an sie und nicht an die aus ihrer Sicht für das Problem verantwortliche Organisationseinheit. Das führt zu Reibungen zwischen den operativen Einheiten und der Produktentwicklung, verbunden mit Schuldzuweisungen für minderwertige Qualität und unzufriedene Kunden.

Derartige Silos sind niemals gut für eine Organisation und es gibt mehr zu verlieren, als nur die Fähigkeit zur Innovation. Wenn die Marktfraktion mit den in den Fachbereichen entstehenden Kosten sehr unzufrieden ist, kann es nämlich passieren, dass das Unternehmen beginnt, Dienstleistungen extern einzukaufen, sei es von großen Partnern oder kleinen, innovativen Dienstleistungsunternehmen, jungen Startups, weil dies vermeintlich kostengünstiger ist. Damit brüskiert sie das eigene Produktentwicklerteam. Wichtige strategische Fähigkeiten werden dann nicht mehr intern genutzt und weiterentwickelt, weil dies zu teuer erscheint. Das Unternehmen verliert Kernfähigkeiten und macht sich von anderen abhängig, die vielleicht sogar nicht in seinem besten Interesse handeln oder in ihren Arbeitsergebnissen nicht die zugesagte Qualität zum vereinbarten Preis liefern.

Andererseits begegnet man oft Situationen, in denen die Entwicklungsabteilung über die Fähigkeiten und die Bereitschaft verfügt, flexibler und innovativer zu sein. Meist deshalb, weil sie immer auf dem Laufenden sind, was neue Technologien und Methoden angeht, doch den Marktbereichen fehlt das Verständnis für die Auswirkungen dieser neuen Ansätze auf das Unternehmen und den Markt.

Abgesehen davon, dass dadurch kurzsichtige Strategieentscheidungen getroffen werden können, ist es schlichtweg nicht förderlich für ein Unternehmen, wenn es einen ständigen Kampf mit sich selbst führt. Die Gründe für diese Konflikte sind sehr einfach zu beschreiben und nur sehr schwer zu lösen: Die Silos sehen sich nicht als Teil eines größeren Ganzen. Jedes von ihnen versucht, sich selbst zu verbessern und seine eigene Kostenstruktur zu optimieren, während andere Silos als externe Kräfte betrachtet werden, an die sie sich anpassen, die aber nicht verändert werden können. Herausforderungen werden in der Folge lediglich lokal und nicht auf einer breiteren Ebene angegangen. Die gesamte Wertschöpfungskette wird nicht betrachtet, was letztendlich zu suboptimalen Produkten und Dienstleistungen führt.

Wenn diese Beschreibung auch nur ansatzweise auf Ihr Unternehmen zutrifft, ist es höchste Zeit, gegenzusteuern. Dabei werden die Konflikte sicherlich nicht über Nacht verschwinden, aber es gibt Unternehmen, die eine derartige Silo-Mentalität erfolgreich überwunden haben, zum Beispiel durch agiles Arbeiten und die Einführung schlanker End-to-End-Prozesse.

Der erste Schritt auf diesem Weg der Transformation ist eine Analyse im Sinne einer realistischen Bestandsaufnahme. Sie hilft Ihnen zu verstehen, wo Sie stehen, wo Sie sein möchten und welche Tools zur Verfügung stehen, um den Weg zu beschreiten. Um die inneren Abläufe verändern zu können, müssen Sie verstehen, wie sie tatsächlich funktionieren.

Machen Sie sich auf die Reise, indem Sie Ihr Unternehmen umgehend systematisch analysieren. Identifizieren Sie zuerst Ihre Stakeholder, deren Erwartungen und Bedürfnisse. Dann sollten Sie damit anfangen, sich den Weg anzusehen: Den, der Sie dorthin gebracht hat, wo Sie sich heute befinden. Und den, der Sie dorthin führt, wo Sie sich morgen befinden möchten.

1.5   Von der Beharrungs- zur Innovationskompetenz

Wir leben in einem Zeitalter der Innovation. Gleichzeitig sind die Forderungen der Märkte und der Takt der Produktion unerbittlich. Rasant steigende Produktivitätsanforderungen, neue Geschäftsmodelle und Marktakteure sowie das weltweite Angebot leistungsstarker Marktbegleiter üben einen enormen Erneuerungs-, Effizienz- und Wettbewerbsdruck auf die Unternehmen aus, dem nur durch konsequente und agile Innovation begegnet werden kann.

Manche Unternehmen und ihre Organisationseinheiten sind dagegen wahre Geisterschiffe. Ihre Mitarbeitenden sind kaum noch neugierig, wollen ihre Ruhe haben. Ein solches Beharren verhindert echte Innovation und macht auf eindrucksvolle Weise deutlich, wie sehr sich viele Firmen von der wichtigsten Fähigkeit zur Innovation entfernt haben: sich zu öffnen, nach draußen zu gehen und die Welt aufmerksam beobachtend zu entdecken.

Die treibende Kraft der Innovation ist die Neugier, die erfolgreiche Suche nach Antworten und Alternativen, die Wissbegierde!

Innovation braucht die Menschen
Unternehmen müssen es schaffen, ihre Mitarbeitenden davon zu überzeugen, dass sie sich von der Beharrungs- zur Innovationskompetenz weiterentwickeln müssen. Dabei sollten sie auf vier Stoßrichtungen setzen: Die Optimierung ihrer Prozesse und Organisationsstrukturen, die Ergründung und gezielte Weiterentwicklung von Kompetenzen und Fähigkeiten, die pro-aktive Gestaltung ihrer Unternehmenskultur und Visionen sowie die Weiterentwicklung ihres Wertesystems und ihrer Einstellungen.

Agile Innovation umfasst mehr als unkonventionelle Ideen, coole Apps oder das Beobachten attraktiver Techniktrends. Erfolgreiche Innovation hängt von vielen Faktoren ab, die technischer, wirtschaftlicher, organisatorischer und zeitlicher Natur sind und alle im richtigen Maß, in der richtigen Form, zum passenden Zeitpunkt zusammentreffen müssen. Wir müssen daher tief ins Innerste des Unternehmens eintauchen, andere Denk- und Vorgehensweisen verinnerlichen und auch uns selbst verändern.

Wir müssen die Menschen in den Mittelpunkt jeder innovativen Veränderung und jedes innovativen Prozesses stellen, da die Mitarbeitenden, unsere Kunden und Partner der Schlüssel zu einem bedeutsamen, ganzheitlichen und nachhaltigen Wandel sind.

Agile Innovation setzt auf das Verantwortungsbewusstsein der Mitarbeitenden und die Kraft eigenverantwortlich agierender, schlanker Teams. Ein Kulturwandel, der akzeptiert, dass jeder Mitarbeiter seinen eigenen Charakter, seine eigenen Stärken, seine eigenen Schwächen hat, gerade aber in den verschiedenen Sichtweisen aber ein immenses kreatives Potenzial liegt, das wir nur wecken und zum Vorteil unseres Unternehmens nutzbar machen müssen.

Begrüßen Sie daher die Vielfalt, die zu neuen Ideen und Ansätzen führt. Seien Sie offen und ehrlich und akzeptieren Sie unweigerlich sich einstellende Fehlschläge bei sich selbst und bei anderen. Wertschätzen Sie jeden Fehlschlag als Ideenimpuls und

Erfahrungswert, auf den Sie ansonsten hätten verzichten müssen. Es zahlt sich aus, Fehlschläge als wertvolle Erfahrung und als Investition in Ihre Mitarbeitenden und deren persönliche Entwicklung zu sehen.

Wenn man Fehler und Menschen in all ihren Facetten annimmt, findet man sich damit ab, dass Innovationen und Veränderungen der Denkweise nicht über Nacht passieren. Man lernt, geduldig zu sein. Man merkt, dass man Veränderungen nicht erzwingen kann, dass es Zeit braucht, um sie im gesamten Unternehmen durchzusetzen.

Zweifeln Sie am System, nicht jedoch an den Mitarbeitenden. Fragen Sie sich, was nicht mehr läuft und ändern Sie es! Wertschätzen Sie aber auch, was Sie so weit gebracht hat, erhalten Sie nur, was effizient ist, und seien Sie flexibel.

Innovationsführer wissen sehr genau, dass ihre Zukunftssicherung nicht nur unter kurz- und mittelfristigen Gesichtspunkten erfolgen darf. Vielmehr muss sie sich langfristig durch eine Vision, eine klare strategisch ausgerichtete Positionierung auszeichnen und durch ein wirkungsvolles Innovationsgeschehen begleitet werden.

Das sich ständig verändernde Umfeld erfordert einen stetigen Wiederholungs- und Suchprozess nach den richtigen Ideen für Ihr Unternehmen, Ihre Kunden und die gesamte Gesellschaft. Klammern Sie sich nicht an Ihrem ersten Gedanken fest und stellen Sie sich auf die vielen Veränderungen ein, die erforderlich sein werden. Vielleicht erwartet Sie ein langer und steiniger Weg, aber er wird auch bedeutsam sein und Ihr Unternehmen und die Gesellschaft bereichern, wenn er richtig angegangen wird.

Spielen Sie die Potenziale Ihres Unternehmens aus. Entschlacken Sie die Bürokratie und gehen Sie gegen unnötige Planungswut vor. Setzen Sie sich ein für agiles Denken und Handeln. Greifen Sie alle Gestaltungsfelder im Führungskontext auf und sorgen Sie für den nötigen Wandel in Kultur, strategischer Rahmensetzung, Prozesslandschaft und Organisation.

Weitere zentrale Eckpfeiler sind eine gründliche Marktbeobachtung, ein funktionierendes und effizient ausgestaltetes Ideenmanagement, eine sorgsame pro-aktive Beobachtung von Trends und Mitbewerbern, der durchgängige und intensive Austausch mit Kunden, das Erkennen ihrer Bedürfnisse, eine positive Gestaltung der Firmenkultur, das Einräumen von Gestaltungsfreiräumen, der Einsatz wirksamer Kreativtechniken sowie die gestaltende Einbindung der Führungs-, Produkt- und Entwicklungsverantwortlichen.

Innovation ist glasklar eine Führungsaufgabe. Sie ist in einem Klima der Angst, unter Zeitdruck und ohne eine von Freiräumen zur Ideenrealisierung geprägte Unternehmenskultur nicht möglich. In der Praxis bedeutet dies, dass die Führenden das Innovationsgeschehen aktiv gestalten, innovationsförderliche Rahmenbedingungen schaffen, Kultur prägend wirken und sich pro-aktiv den Anforderungen des Marktes und den technologischen Trends konzentriert widmen müssen.

Dies alles lohnt sich und ist auch alternativlos. Sie müssen sich mit Ihren Mitarbeitenden von der Beharrungskompetenz lösen und zur agilen Innovationskompetenz kommen! Dies in komplexen Marktumfeldern, mit neuer Technologie, mit besonderer Flexibilität, Kreativität, hohem Tempo, klarer Strategie und sinnstiftender Orientierung, gemeinsam mit Ihren Kunden und Ihren Mitarbeitenden in erfolgreichen Teams und überzeugender Siegermentalität.

Ob die Ideen dann zum Markterfolg werden, hängt von vielen Faktoren ab. Ganz wesentlich ist es, das Projekt aus Markt- und Technologiesicht frühzeitig auf eine harte Probe zu stellen. Ein frühzeitiger Erkenntnisgewinn in Schlüsselexperimenten verringert Risiken und steigert die Erfolgschancen beträchtlich.

Auch das Lernen von den Besten steigert die Erfolgschancen. Leistungssportler suchen sich doch auch herausfordernde Trainingspartner aus. Dann legen Sie los!

1.6   Von den Besten lernen: Wie können Unternehmen innovativer werden?

Innovationsführer und Hidden Champions, die in der Öffentlichkeit weniger bekannt sind, zeichnen sich durch eine Reihe von Fähigkeiten aus, die sich über Branchen hinweg als Muster wiederfinden lassen. Was macht nun aber die Besonderheit und den Erfolg dieser heimlichen und unheimlichen Gewinner aus?

Klar ist: Wettbewerbsfähigkeit ist entscheidend in jeder Industrie. Insofern finden sich in jeder Industrie vorbildliche Innovationsführer. Über die Branchen hinweg verbindet sie, dass sie Fähigkeiten entwickelt haben, Ideen auf der Basis breit durchdachter Innovationsstrategien konsequent und schnell bis zur erfolgreichen Markteinführung voranzutreiben.

Innovation braucht eine klare Strategie, eine geeignete Organisationsstruktur, eine innovationsfördernde Unternehmenskultur sowie das volle, entschlossene und sichtbare Engagement der Unternehmensführung, um erfolgreich zu sein (Abb. 1.7).

Abb. 1.7 Schlüsselelemente, Gestaltungsfelder und Erfolgsfaktoren agiler Innovation

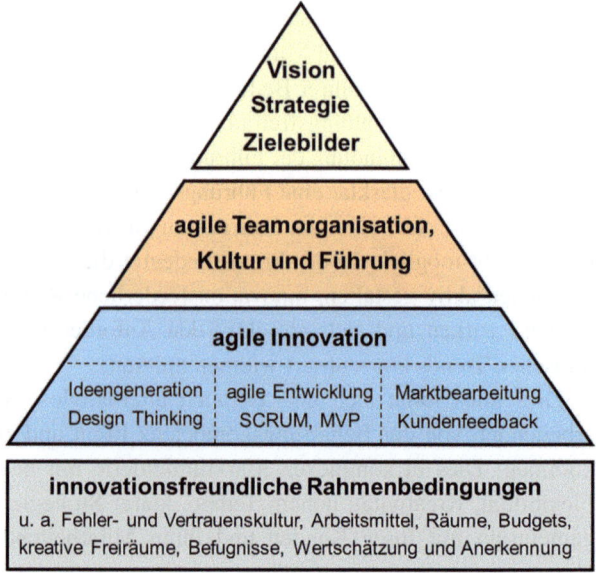

Den Weg zu mehr Innovationskompetenz kennzeichnen sieben wesentliche Fähigkeiten, die man folgendermaßen zusammenfassen kann:

Klare Strategieleitplanken und Zielebilder
Innovations- und Weltmarktführer setzen sich ambitionierte Ziele und verfolgen diese
mit nie endender Ausdauer. Die Ziele der Hidden Champions sind auf Wachstum und
Marktführerschaft ausgerichtet. Damit haben sie ihre Marktanteile in den letzten Jahren
massiv gesteigert.

Um künftige Herausforderungen und Chancen besser zu verstehen, investieren
Innovationsführer mehr Zeit und Ressourcen in die systematische Analyse relevanter Technologien, Markttrends und Kundenbedürfnisse. Sie verknüpfen ihr Verständnis
der Markt- und Technologiedynamiken mit einem breit ausgelegten Portfolio an Suchfeldern, um die Ideenfindung proaktiv zu steuern und vorausschauend aussagekräftige
Zielebilder zu entwickeln.

Die Entwicklung ihrer Innovationsstrategie ist ein wiederkehrender, kundenzentrierter
Prozess. Entscheidend ist, dass möglichst viele Führende und Promotoren in die Entwicklung der Innovationstrategie eingebunden sind. Die gemeinsame, strukturierte Auseinandersetzung der Entscheider mit Informationen über die Zukunft von Märkten und
Technologien sowie deren möglichen Auswirkungen auf das Unternehmen verbessert sowohl Entscheidungsqualität als auch -effizienz im Innovationsprozess.

Profitabler im Lebenszyklus durch ein wertvolles Portfolio
Der Fokus der Innovationsführer liegt auf der Sicherung und Steigerung der Profitabilität
ihrer Produkte und Dienstleistungen über den gesamten Lebenszyklus einer Innovation
hinweg. Nur durch Fokus und Konzentration wird man Weltklasse. Hidden Champions
sind auf enge Märkte fokussiert und in ihrer Wertschöpfung tief aufgestellt.

Ein stringent gelebtes Lebenszyklusmanagement mit wachsamem Blick auf das
Gesamtgeschäftsportfolio hilft ihnen dabei, die Lebenszyklusprofitabilität zu maximieren, wobei die größeren Wirkhebel am Beginn des Lebenszyklus liegen. Ein Produkt
muss einfach frühzeitig und schnell an den Markt, auch wenn es zu diesem Zeitpunkt
noch nicht perfekt ist.

Erfolgreich ist, wer erstens systematisch Innovationshöhe und Innovationsart unterscheidet, zweitens einen steten Blick auf Produkt-, Prozess-, Service- und Geschäftsmodellinnovationen wirft und drittens die Optionen auf Markt- und Technologieseite
konzentriert betrachtet.

Innovationsführer maximieren die Anzahl an Ideen innerhalb der priorisierten Suchfelder. Sie beziehen alle relevanten Stakeholder in die Ideenfindung ein. Sie versetzen
sich gezielt in die Lage, schnell zu entscheiden, welche Ideen fokussiert vorangetrieben
werden. Begrenzte Ressourcen werden mittels durchdachter Bewertungsraster bei
der Ideenbewertung berücksichtigt. Ihre Transferraten – die Übertragung von Ideen in
die Innovationsentwicklung – sind hoch, was zugleich zu einer hohen Bedeutung des
Innovationsportfolios führt.

Wendigkeit, Flexibilität, Effizienz und hohes Tempo
Innovationen lassen sich weder durch massive Forschungsausgaben, noch durch Planungen bis ins kleinste Detail beschleunigen. Geld ist nicht der entscheidende Faktor im
Wettbewerb. Wohl aber sind es Flexibilität und die Möglichkeit, zeitnah auf neue Trends
zu reagieren. Dies wiederum setzt Handlungsfreiheit voraus. Innovationsführer steigern
daher systematisch die Entwicklungseffizienz im Innovationsgeschehen.

Besonders ausgeprägt sind ihr Nutzen der Innovationskraft von Wertschöpfungspartnern sowie ihre organisationale Fähigkeit, funktionsübergreifend auf gemeinsame
Ziele hin zusammenzuarbeiten. Besonders die Kooperation mit Startups, Lieferanten, Schlüsselkunden und Wertschöpfungspartnern macht im Wettbewerb einen entscheidenden Unterschied aus.

Ihre Fähigkeit zum schnellen Finden tragfähiger Lösungen steigern sie gezielt in
Innovationsworkshops und Werkstattgesprächen, durch den Aufbau attraktiver Partnernetzwerke sowie im Rahmen enger vertrauensvoller Kooperationen und Austauschformate mit Schlüsselkunden und Schlüssellieferanten, die für ein frühzeitiges und verlässliches Feedback zu Ideen, neuen Produkten und Geschäftsmodellen sorgen.

Festes kulturelles Fundament und innovationsfreundlicher Rahmen
Bei Innovationsführern herrscht eine wertschätzende Kultur vor, in der man offen für Neues
und das Zusammenarbeiten mit Partnern ist. Sie wissen, dass die Innovationsfähigkeit eines
Unternehmens zu etwa einem Drittel durch die Persönlichkeiten der Mitarbeitenden und zu
etwa zwei Drittel durch die kulturellen Rahmenbedingungen geprägt sind.

Innovationsführer verfügen über flexible Ablauf- und schlanke Aufbauorganisationen.
Sie leben eine offene Innovationskultur, die sich durch eine hohe Veränderungsbereitschaft auf allen Ebenen – von der Unternehmensleitung bis zu den Führungskräften und
Mitarbeitenden – auszeichnet. Sie etablieren unternehmerische Denkweisen, ermutigen
Mitarbeiter, Risiken einzugehen und pragmatisch ihren Weg zu gehen. Ein Weg, auf dem
Fehler erlaubt sind, um zu lernen. Sie sind offen für Ideen und Inspiration. Sie gestalten
die Welt proaktiv, bevor sie gezwungen sind, auf äußere Einflüsse zu reagieren – auch
wenn dies eine umfassende organisatorische Transformation bedeutet.

Ihr Vertrauen setzen Sie auf wendige, kleine, äußerst autonom innerhalb vereinbarter
Leitplanken agierende Teams. Diese kommunizieren kurzzyklisch und intensiv, zeigen
eine hohe, personenbezogene Verantwortungsbereitschaft.

Agile Methoden und Werte bestimmen ihr hocheffizientes Handeln und prägen eine
für die Mitarbeitenden attraktive Innovationskultur. Die Möglichkeit, Ideen auszuprobieren und ohne Bevormundung arbeiten zu können, ist Kernbestandteil ihrer Unternehmenskultur und wirkt Wunder.

Angstfrei arbeiten, experimentieren und auch scheitern dürfen
Das richtige Betriebsklima schafft Lust und Freude. Unter Druck, Stress und in
Angstsituationen dagegen gelingt Innovation und kreatives Arbeiten nicht. Wahre

Innovationserfolge stellen sich nur in einem angstfreien Raum ein, der zum frühzeitigen Experimentieren bestärkt, Fehlversuche und ein Scheitern zulässt. Letzteres ist schließlich die Basis für Lernen, frühzeitigen Erkenntnisgewinn und Risikominderung, was die Erfolgschancen beträchtlich erhöht.

Zusätzlich zur Fehlertoleranz braucht es Ruhe und Fokus. Dann gelingt die Kreativarbeit erheblich besser. Ohne konzentriertes Arbeiten und Testen im Takt von Sprints stellt sich auch kein Innovationserfolg ein.

Innovationsführer kennzeichnet außerdem eine äußerst geringe Fluktuationsrate. In diesem Zusammenhang gilt häufig: Menschen kommen zu Unternehmen, aber sie verlassen Vorgesetzte. Die Fluktuationsrate als Indikator ist wichtiger als der Krankenstand, denn mit Fluktuation geht Erfahrung und Wissen verloren. Gleichzeitig besteht die Gefahr, dass die Reputation eines Unternehmens nachhaltig beschädigt wird. Daher ist eine klare Führungskultur, die auf Vertrauen basiert, vorbildlich vorgelebt und im Alltag verinnerlicht wird, von zentraler Bedeutung für den Innovationserfolg eines Unternehmens!

Extreme Marktnähe und Kundenzentrierung, weltweit
Globalisierung macht die Absatzchancen und Synergieeffekte groß. Innovationsführer und Hidden Champions sind in allen wichtigen Märkten mit eigenen Gesellschaften vertreten, agieren kundennah und delegieren die Beziehung zum Kunden nicht an Dritte. Sie investieren gezielt in Märkte der Zukunft. Kundennähe und Kundenzentrierung sind ihnen besonders wichtig. Bei den Hidden Champions haben etwa 25 % bis 50 % aller Mitarbeiter regelmäßig Kundenkontakt, bei Großunternehmen ca. 5 % bis 10 %.

Produktqualität und Service sind hervorstechende Wettbewerbsvorteile. Neu hinzugekommen sind in dieser Hinsicht Beratung und Systemintegration, also Wettbewerbsvorteile, die schwer imitierbar sind, da sie nicht im Produkt, sondern in den Köpfen der Mitarbeiter stecken.

Mut, starke und verlässliche Führung
An der Spitze der Hidden Champions stehen starke Persönlichkeiten, die sich durch eine totale Identifikation mit dem Unternehmen auszeichnen. Junge Vorgesetzte und Frauen spielen eine weit größere Rolle als in großen Firmen. Sie forschen unermüdlich nach zusätzlichen Erfolgsfaktoren. Nach Faktoren, um die sich andere erfolgreiche Marktteilnehmer nicht so entschlossen und konsequent bemühen. Nach Nischen, die in der Branche kaum genutzt werden. Und sie kümmern sich intensiv darum, genau diese Felder für sich zu nutzen.

Im Kern folgen sie mutig dem gesunden Menschenverstand – so einfach und doch so schwer. Vielleicht ist das die wichtigste Lektion: Für Innovation gibt es kein Patentrezept. Innovation lässt sich auch nicht planen oder befehlen. Man muss nur entschlossen handeln.

1.7   Heißer Draht zum Kunden

Erfinden alleine reicht nicht, auch wenn an guten Ideen oft kein Mangel herrscht. Innovation ist eben nicht nur eine clevere Erfindung, sondern auch das aus der Idee entstehende verkaufsfähige Produkt und die verkaufsfähige Dienstleistung. Ob eine Idee aber zum Markterfolg wird, hängt von vielen Faktoren ab.

In vielen Unternehmen sind die Kunden mit ihren Bedürfnissen nicht oder nur unzureichend in die Innovationsanstrengungen eingebunden. Das Ergebnis ist bitter: Noch immer werden Produkte und Dienstleistungen entwickelt bzw. gelangen mit viel Aufwand zur Produktreife, doch der Markt und die Kunden brauchen oder wollen sie gar nicht.

Agile Innovation verlangt daher, sämtliche Prozesse und Strukturen konsequent vom Kunden her zu denken. Ganz wesentlich ist es, seine Ideen, die geplanten Entwicklungen und die eigenen Sichtweisen aus Markt- und Technologiesicht auf eine harte Probe zu stellen. Dazu muss man mit den Kunden reden, verhandeln, wissen und nachfragen, was sie drückt und was sie wirklich wollen.

Stellen Sie sich diese Frage immer und immer wieder, bezogen sowohl auf Ihre Kunden als auch auf Ihre Mitarbeitenden, Partner und sich selbst. Ist Ihre Produkt- oder Dienstleistungsidee wirklich das, was für sie am wünschenswertesten und am attraktivsten ist? Macht die Idee ihr Leben besser, ihre Arbeit einfacher, ihre Erfahrungen außergewöhnlicher?

Versetzen Sie sich konkret in die Personen hinein, für die Sie das Produkt entwickeln. Machen Sie sich mit ihrer Lebensweise, ihren Gewohnheiten, ihren Mühseligkeiten und Beschwerden – den *„Painpoints"* – sowie den Wünschen und Sehnsüchten Ihrer Kunden vertraut. Sprechen Sie mit Ihren Kunden, fragen Sie Ihre Mitarbeitenden, recherchieren und beobachten Sie, holen Sie Feedback ein und finden Sie heraus, welche Bedürfnisse am Markt vorhanden sind.

Laden Sie beispielsweise ein zu einem Werkstattgespräch oder zu einer Technologierunde. Öffnen Sie Ihre Türen für Ihre Kunden und Partner, zum Beispiel, indem Sie Technologie- oder Anwenderforen ausrichten, hierbei Experten und Anwender zu Impulsreferaten oder Erfahrungsberichten einladen, mit den Teilnehmern in Workshops gehen oder im Stationsbetrieb Einblick in Ihre Entwicklungsaktivitäten zu einem frühzeitigen Zeitpunkt geben. Ermöglichen Sie ein schnelles, aber direktes Feedback über Post-it's oder einfache Klebepunkte. Binden Sie Ihren Vertrieb ein. Das schärft die Marktkenntnis.

Ermöglichen Sie Ihren Gästen ein frühes Look & Feel mit Prototypen und beobachten Sie Ihre Kunden dabei besonders aufmerksam. Zu den Herausforderungen gehört natürlich, dass die Menschen Ihnen im Dialog oft nicht direkt sagen können, was sie brauchen, sondern nur, was sie denken, dass sie brauchen. Beobachten Sie daher besonders genau auch die Reaktionen Ihrer Gesprächspartner, hören Sie aufmerksam zu und lesen Sie bewusst zwischen den Zeilen.

Stellen Sie vor allem ganz viele Fragen. Und lassen Sie sich bei der Analyse der Antworten von Henry Ford leiten. Berühmt und bei Innovatoren in aller Munde ist sein Zitat: „Wenn ich die Menschen gefragt hätte, was sie wollen, hätten sie gesagt schnellere Pferde".

Damit hat Henry Ford gewiss nicht gemeint, dass man als Anbieter, als Unternehmer, als Innovator die Meinung der Leute ignorieren soll. Er selbst hat genau auf die Bedürfnisse des ländlichen Amerikas im frühen 20. Jahrhundert geschaut und danach gehandelt. Er lieferte ein zuverlässiges Arbeitstier, das wenig Pflege brauchte und rund um die Uhr zur Verfügung stand. Sein Model T war das real existierende bessere Pferd.

Was lernen wir aber noch daraus: Die Frage „Was wollt Ihr?" ist nutzlos, wenn ihr nicht gleichzeitig auch eine Antwort in Form eines Lösungsangebots beigepackt ist. Wer meint, Innovationen abfragen zu können – und das meinen in unserem umfrage- und marketingorientierten Alltag viele – liegt völlig daneben.

Das Erkennen und Ableiten von Bedürfnissen ist eine herausragende Fähigkeit von unternehmerisch denkenden und handelnden Mitarbeitenden, den Entrepreneuren in den eigenen Reihen. Suchen und fördern Sie diese gezielt!

Versetzen Sie sich in die Lage Ihrer Kunden oder noch besser: Geben Sie Ihren Kunden ein konkretes oder zumindest ein fiktives, dennoch konkretes Gesicht als „*Personas*". Nachdem Sie entschieden haben, welche Persona Sie abbilden möchten, beginnen Sie, Material zu sammeln, zum Beispiel mithilfe von Whiteboards und Post-it's.

In einem ersten Schritt lernen Sie Ihre Kunden besser kennen. Anschließend stecken Sie sich ein klares Ziel, wie Sie diese erreichen wollen. Möchten Sie wissen, wie Ihre neuen Kunden mit Ihrem Produkt oder Ihrer Dienstleistung interagieren? Wollen Sie herausfinden, wie die Erfahrung für Ihre Stammkunden sein wird? Wonach suchen Sie?

Das Kundenerlebnis (die „*Customer Experience*") sollte immer außergewöhnlich sein. Spielen Sie durch, was Ihren Persona an Ihrem Produkt oder Ihrer Dienstleistung gefallen würde und was sie vermissen würden. Sie beginnen sehr breit aufgestellt, sammeln Daten, recherchieren und bekommen einen Überblick über die aktuelle Situation. Machen Sie sich auf eine fiktive Kundenreise und erkunden Sie auf dieser „*Customer Journey*" die Kundenerlebnisse.

Mit der Persona werden alle Abläufe und Kundenkontaktpunkte durchlaufen, um wichtige und kritische Punkte zu entdecken und diese klar zu strukturieren. Daraufhin werden Ideen, Anregungen und kritische Punkte aus der Endnutzersicht herausgearbeitet. Wie sieht beispielsweise die Kaufanbahnung, der Beschaffungsprozess, die Produktkonfiguration oder der Unboxing Prozess bei Neuprodukten vom Öffnen der Verpackung bis zur Inbetriebnahme für Ihre Kunden aus? Welchen Problemen begegnen sie auf dieser gedanklichen Reise?

Diese Fragen sollten Sie sich stellen, bevor Sie fortfahren. Startpunkt der Reise ist zu Hause. Gezielt werden Gefühle und Gedanken des Endnutzers den kritischen Punkten zugeordnet. Parallel dazu werden Ideen aufgeschrieben und den anderen Teilnehmern mitgeteilt. Ergänzen Sie verschiedene Recherchematerialien wie Interviews, Tagebücher,

Serviceberichte, Beschwerdehinweise und Ergebnisse aus qualitativen Erhebungen. Wählen Sie dann aus, welche Antworten welche Qualitäten repräsentieren, analysieren Sie diese und treffen Sie jeweils eine Schlussfolgerung für die Funktion des Produkts oder die Ausgestaltung eines Service.

Anschließend entwickeln Sie Ideen, um die von Ihnen identifizierten Probleme zu lösen, indem Sie den Blick noch breiter auffächern und so viele Lösungen wie möglich zulassen, die Sie wiederum auf die praktikabelste Option eingrenzen. Dieser Prozess muss in mehreren Iterationsprozessen reifen und daher so oft wie nötig wiederholt werden.

Wenn Sie alles durchdacht und Ihre Idee an die Kundenbedürfnisse angepasst haben, sollten Sie Rückmeldungen einholen. Teilen Sie dazu mit echten Kunden ihre Sicht und spiegeln Sie hierbei Ihre Annahmen mit der Realität und der Erwartungshaltung ihrer Kunden. Nutzen Sie die heißen Drähte und Ihre Netzwerke, bitten Sie Kunden um ihre Meinung. Ziel ist es, herausfinden, was ihre Bedürfnisse und Aufgaben sind und was sie wirklich brauchen.

Gehen Sie gemeinsam mit dem Kunden Schritt für Schritt auf dem vorgegebenen Weg von einer Interaktion mit dem System zur nächsten. Hören Sie ihnen aufmerksam zu, denn Kundenmeinungen sind schließlich das Wichtigste. Häufig bemerken Sie hierbei, dass Ihre Kunden nicht zufrieden sind und Sie gar nicht genau wissen warum.

Agile Innovationsverantwortliche zeichnen sich dadurch aus, dass sie sich gleichzeitig in ihre Mitarbeitenden und ihre Kunden hineinversetzen können. Sie unterstützen als Moderatoren und Coaches dabei, den besten Weg zu identifizieren, ein Problem zu beheben oder eine neue Lösung zu finden.

Schlüsselkunden früher und enger einzubinden als bisher sowie besonders innovative oder anspruchsvolle Kunden (Lead User) zu identifizieren, ist ein weiterer wichtiger Baustein erfolgreicher agiler Innovationsarbeit. Laden Sie diese Innovationsbegleiter zum Beispiel zu einem Werkstattgespräch ein, um durch „Co-Creation" gemeinsam den besten Weg zur Veränderung zu definieren. Binden Sie diese Schlüsselkunden nicht nur in Ihre Innovationsarbeit ein. Nein, geben Sie diesen auch noch die Möglichkeit zum frühzeitigen Test, selbst wenn das neue Produkt oder die aktuell entwickelte Dienstleistung nur einen vorläufigen Reifegrad oder noch einen Prototypenstatus aufweist.

Schärfen Sie auch den Blick auf zusätzliche Erfolgsfaktoren. Denn das tut Ihr Wettbewerber auch. Und sicher arbeiten Sie beide schon hart daran, dass Ihre Produkte qualitativ hochwertig sind und Ihre Maschinen technische Vorteile gegenüber denen der Wettbewerber bieten. Mit dem Ergebnis, dass Ihre Verkaufsmannschaft weiterhin mühsam an die Türen der Einkäufer klopfen muss, anstatt dass die Kunden bei Ihnen Schlange stehen.

Aber was hat Ihr Wettbewerber nicht auf dem Schirm, was dazu beitragen kann, dass Ihre potenziellen Kunden hinschauen? Was braucht es, damit Ihre Produkte nicht verkauft werden müssen, sondern gekauft oder Ihnen gar aus der Hand gerissen werden? Befragen Sie hierzu Ihre Kunden und nutzen Sie den bestehenden heißen Draht zum Kunden.

Ein Beispiel: Wenn Ihnen ein Kunde sagt, dass er gerne Ihr Produkt in einem iPhone-Design erhalten würde, so ist dies ein klarer Hinweis und eine Herausforderung. Doch schnell werden Sie herausfinden, dass es wohl nicht darum geht, dass Ihr Produkt im Kleid eines iPhones dessen Aussehen kopiert. Es muss stattdessen um den Effekt gehen: den Stolz, den der Besitz eines iPhones verspricht oder die Einfachheit und Vielseitigkeit seiner Nutzung. Vielleicht aber auch die Erweiterbarkeit und die Möglichkeit zu nutzerspezifischen Updates.

Schaffen Sie schnellstmöglich einen Prototyp, eine Musteroberfläche oder ein entsprechendes „*Minimum Viable Product*" (MVP) und stellen Sie es diesem Kunden wieder vor. Erzählen Sie ihm die von Ihnen entwickelte Kundengeschichte als „*User Story*" und achten Sie ganz konzentriert auf dessen Reaktion. Sie ist der wahrnehmbare Ausdruck, ob Sie die Vorstellung Ihres Schlüsselkunden präzise getroffen haben. Streichelt er das Muster, haben Sie den Nagel präzise auf den Kopf getroffen. Ihr Kunde ist begeistert und wird zum Fan.

Die Kunden nicht in den Mittelpunkt eines Design- oder Innovationsprozesses zu stellen, führt meist zu nutzlosen Ergebnissen, egal wie schön und gut gestaltet sie sind. Stellen Sie sich eine schöne, minimalistische Kaffeemaschine mit glatten und glänzenden Oberflächen vor, alle Fugen perfekt versteckt oder in das Design integriert, die auch guten Kaffee macht. Wenn aber der Start-Button so schlecht integriert ist, dass er vom Anwender nicht gefunden und erkannt wird, wird sich diese Maschine wahrscheinlich nicht sehr gut verkaufen. Das Gleiche gilt für alle Produkte, Dienstleistungen und Prozesse, an denen Menschen beteiligt sind, denn Fragen der „*Usability*" – der Nutzbarkeit und Bedienerfreundlichkeit – und eine ansprechende Mensch-Maschine-Interaktion sind von zentraler Bedeutung für die Markt- und Kundenakzeptanz neuer Produkte. Legen Sie hierauf großen Wert!

Schaffen Sie gemeinsam mit Ihren Kunden frugale Innovationen. Was nach Früchten klingt, ist in der Tat sehr fruchtbar, um noch wettbewerbsfähiger auf neuen und bekannten Märkten zu werden. *FRUGAL* steht für Functional, Robust, User-Friendly, Growing, Affordable, Local. Frugale Lösungen fokussieren auf die tatsächlichen Bedürfnisse des Kunden und vermeiden so ein Over-Engineering.

Ziel einer frugalen Produktentwicklung ist es, die nötigen Kernfunktionen in einem robusten Produkt umzusetzen, das dem Kunden ein optimales Kosten-Nutzen-Verhältnis bietet, denn Innovationen müssen verstanden, begeistern und schließlich abgenommen werden. Sie müssen eine möglichst passgenaue Lösung für die jeweiligen Marktanforderungen darstellen, weder minderwertig noch zu sehr abgespeckt. Und Sie müssen ein gewisses Überraschungsmoment besitzen, das berühmte „Wow!" der Kunden auslösen.

Die Prinzipien der agilen Innovation, auf die in Kap. 3 noch intensiv eingegangen wird, sind angelehnt an die Erfahrungen und Vorgehensweisen der agilen Softwareentwicklung. Auch bei der Innovationsarbeit helfen Sprints zur Umsetzung von Produktfunktionalitäten in kurzen Entwicklungszyklen. Realitätsnah abgeleitete User Storys sorgen dafür, dass der einzige, für den Erfolg maßgebliche Maßstab, nämlich die Akzeptanz durch die Kunden, Gültigkeit besitzt.

User Storys sind knapp formulierte Beschreibungen, die auch die wesentlichen Motivationselemente beinhalten und auf den Punkt bringen. Sie sind nach einzelnen typischen Anwendern, den Persona, differenziert. Schreiben Sie doch einfach einmal die erste Beschreibung eines neuen Produkts als Prospekt, verdichten Sie dann alles zu einem Flyer mit den wesentlichen Funktionalitäten und Kaufargumenten, den relevanten Alleinstellungsmerkmalen. Oder gestalten Sie ein entsprechendes Ankündigungsvideo. Sie werden sehen, wie ungemein dies auf dem Weg hin zu den wichtigsten Zielebildern hilft.

1.8   Neuer Ansatz: Innovationsarbeit agil anpacken!

Brainstorming -und willkürliche Gedankenspiele führen nicht zwangsläufig zu Innovationen. Obwohl diese Methoden zu deren Entwicklung gehören, entstehen Innovationen eher aus einer auf Langfristigkeit ausgelegten Denkweise, aus intensiven Beobachtungen, direkter Kommunikation mit Kunden und Lieferanten sowie einer kritischen Analyse vorhandener Erfahrungswerte und daraus abgeleiteter Verbesserungsmöglichkeiten.

Entscheidend ist, wie wir gerade erfahren haben, der direkte heiße Draht zum Kunden, den Sie aufbauen, hegen und pflegen müssen. Tragfähige Kundenbeziehungen dürfen keine Eintagsfliege sein. Sie entstehen nicht aus Kundenbefragungen im Multiple-Choice-Verfahren, die – kaum ausgewertet – sofort wieder in irgendeiner Schublade verschwinden.

Neue Produkte müssen immer schneller und individueller auf den Markt kommen. Eine Innovationsführerschaft muss stets neu erkämpft und verteidigt werden, denn wer stehenbleibt, wird überholt. Die Bedürfnisse der Märkte, die Angebote der Marktbegleiter und die nutzbaren Technologien ändern sich mit hohem Tempo. Sie werden anspruchsvoller, ihre Lösung erheblich komplexer.

Daher müssen wir uns kritisch hinterfragen: Hat unsere Innovationskraft nachgelassen? Haben wir unsere Kunden aus den Augen verloren? Haben wir die wichtigsten Technologien und Trends im Blick? Geben wir unser Geld für die attraktivsten und zukunftsträchtigsten Felder aus? Sind unsere Prozesse noch effektiv, schlank und schnell genug, damit aus einer Erfindung eine am Weltmarkt kommerziell erfolgreiche Innovation entsteht?

Doch es ändern sich nicht nur Technologien und Märkte. Dient unser kultureller Rahmen einer kreativen und effektiven Innovationsarbeit? Nutzen wir die Chancen und Erkenntnisse, die sich aus einem frühen Experimentieren und einem möglichen Scheitern ergeben für den nötigen Erkenntnisgewinn?

Selbst die Innovationsmethoden erfinden sich neu. Es sind spannende Zeiten. Die Art und Weise, wie Innovationen funktionieren, ändert sich gerade radikal. Heute geht es nicht mehr so sehr um Geistesblitze der Forscher in den eigenen Labors, sondern eher um die Zusammenarbeit mit der Wissenschaft, den wichtigsten Lieferanten, den schnell agierenden Startups und internationalen Leitkunden.

Und durch das Internet hat sich der Austausch von Ideen rasant beschleunigt. Dabei ist eines seit uralten Zeiten gleichgeblieben: Erfolgreich werden wir nur sein, wenn wir unsere Kunden überzeugen. Durch Ingenieurskunst und Innovationsstärke, durch Pioniergeist und ein stets nachgeschärftes Gespür für Märkte, Kundenbedürfnisse, Qualität und Zuverlässigkeit.

Wichtig ist es daher, neue Ansätze zur systematischen Entwicklung von Ideen, neuen Produkten und Dienstleistungen zu verfolgen, denn in diesen Zeiten erreicht praktisch jedes Unternehmen unweigerlich den Punkt, an dem die alten, sequentiell aufgebauten Prozesse und das bisher verwendete Wasserfallmodell, bei dem relativ starr nach einer umfassenden Gesamtplanung an einem Konzept sequentiell gearbeitet wird und erst im Nachhinein Änderungen zugelassen sind, schlichtweg nicht mehr funktionieren. Flexibilität und ein möglichst schnelles Anpassen an sich verändernde Rahmenbedingungen und Anforderungen sind schließlich gefragt.

Viele Firmen sehen hierbei die Nutzung agiler Entwicklungsmethoden wie *Scrum* oder *Design Thinking* zum Beispiel als einen wichtigen Schlüssel zum Erfolg. Diese haben in den letzten Jahren einen enormen Popularitätsschub erfahren und einen regelrechten Hype in der Softwareentwicklung ausgelöst, denn gegenüber klassischen Methoden besitzen sie entscheidende Vorteile bei der qualitäts- und anforderungsgerechten schnellen Entwicklung von Software und deren schneller, kundengerechter Umsetzung.

Doch wie gelingt es diese Erfahrungswerte und neuen Arbeitsweisen aus der Softwareentwicklung auf die allgemeine Innovationsarbeit zu übertragen? Wie sieht agile Innovation dann in der Produktentwicklung aus? Und welcher Wertewandel und welche Veränderungsherausforderungen sind damit ganz konkret verbunden?

Vorab ein paar einführende Leitgedanken zum Übergang in ein neues Wertesystem der agilen Innovation:

1. Pflegen Sie eine andere Denkweise
Um Ihren Wettbewerbern einen Schritt voraus zu sein, müssen Sie neue Ansätze, neue Ideen und neue Lösungen entwickeln. Das können Sie nicht tun, wenn Sie alte Denkmuster nicht loslassen. Sie können Ihre Kreativität und Phantasie fördern, indem Sie neue Dinge in Ihrem Büro ausprobieren. Ändern Sie die Art und Weise, wie Sie Meetings gestalten, wie Sie planen und im Team zusammenarbeiten. Denken Sie intensiv über den Zweck und die Zukunft des Unternehmens nach und darüber, welche Produkte und Dienstleistungen Sie anbieten möchten. Sicher ist, wenn Sie Komfortzonen verlassen, werden neue Ideen fließen.

2. Entwickeln Sie eine sinnstiftende Vision und sorgen Sie für Orientierung
Veränderungen können ein langfristiges Ziel sein und der Weg mag steinig sein. Lassen Sie sich nicht entmutigen. Innovation geschieht nicht von heute auf morgen. Finden Sie einen Weg, Ihre Vision und Ihren Orientierungssinn am Leben zu erhalten.

Was zu tun ist: Es ist hilfreich, sich Ihr Unternehmen in der Zukunft vorzustellen. Wie wird das Geschäft aussehen? Welche Ziele haben Sie erreicht und was macht Ihr

Unternehmen? Visualisieren Sie die Antworten in Zielebildern und schreiben Sie Ihre Gedanken auf. Oder noch besser, skizzieren Sie diese und hängen Sie sie sichtbar auf.

Nur wenn Ihre Mitarbeiter die Vision teilen und darauf hinarbeiten, können Sie ihr nahekommen. Nur so entwickelt sich das zur Realisierung der Vision und zur Erreichung der Zielzustände nötige Momentum im Unternehmen. Es ist daher eine absolute Notwendigkeit, mit Ihren wichtigsten Mitarbeitern über diese Pläne zu sprechen. Erzählen Sie ihnen von Ihrer Vision, aber hören Sie auch aufmerksam auf deren Ideen.

3. Konzentrieren Sie sich auf Ihre Kunden und Ihre Netzwerke

Wie kann man erfolgreich sein, wenn man nicht fragt, was der Markt wirklich braucht? Kunden sind Ihre beste Informationsquelle und Ihre besten Partner bei der Innovationsarbeit. Was zu tun ist: Erstellen Sie Modellkunden – Persona – und versetzen Sie sich in ihre Lage. Wer sind sie und was sind ihre Qualitäten, Werte und Probleme? Warum kaufen Kunden Ihr Produkt oder Ihre Dienstleistung und was machen sie damit? Woher kommt die Notwendigkeit, es zu kaufen? Was machen sie damit nach dem Kauf?

Wie baut man Wissen für den Innovationsprozess auf?

Aus der Tradition eines Bestandsunternehmens heraus verfügt ein Unternehmen über eine gewisse Expertise und Kernkompetenzen. Agile Innovatoren müssen aber den Blick beim Sammeln von Ideen viel stärker auf neue Themen und aktuelle Marktentwicklungen lenken. Die Erfahrung zeigt, dass Innovation häufig an den Schnittstellen zwischen Wissenschaft und Wirtschaft sowie durch die Kombination von Wissen aus verschiedenen Branchen und Anwendungsfeldern entsteht. Daher ist es wichtig, Innovation nicht im stillen Kämmerlein oder nur in der Forschungs- und Entwicklungsabteilung voranzutreiben, sondern den Austausch und die Kooperation mit anderen Unternehmen oder der Wissenschaft zu suchen.

Bauen Sie sich Netzwerke auf, die alle relevanten Partner für eine gelingende Innovationsarbeit berücksichtigen: Kunden, Stakeholder, Lieferanten, anerkannte Branchenexperten und selbstverständlich Ihre Mitarbeitenden. Ergänzen sie Ihre Teams mit Leuten, die die neuen Märkte verstehen, und bringen Sie diese mit umsetzungsstarken Kollegen zusammen.

4. Justieren und testen Sie schnell

Jede Idee wird am besten gemeinsam mit dem Kunden entwickelt und getestet. Überprüfen Sie ständig, ob Sie mithilfe Ihrer Kunden in die richtige Richtung gehen. Was zu tun ist: Werkstattgespräche und ein gemeinsames Prototyping sind immer ein guter Anfang. Ob eine Präsentation oder Zeichnung, Legosteine oder Styropormodell, ein Prototyp bringt Ihre Idee schnell und einfach zum Leben, macht Innovation greif- und begreifbar.

Denken Sie daran, es ist die erste Version, die noch zur Diskussion steht. Nehmen Sie daher nur die wichtigsten Funktionalitäten auf und teilen Sie diese ständig und frühzeitig mit Ihren Kunden. Gefällt es ihnen? Zeigen sie Begeisterung? Verstehen sie das Produkt überhaupt so, wie Sie es tun? Denken sie, dass sie es vielleicht wollen oder brauchen? Würden sie dafür bezahlen?

Sprechen Sie darüber und analysieren Sie das erhaltene Feedback sorgfältig. Seien Sie bereit, sich anzupassen und erneut zu testen. Agile Innovation lebt von Fehlern, Fehlinterpretationen und mehreren Iterationen. Alles dient dem frühzeitigen Erkenntnisgewinn und einem passgenauen Fit der von den Kunden geschilderten Bedürfnisse und Wünsche.

5. Vertrauen und befähigen Sie Ihre Mitarbeitenden

Innovation ist ein Knochenjob für die gesamte Organisation, kein Einzelkampf. Einzelkämpfer sind nur noch im Kino gefragt. Werden Sie sich klar darüber, dass Ihre Mitarbeitenden vielleicht bessere Ideen haben könnten als Sie und besser wissen könnten, was das Produkt oder die Dienstleistung brauchen. Vertrauen Sie ihnen.

Zukunftsweisend ist eine Philosophie, jedem Mitarbeitenden 15 % seiner Arbeitszeit für kreative Freiräume zur Verfolgung seiner Projektideen zur Verfügung zu stellen. Es ist in der Regel eine extrem motivierende Maßnahme und ein gut angelegtes Zeitbudget in die persönliche und fachliche Entwicklung Ihrer Schlüsselmitarbeiter.

Was noch zu tun ist: Ob durch Innovationsworkshops, Werkstattgespräche, Kundentage, Hackathons, Pitches oder andere Methoden, ermutigen Sie Ihre Mitarbeitenden zu neuen Ideen und Verbesserungsvorschlägen. Zeigen Sie Wertschätzung und Anerkennung, nehmen Sie sich dafür Zeit. Prägen Sie eine offene und transparente Unternehmens- und Kommunikationskultur, die auch Fehler und Misserfolge zulässt. Nur wenn Menschen bereit sind, auch mutige Entscheidungen zu treffen, können Innovationen entstehen. Eine Kultur der Eigenverantwortung und hohen Fehlertoleranz ist zentrale Erfolgsvoraussetzung für agilen Innovation.

6. Beenden Sie Planungs- und Berichtswut, beschränken Sie die Bürokratie

Bürokratie -und Misstrauen sind zwei Faktoren, die verhindern können, dass eine Idee zur Marktreife gebracht wird. Planungswut und das Ausarbeiten detaillierter Gesamtpläne, die über einen Zeithorizont von drei Monaten hinausgehen, machen nur an wenigen Stellen in einem Unternehmen Sinn.

Weisen Sie stets die Bürokratie in ihre Grenzen. Lösen Sie sich von Plänen, indem Sie sich ausschließlich am Fortschritt orientieren. Planwirtschaft und Dirigismus haben eine unausweichliche Konsequenz: Sie entmündigen Menschen, machen sie einfallslos. Kümmerer produzieren Verkümmerte. Das ist eine große Barriere gegen alles Neue und Alternative.

Erinnern Sie sich? In Berlin gelang es den angeblich besten Planern und Organisatoren nicht, einen Flughafen fertigzustellen, ohne dass immer wieder milliardenschwere Fehlplanungen zutage traten. Es ist ein offenes Geheimnis, dass es dabei nicht um einen Mangel an Planung ging, sondern um ein Defizit zur Improvisation und Anpassung an neue Gegebenheiten.

Dass das perfektionistische Feilen an einem Bericht oder einer Präsentation das Ergebnis zwar schöner, aber nicht unbedingt aussagekräftiger macht, wissen wir längst. Würden wir diesem Wissen folgen, könnten wir uns stattdessen fruchtbareren Themen zuwenden.

Setzen Sie auf agile Reviews und haben Sie Mut zur zielorientierten Planlosigkeit. Setzen Sie auf die berühmten 80 % statt auf Perfektion: Ein neues Denken und ein neuer Weg, der zu ganz anderen Lösungen führt! Agieren Sie beim Sprint Review streng nach der Kernfrage, welche konkreten nächsten Schritte bringen uns am deutlichsten dem Zielebild näher. Und bleiben Sie auch locker, wenn der Hase mal ganz anders läuft als gedacht.

7. Steigen Sie mutig ein in die agile Transformation und lassen Sie Fehler zu
Agile Innovation ist die Kunst, neue Produkte in den Markt zu bringen, die die heutigen Produkte alt aussehen lassen. Um Lähmung zu überwinden und flexibel zu reagieren, müssen wir mehr in Initiativen, kurzzyklischen Sprints und Projekten denken als in klassischen Strukturen. Mitarbeitenden müssen über Silos hinweg in Netzwerken und Teams agieren.

Agile Innovation greift angestammte Machtbereiche an, setzt auf hierarchiearme und ermöglichende Führung. Dieser Wandel erzeugt Widerstand. Doch wahre Innovationskraft entfaltet sich nur in eigenverantwortlich agierenden, angstfrei und konzentriert arbeitenden Teams. Dies verlangt von Führenden Bescheidenheit und ein Management der Rahmenbedingungen.

Versuchen Sie alles, um die negativen Wirkungen von Hierarchien zu dämpfen. Es lohnt sich, denn diejenigen, die ihre Königreiche verteidigen, sind meistens nicht diejenigen, die die Zukunft des Unternehmens retten.

Beim Schleifen von Königreichen und müssen Sie viel Überzeugungsarbeit leisten und brauchen den unbedingten Rückhalt der Unternehmensleitung. Achten Sie ganz besonders darauf, die Sprache der Leute zu sprechen. Wenn Sie mit dem typischen Wortgebrauch des Topmanagements ankommen, wecken Sie kaum Lust auf Veränderung bei den Mitarbeitenden.

Ein Unternehmen offen für Ideen, neue Wege und Lösungsansätze zu machen, erfordert Mut sowie einen anderen Umgang mit Risiko und Scheitern. Nötig ist eine Kultur, die bei Fehlern nicht mit Bestrafung, sondern mit Motivation reagiert. Agile Innovatoren sollen bewusst auch Risiken eingehen. Deshalb ist ein massiver Kulturwandel quer durch die Organisationseinheiten eines Unternehmens unabdingbar, an dem man mit Vertretern aus allen Hierarchiestufen arbeiten muss.

8. Agieren Sie angstfrei und haben Sie Geduld, auf die richtige Welle warten zu können
Halten Sie Ihre Ungeduld und Ihre Ängste im Zaum. Nur besonnen agierende Piloten und Kapitäne kommen an ihre Ziele, auch wenn sie dabei öfter durch Turbulenzen und schwere See reisen und dabei stets Zuversicht und Ruhe ausstrahlen müssen. Ungeduld überträgt sich als Stress auf Ihre Mitarbeitenden. Kreative Lösungsfindung und

wirkungsvolle Innovationsarbeit wird dadurch verhindert. Angst und Mutlosigkeit sind schlechte Wegbegleiter!

Haben Sie Geduld! Innovation passiert ähnlich wie beim Wellenreiten: Der Wellenreiter schaut auf das Meer hinaus. Welle für Welle lässt er vorbeiziehen, denn wer große Wellen reiten will, muss den richtigen Moment abwarten können. Und dann plötzlich kitzelt es doch in seinem Bauch. Eine Welle unterscheidet sich von den anderen. Er zögert noch und zweifelt, aber seine Emotionen veranlassen ihn, sich kurzentschlossen seinem Surfbrett zuzuwenden und vom Strand aus in Richtung Welle loszukraulen. Nach wenigen Metern erreicht ihn die Welle und er springt auf sein Brett. Das Brett beginnt zu gleiten und mit jeder Sekunde schwinden seine Zweifel. Ja, sie ist es, die richtige Welle. Und er reitet sie dem Strand entgegen. So ähnlich ist es mit agilen Innovationen im Berufsleben:

- Profitable Innovationschancen sind wie Wellen. Man findet sie nicht an jedem Strand und nicht bei jedem Wetter. Und so bietet auch nicht jeder Markt jederzeit Potenzial, mit Neuheiten gute Geschäfte zu machen. Man braucht Geduld und Überblick, um zum richtigen Zeitpunkt am richtigen Ort mit einer passgenauen Lösung zu stehen.
- Wer gut auf die richtige Welle vorbereitet sein will, muss weit draußen vor dem Strand auf sie warten und Ausschau halten. Im Innovationsraum bedeutet dies, dem Trendscouting, der Trendableitung und dem strategischen Generieren und Auswählen potenzialträchtiger Ideen Raum und Zeit zu geben. Übermut und Nachlässigkeit sind beides Gefahren!
- Wer große Wellen reiten will, muss Urlaub nehmen, eine lange, teure Reise antreten, zum Strand fahren und bei passendem Wetter rausschwimmen, draußen auf die Welle warten ohne sich dabei sicher sein zu können, ob sie kommt und wie gut der Ritt gelingen wird.

Zusammenfassend gilt es, die gesamte Organisation eines Unternehmens für das Neue zu mobilisieren, Leidenschaft zur Transformation von Ideen in am Markt messbare Erfolge zu erzeugen und eine grundsätzliche Offenheit aller Mitarbeiter für neue Wege des Zusammenarbeitens zu schaffen. Sinnstiftende Visionen, außergewöhnliche Werte, Zielebilder, klare Leitplanken, agile Arbeitsweisen und eine ganz besonders innovationsfreundliche kulturelle Rahmensetzung, die auch vom Management vorgelebt und geprägt werden, lassen Neues gedeihen und Disruptives erfolgreich entstehen.

Machen Sie sich nun auf den Weg zur agilen Innovation!

Weiterführende Literatur

Bergmann, G., Daub, J., *Systemisches Innovations- und Kompetenzmanagement – Grundlagen, Prozesse, Perspektiven*, Gabler (2006), S. 69–77

Bonin, H., Gregory, T., Zierahn, U., *Übertragung der Studie von Frey/Osborne (2013) auf Deutschland*, Forschungsbericht 455 an das Bundesministerium für Arbeit und Soziales, Herausgeber ZEW Zentrum für Europäische Wirtschaftsforschung GmbH, Mannheim (2015)

Bullinger, H.-J., Die Stärken des deutschen Innovationsmanagements liegen in der Vernetzung, in Keuper, F. (Hrsg.), Digitalisierung und Innovation – Planung, Entstehung, Entwicklungsperspektiven, Springer Gabler (2013), S. 27–34

Christensen, C. M., *Innovator´s Dilemma: When New Technologies Cause Great Firms to Fail*, Harvard Business Review Press (1997)

Deuse, J., Weisner, K., Hengstebeck, A., Busch, F., *Gestaltung von Produktionssystemen im Kontext von Industrie 4.0* in A. Botthof, E. A. Hartmann (Hrsg.), Zukunft der Arbeit in Industrie 4.0., Springer Vieweg, S. 99–109, (2015)

Dillerup, R., Stoi, R., *Unternehmensführung. Management & Leadership. Strategien, Werkzeuge, Praxis*, Vahlen, S. 14-22 (2016)

Gausemeier, J., Plass, C., Wenzelmann, C., *Zukunftsorientierte Unternehmensgestaltung – Strategien, Geschäftsprozesse und IT-Systeme für die Produktion von morgen*, Carl Hanser (2009), S. 62–65

Glück, M., *Die Produktion 2020*, Computer & Automation, Heft 6/2012, S. 47–50

Großklaus, R., *Neue Produkte einführen – Von der Idee zum Markterfolg*, Gabler (2018), S. 36–43

Kohler, K., *Nerds als Helden – Ein wenig mehr Silicon Valley in Deutschland wäre schön!*, Informatik Spektrum 38, 1/2015, S. 37–40

Liepert, B., *Wir denken Wege in die Zukunft*, Interview in Robotik und Produktion, Heft 3/2018, S. 18–19

Lotter, W., *Innovation – Streitschrift für barrierefreies Denken*, Körber (2018), S. 9–47

Nerdinger, F. W., Wilke, P., Stracke, S., Röhrig, R. (Hrsg.), *Innovation und Beteiligung in der betrieblichen Praxis – Strategien, Modelle und Erfahrungen in der Umsetzung von Innovationsprojekten*, Gabler Research (2010), S. 13–26

Pfannstiel, M. A., Siedl, W., Steinhoff, P. (Hrsg.), *Agilität in Unternehmen*, Springer Gabler (2021), S. 1–13

Schumpeter, J. A., *Theorie der wirtschaftlichen Entwicklung*, Duncker & Humblot (1931)

Schumpeter, J. A., *Kapitalismus, Sozialismus und Demokratie*, UTB (1992)

Thinius, M., Das war schon immer so! Wie Traditionen uns von der Zukunft und Fachkräften fernhalten, Arbeit und Arbeitsrecht (AuA), Heft 05/23, S. 28–30

Swoboda, M., *Innovational Leadership*, Springer Gabler (2020), S. 8–9

Ulwick, A. W., *What customers want – Using Outcome-Driven Innovation to Create Breakthrough Products and Services*, McGraw Hill (2005), S. 66–82

Zirm, A., Geschka, H., *FAQ-Innovationsmanagement*, Symposion (2014), S. 14, 16, 19–22

Märkte und Trends – Ende der Gewissheiten?

Erfolg besteht darin, dass man genau die Fähigkeiten hat, die gerade gefragt sind.

Henry Ford

Welche Produkte werden in zehn Jahren gefragt sein? Welche Produktionstechniken werden sich durchsetzen? Antworten auf diese Fragen zu finden, ist nicht einfach. Das Marktumfeld wird fortwährend anspruchsvoller. Der internationale Wettbewerb wird immer härter. Und die Kundenanforderungen sind so komplex wie nie zuvor. Sie wandeln sich schnell.

Wir können nicht mehr vorhersagen, wie die Zukunft aussehen wird, aber wenn wir uns nur kurz anschauen, wie sich die Märkte und Technologien in den letzten Jahrzehnten entwickelt haben, bekommen wir schon eine Vorstellung davon, wie rasant sich die Kundenbedürfnisse und die neuen technologischen Entwicklungen in den nächsten Jahren ändern werden.

Wer in dieser Welt bestehen will, muss daher das große Ganze im Blick haben und flexibel auf Veränderungen reagieren. Dann beschleunigt sich das Wachstum. Mainstream führt dabei mit Sicherheit nicht mehr zum Ziel. Und wer nicht vom Markt verdrängt werden will, muss aktuelle Trends rechtzeitig erkennen und sich abzeichnende Chancenpotenziale frühzeitig aufgreifen.

Nur so gelingt es, sich durch kundenzentrierte Innovation einen Vorsprung zu erarbeiten, seine Unternehmensstruktur anzupassen und dem Ende der bisherigen Gewissheiten mit Mut und Zuversicht aktiv zu begegnen. Ausschließlich auf diese Weise gelingt es einem, freudig, zuversichtlich und gespannt darauf zu schauen, was die Zukunft bringt.

Erschreckend ist in diesem Zusammenhang, dass vor allem die Technologiebranche häufig durch eine überraschend geringe Trendsensitivität auffällt. Einige Unternehmen haben zwar bestimmte Megatrends ein wenig im Blick, jedoch werden diese häufig nicht oder nur vage in ihrer Innovationsstrategie reflektiert. Dies gilt insbesondere für Megatrends wie die steigende Bedeutung von Nachhaltigkeit, den demografischen Wandel, Künstliche Intelligenz und die Auswirkungen der Digitalen Transformationen. Diese müssen aber analysiert werden!

2.1   Ende der Gewissheiten: Alles VUCA?

Die Situation ist paradox. Nach der schweren Finanzkrise 2008/09 mit bisher noch nicht erlebten Nachfrage- und Umsatzeinbrüchen erlebte die deutsche Wirtschaft bis zu Beginn des Jahres 2020 einen ihrer längsten und rasantesten Aufschwünge. Gleichzeitig entwickelte die digitale Transformation ihre volle Wucht und erfasste nahezu alle unsere Lebensbereiche. Von der Finanzwelt über den Handel, die Medienwirtschaft, den Tourismus, die Gastronomie, die Gesundheitswirtschaft, das Transportwesen bis zur Produktion und Logistik reicht die Bandbreite revolutionärer Veränderungen im Zuge der digitalen Transformation und des Erstarkens neuer Methodenansätze der Künstlichen Intelligenz.

Auch die globalen Beschaffungsmärkte, die Wertschöpfungs- und Handelsketten sowie die weltweite Marktentwicklung haben sich mit immensem Tempo im Zuge der fortschreitenden Globalisierung weiterentwickelt. Neue branchenfremde Anbieter wie Apple, Tesla, Google oder Amazon kamen in den Markt und stellten jahrzehntelang geltende Erfolgsmodelle infrage. Ganze Geschäftszweige verschwanden, wie zum Beispiel die Mobilkommunikation bei Siemens und Nokia. Gleichzeitig erreichten die Geschäftsrisiken ein kaum gekanntes Ausmaß.

Vollkommen unerwartet war die Corona Pandemie mit ihren immensen Auswirkungen. Niemand konnte sich Lockdowns, Rezessionen, das Abreißen von Lieferketten auch nur in seinen kühnsten Träumen vorstellen. Gleichzeitig belasteten Niedrigzinsen, eine anspringende Inflation sowie ernsthafte Auseinandersetzungen zwischen den führenden Volkswirtschaften USA, China, Europa und Russland die Weltwirtschaft.

Hinzukamen kriegerische Auseinandersetzungen in Osteuropa, Teilen Afrikas und im Nahen Osten, die das globale Marktgeschehen fundamental beeinträchtigen und zu einer seit langem nicht mehr so großen, spürbaren Verunsicherung der nationalen und der internationalen Wirtschaft geführt haben. Steigende Energiepreise, der Verteilungskampf um wertvolle Rohstoffe und Ressourcen, der fortschreitende Klimawandel werfen große Fragen mit dringendem Handlungsbedarf zur Verbesserung der Resilienz auf.

Am Standort Deutschland bekommen wir aktuell auf sehr bedeutsame Weise die Auswirkungen mehrerer veritabler Krisen zu spüren. Das Wirtschaftswachstum stagniert. Die Entwicklung der Elektromobilität stockt. Die chinesische Volkswirtschaft setzt unseren Firmen mittlerweile auch in den traditionell starken Stammbranchen wie dem Maschinen- und dem Automobilbau erheblich zu. Die digitale Transformation lahmt in ihrer Umsetzung. Offene Fragen der künftigen Energieversorgung bleiben ungelöst und suchen nach nicht ganz einfachen Antworten. Die Auswirkungen der Kriege sind spürbar und der demographische Wandel mit seinem damit verbundenen Fachkräftemangel fordert die Unternehmen heraus.

Ein gefährliches Gemisch an Unwegbarkeiten, ja eindeutig ein Ende der gewohnten und geschätzten Gewissheiten. Ist das nun alles VUCA (Abb. 2.1)?

VUCA ist ein Akronym, das sich aus „Volatility" (Volatilität), „Uncertainty" (Unsicherheit), „Complexity" (Komplexität) und „Ambiguity" (Mehrdeutigkeit) zusammensetzt. Damit werden Merkmale der modernen Welt und der aktuell herausfordernden Marktentwicklungen beschrieben.

Die Abkürzung selbst kommt ursprünglich aus dem amerikanischen Militär. Sie wurde in den 1990er-Jahren des Zusammenbruchs der UdSSR und des Wegfalls des Ostblocks als der eine Feind zur Standardbeschreibung der modernen Umgebung, in der die US-Armee tätig ist, eingeführt. Sie beschreibt neuartige Zustände in Kriegsgebieten, die unbekannte Bedingungen mit sich bringen und neue Sicht- und Reaktionsweisen unter den Bedingungen von Flüchtigkeit, Ungewissheit, Komplexität und Mehrdeutigkeit erfordern.

Später wurde der Begriff von Unternehmen und Hochschulen übernommen. Diese sehen die Phänomene, auf die das Akronym anspielt, in einem Zusammenhang mit den aktuellen, zuvor beschriebenen Veränderungen und suchen nach Strategien und Konzepten, um sich in dieser veränderten Umwelt zu behaupten.

Auch die aktuelle Arbeitswelt lässt sich mit diesen Begriffen beschreiben. VUCA steht hier für eine sich stetig ändernde Geschäftswelt, die zunehmend schneller, unvorhersehbarer, unsicherer und komplexer wird und damit große Herausforderungen mit sich bringt.

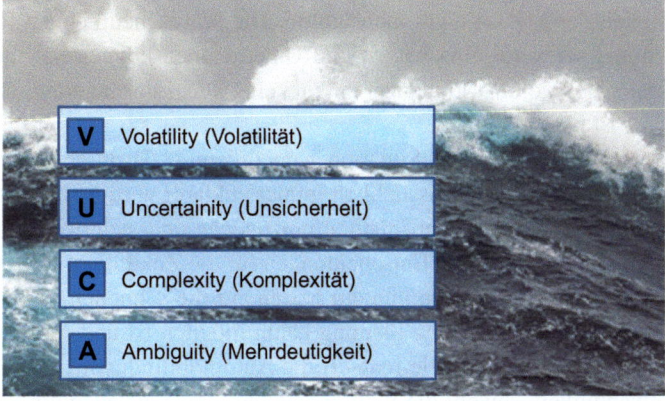

Abb. 2.1 VUCA, ein Akronym, das sich aus „Volatility" (Volatilität), „Uncertainty" (Unsicherheit), „Complexity" (Komplexität) und „Ambiguity" (Mehrdeutigkeit) zusammensetzt und für die Welle an neuen Herausforderungen steht, die auf unsere moderne Geschäftswelt hereinbricht

- *Volatilität* steht für Märkte und Kunden, die sich in ihrem Marktgeschehen immer häufiger und schneller radikal verändern. Die neuen Rahmenbedingungen sind wechselhaft und schwankend, sie können sich von einem Tag auf den anderen komplett wandeln. Durch Digitalisierung und Globalisierung werden Prozesse im Arbeitsleben immer schneller und verteilen sich über Ländergrenzen hinweg. Konflikte führen zu Handelsbeschränkungen, Rohstoffknappheiten und Preisanstiegen.
- *Uncertainty* steht für Unsicherheit. Bedingt durch die Volatilität der Märkte entsteht eine Unsicherheit. Die Vorhersehbarkeit und Berechenbarkeit von Ereignissen nehmen rapide ab, Prognosen und Erfahrungen aus der Vergangenheit als Grundlage für die Gestaltung von Zukunft verlieren ihre Gültigkeit und Relevanz. Immer weniger ist klar, wohin die Reise geht. Es verschwinden traditionelle Firmen oder auch Berufe und es entstehen neue, teilweise technologiebeherrschende Unternehmen. Eine Planung ist kaum möglich, feste Regeln gelten nicht mehr, die Zukunft ist ungewiss und unzählige Faktoren müssen berücksichtigt werden. Das bedeutet auch vermehrt mit Risiken umzugehen. Und die neue Macht der Kunden bringt die Notwendigkeit der strikten Kundenzentrierung mit sich. Neu sich entwickelnde Marktbegleiter benötigen eine intensivere Auseinandersetzung mit Entwicklungschancen, Risiken und Bedrohungen, die eine rasche Reaktion erfordern.
- *Complexity*: Die Komplexität steigt durch eine zunehmende globale Vernetzung und Verknüpfung von Prozessen und Sachverhalten. Was ist die Ursache? Was die Wirkung? Probleme und deren Auswirkungen werden vielschichtiger, alles hängt miteinander zusammen, ist vielschichtig und erscheint oft undurchschaubar.
  Die Systeme sind so eng ineinander verzahnt, dass Ursache-Wirkungs-Zusammenhänge schwer zu erklären sind und eine Rückkopplung der Systeme bzw. das Verändern von Komponenten unvorhersehbare Folgen hat. Dieses sensible Arbeitsgeflecht ist äußerst volatil, bereits die Änderung eines einzelnen Faktors kann große Auswirkungen nach sich ziehen. Zudem sind alte Theorien und Muster durch die Schnelllebigkeit der Märkte nicht mehr gültig. Die Wahrscheinlichkeit für Ereignisse lässt sich immer schwerer einschätzen und Unternehmen können nur mit Ungewissheit langfristige Handlungsstrategien entwickeln. Die Entscheidung für den einen richtigen Weg ist kaum möglich.
- *Ambiguity*: Zunehmend werden Situationen mehrdeutig, da durch die große Daten- und Informationsflut deren Verlässlichkeit immer unklarer wird. Unternehmen müssen einen Weg finden, mit den Gegebenheiten umzugehen und sich der Herausforderung stellen, auf einer volatilen Basis Entscheidungen für die Zukunft zu treffen.
  Wie aber reagieren Unternehmen nun am besten auf die schnellen Veränderungen, in einer Welt in der eine langfristige Planung kaum möglich ist und es auf viele Fragen keine klaren Antworten gibt? Wie reagiert die Automobilindustrie zum Beispiel jetzt auf die Notwendigkeit, sowohl die Verbrennertechnologie als auch die Elektromobilität in einem aktuell äußerst intensiven Wettbewerbsumfeld in eine wirtschaftlich sinnvolle Zukunft bei gleichzeitiger Erfüllung notwendiger Klimaziele zu führen? Setzt man dabei auf Batterietechnik, auf Wasserstoff oder auf neuartige Kraftstoffe?

Die Antwort, um auf die Herausforderungen der VUCA-Welt zu reagieren und neue Chancen zu nutzen, lautet vielleicht erneut VUCA und steht in diesem Fall für:

- *Vision* (Vision): Eine inspirierende und sinnstiftende Vision, Leit- und Zielebilder dienen als Orientierungshilfe in dem komplexen Umfeld. Für Mitarbeitende schaffen diese Identifikation und Motivation, um notwendige Veränderungen umzusetzen und alle mitzunehmen. Dabei steht im Fokus, wofür das Unternehmen steht und wie es die Märkte bearbeiten will, aber auch welche Kultur, Werte und Arbeitsweisen den betrieblichen Alltag und den Kundenkontakt ausmachen sollen.
- *Verstehen* (Understanding): Führungskräfte und Mitarbeitende müssen sich ein Verständnis über die Markt- und Technologieentwicklungen verschaffen und den daraus sich ableitenden Handlungsbedarf in den Kontext der betrieblichen Ausrichtung der Organisation, ihrer Prozesse und der Projektarbeit setzen.
  Durch den Austausch mit Partnern und Kunden sowie die explizite Förderung von enger Zusammenarbeit in Teams und Netzwerken können unübersichtliche Zustände besser greifbar und konkreter gemacht und von den Beteiligten in schlagkräftigen kleinen Gruppen besser dezentral beherrscht werden.
  Ein gemeinsames Verständnis zu schaffen, ist eine der zentralen Aufgaben moderner Führung, die sich auf die Gestaltung von Rahmenbedingungen, die Definition von Zielen und Leitplanken fokussiert und das effiziente Zusammenwirken als Ermöglicher (Enabler) und Coach methodisch und fachlich unterstützend orchestriert. Weg mit den verkrusteten Hierarchien, langen Entscheidungswegen und der detailverliebt ausufernden Planwirtschaft!
- *Klarheit* (Clarity): Eine gemeinsame strategische Ausrichtung in einer verständlichen Sprache schafft einen stabilen Rahmen, Klarheit und Orientierung für Führende und ihre Teams. Individuelle Prioritäten oder widersprüchliche Ziele sollten in Einklang gebracht werden, um damit eine tragfähige Basis für die erfolgreiche und teamübergreifende Zusammenarbeit schaffen.
- *Agilität* (Agility): Unternehmen brauchen in herausfordernden Umfeldern eine neue Qualität der Wendigkeit und unmittelbaren, flexiblen Anpassung an ihre Kunden, an neue Gegebenheiten und an die Unterschiedlichkeit der Absatzmärkte. Die Geschwindigkeit und Unvorhersehbarkeit der Veränderungen des Marktes erfordern mehr denn je, sich schnell an neue Gegebenheiten anzupassen. Dabei ist es von essentieller Bedeutung, Vertrauen in seine Mitarbeitenden zu haben und ihnen genügend Handlungsspielraum zu geben, um flexibel und schnell auf unerwartete Anforderungen eigenverantwortlich und selbstbestimmt reagieren zu können.

Agil zu werden, das scheint die Lösung für viele Probleme und Herausforderungen zu sein. Immer mehr Unternehmen versuchen daher folgerichtig ihre Arbeitsweise mit agilen Methoden zu modernisieren. Agilität als Wertegerüst steht für eine besondere Anpassungsfähigkeit, Flexibilität und Resilienz von Unternehmen.

Wichtig ist aber auch das Verständnis darüber, dass Agilität mehr als nur eine Methode ist, zu schärfen. Für eine gelungene agile Transformation braucht es vor allem die richtigen Rahmenbedingungen in den Bereichen Strategie, Struktur, Prozesse, Kultur, Führung und Methodeneinsatz. Und es bedarf einer einheitlichen Motivation und Zielsetzung, eines modernen Führungsstils mit kurzen Entscheidungswegen und einer ausgereiften Fehler-, Innovations- und Lernkultur.

In der VUCA-Welt gibt es disruptive Veränderungen, alles wird auf den Kopf gestellt, kein Stein bleibt auf dem anderen. Die Unternehmen stehen vor großen Herausforderungen:

- Abnehmende Halbwertszeit von Fähigkeiten und Wettbewerbsvorteilen und verschwimmende Grenzen zwischen Branchen, sinkende Markteintrittsbarrieren. Der nächste Wettbewerber ist vielleicht nur einen Mausklick entfernt. Oder er ist bereits aktiv, z. B. in China, und wird noch gar nicht richtig wahrgenommen.
- Veränderte Formen der Wertschöpfung, verstärkt durch Technologie und bestimmt durch deren schnelle und vielfältige Entwicklungen. Vor allem die Auswirkungen der digitalen Transformation und mögliche Chancen der Nutzung von Künstlicher Intelligenz gilt es zu betrachten. Fertigungsverfahren sind hinsichtlich ihrer CO_2-Bilanz zu optimieren.
- Zunehmende Preisintensität sowie Margendruck durch digitale Wettbewerber und neue Marktbegleiter, gepaart mit hohen Erwartungen der Kunden an Einfachheit, Flexibilität, Reaktionsgeschwindigkeit und ein vorteilhaftes Preis-Leistungs-Verhältnis.

Doch ergeben sich für Unternehmen auch attraktive Chancen, die durch Geschäftsmodellinnovation pro-aktiv ergriffen werden müssen, zum Beispiel:

- Neue Vertriebs- und Marketingkanäle durch digitale Plattformen, Partnernetzwerke und Anwenderzentrierung.
- Mehr Prozesseffizienz und ein besseres Kundenerlebnis, vor allem ein anderes Service- und Markterlebnis durch die Vernetzung mit den Kunden bis zur agilen Innovation, um Vorreiter und Gewinner in angestammten und neuen Branchen zu sein.

Sicher ist, dass die traditionellen Werkzeuge und Methoden, wie eine langfristige und vorausschauende Detailplanung von Produktentwicklungen nach der Wasserfallmethode und einem bis zur Religion weiterentwickelten Projektmanagement nicht mehr hilfreich und zielführend sind. Ohne flexible Anpassung an veränderte Bedingungen geht heute nichts mehr. Fähigkeiten zur Veränderbarkeit sowie eine Unternehmenskultur, in der die Mitarbeitenden Veränderungen als Chance wahrnehmen, sind Erfolgsfaktoren in herausfordernden Zeiten, denen es sich zu stellen gilt.

Zukunftsfeste Unternehmen müssen in der Lage sein, sich schnell auf neue Gegebenheiten und Marktsituationen einzustellen. Sie müssen Marktchancen erkennen und diese mit neuen Produkten und Dienstleistungen erschließen. Und sie müssen sich immer wieder fragen, ob das, was heute erfolgversprechend ist, auch morgen noch erfolgreich sein wird. Wer sich hierbei der agilen Innovation zuwendet, muss sich intern auf einen herausfordernden organisatorischen und kulturellen Wandel einlassen.

Agile Innovation steht für iterative Entwicklungs- und Feedbackschleifen in einem ständigen Austausch mit Kunden und Partnern. Es reicht nicht mehr aus, dass das Management die Augen offenhält und einsam entscheidet. Nur wenn alle Mitarbeiter in ihren jeweiligen Positionen wachsam bleiben, können sie Marktveränderungen früh genug erkennen.

Angesichts zukünftiger Herausforderungen ist Agilität, die Fähigkeit, flexibel zu bleiben und sich schnell auf neue Gegebenheiten einzustellen, eine entscheidende Kompetenz. In der Konsequenz müssen sich Unternehmen von streng hierarchischen Strukturen verabschieden und eine moderne Unternehmenskultur pflegen. Damit alle Beteiligten mit innovativen Ideen aufwarten können, müssen sie Freiräume für Entscheidungen und auch Fehler haben.

Durch die Verankerung von agilen Werten und die Förderung eines agilen Mindsets steigt der Veränderungswille der Mitarbeitenden. Sie alle übernehmen Verantwortung und tragen so zur Mitgestaltung und Weiterentwicklung des Unternehmens aktiv bei. Machen wir uns also auf diesen Weg der aktiven Zukunftsgestaltung und Zukunftssicherung. Wagen wir neue Prozesse und Arbeitsabläufe wie beispielsweise Scrum. Setzen wir auf agile Teamarbeit anstelle einer Silo-Mentalität. Arbeiten wir gemeinsam an einer neuen Kultur des Teilens und der Offenheit.

2.2   Trends erkennen – Zukunft gestalten

Zu wissen, was der Markt in fünf oder zehn Jahren verlangt, ist eine der wichtigsten Voraussetzungen für Innovationserfolg. Um neue Wege zu beschreiten, wäre es gut, eine Karte zu besitzen, an der wir uns orientieren können. Da aber noch niemand in der Zukunft war, gibt es diese Karte leider nicht. Jedenfalls nicht sehr präzise.

Aber wir kennen immerhin die Kräfte, die die Landschaft im Hier und Jetzt prägen und verändern. Das hilft uns bei der Entwicklung von Strategien und Verhaltensregeln zur sicheren Navigation. Sind Ziel und Richtung bestimmt, können wir uns überlegen, wie wir am besten vorgehen, um Kurs aufzunehmen. Das ist die Strategieentwicklung.

Doch wie geht es denn weiter? Werden Jahrzehnte asiatischer Dominanz folgen? Kann der Energiehunger der Wirtschaft vernünftig gestillt werden? Fest steht, dass unsere Herausforderungen wie nie zuvor global sind und das Bestehen in den globalen Märkten erfordert nicht nur technologische Führerschaft, sondern auch das Erkennen und Nutzen aktueller Trends und Chancenpotentiale. Warum sollten Innovatoren und Entscheider dies tun? Weil es eine Kernführungsaufgabe ist! Und wie dann?

Wer im antiken Griechenland etwas über die Zukunft erfahren wollte, ging nach Delphi. Wer heute Aussagen über die Zukunft treffen möchte, braucht kein Orakel.

Marktanalyse (Market Pull)

- Überblickende Marktbeobachtung und -bewertung, Trendverfolgung und Kundenakzeptanz-Monitoring, erste Einschätzung von Relevanz und Potential.

- Gerichtete Marktbewertung von relevanten Clustern, Bewertung von Marktgröße, relevanten Akteuren, Chancen und Risiken, Kundenpotentialbewertung.

- Gezielte Informationsbeschaffung, Kunden- und Werkstattgespräche zu Themenschwerpunkten und Anforderungen, fundierte Chancen- / Risikenanalyse.

Abb. 2.2   Vorgehensweise zur Marktanalyse

Wirkungsvolle Trendbeobachtung ist eine Haltung und ein Handwerk, der man Raum und Zeit widmen muss. Dabei handelt es sich nicht um eine besondere Herausforderung, die neuen Entwicklungen zu beobachten und zu begleiten (Abb. 2.2).

Der Werkzeugkasten der Forscher ist reich gefüllt mit Methoden, die aus Befragungen von Experten oder Kunden Trends herauslesen. Eine Methode ist das Durchspielen von Zukunftsszenarien, um daraus Zielebilder und klare Vorstellungen über künftige Entwicklungen abzuleiten. Aus einer Vielzahl an Experteninterviews kristallisieren dann Innovationsstrategien Aussagen über technische Trends und Marktentwicklungen heraus. Parallel nutzen sie Marktanalysen und führen Literaturrecherchen durch, bewerten Publikationshäufigkeiten und Schutzrechtsanmeldungen.

Zudem geht es um Lesen, viel Lesen und es geht um ein neugieriges und aufmerksames Zuhören, insbesondere den eigenen Kunden und Lieferanten. Und es geht um ein aufmerksames, neugieriges Zuschauen sowie auch darum, selbst etwas zu testen. Mit System natürlich.

Ein Ausgangspunkt der Trendbewertung ist das Beleuchten von Megatrends und die kritische Bewertung ihrer Auswirkungen auf die Fortentwicklung des eigenen Geschäftsmodells.

Megatrends sind eine Mischung aus neuen Technologien und menschlichem Verhalten. Sie entwickeln sich zwar langsam über 10, 20, auch mal 30 Jahre, haben aber riesige Auswirkungen auf viele Bereiche. Und genau diese „dicken Bretter" entwickeln sich. Sie prägen den Wandel der Wertschöpfung und der Geschäftspraktiken mit tiefgreifenden Veränderungen (Abb. 2.3).

Megatrends zeichnen sich auch durch ihre Ubiquität aus. Das bedeutet, dass sich Megatrends nicht nur auf einen, sondern auf alle gesellschaftlichen Bereiche auswirken. So wirkt sich zum Beispiel die Entwicklung der Konnektivität oder der Megatrend der Nachhaltigkeit auf alle gesellschaftlichen und wirtschaftlichen Bereiche, die Werte einer Gesellschaft, das Zusammenleben der Menschen, die Mediennutzung und die Rahmensetzung durch die Politik aus.

| Digitalisierung | Globalisierung | Konnektivität | Nachhaltigkeit |

| Neue Mobilität | Demografischer Wandel | Künstliche Intelligenz | Urbanisierung |

Abb. 2.3   Ausgewählte aktuelle Megatrends im Überblick

Außerdem definieren sich Megatrends durch ihre Globalität. Auch wenn sie vielleicht noch nicht überall gleichzeitig und gleich stark ausgeprägt sind, lassen sie sich doch früher oder später überall auf der Welt beobachten.

Ebenso definiert die Komplexität einen Megatrend. Er wirkt mehrschichtig und mehrdimensional. Er erzeugt seine Dynamik und seinen evolutionären Druck durch die Wechselwirkungen mit anderen Bereichen. Megatrends wie Digitalisierung und Künstliche Intelligenz (KI) sowie der wachsende Druck einer neuen nachhaltigen Gestaltung der technischen Produkte und Systeme werden beispielsweise die Wertschöpfung von morgen entscheidend prägen.

Megatrends dienen auch als Grundlage für Entscheidungen in Politik und Wirtschaft. Sie werden nicht einfach ausgedacht, sondern durch systematische Beobachtungen, Beschreibungen und die Bewertung neuer Entwicklungen untermauert. Die Basis hierfür bilden Trendanalysen und Studien. Ausgehend von aktuellen Megatrends sollte man Rückschlüsse für die eigenen Innovationsanstrengungen, die Zukunft der Märkte und des eigenen Unternehmens ziehen.

Im ersten Schritt ermitteln Sie daher die relevanten Megatrends für Ihr Marktumfeld und beschreiben in einem Szenario deren Weiterentwicklung und deren Relevanz aus Ihrer Sicht. Starten Sie hierbei mit den für die industrielle Innovation wichtigsten Megatrends.

2.2.1   Digitalisierung und Digitale Transformation

Die Digitalisierung, genaugenommen die Digitale Transformation, ist einer der wesentlichen Megatrends des 21. Jahrhunderts mit Auswirkungen auf alle Bereiche von Gesellschaft, Wirtschaft und Handel. Wer unter den Auswirkungen der Digitalisierung bisher nur den Einsatz von Software und Vernetzungstechnologien zur digitalen Repräsentation von Produkten, Daten und Serviceleistungen sieht, begeht einen großen Fehler. Damit hätten wir die Digitalisierung schon vor 25 Jahren erlebt und abgeschlossen.

Daher gilt es zunächst die häufig unpräzise Verwendung der Begrifflichkeiten im Blick auf die Nutzung der Begriffe Digitalisierung und Digitale Transformation zu schärfen:

- Mit *Digitalisierung* wird genaugenommen nur die Überführung von Informationen von einer analogen in eine digitalen Speicherform bezeichnet, zum Beispiel der Ersatz einer analogen Schallplatte durch Datenträger wie CD oder DVD bzw. Datenaustauschformate wie beispielsweise MP3 im Medienbereich, STEP in der CAD-gestützten Entwicklung oder JPG in der Fotografie.
- Die *Digitale Transformation* steht für den durch die Möglichkeiten der IT und durch Digitalisierung hervorgerufenen Wandel der Arbeitsweisen, der Produktions- und Logistikorganisation und der Prozesslandschaft durch Übertragung von Aufgaben, die bisher vom Menschen übernommen wurden; auf Computer oder Pad zum Beispiel. Konkret werden heute Fertigungs- und Entwicklungsprozesse werden mit digitalen Tools unterstützt (CAD, CAM), Roboter oder Maschinen und ihr Einsatz werden mit digitalen Zwillingen in 3D-Welten, teilweise KI-unterstützt, optimiert, bei der Fehlersuche und im Service setzen die ersten Firmen auf Augmented- oder Mixed-Reality-Technologien.

Wir alle sind heute mittendrin in der digitalen Transformation. Innovative digitale Produkte und Geschäftsmodelle auf Basis von Plattformen sind ein attraktiver Schlüssel zu großen Erfolgen. Mobile Geräte, Apps und die allgegenwärtige Vernetzung aller Lebensbereiche bis zur Nutzung von sprachgesteuerten intelligenten Assistenten sind nur einige der Innovationen, die auf diese gewaltige Umbruchphase hinweisen, in der wir uns befinden. Sie verändern auf teilweise dramatische Weise unsere Lebens- und Arbeitsweisen und die Art, wie wir einkaufen, interagieren.

Innovationen im Bereich der Informationstechnologie bescheren in immer kürzeren Intervallen Neuerungen, die immense Auswirkungen auf Produkte, Produktion, Vertrieb und die Arbeitsweise der Unternehmen haben. Umso wichtiger ist es daher, die digitale Transformation zu gestalten und den Schritt von der isolierten Produkt- und Prozessinnovation hin zu einer gelebten Geschäftsmodellinnovation zu vollziehen, neue digitale Services an den Anfang einer Kundenbeziehung zu stellen, zum Beispiel durch eine Neugestaltung der Beschaffungsmöglichkeiten durch Konfiguratoren oder den erfolgreichen Einstieg in die Plattformökonomie.

Die *Industrie 4.0* zugrunde liegende Verschmelzung virtueller Welten mit den realen Welten gelangt heute vermehrt zur Umsetzung. Sie führt zu smarten Produktionsabläufen, vollständig digitalisierten Logistikketten auf einer gemeinsamen Datenbasis sowie zu durchgängigen Informationsflüssen zwischen allen wertschöpfenden Aktivitäten im Unternehmen und an der Schnittstelle zu seinen Lieferanten und Kunden.

Datenbasierte Geschäftsmodelle, die durchgängige Automatisierung, neue Formen der Mensch-Maschine-Interaktion, Künstliche Intelligenz, Cybersicherheit sowie der Kommunikationsstandard 5G gehören zu den Schlüsselmerkmalen der digitalen Transformation der Industrie. Leistungsfähige Hard- und Software sowie die Daten, die dazu notwendig und inzwischen auch verfügbar sind, verhelfen diesen neuen Technologien dazu, sich mit rasanter Geschwindigkeit in der Breite durchzusetzen und mit automatisiert lernenden Maschinen, die über künstliche Intelligenz verfügen, rollt bereits die nächste Technologiewelle auf uns zu.

Maschinen erzeugen Daten und Informationen, die immer wertvoller werden. Den Rohstoff Daten aus den Tiefen der Maschinen zu fördern und dann zu nutzbringenden Informationen zu veredeln, das ist ein bedeutender Wertschöpfungsvorgang. Für Hersteller und Betreiber von Maschinen bedeutet die Nutzung der Maschinendaten ein gewinnversprechendes neues Geschäftsfeld, das sie in seiner Wirkmächtigkeit durchdringen müssen.

Viele Unternehmen stehen vor der Fragestellung, welche Aufgaben und Personen im Unternehmen durch mobile Apps unterstützt werden können. Viele Ideen für die Unterstützung von Aufgaben existieren bereits in den Firmen. Mit Prognosemodellen kann zum Beispiel vorhergesagt werden, wann eine Maschine nicht mehr mit der erforderlichen Qualität produziert oder voraussichtlich ausfallen wird. Wartungsarbeiten orientieren sich in der Konsequenz hauptsächlich an prognostizierten dringlichen Wartungszeitpunkten und nicht mehr an fixen Wartungsintervallen. Ungeplante Maschinenausfallzeiten können reduziert werden.

Als Reaktion auf die Volatilität der Märkte und dem damit einhergehend steigenden Wettbewerb werden die Marktleistungen individueller und zunehmend auf den jeweiligen Kunden zugeschnitten. Bei einer zunehmenden Variantenvielfalt können die bestehenden Skaleneffekte der Großserienfertigung in der heutigen Form nicht mehr genutzt werden. Daraus resultiert die Herausforderung, die stärkere Individualisierung unter gleichzeitigem Kostendruck auf globalisierten Märkten zu realisieren.

Neben der kundenindividuellen Massenfertigung besteht das Potential, die kundenwahrnehmbare Individualisierung durch Software zu steigern, während die Hardwarevarianten reduziert werden. Um kundenindividuelle Funktionen oder Leistungen durch Software zu realisieren, müssen teilweise die dafür notwendigen Hardware- und Softwarekomponenten sowie die Kommunikations- und Sensortechnologien ergänzt werden.

Zusätzlich ist mit einer zunehmenden Bedeutung des Servicegeschäfts ergänzend zum bestehenden Produktportfolio zu rechnen. Durch die kontinuierliche Erweiterung der Marktleistungen um softwarebasierte Komponenten wird sich der Wertschöpfungsprozess wandeln. Die Entwicklung datenbasierter Dienstleistungen muss daher als fester Bestandteil des Engineerings etabliert werden.

Digitale Zwillinge und die Nutzung von Simulationen sind mit all ihren Ausprägungen zu festen Bestandteilen der gesamten Produktentwicklungs- und Produktionsplanungsprozesse geworden. Sie finden heute in fast allen Phasen des

Produktlebenszyklus Anwendung. Eine weitreichende Optimierung von Produkten, Produktionsanlagen und ganzen Fabriken durch deren digitale Abbildung und realitätsnahe systemorientierte Modellierung auf der Basis leistungsstarker Verhaltensmodelle wirft ihre Schatten voraus.

Viele Produktentwickler setzen Simulationswerkzeuge ein, um ihren Produktentwicklungsprozess und mittels virtueller Inbetriebnahmen den Produktionsprozess zu beschleunigen. Schon im frühen Stadium der Produktentstehung – noch im digitalen Format – lassen sich Erkenntnisse aus der Modellierung direkt in die Entwicklung einbringen und so die Produkt- und Produktionsqualität erhöhen. Neben einer intensiven Nutzung von Finite-Element-Methoden (FEM) in der Konstruktion zur Gewichts- und Festigkeitsoptimierung werden digitale Zwillinge heute zur Kollisionsprüfung beim Montageprozess in der Arbeitsvorbereitung genutzt, ebenso zur Ablaufsimulation in der Produktion.

Im Produktionsbetrieb sowie im Service sorgen *Augmented Reality (AR), Mixed Reality (MR)* und *Virtual Reality (VR)-* Anwendungen für hilfreiche Unterstützung. Sie stellen als künftiges *Industrial Metaverse* ein besonders großes und attraktives Feld für Geschäftsmodell-, Prozess- und Serviceinnovationen dar. Deutlich wird, dass sich jedes Unternehmen mit diesen Technologien befassen muss, um Kundenwünsche zu erfüllen, rechtzeitig am Markt zu sein und dabei die Kosten und die Qualität im Griff zu haben. Dabei ist die Einführungshürde weitaus kleiner als häufig angenommen.

Plattformbetreiber berichten häufig von extremem Kundennutzen durch neuartige Ökosysteme, die unmittelbare Erreichung großer Kundenkreise sowie die permanente Reduzierung von Transaktionskosten. Vor allem der direkte Endkundenzugang und die vielen, sich selbst verstärkenden Netzwerkeffekte entwickeln eine besondere Attraktivität, wenngleich ein großer Teil der bisher entwickelten digitalen Services bisher keinen besonderen Kundennutzen adressiert und noch zu keinem Umsatzwachstum führt.

Apps sollten vor allem eine einfache Anwendung ermöglichen, die sich dem Nutzer schnell erschließt, ihn motiviert und Spaß bei der Nutzung erzeugt. Hierbei ist eine enge Zusammenarbeit unterschiedlicher Experten hilfreich, um eine technisch korrekte und den Kunden ansprechende Software zu präsentieren. Dabei bedarf es Mut zur Veränderung an liebgewonnenen Prozessen und keine Berührungsängste vor neuen Geschäftsmodellen, die erst den wahren Schatz der neuen Technologien heben werden.

Damit erschließt sich ein weiterer, nicht unbedingt für alle Beteiligten positiver Trend: Digitalisierung bedeutet auch den Fall ehemals respektierter Grenzen zwischen Branchen, Märkten und Kompetenzen. Es ist, als ob einige Bauern mir ihren neuen Maschinen nicht nur ihre eigenen Ländereien bewirtschaften, sondern auch schonungslos durch die Felder ihrer Nachbarn pflügen und sich ungeniert aneignen, was sie brauchen. So wie Amazon einst damit begann, Geschäftspraktiken eines Logistikers auf den Buchhandel und letztlich auf den Handel generell. So stehen Firmen wie Uber oder Airbnb heute für Marktplätze und Geschäftsaktivitäten, die mit den traditionellen Geschäftsmodellen der Branche radikal brechen.

2.2.2   Globalisierung

Die Globalisierung ist wohl der Megatrend mit ebenfalls revolutionären Auswirkungen, der schon am längsten seine Wirkung entfaltet. Er beschreibt mehr als die weltweite Arbeitsteilung, den grenzüberschreitenden Handel und den internationalen Austausch von Ideen, Wissen und Technologien in Wissenschaft, Wirtschaft, Gesellschaft und Handel.

Die Globalisierung eröffnet zunächst den Unternehmen zahlreiche Möglichkeiten, neue Absatzmärkte zu erschließen und neue strategische Wettbewerbsvorteile zu erzielen. Gleichzeitig nutzen viele Unternehmen heute schon weltweite Produktionsangebote zur kostengünstigeren Produktion ihrer Produkte oder zur Beschaffung dafür nötiger Komponenten. Aber auch der Transfer von Wissen und die Möglichkeiten zur Kooperation in globalen Forschungsnetzwerken beflügeln die Produkt- und Technologieentwicklung sowie das Innovationsgeschehen.

In beiden Fällen ist die globale Bevölkerungsentwicklung gleichzeitig eine Chance und eine Herausforderung. Stagnierende Gesellschaften treffen auf stark wachsende. Stark regulierte Märkte auf liberale Märkte. Weltregionen mit hohen sozialen Standards treffen auf Weltregionen und Beschaffungsmärkte in Entwicklungs- und Schwellenländern oder auf Produktionsfaktoren, die sich nur durch geringe Regulierungen bei Umwelt- und Arbeitssicherheitsstandards, Ressourcenverbrauch, Emission und Entsorgung auszeichnen.

Bislang haben uns die Wohlstandsgewinne aus der Globalisierung erlaubt, den entstehenden ökonomischen und sozialen Schaden dieser Praktiken zu kompensieren. Doch diese Gewinne schmelzen gegenwärtig rapide. Der Planet und unsere Gesellschaften, die diese Wirtschaftsweise bislang meist ohne zu murren ertragen haben, melden immer häufiger zurück, dass natürliche Ressourcen und die menschliche Toleranz erschöpft sind.

Für Länder wie Deutschland ohne bedeutsame eigene Rohstoffreserven und begrenzte Ressourcen erwachsen daraus durchaus auch Risiken. Wird es gelingen, die bestehenden Rohstoffe im erforderlichen Umfang zu beschaffen? Bleiben die bisherigen Zugänge erhalten? Durch welche Technologien und Wertstoffkreisläufe kann Ersatz für Engpassmaterialien gefunden oder der wachsende Bedarf aus Recycling unterfüttert werden?

Nicht zuletzt sind heute auch Tendenzen für einen gegenläufigen Trend der Deglobalisierung zu spüren und vielleicht für sich zu nutzen. Vor allem das Abreißen der Lieferketten sowie die Auswirkungen der weltweiten Corona-Pandemie und der jüngsten kriegerischen Auseinandersetzungen auf die weltweiten Handelswege haben viele Marktteilnehmer wachgerüttelt. Darüber hinaus bereiten die wachsenden Zoll- und Handelskonflikte zunehmend Sorge. Viele Unternehmen überlegen sich, wie sie durch verstärkte Automatisierung und mit einer Lokalisierung ihrer Lieferketten das Risiko von Lieferausfällen senken und ihre Ökobilanzen im Sinne der Nachhaltigkeit und einer klimaneutraleren Produktion besser gestalten können.

Sicher ist, die Globalisierung wird weiter vorangehen. Dabei wird es nicht nur um die Erschließung weltweiter und potentialträchtiger Absatzmärkte gehen, vielmehr werden

Nachhaltigkeitsaspekte, die Verteilung der Ressourcen, Migration und die Weiterentwicklung der Lebensstandards in allen Weltregionen die nächsten Jahrzehnte prägen.

2.2.3 Konnektivität

Durch die zunehmende Vernetzung werden die künftigen technischen Systeme vermehrt in einem Systemverbund agieren. Entstehen werden flexible, vollautomatisierte
Produktionsstraßen. Genutzt werden vor allem räumlich entkoppelte Rechenkapazi-
täten, Analysetools und Speichermöglichkeiten, die losgelöst von den Orten der Wertschöpfung in Anspruch genommen werden. Digitale Plattformen und Cloud-Technologien sind faszinierende Befähiger für neue Geschäftsmodelle und ganz besondere
Serviceinnovationen.

In der Konsequenz sind die Unternehmen zunehmend gefordert, ihre Produkte und die
genutzten IT-Systeme für die Anbindung und Interaktion mit weiteren Systemen vorzu-
bereiten sowie Mittel und Wege für deren Integration in offene Systemverbünde zu finden. Zusätzlich müssen die Firmen daran arbeiten, ihre Marktleistungen mit Schlüsseltechnologien wie Künstliche Intelligenz (KI), Robotik und Automatisierungstechnik auf-
zuwerten.

Die zunehmende Vernetzung von interagierenden, intelligenten technischen Systemen
eröffnet faszinierende Perspektiven für die Wertschöpfung von morgen. Dazu müssen die
aktuellen Systeme mit Informations- und Kommunikationstechnik weiter verzahnt werden. Anwender, Nutzer und Konsumenten verlangen ganz selbstverständlich die Interoperabilität der zu vernetzenden Systeme sowie eine intelligente, anpassungsfähige Integration.

Digitale Plattformen und *Cloud-Technologien* sind ein strategischer Erfolgsfaktor in
der vernetzten Welt. Vermehrt entstehen ganz neue nutzerspezifische Ökosysteme und
Vermarktungsangebote, die einen direkten Weg zu den Kunden und deren intensive Bin-
dung an das Unternehmen ermöglichen. Besondere Vorteile werden in der verteilten, jedoch gemeinsamen Entwicklungsarbeit über Standorte und sogar Unternehmensgrenzen
gesehen.

Viele Interessierte stöhnen aber unter den bei zahlreichen Menschen noch immer unzureichend ausgeprägten Digitalkompetenzen. Es gilt daher in ganz besonderem Maß,
grundsätzliche technologische und organisatorische Fähigkeiten aufzubauen, um die digitale Transformation und deren Akzeptanz sicherzustellen, auch wenn sich bei der konkreten Ausgestaltung neuer Dienstleistungsangebote häufig die Bewertung des Kundennutzens, der Akzeptanz und der Rentabilität der Geschäftsmodelle noch immer als erhebliche Herausforderungen darstellen und der große Wurf noch nicht gefunden wurde.

Sehr deutlich zeichnet sich eine zunehmende Nutzung von Technologien und Leitgedanken des Internets der Dinge (IoT) ab. Neben der Konnektivität der Systeme im
Fertigungsumfeld stellen insbesondere die damit verbundenen Prozesse der Intralogistik und die Auswirkungen auf die IT-Infrastruktur eine große Herausforderung dar.

Vor allem der Standardisierung von Programmierschnittstellen und der Interoperabilität von smarten Komponenten und Fertigungssystemen wird eine besondere Relevanz im Innovationsprozess zugesprochen.

Dem Anspruch, alle beteiligten smarten Systeme durchgängig verknüpfen zu können, um auf die Betriebsdaten zugreifen und diese in Echtzeit analysieren zu können, werden viele Produktionssysteme und die genutzten Hard- und Softwaretools noch wenig gerecht. Der gewünschten Offenheit aller Systeme steht aktuell eine starke Heterogenität in der Systemlandschaft und ein großer Entwicklungsbedarf an integrierenden Konzepten entgegen. Diese zu durchbrechen, entledigt viele Kunden ihrer aktuellen Painpoints. Man darf diesen Sachverhalt daher mit Sicherheit zu den am Schnellsten zu beantwortenden Sehnsüchten der Nutzer zählen, die es durch kreative Ideenfindung und begeisternde Innovationen zu erfüllen gilt.

Angesichts der zunehmenden Anzahl von digitalen und automatisierten Lösungen wird sowohl der Stellenwert der Betriebssicherheit (*Safety*), als auch der Stellenwert der Informations- und Manipulationssicherheit und des Datenschutzes (*Security*) von IT- und OT-Systemen steigen. IT steht hierbei für die allgemein bekannte Informationstechnik, OT für die Operational Technology, die Betriebs- und Produktionstechnik.

Produktionseinrichtungen werden heute weltweit an verschiedenen Standorten genutzt, über Ferndiagnose und -wartung im Betrieb beobachtet und teilwiese direkt gesteuert. Dabei geraten sie zunehmend ins Fadenkreuz von Wirtschaftsspionage, Manipulation, Sabotage und krimineller Handlungen. Vor allem die gezielte Fehlsteuerung von Produktionsprozessen durch Manipulation, Missbrauch und unberechtigte Zugriffe durch Dritte stellen große Bedrohungen dar, die im Betriebsalltag heute häufig noch auf eine zu geringe Beachtung stoßen.

In der Konsequenz besteht dringender Handlungsbedarf, wirkungsvolle Schutz- und Monitoring- Maßnahmen zur Abwehr von Cyberattacken, Datendiebstahl, unberechtigter Infrastruktur- und Prozessmanipulation für das IT-/OT-Umfeld zu entwickeln und den bislang eher ernüchternden Stand der Technik in der Nutzung wirksamer Abwehrmittel gegen Cyberangriffe, Datenmanipulation und Sabotage durch smarte Lösungen für technische Systeme im Sinne von „*Safety and Security by Design*" zu überwinden.

2.2.4 Nachhaltigkeit nd Klimaneutralität

Den in den nächsten Jahren bedeutsamsten Megatrend der Nachhaltigkeit und Klimaneutralität in seiner vollen Wirkungsbandbreite und Bedeutung zu erkennen, macht vielen Menschen heute noch Probleme, obwohl sie längst die Notwendigkeit ökologisch bewussten Handelns wahrgenommen haben, denn die unmittelbaren Auswirkungen des sich beschleunigenden Klimawandels sind für uns alle spürbar. Die Temperaturen steigen, die Wetterlagen werden weltweit extremer, das Abschmelzen der Gletscher und der Permafrostböden beschleunigt sich. Konkrete Erlebnisse gab es in jüngster Zeit viele: Verheerende Waldbrände, Dürren und Starkregenereignisse mit Überschwemmungen

zum Beispiel. Und es ist ein Irrtum zu glauben, dass uns viel Zeit bleibt, um das angestrebte Ziel einer Begrenzung des klimabedingten Temperaturanstiegs um 1,5 °C
gegenüber der vorindustriellen Zeit in diesem Jahrhundert zu erfüllen.

Um die für 2040 vorgenommenen Klimaziele zu erreichen, muss bereits in 2030
eine bedeutsame Verringerung des CO_2-Ausstoßes um mehr als 40 % gelingen. Dies ist
zweifellos ambitioniert und nicht nur eine Frage der Mobilität, des Reisens, der Energie-
erzeugung, des Heizens, Dämmens oder unserer Ernährung. Wir brauchen darüber hinaus dringend Lösungsansätze, um eine klimaneutrale Produktion zu erreichen.

Konkrete technische Lösungen zum Beispiel für energieeffiziente Antriebe oder CO_2-
arme Fertigungsprozesse müssen entwickelt werden. Neue Ansätze zur Bewertung von
ökologischen Fußabdrücken sind zu finden, alternative Materialien einzusetzen. Wir
müssen die Chancen, die sich aus einem modernen, nachhaltig ausgerichteten Systems
Engineering und der Digitalisierung ergeben, gezielt nutzen.

Nachhaltigkeit steht für ein Leitbild bzw. ein verantwortungsvolles Handeln, angeleitet
von der Selbstverpflichtung, die Lebensgrundlagen nachfolgender Generationen nicht zu
verbrauchen und nicht zu schädigen sowie deren Zukunftsperspektiven zu schützen.

Der Begriff Nachhaltigkeit findet seinen Ursprung in der Forstwirtschaft, erstmals verwendet im Jahr 1713 von Hans Carl von Carlowitz. Er beschrieb eine Bewirt-
schaftungsform der Wälder, die sicherstellt, dass diese auf Dauer bestehen können und
eine Überbenutzung vermieden wird. Von Carlowitz prägte als Pionier eine langfristig
orientierte Denk- und Handelsmaxime, die auf ein Gleichgewicht der Nutzung natürlicher Ressourcen abzielt. Dieses ressourcenökonomische Prinzip gilt als Ursprung und
ist bis heute Vorbild für sämtliche Nachhaltigkeitsansätze.

Lange Zeit war in Sachen Nachhaltigkeit dann praktisch Funkstille. Erst in den
1960er Jahren kam es im Vorfeld der damaligen Ölkrise zu einem Umdenken. Der
Schutz der Umwelt, der Verbrauch von natürlichen Ressourcen und die globale Entwicklung der Weltbevölkerung rückten in die öffentliche Diskussion. In diese Zeit fällt
die Wiederaufnahme von Fragestellungen der Nachhaltigkeit. Ein wichtiger Meilen-
stein ist der Bericht „Grenzen des Wachstums" des Club of Rome, der sich 1972 erstmals fundiert mit globalen, technologischen, ökonomischen und demographischen Entwicklungen auseinandersetzte. Er wies bereits darauf hin, dass fundamentale Verhaltensänderungen nötig sind, um eine globale Katastrophe zu verhindern.

Die Dringlichkeit der Auseinandersetzung mit Fragen der Nachhaltigkeit hat die
Generalversammlung der Vereinten Nationen (UN) im Jahr 2015 mit der Verabschiedung
eines Weltzukunftsvertrags – der *„Agenda 2030"* – unterstrichen. Benannt sind 17 eng
miteinander verschränkte Nachhaltigkeitsziele als sogenannte *„Sustainable Development
Goals"*, die bis zum Jahr 2030 weltweit erreicht werden sollen.

Ende 2019 hat die EU ihren *„Green Deal"* als Fahrplan für eine nachhaltige EU-Wirt-
schaft vorgestellt. Dieser hat zwei Ziele: Erstens sollen bis 2050 keine Netto-Treibhaus-
gasemissionen mehr freigesetzt werden. Die EU wäre dann klimaneutral. Zweitens soll
das Wirtschaftswachstum von der Ressourcennutzung abgekoppelt werden. Das bedeutet: Wachsen ja, aber nicht mehr auf Kosten der Umwelt.

Für uns alle führt an der Nachhaltigkeit kein Weg vorbei: Die Generation von morgen besitzt das Recht auf eine lebenswerte Welt – auf ein stabiles Klima, nachhaltige Ressourcennutzung, gesunde Lebensbedingungen, sichere Arbeitsplätze, ein faires Miteinander und soziale Stabilität. Diese lebenswerte Welt muss heute aktiv und sinnvoll gestaltet werden. Als Ingenieurinnen und Ingenieure sind wir in der Pflicht, ganz neu über Systeme, Produkte, unseren Ressourceneinsatz und Fertigungsverfahren nachzudenken: Über Zusammenhänge, Ursachen und deren Wirkung, insbesondere während der Produktentwicklung. Dazu gehören unter anderem Energieverbrauch und -optimierung, das Produktdesign, ein bewusster Ressourceneinsatz und das ambitionierte Vorantreiben der Kreislaufwirtschaft.

Das Thema Nachhaltigkeit wird zurecht mittlerweile nicht mehr nur als Trend, sondern als eine zwingend erforderliche Maßnahme für einen umweltverträglichen und verantwortungsvollen Umgang mit den bestehenden Ressourcen höchster Relevanz gesehen. Es genügt nicht mehr, ein grundsätzliches Interesse am Klimawandel und Umweltschutz zu zeigen, sich lautstark zu äußern oder auf die Straße zu gehen. Es genügt auch nicht mehr, auf andere Generationen zu verweisen und die Verantwortung abzuwälzen.

Die Industrie sieht sich zwar in der Pflicht, ihre Bemühungen im Bereich der Reduzierung des Energieverbrauches zu stärken, um möglichst frühzeitig klimaneutral zu produzieren und den Kohlendioxidausstoß (CO_2) massiv zu reduzieren. Gleichzeitig befürchten Unternehmen, dass die tiefgehenden Eingriffe der Gesetzgeber zu beträchtlichen Hürden bei der Zulassung neuer Produkte darstellen.

Klimaschutz und Klimaneutralität in der Produktion sind stark verknüpft mit Prozessverständnis wie zum Beispiel thermische Prozesse ressourceneffizient geführt werden, welche Materialien eingesetzt werden und wie man das Gewicht der Komponenten reduziert, wie man Bewegungsabläufe und den Maschineneinsatz steuert, wie man Traglasten optimiert und Überspezifikation vermeidet. Schon beim Design eines Produkts muss es das Ziel sein, Rohstoffe einzusparen und Werkstoffe auszuwählen, die nicht erst auf langen Transportwegen per Schiff zu den Produzenten gebracht werden müssen. Auch sollten Maschinen, Anlagen und Geräte modular aufgebaut sein, damit man Einzelteile herausnehmen und sie gezielt ersetzen kann. Verbessern muss man auch die Einsatzrahmenbedingungen, die Wirkungsgrade eingesetzter Technologien und die konstruktiven Anforderungen an das Produktdesign, sodass in Summe ein energie- und ressourceneffizienter Betrieb möglich ist.

Das Engineering muss vor diesem Hintergrund oftmals vollkommen neue Lösungen für die Produkte, Produktionsanlagen und Fabriken entwickeln. Ferner muss die gesamte Wertschöpfung und Produktnutzung im Sinne einer Kreislaufwirtschaft bereits bei der Planung und Entwicklung von Innovationen mehr an Bedeutung gewinnen und frühzeitig mitgedacht werden. Was es definitiv braucht, ist eine Rohstoffwende, die unseren absoluten Rohstoffverbrauch reduziert, Menschenrechte entlang der Wertschöpfungskette durchsetzt und die Rechte der Betroffenen in den Abbaugebieten schützt. Rohstoffe immer wieder zu verwenden, das ist die Idee der Kreislaufwirtschaft, die es auch zu verwirklichen gilt.

Auch gesellschaftliche Aspekte bei der Gestaltung von Lieferketten und bei der Materialauswahl sollten frühzeitig berücksichtigt werden. Ein Beispiel: Der Einsatz Seltener Erden oder wertvoller Rohstoffe, die unter menschenunwürdigen Bedingungen und wenig umweltfreundlichen Rahmenbedingungen gewonnen, teilweise über große Strecken bei vernichtender Ökobilanz über die Weltmeere transportiert werden, ist sicher eine Überlegung wert.

Innovationsideen sollten immer auf eine Verbesserung der Ökobilanzen sowie auf die Nutzungsmöglichkeiten innovativer Werkstoff- und Materialtechnologien überprüft werden. Vor allem das Zukunftsfeld der *Wasserstoffwirtschaft* sollte im Fokus grüner Innovationsprozesse ebenfalls dringend beleuchtet werden.

Wasserstoff (H_2) spielt aus mehreren Gründen eine entscheidende Rolle in der Energiewende. So ist es ein vielseitiger Energieträger, der sauber erzeugt werden kann und bei der Verbrennung oder Nutzung in Brennstoffzellen nur Wasser als Nebenprodukt hinterlässt. Neben seinem hohen Energiegehalt besteht der große Vorteil von Wasserstoff in seiner CO_2-neutralen Verbrennung. Das macht ihn zu einer attraktiven Alternative zu fossilen Brennstoffen und trägt zur Reduzierung von Treibhausgasemissionen bei.

Ein weiterer Grund für die Bedeutung von Wasserstoff liegt in seiner Speicherfähigkeit. Er kann als Langzeitspeicher für Energie dienen, idealerweise für überschüssigen Strom aus erneuerbaren Energiequellen. Durch Elektrolyse wird Wasser in Wasserstoff und Sauerstoff aufgespalten, wobei der erzeugte Wasserstoff gespeichert und später bei Bedarf wieder in Strom oder Wärme umgewandelt werden kann.

Um den angestrebten klimaneutralen grünen Wasserstoff zu erzeugen, muss die dafür benötigte elektrische Energie aus erneuerbaren Energiequellen stammen. Grüner Wasserstoff entsteht durch die Elektrolyse von Wasser mit grüner Energie und ist ein entscheidender Baustein, um die fossilen Brennstoffe Öl, Gas und Kohle zu ersetzen. Vor allem Chemiewerke, Raffinerien, Kupferhütten, Stahlwerke sowie die Mobilitätsbranche wollen durch seine Nutzung klimaneutral werden.

Darüber hinaus bietet Wasserstoff die Möglichkeit, Sektoren zu dekarbonisieren, die schwer elektrifizierbar sind. Beispielsweise den Schwerlastverkehr, die Schifffahrt, die Luftfahrt und die Stahlherstellung. Mit der Nutzung von Wasserstoff als Energiequelle können diese Branchen ihre Emissionen drastisch reduzieren und dem Ziel der Klimaneutralität dienlich sein.

Beim Umgang mit Wasserstoff sind allerdings einige wichtige Punkte zu beachten: Wasserstoff ist rund vierzehnmal leichter als Luft und hat somit eine große Auftriebskraft, was in Freianlagen zu einer raschen Verflüchtigung führt. Aufgrund der geringen Molekülgröße verfügt Wasserstoff zudem über eine hohe Diffusionsfähigkeit. Daher kann er sich schnell in andere Medien, wie die umgebende Atmosphäre oder Armaturen aus Metall verbreiten, in diese Materialien eindringen und deren Struktur verändern, was zu Rissen und Brüchen führen kann. Deshalb sind spezielle Legierungen oder Beschichtungen notwendig, um die Wasserstoffaufnahme zu reduzieren und die langfristige Materialbeständigkeit zu bewahren.

Vor allem aber ist Wasserstoff hochexplosiv. Die Mindestzündenergie von 0,02 mJ stellt einen der niedrigsten Werte sämtlicher bekannten brennbaren Gase dar. Unkontrolliert kann die Reaktion von Wasserstoff und Sauerstoff rasch explosionsartig geschehen, doch kontrolliert, beispielsweise in einer Brennstoffzelle, ist diese Reaktion sicher, weil sie auf molekularer Ebene in den Zellen und nicht in großen Gasvolumina stattfindet.

Erfolgsfaktoren für die Wasserstoffwirtschaft sind weitere Fortschritte in der Technologie, wettbewerbsfähige Kosten, eine verbesserte Infrastruktur für die Herstellung, Speicherung und Verteilung von Wasserstoff sowie eine verstärkte Zusammenarbeit zwischen Energieversorgern, Unternehmen und Forschungseinrichtungen zur Lösung der zahlreichen offenen Fragen hinsichtlich einer wirtschaftlich sinnvollen Erzeugung, Speicherung und einer sicheren Verwendung dieses Gases.

2.2.5   Neue Mobilität

Ein für den Standort Deutschland maßgeblichen Megatrend stellen neue Formen der Mobilität dar. Triebkräfte hierfür sind die Verringerung des Schadstoffausstoßes und der Verzicht auf die Nutzung fossiler Energiequellen, mit deren Verbrennung vor allem der Ausstoß von klimaschädlichem Kohlendioxid (CO_2) verbunden ist.

Waren die Stammkunden bislang schon zufrieden, wenn es den Ingenieuren gelang, aus einem Liter Kraftstoff ein wenig mehr Leistung herauszuholen und bei einer neuen Modellgeneration ein paar technische Finessen hinzuzufügen, hängt die Zukunft der Automobilbranche heute von ihrer Fähigkeit ab, wirklich große Fragen zu beantworten: Ist der Verbrennungsmotor noch zeitgemäß? Werden sich Akku-Autos durchsetzen oder fahren wir womöglich irgendwann alle mit Wasserstoff? Aber wer baut dafür die Infrastruktur? Werden bald alle Autos autonom fahren? Und wenn ja, wo? Werden die Menschen der Zukunft überhaupt noch ein eigenes Auto haben wollen? Oder rufen sie bei Bedarf einen Mobilitätsdienstleister per App herbei? Vielleicht sogar ein Flugtaxi?

In den nächsten Jahren wird sich in der Automobil- und Luftfahrtindustrie mehr verändern als in den vergangenen 30 Jahren. Eine sehr kurze Zeit für eine Branche, die es gewohnt war, in mehrjährigen Modell- und Innovationszyklen zu denken und von meist inkrementellen Verbesserungen stark zu profitieren! Die Branche steht vor einem immensen Zeitenwechsel. Und alles muss sehr schnell gehen, um die Klimaschutzziele der Regulierungsbehörden zu erfüllen und den Markt für neue Autos und alternative Mobilitätsdienste nicht völlig aus der Hand zu geben. Immerhin produziert Tesla als neuer Akteur in Brandenburg schon vor der Haustüre der traditionellen Automobilhersteller. Und in China erwächst gerade mächtige Konkurrenz.

Dabei gilt die Automobilbranche als Schlüsselbranche in Deutschland: 770.000 Menschen arbeiten in der deutschen Autoindustrie. Gemessen am Umsatz ist sie mit Abstand die größte Industriebranche im Land, 17 % der deutschen Exporte entfielen laut Statistischem Bundesamt 2023 allein auf Autos und Teile. Doch die Automobilkonzerne stecken in der Krise. Sie tun sich mit dieser Zeitenwende sichtlich schwer, auch wenn die Entscheidungen für die langfristige Nutzung der Elektromobilität und das Ende der Verbrennungsmotoren formell beschlossen sind. Und das hinterlässt derzeit wahrlich massive Bremsspuren.

Die deutschen Hersteller kämpfen mit schwachen Absatzzahlen und den hohen Kosten für den Umstieg auf den E-Antrieb. Das lässt die Gewinne wegschmelzen. Volkswagen meldete im ersten Halbjahr 14 % weniger Überschuss, bei BMW ging es um fast 15 % nach unten, bei Mercedes-Benz um fast 16 %. Alle drei mussten ihre Gewinnziele für das Gesamtjahr 2024 bereits kappen. Im Schnitt waren die deutschen Werke von Volkswagen, BMW, Mercedes & Co. im vergangenen Jahr nur zu etwas mehr als zwei Dritteln ausgelastet.

Bei den Automobilzulieferern mit etwa 270.000 Beschäftigten in Deutschland ist die Krise längst angekommen. Schließlich bestellen die Autobauer nach Auftragslage. Und die ist wegen der verunsicherten Verbraucher und der gesamtwirtschaftlichen wahrlich schlecht. Und niemand weiß, was konkret kommt. Sicher ist nur, die Entscheidung für das Elektroauto ist weltweit längst gefallen.

Nach Ansicht des Deutschen Instituts für Wirtschaftsforschung (DIW) haben die deutschen Automobilhersteller jedoch weiterhin alle Möglichkeiten und Fähigkeiten, sich im globalen Wettbewerb zu behaupten. Dafür müssen sich die Automobilhersteller jedoch neu erfinden und ihre Innovationsstärke verlagern und nutzen, um den Umstieg auf Elektromobilität und das autonome Fahren schneller und besser umzusetzen. Auf jeden Fall muss es schnell gehen. Vorbei sind die Zeiten, in denen die Automobilisten und ihre Zulieferer mit leicht planbaren Innovationen glänzen konnten. Ein Fall für agile Innovation!

Um den CO_2-Ausstoß langfristig und schnell zu senken, kommt der Elektrifizierung der Mobilität auf Basis regenerativer Energien eine immense Bedeutung zu. Dabei wirkt sich die Elektromobilität nicht nur auf den Individualverkehr und das Automobil aus. Auch Zweiräder, Lastkraftwagen und öffentliche Verkehrsmittel sowie Bahnen und Flugzeuge sollen vermehrt elektrisch betrieben werden. Die Elektromobilität ist ein Marathon, kein Sprint. Ihr natürlicher Nutzungsraum ist die Stadt. In Deutschland kommt sie langsamer, in den USA schneller, in China disruptiv. Vor allem der Batterietechnologie als Herzstück eines jeden Elektrofahrzeugs muss ein besonderes Augenmerk gelten. Neben Technologiefragen geht es hier vor allem um automatisierte Produktions- und Montagetechniken, leistungsstarke Batteriemanagementsysteme und eine frühzeitige Auseinandersetzung mit Rohstoff- und Recyclingthemen.

Zurecht muss man den steigenden Speicherbedarf sowohl in der Mobilität als auch in der Energieversorgung und Nutzung mobiler Geräte und Werkzeuge kritisch beleuchten. Dem immens wachsenden Bedarf an Rohstoffen für die Batteriefertigung steht eine besonders begrenzte Ressourcenverfügbarkeit an Lithium, Kupfer und Seltenen Erden gegenüber, die teilweise auch unter sehr großem Ressourceneinsatz gewonnen und auf langen Transportwegen zu ihren Einsatzorten in Europa gebracht werden müssen.

Innovationsanstrengungen im Umfeld der Elektromobilität müssen daher auf einen schonenden Umgang mit diesen Ressourcen oder auf die Verwendung alternativer Ersatzmaterialien ausgerichtet sein, Aspekte der Kreislaufwirtschaft berücksichtigen und nach Wegen suchen, die Lebensdauern der Batterieprodukte durch geeignetes Laden und Entladen zu verlängern. Dringend muss der CO_2-Fußabdruck bei der Batterieherstellung verbessert werden. Auch die Nutzung regenerativer Energiequellen ist auszubauen. Gefragt sind aber auch Leichtbaumaterialien sowie die Gewichtsoptimierung der Fahrzeuge und der Speichermodule.

Noch immer nicht absehbar ist, ob der Markt reichweitenstarke Batterieautos in größerer Anzahl akzeptiert. Zum einen treiben die Akkus die Fahrzeugpreise nach oben. Zum anderen sieht man vorerst nur bei höher positionierten und emotionalen Fahrzeugen eine Chance, die wiederum selbst mit verbesserten Zellen noch sehr schwer sind. Gewicht bedeutet aber Mehrverbrauch. Das heißt: Der Autofahrer muss länger laden und mehr Geld für Strom ausgeben, um die Akkus aufzuladen und auf die Fahrt mitzunehmen.

Vor diesem Hintergrund wird die Elektromobilität auf Basis von Batteriespeichern nicht als alleinige, langfristige Lösung angesehen. Geforscht wird derzeit an einem Technologiemix aus unterschiedlichen Konzepten: vom Verbrennungsmotor mit synthetischen Kraftstoffen über die mit Wasserstoff arbeitende Brennstoffzelle bis hin zur Batterie.

Das Fahren mit Wasserstoff ist, rein technisch gesehen, ebenfalls weit fortgeschritten. Der Charme der Brennstoffzelle liegt darin, dass das Auto elektrisch fährt, aber nicht stundenlang geladen werden muss. Und aus dem Auspuff kommt nur Wasserdampf. Doch obwohl die Forscher mit Brennstoffzellen und Wasserstoff als Treibstoff schon früher Erfahrung gesammelt haben, wurden diese Entwicklungslinien leider in der Vergangenheit nicht ernsthaft weiterverfolgt, weil zur Erzeugung von Wasserstoff bisher überwiegend Erdgas und andere fossile Energieträger verwendet wurden und die Ökobilanz dementsprechend düster aussah. Außerdem fehlte bislang ein entsprechendes Tankstellennetz. Für die Zukunft gehen wir davon aus, dass per Elektrolyse hergestellter Wasserstoff aus Strom aus erneuerbaren Energien eine wichtige Rolle einnehmen wird. Hier bietet sich ein immens herausforderndes, aber auch äußerst potenzialträchtiges Feld für radikale Innovationen und neue Geschäftsmodelle.

Doch Innovationsanstrengungen im Bereich der Mobilität dürfen sich nicht nur auf die Fahr- und Flugzeuge beschränken und müssen die zusätzlichen Aspekte am Wegesrand in den Fokus rücken. Wie zum Beispiel sieht denn die künftige Ladeinfrastruktur aus? Kommt sie mit geringeren Leitungslängen und weniger Kupfer in den Kabeln aus? Wie kann man das Laden der Batteriespeicher auf Zeiträume ausdehnen, in welchen der Energiemix durch einen besonders hohen Anteil an Wind- oder Sonnenenergie gekennzeichnet ist? Wie rechnet man denn künftig Versorgungsdienstleistungen wie beispielsweise das Laden ab? Und wie sieht dieser Themenkomplex dann für eine Wasserstoffwirtschaft aus?

Ein weiterer interessanter Trend, dass künftig weniger Menschen ihr eigenes Auto besitzen, sondern vielmehr ein auf mehrere Personen und auf spezifische Lebensräume ausgerichtetes Mobilitätsangebot nutzen möchten, bietet breiten Spielraum für nutzungsbasierte Geschäftsmodelle, bei welchen die genutzten Fahrzeuge nicht mehr in den Besitz der Kunden übergehen. Alles wird hier von praktikablen Lösungen und der Akzeptanz der Nutzer abhängen.

Parallel dazu arbeiten die Entwickler neuer Automobile und alternativer Mobilitätsformen auch an der besseren Vernetzung der Bordsysteme mit der Außenwelt. Autonome Fahrzeuge können gar nicht genug wissen, was vor ihnen liegt. Die digitalen Straßenkarten im Speicher des Navis helfen nur, die richtige Strecke auszuwählen. Und selbst die beste Kombination aus Kameras, Radar-, Lidar- und Ultraschallsensoren stößt in der täglichen Fahrpraxis noch immer an gefährliche Grenzen, sucht nach Lösungen, unter anderem mittels Künstlicher Intelligenz.

2.2.6 Demografischer Wandel

Die zunehmende Alterung der Bevölkerung führt in vielen Industrienationen, aber ganz besonders auch in Deutschland zu einem kontinuierlichen und wettbewerbsrelevanten Abgang von Fachwissen. Viele erfahrene Mitarbeiter in Entwicklungs- und Produktionsabteilungen, aber auch im Management und in den kaufmännischen Disziplinen, in Gastronomie, Versorgungs- und Gesundheitswirtschaft werden in den nächsten Jahren in den Ruhestand treten. Die einstigen Babyboomer haben in Kürze das Renteneintrittsalter erreicht. Schon jetzt gehen rund 400.000 Arbeitskräfte jedes Jahr in ihren Ruhestand. Und auch die innereuropäische Migration – bisher eine wesentliche Stütze zur Kompensation des Fachkräftemangels – wird nachlassen, ganz Europa altert schließlich.

Die Mehrzahl der Unternehmen rechnet schon mit mehr unbesetzten Stellen oder leidet bereits an Schwierigkeiten bei der Rekrutierung geeigneter Mitarbeiter. Doch nicht nur der Verlust an Fachkräften stellt eine besondere Herausforderung dar, der durch fortgesetzte Automatisierung, Wissensmanagementsysteme und den verstärkten Einsatz von Assistenzsystemen abgefangen werden muss. Auch unsere Sozialsysteme, das Gesundheitssystem und die Pflegeeinrichtungen stehen vor immensen Herausforderungen.

Mit der Generation Silberlocke geht aber auch eine IT-affine Generation in Rente, die verstärkt digitale Serviceleistungen nutzen möchte. Sie sucht Unterstützung für ein möglichst langes Leben in den eigenen vier Wänden. An Zahlungsfähigkeit herrscht in der Generation der Erben kein Mangel. Dies eröffnet immense Chancen für Handel, Tourismus und Mobilität.

Auf den wachsenden Druck auf unsere Gesundheits- und Pflegeeinrichtungen sind wir allerdings gänzlich unvorbereitet. Kaum irgendwo ist der Fachkräftemangel drängender und der Handlungsbedarf größer als hier. Der Deutsche Pflegerat rechnet damit, dass in zehn Jahren 500.000 Pflegekräfte fehlen werden. Den vielleicht größten Wandel aber könnten daher Roboter in der Pflege bewirken, auch wenn wir uns vielleicht noch damit schwertun, Kranke, Alte und Gebrechliche in die Obhut von Maschinen zu geben, auch wenn die Versorgung der schon heute mehr als fünf Millionen Pflegebedürftigen in Deutschland eine besondere technische und ethische Herausforderung darstellt, der man sich widmen muss.

Auch medizintechnische Geräte, Reha-Apparate und Hightech-Prothesen gehören ins Arsenal der Geriatronik. Sie werden angesichts der demografischen Entwicklung sicher bald extrem gefragt sein. Interessante Lösungsansätze werden in diesem Marktumfeld auf eine sehr attraktiv wachsende Nachfrage treffen.

2.2.7 Künstliche Intelligenz und autonome Systeme

Die *Künstliche Intelligenz (KI)* ist ein wesentlicher Trend, der alle unsere Lebensbereiche erfasst und zu enormen Veränderungsprozessen führen wird. KI und insbesondere *die generative KI* ist in vielen Bereichen unseres Lebens und in zahlreichen geschäftlichen Tätigkeitsfeldern heute Alltagsrealität. Wir profitieren von ihr nicht nur bei Recherchen im Netz oder bei der Nutzung mobiler Endgeräte, sondern auch in der medizinischen Diagnose, bei der Erkennung von Bildinhalten, in der Analyse und Erstellung von Nutzerprofilen.

In vielen Bereichen des täglichen Lebens trägt KI zur Lösung von Problemen bei, die mit konventionellen Lösungsansätzen im Software Engineering nur schwer bis gar nicht lösbar sind. Dazu zählen die Bildanalyse, die Personen- und Objekterkennung, das Betreiben von Service-Hotlines, das autonome Fahren oder das sichere Bezahlen mit Kreditkarten durch automatisches Sperren bei ungewöhnlichen Transaktionen. Und wer hat nicht schon selbst Erfahrungen mit der Nutzung von ChatGPT & Co. gemacht? Vor allem in der Softwareprogrammierung wird sich durch generative KI einiges verändern und beschleunigen.

In den Industrieproduktionen werden heute *autonome Prozessketten* im Sinne einer smarten Produktion realisiert. Dabei ist häufig von intelligenten oder smarten Produktionssystemen die Rede, wobei es keine verbindliche Definition des Begriffs Intelligenz gibt. Vielmehr sollte man von intelligentem Verhalten sprechen und dieses als zielgerichtetes, situationsadäquates Handeln verstehen. KI eröffnet beispielsweise vollkommen neue Möglichkeiten der Echtzeitanalyse: Im Zusammenspiel mit Sensoren können Prozesse autonom überwacht und geregelt werden. Anomalien – Abweichungen vom typischen Verhalten, zum Beispiel Hinweise auf Service- oder Korrekturbedarfe – lassen sich leicht entdecken. Korrekturen sind instantan möglich.

Bisher konzentrierte sich der KI-Einsatz auf *Sprach-, Muster-, Bild- und Objekterkennung*, Datenanalyse und die Ableitung von Entscheidungsgrundlagen oder Verhaltensstrategien mithilfe neuronaler Netze, Methoden des *Maschinellen Lernens* und *Deep Learning*. Beflügelt wurde der KI-Einsatz durch die Verfügbarkeit neuer Prozessoren und Kleinrechner mit einem bisher nicht bekannten Leistungsvermögen. Und dies zu attraktiven Preisen.

Vor allem für die hochdynamische Maschinenwelt und die Robotertechnik liegen noch wenige Daten vor; bei weitem nicht die Bild- oder Textmenge, die man heute offen verfügbar im Internet findet. Damit stehen wir in der Maschinenbeherrschung erst am Anfang der KI-Revolution. Zwar kann man heute in einigen Anwendungsfällen schon von zielgerichtetem Handeln sprechen, gesteuert durch entsprechende Programme, aber das flexible, adaptive, auf wechselnde, auch unvorhergesehene Situationen sinnvoll reagierende Verhalten, welches für intelligente Lebewesen charakteristisch ist, fehlt den heutigen Maschinen noch gänzlich.

Unbestritten ist, dass das Potenzial von KI-basierten Lösungen und Assistenzsystemen in der Produktentwicklung, in der Produktion und beim Angebot neuer Dienstleistungen immens hoch ist und bei erfolgreicher Abschöpfung zu relevanten Wettbewerbsvorteilen führt. Damit muss sich die agile Innovation mit diesem Themenschwerpunkt mit besonderem Augenmerk auseinandersetzen und intensiv nach alleinstellenden Geschäftsmodellinnovationen mit KI suchen.

Hierbei sind einige Denkrichtungen vorgezeichnet: Weiterzuentwickeln sind die Algorithmen und Tools zur Nutzung von KI. Ebenfalls nötig sind neue Lösungsansätze für das Maschinelle Lernen, die bereits bei deutlich reduzierten Datenvolumina und erheblich geringeren Trainingszeiten zu verlässlichen Ergebnissen unter realen Einsatzbedingungen führen. Am besten so, dass die Nutzer keine komplexen Entwicklungssysteme zu deren Konfiguration benötigen.

Wichtig ist auch, herauszufinden, wie maschinell Erlerntes transferierbar wird. Was beispielsweise ein Roboter gelernt hat, kann doch für das Anlernen eines weiteren Roboters höchstinteressant sein. Ebenso das, was man unter Nutzung von digitalen Zwillingen schneller in einem digitalen Modellierungsumfeld simulieren und zum Trainieren von Systemen nutzen kann.

Viele Menschen machen sich Sorgen über die Verlässlichkeit der Funktion und Entscheidungsfindung KI-basierter Steuerungsfunktionen im Einsatzumfeld des autonomen Fahrens, der automatisierten Produktion und der Robotik. Verfahrensbedingt kennen wir nach einem maschinellen Lernvorgang die Systemfunktion nicht exakt und können die Strategien der Entscheidungsfindung bzw. des Systemverhaltens nicht vollständig nachvollziehen.

KI ist eben nicht im klassischen Sinn deterministisch. Umso mehr muss man sich über die Zuverlässigkeit der Funktion KI-basierter Algorithmen Gedanken machen, eine verlässliche KI – im Englischen „*Trustable AI*" (AI, Artificial Intelligence) genannt – entwickeln. Sicher ist: Die KI muss ihr traditionell angestammtes Einsatzumfeld im Finanzwesen und beim Suchen und Finden von Inhalten in großen Datenmengen, beim Antizipieren des Kunden- und Nutzerverhaltens im Netz und im Vertrieb verlassen und alltagstauglich für alle Menschen werden.

2.2.8   Roboter und Mensch-Roboter-Interaktion

Roboter aller Traglastklassen sind aus der industriellen Fertigung heute nicht mehr weg-
zudenken. Ohne die vielen fleißigen Produktionshelfer, die uns die ergonomisch an-
spruchsvollen, schmutzigen, monotonen, psychisch belastenden und gefährlichen Arbeiten zuverlässig und ermüdungsfrei abnehmen, wären wir am Standort Deutschland vor
allem in den größten Anwenderbranchen Automobilbau und Verpackungstechnik weder
wettbewerbs- noch zukunftsfähig. Und dies gilt nicht nur für die Automobilproduktion,
sondern auch in besonderem Maße für die vielen Zulieferfirmen und generell im produ-
zierenden Mittelstand.

Allein in Deutschland versehen mehr als 220.000 Industrieroboter ihren Dienst. Nach
aktuellen Schätzungen der International Federation of Robotics (IFR) sind weltweit mehr
als 3 Mio. Industrieroboter im Einsatz. Dies mit weiterhin steigender Tendenz. Vor allem
in Japan, China, USA, Südkorea und Deutschland sind die stählernen Produktionshelfer
sehr gefragt.

Die meisten Industrieroboter, die heute in der Industrie verwendet werden, sind mehr-
achsige Bewegungsautomaten, die an einem festen Arbeitsplatz eingesetzt werden sich
innerhalb ihres Bewegungsspielraums in mindestens drei Freiheitsgraden frei programmieren lassen. Der Roboterarm übernimmt hierbei das Führen des Endeffektors. Dieser
ermöglicht die Interaktion des Roboters mit seiner Umwelt. Endeffektoren – häufig auch
Anbauwerkzeuge bezeichnet – umfassen im Wesentlichen Greifsysteme oder Vakuum-
sauger zur Handhabung und Manipulation von Objekten, Werkzeuge zur Werkstück-
bearbeitung (z. B. Schweißzangen, Schrauber, Dosiersysteme oder Klebepistolen), Mess-
mittel zur Ausführung von Prüfaufträgen oder das Führen einer Kamera bei einem mes-
senden Roboter.

Das bislang vorherrschende Einsatzszenario der meisten Industrieroboter ist noch
immer die vollautomatisierte Massenproduktion. Dort arbeiten sie in einer strukturierten
kontrollierten Umgebung und übernehmen monotone Arbeiten, wie wir sie etwa bei der
Fließbandarbeit vorfinden. Sie leisten anstelle des Menschen gefährliche bzw. körper-
lich schwere, ergonomisch belastende Handhabungsaufgaben, wie zum Beispiel die Ent-
nahme von Werkstücken oder das Einlegen von Teilen bei der Montage. Weitere Aufgaben sind Bearbeitungsprozesse, wie beispielsweise das Lackieren, Entgraten, Schweißen oder Kleben von Werkstücken. Dabei hat sich in den letzten Jahren die prozentuale
Verteilung der Roboteranwendungen zu Gunsten der Montagetechnik verschoben. Stark
im Kommen ist der Bereich der robotergeführten Mess- und Prüftechnik.

Mit ihren blitzschnellen Bewegungen arbeiten Roboter besonders effizient. Die Bilder aus den Automobilproduktionen haben sich eingebrannt: Zischend schweißen die
stählernen Gesellen in atemberaubender Geschwindigkeit Autokarosserien zusammen.
Im Karosseriebau ist auf diese Weise zwischenzeitlich ein Automationsgrad von weit

über 95 % erreicht worden. Hierbei arbeiten die meisten Industrieroboter arbeiten hinter Schutzzäunen in Roboterzellen, damit die Menschen vor ihren schnellen Bewegungen geschützt bleiben. Die Sicherheit wird durch eine strikte Trennung von Menschen und Maschinen gewährleistet. Der Werker hat keinen Zugang zum Einsatzumfeld des Roboters in der Roboterzelle. Ein einfacher und bewährter Ansatz.

Für kleinere Losgrößen sind die klassischen Industrieroboter ungeeignet. Vielen kleineren Unternehmen fehlt zudem die zur Roboterprogrammierung heute noch erforderliche fachliche Expertise. Neue Robotergenerationen für moderne Fertigungslinien müssen ein hohes Maß an Flexibilität ermöglichen, beispielsweise die unmittelbare Zusammenarbeit des Werkers und eines Roboters in einem gemeinsam genutzten Arbeitsraum. Dabei vollzieht sich auf vielen Anwendungsfeldern ein durchaus epochal einzustufender Paradigmenwechsel: Der Weg in eine neue Ära der *Mensch-Roboter-Interaktion*.

Für den industriellen Fertigungseinsatz gefordert sind deutlich kleinere, schnell und flexibel agierende Leichtbauroboter für die Mensch-Roboter-Kooperation (MRK), die in einer sich ständig verändernden Fertigungslinie anpassungsfähige Helfer der Werker sind und sich vor allem bei mittleren Losgrößen und überschaubarer Variantenvielfalt als universelle Werkzeuge erweisen. Diese sogenannten „*Cobots*" (Abkürzung für „Collaborative Robots") sollen nicht nur eigens ausgebildete Werkerinnen und Werker, sondern alle Menschen unmittelbar bei der Erfüllung ihrer Aufgaben an ihren Arbeitsplätzen unterstützen.

Cobots und mobile Serviceroboter treten mit hohem Tempo in viele weitere Lebens- und Arbeitsumfelder ein. Sie unterstützen uns bei der Montage, bei der Maschinenbeladung, beim Sortieren, Palettieren, Verpacken, Prüfen und Reinigen. Sie werden zu gefragten Helfern in Logistik, Landwirtschaft Gastronomie, Hotels, Pflege und in Operationssälen. Mobile Roboterplattformen können zusätzlich ihren Standort verändern. Sie übernehmen in den Werken und Logistikzentren zuverlässig Aufgaben der Maschinenbeladung, der Materialbereitstellung und des innerbetrieblichen Transports von Komponenten, Halbzeugen, Werkzeugen.

Vom reinen Arbeitstier entwickeln sich diese neuen Roboter zu intelligenten Begleitern und unmittelbaren Unterstützern der Menschen weiter; einfach und intuitiv bedienbar, flexibel einsetzbar. Ihre Nutzung muss sich durch eine durchdachte Bedienbarkeit (Usability) auszeichnen. Aus dem üblichen Nebeneinander von Menschen und Robotern hinter Schutzzäunen wird ein direktes Miteinander in gemeinsam geteilten Arbeitsräumen.

Dadurch steigt das Gefahrenpotenzial für Nutzer, Bediener, Service- und Instandhaltungspersonal. Um ein sicheres Arbeiten für diesen Personenkreis zu ermöglichen, unterliegen die Konstruktion MRK-fähiger Roboter und die Konzeption von Applikationen der Mensch-Roboter-Interaktion einer Vielzahl an Richtlinien und Normen. Sicherheit geht immer vor. Doch wie gestaltet man das sichere Miteinander von Menschen und Robotern? Wie kann die Mensch-Roboter-Interaktion nutzenstiftend und nachhaltig in neuen Anwenderszenarien eingesetzt werden? Welche Sicherheitskonzepte gibt es?

Welche Normen und ethische Leitlinien müssen beim Einsatz an Industriearbeitsplätzen, in Hotels, Kliniken und Pflegeheimen mit ihren speziellen Interaktionsumgebungen beachtet werden? Und wie muss man die betroffenen Menschen „mitnehmen" in diese neue Ära der Robotik? Ein immenses Innovationspotenzial!

Mit der Cobot-Revolution und dem Start in eine neue Ära der Mensch-Roboter-Interaktion auf verschiedensten Anwendungs- und Einsatzgebieten treten zahlreiche neue Anbieter in den Markt ein, auch Startups, die ihren bisherigen Tätigkeitsschwerpunkt nicht unbedingt in der mechanischen Konstruktion oder der industriellen Automation sahen. Programmierer, Mechatroniker, Softwareentwickler, welche die Bestandsfirmen herausfordern. Sie erschaffen nicht nur neue Roboter und neuartige Steuerungsansätze. Sie erobern ganz neue Anwendungsgebiete. Dabei entstehen innovative Plattformen und vernetzte Ökosysteme, auf denen anwendungsspezifisch Lösungen entwickelt und hierfür nötige Komponenten passgenau angeboten werden. Gesucht sind darüber hinaus „grüne" Roboter, die wenig Energie verbrauchen und die Forderung nach Klimaneutralität der Produktion unterstützen. Als neue Produkte müssen sie sich insbesondere durch einen erheblich reduzierten Ressourcenverbrauch und eine optimierte, modular ausgerichtete Armkonstruktion auszeichnen. Beim Materialeinsatz sind vor allem Werkstoff- und Designinnovationen gefragt, die sich durch eine besondere Kreislauffähigkeit und ein nachhaltig ausgerichtetes Systems Engineering auszeichnen.

Zweifellos gilt es, bei der Einführung von Roboterkollegen in Unternehmen neben technischen Entwicklungsaufgaben auch überzeugend für die Mensch-Maschine-Interaktion zu argumentieren. Über deren Erfolg oder Misserfolg entscheidet nämlich vor allem der Faktor Mensch. Geduld, Fingerspitzengefühl und Respekt vor oft unausgesprochenen Unsicherheiten und Ängsten der Mitarbeiter sind unabdingbar nötig, denn Roboter müssen als „Kollegen" Akzeptanz bei ihren Nutzern finden. Ganz wichtig dabei: Der Mensch gibt den Takt vor. Er darf nicht vom Roboter getrieben, gegängelt und von Fehlersignalen genervt werden!

2.2.9 Urbanisierung und Vertical Farming

Ein wesentlicher Trend des 21. Jahrhunderts ist die weltweit mit rasantem Tempo zunehmende Verstädterung. Der Begriff *Urbanisierung* (lateinisch „urbs", Stadt) bezeichnet die Ausbreitung städtischer Lebensformen. Urbanisierung findet vor allem in Regionen statt, wo sich Industrien ausdehnen. Dort verlassen noch immer viele Menschen ländliche Gebiete, um einer drohenden Arbeitslosigkeit zu entkommen und in den rasant wachsenden Industrien der Metropolregionen einen neuen Job und ein neues Zuhause zu finden. Wer sich ein Zuhause in der Stadt aber nicht leisten kann oder trotz des neuen Jobs ein Leben im Grünen bevorzugt, muss täglich mitunter lange Arbeitswege in Kauf nehmen.

Neben dieser *Landflucht* sind Kriege oder kriegsähnliche Konflikte, aber auch Perspektivlosigkeit in Armutsregionen der Grund für die Abwanderung der Bevölkerung aus ländlichen und armen Weltregionen. Die Menschen ziehen in Städte, weil sie sich hier sicher glauben und im Notfall eine bessere medizinische Versorgung vorfinden. Menschen ziehen immer dann vom Land in die Stadt, wenn sie davon überzeugt sind, dort ein besseres Leben zu haben.

Ein großer Teil der Weltbevölkerung, insbesondere im asiatischen Raum und in den USA, lebt heute in Großstädten, an deren Rand oder in Metropolregionen, die in unmittelbarer Nähe und Wechselwirkung mit diesen Stadtzentren leben. Im Jahr 2030 werden 43 *Megastädte* auf der Welt existieren, in denen mehr als 10 Mio. Menschen leben. Sie brauchen immer mehr Platz und werden sich immer weiter ins Umland ausbreiten. Landwirtschaftliche Flächen und Lebensraum für Tiere werden zunehmend versiegelt. Freiflächen in Stadtlage fallen der Nachverdichtung zum Opfer. Alle Einwohner brauchen jedoch eine ausreichende Versorgung mit Trinkwasser und Nahrungsmitteln. Ihre medizinische Versorgung muss gesichert, der Nahverkehr optimiert, die Kanalisation und die Straßen ausgebaut werden. Zugleich müssen Erzeugung, Speicherung und Verteilung von mehr Energie möglichst effizient und emissionsfrei sein, um dem Klimawandel und der Gesundheit aller Rechnung zu tragen.

Mit der Verstädterung unserer Lebensräume sind immense Herausforderungen gekoppelt, die nicht nur die Städteplanung vor ungelöste Fragen stellen: Wie versorgt man die Menschen in den Stadtregionen zum Beispiel mit den erforderlichen Lebensmitteln, nötiger Energie, sauberem Wasser, allgemeinen Grundversorgungsbedürfnissen und attraktivem Wohnraum? Wie stellt man deren Gesundheitsversorgung sicher? Wo arbeiten die Menschen und wie erreichen sie ihre Arbeitsplätze? Wie gestaltet sich die Mobilität in den Ballungsregionen und wie kann sie optimiert werden hinsichtlich ihrer Kapazität und des Ausstoßes von Schadstoffen? Wie können KI und digitale Assistenzsysteme zur optimierten Verteilung aller lebensnotwendigen Dinge eingesetzt werden?

Mit neuen Mobilitätsformen sind Antworten zu finden auf den täglichen Transportbedarf von Menschen und Gütern. Dazu zählt mehr als das Angebot adäquater Nahverkehrsmittel. Das Verkehrsaufkommen ist zu steuern und erst einmal zu beherrschen. Die Städte müssen sich verändern, um auch in Zeiten des verstärkten Zuzugs noch eine gute, gesunde Lebensqualität zu bieten. Kanalisations- und Kommunikationsnetze müssen gebaut und ausgebaut werden, die Energieversorgung an die größeren Wohngebäude angepasst werden.

Das Zielebild lautet *Smart City*: Eine intelligente Stadt, die so konzipiert ist, dass sämtliche Aspekte des öffentlichen Lebens ineinandergreifen und miteinander vernetzt sind, um die Metropolen effizienter, technologisch fortschrittlicher und grüner zu gestalten und dabei sozial niemanden auszuschließen. Dies kann nur auf Grundlage technischer, wirtschaftlicher und gesellschaftlicher Innovationen geschehen. Ein unabdingbares Handlungsfeld.

Vor allem die stark wachsende Stadtbevölkerung muss künftig auch gesund ernährt werden können. Dies erfordert die Erschließung neuer Formen der Erzeugung von pflanzlichen Nahrungsmitteln auf konzentrierten Anbauflächen oder in Anbauregionen,

die heute noch von Trockenheit und lebensunfreundlichen klimatischen Rahmenbedingungen gekennzeichnet sind.

Das *Vertical Farming* stellt einen höchstattraktiven Lösungsansatz dar, der zur besseren Versorgung von Ballungszentren beitragen kann. Die Nachfolger der Hängenden
Gärten von Babylon, erlauben, vom Boden bis zur Decke gestapelt, den Pflanzenanbau
in kontrollierter Umgebung, oft unter künstlichem Licht. Wie bei einer Hydrokultur werden Wasser und Nährstoffe zugeführt, meist rechnergestützt. Und weil die Klimatechnik,
das Licht, die Wasser- und Nährstoffzufuhr, die Temperatur und Belüftung automatisch
reguliert und optimal auf die jeweilige Pflanzensorte eingestellt werden können, kann –
zumindest beim Anbau in geschlossenen Räumen – theoretisch sogar das ganze Jahr über
geerntet werden.

Noch fristet das Vertical Farming eher ein Nischendasein, doch der Klimawandel mit
Dürren und Wasserknappheit bzw. mit Starkregenereignissen und Überschwemmungen
zwingt die Landwirtschaft zum Umdenken. Und auch in Regionen, wo fruchtbarer
Boden Mangelware ist, bietet sich diese Anbaumethode an. Japan gilt zum Beispiel
heute schon als Vorreiter bei der Kultivierung von Salat und Gemüse in geschlossenen
Kreislaufsystemen unter Kunstlicht. Dort gibt es mittlerweile rund 200 Pflanzenfabriken.
Hauptkostenfaktor aber sind die Gehälter der Mitarbeitenden. Deshalb versuchen die
Pflanzenfabriken, die Automatisierung voranzutreiben. Weil auch die japanische Gesell-
schaft überaltert ist und es einen Mangel an Arbeitskräften gibt, pflanzen, bewässern und
ernten Roboter in den Salatfarmen die Produkte.

Aber wozu dieser Aufwand? Wachsen Lebensmittel nicht viel besser auf Beet oder
Acker? Die Kultivierung in einem geschlossenen System kommt ohne Pflanzenschutz-
mittel aus und geht mit Ressourcen sehr sparsam um. Im Vergleich zum Anbau im
Freien kann die nötige Wassermenge drastisch auf etwa ein bis zwei Prozent der sonst
üblichen Menge Wasser und ein Fünftel der Nährstoffe gesenkt werden. Zudem kann
eine Pflanzenfabrik in unmittelbarer Nähe zu den Verbrauchern produzieren und so weite
Transportwege vermeiden. In geschlossenen Systemen können Obst, Salat und Gemüse
sogar dort kultiviert werden, wo es Klima und Böden eigentlich nicht zulassen – in der
Wüste, mitten in der Stadt, in extrem kalten Regionen, in kontaminierten Gebieten oder
sogar unter der Erde. Und die Lebensmittelproduktion auf mehreren Ebenen benötigt
weniger Platz im Vergleich zu Feld oder Gewächshaus. Auch weil die Produkte wesentlich schneller wachsen.

2.3 Suche nach dem richtigen Weg

Nachdem Sie nun einen Einblick in die wichtigsten Megatrends unserer Zeit gewonnen
haben (mehr Details würden den Rahmen dieses Buchs sprengen), ist es jetzt an der Zeit,
sich an die Vorbereitung der Innovationsarbeit zu machen. Agile Innovation setzt hierbei auf die regelmäßige Trendbewertung, eine fokussierte Trendbeobachtung im Rahmen

von Suchfeldanalysen, das Schaffen von Orientierung und Leitplanken im Rahmen eines Roadmapping Prozesses und eine klare strategische Rahmensetzung. Selbstverständlich dürfen ein frühzeitiger Abgleich mit den Sichten ausgewählter Experten, die Einbindung strategischer Partner, das Mitnehmen der Mitarbeitenden sowie der Abgleich mit den Erwartungen der Kunden und den aktuellen Markterfordernissen nicht fehlen.

2.3.1 Trendableitung

Es ist Aufgabe des Technologie- und Innovationsmanagements, technologische Entwicklungslinien zu beschreiben und zu bewerten. Entwicklungslinien, die gesamte Branchen revolutionieren, vollkommen neue Produkte ermöglichen und neue Märkte erschließen.

Beginnen Sie daher mit einer *Trendbewertung*. Stellen Sie sich die Frage, wie relevant sind die einzelnen Megatrends für die Aktivitäten ihres Unternehmens. Welche Trends müssen näher analysiert und besser verstanden werden? Wo werden bereits Antworten durch Marktbegleiter angeboten oder angekündigt? Und wo sieht man die ersten Innovationspotenziale? Legen Sie hierfür Suchfelder fest und verfolgen Sie diese arbeitsteilig und regelmäßig (Abb. 2.4).

Wenn Sie sich hierüber ein erstes Bild verschafft haben, versuchen Sie diese Trends im Fokus genauer zu verstehen. Das bedeutet im nächsten Schritt Studien und Experten auszumachen, die diese Trends bearbeiten und darüber Forschungsergebnisse veröffentlicht haben. Machen Sie sich sachkundig. Das muss nicht immer viel und harte Arbeit bedeuten.

Technologie Monitoring – Suchfelder			
Digitalisierung, digitale Transformation	Industrie 4.0, flexible Automation	Batteriespeicher, Energiemgmt. und Ladetechnik	Digitale Zwillinge Virtuelle Inbetriebnahmen
Konnektivität, Cloud Services, Analytics	Cobots, Service- und Assistenzrobotik	Mobile Plattformen und Navigation	Klimaneutrale Prozessführung und Produktion
Security (IT/OT)	Additive Fertigung 3D-Druck	Künstliche Intelligenz (KI)	Kognitive und autonome Systeme

Abb. 2.4 Repräsentatives Beispiel für eine Suchfeldmatrix. Elemente lassen sich leicht in einem Innovationsworkshop sammeln, bewerten und nach Suchfeldern mit Post-it's clustern

Es muss Ihnen gelingen, auf den Suchfeldern eine arbeitsteilige Trendbeobachtung im Unternehmen zu organisieren und dem täglichen Effizienzwahn mindestens einmal pro Woche zu entfliehen, abends Zeitschriften nach Hause mitzunehmen und etwas im Netz zu surfen, getreu dem Motto: „*Vorne zu surfen, macht Freude. Hinten das Wasser zu schlucken, ist bitter.*"

Starten Sie Diskussionsprozesse zu den Suchfeldthemen. Setzen Sie thematisch jeweils einen Schwerpunkt und laden Sie gezielt Mitarbeitende, Kunden und externe Experten zu Gastreferaten und Innovationsworkshops ein. Setzen Sie damit Impulse für die Ideengenerierung und die Innovationsdebatte. Besuchen Sie fokussiert Messen und Fachtagungen.

Identifizieren Sie externe Partner, die ihnen bei der Erschließung von Trendinformationen und bei der Bewertung von Trends helfen können. Treffen Sie diese zu Werkstattgesprächen und nutzen Sie diese Besuche nicht nur zum Erfahrungsaustausch. Bitten Sie Ihre Gesprächspartner gezielt um Einblick in deren Entwicklungsaktivitäten, Kundensichten und eine Besichtigung ihrer Fertigungslinien. So lernen Sie am schnellsten über die Einsatzrahmenbedingungen ihrer Produkte, den nötigen Innovationsbedarf und schärfen Ihren Blick aus Kundensicht.

Auch Technologietage, nach Themenschwerpunkten zusammengestellt, sind ein attraktives Instrument zur kundenzentrierten Ermittlung von Marktentwicklungen. Gezielt werden externe Experten und attraktive Gastreferenten zu Themenbeiträgen ermuntert. Technologietage bestehen aber nicht nur aus Vorträgen, sondern bieten auch die Möglichkeit, direkt mit Fachexperten und potenziellen Lieferanten ins Gespräch zu kommen sowie erste Lösungsansätze für konkrete Probleme zu diskutieren.

Hören Sie aufmerksam zu und beginnen Sie rasch damit, die gewonnenen Erkenntnisse zu verdichten. Auch hier sind verschiedene Formate denkbar. Fassen Sie Ihre Erkenntnisse zu internen Analysen zusammen, erstellen Sie Besuchsprotokolle und Merklisten für Neuprojekte, präsentieren Sie Ihre zusammengefassten Erkenntnisse und diskutieren Sie diese und die daraus abgeleiteten Lernerfahrungen mit Ihrem Innovationsteam.

Versuchen Sie Ihre Trendliste weiter zu verdichten, indem Sie der Sammlung relevanter Trends eine Zeitachse der voraussichtlichen Relevanz für die Marktbearbeitung mit Ihren Produkten und Dienstleistungen hinzufügen. Gleichen Sie dabei gezielt Ihre Sicht mit externen Experten und Schlüsselkunden außerhalb Ihres Unternehmens ab. An dieser Stelle ist ein Spiegeln mit externen Sichten unabdingbar!

Nur das Einholen eines externen Feedbacks zwingt sie dazu, Ihre Sicht auf den Prüfstand zu stellen, Ihre Folgerungen zu verteidigen und hierbei das eigene Blickfeld und die selbst eingeengte Sichtweise auf den Prüfstand zu stellen. Dann erst haben Sie die Voraussetzungen für einen fundierten Roadmapping Prozess geschaffen.

Wirklich zukunftsweisende Geschäftsmodelle zu entwickeln, braucht Zeit. Erst recht, wenn diese grundlegend besser sein sollen. Nehmen Sie sich diese Zeit und skizzieren Sie auch verschiedene Szenarien, wie sich die Zukunft Ihres Unternehmens und Ihres Trendumfelds aller Voraussicht nach weiterentwickeln könnte.

Die Szenariotechnik erstellt unter Annahme von technologischen, sozialen und politischen Entwicklungen Szenarien der Welt von morgen. Daraus kann man dann Empfehlungen und Zielebilder ableiten, welche Technologien heute entwickelt werden müssen, damit diese Szenarien Realität werden können. Sie sind der Einstieg in einen fundierten Roadmapping Prozess und die Visualisierung potenzialträchtiger Zielebilder.

Zielebilder sind konkrete Vorstellungen in Form von Geschichten, Erzählungen und grafischen Visualisierungen, die im Team ein klares Bild davon erzeugen, was wir erreichen möchten. Aus den Zielebildern lassen sich die wichtigsten technologischen Hebel identifizieren und die Auswirkungen auf das Unternehmen ableiten. Dazu werden Hypothesen abgeleitet, die dann im Expertenkreis diskutiert werden. Und damit auch die Aufgaben, die heute zu erledigen sind: Etwa welche neuen Technologien entwickelt werden müssen oder welche Märkte erschlossen werden sollten.

Das Ganze ist emotional, häufig auch konfliktträchtig aufgeladen und sollte dennoch visionären Charakter aufweisen. Wichtig ist es, auch Sehnsüchte zu wecken. Nehmen Sie sich hierfür Zeit, hören sie gut zu und erlauben Sie es, Sachverhalte auch aus verschiedenen Perspektiven zu beleuchten. Treten Konflikte auf, versuchen Sie eine neutrale Position einzunehmen. Aber Vorsicht! Zu weit entfernt liegende Zielebilder berühren uns nicht ausreichend tief in dem Sinn, dass sie die nötigen Emotionen auslösen und Begeisterung wecken.

Zum Abschluss noch ein paar Tipps, wie sie selbst mit einfachen Mitteln und etwas interessiertem Engagement zum Trendbeobachter werden können:

- Essen gehen mit Pionieren, Musterbrechern und Ideengebern, dabei entspannt reden und danach gemeinsam spazieren gehen, das macht den Kopf frei und hilft, die eigene Sicht auf Trends und Zukunftsszenarien abzurunden.
- Lesen, beispielsweise eine Zeitung oder Fachzeitschrift, die Sie bis dato noch nie gelesen haben, fachfremd, dies eröffnet neue Blickwinkel.
- Kaufen, beispielsweise einen 3D-Drucker oder ein Wettbewerbsprodukt und dieses nach Erscheinungsbild, Funktion und Wirkung auf seine Kundenakzeptanz hin detailliert analysieren. Einfach mal spielen, zerlegen und Hintergrundinformationen sammeln.
- Ausprobieren, zum Beispiel einfach mal einen Produkt-Konfigurator oder eine Web-Plattform. Übrigens: Neugier entsteht, wenn sich Führungskräfte und Mitarbeitende selbst ein Bild vor Ort bei aussagekräftigen Labordemonstrationen im Entwicklungsbereich machen.
- Und vor allem Denken. Erst denken, dann handeln. Auch wenn es einfach klingt und bei manchen Menschen trotzdem das Umgekehrte passiert.

2.3.2 On Track oder auf Road to Nowhere?

Das *Roadmapping* steht für die Extrapolation bestehender Geschäfte und Technologien in die Zukunft. Dabei werden zunächst alle als relevant erachteten Technologien und

Marktentwicklungen entlang einer Zeitachse entsprechend ihrer Marktrelevanz ohne konkreten Projekt-oder Produktbezug sortiert. Ziel dieses ersten Schrittes ist es, ein einheitliches Bild der für das Unternehmen und die Umsetzung der Innovationsstrategie relevanten Technologiefelder und markt- bzw. kundenrelevanten Funktionen und Erwartungen zu gewinnen.

Dieser Prozess kann herausfordernd sein, denn erfahrungsgemäß prallen hier lang geschärfte Sichtweisen, leidenschaftlich verfolgte Themen und der Ehrgeiz ambitionierter Diskussionsteilnehmer aufeinander. Als Innovationsverantwortlicher sind Sie dann gefordert, die einzelnen Interessen auszubalancieren und die Konflikte schnellstmöglich wieder aufzulösen. Hierbei sind Moderatorenqualitäten und ein aktives Zuhören, gleichzeitig aber auch eine entschlossene Gesprächsführung gefragt. Achten Sie ganz besonders darauf, dass Ihre Roadmap-Debatten nicht in einer Road to Nowhere enden! Konzentrieren Sie sich darauf, nur eine grobe Detaillierung der wichtigsten Recherche-, Vorentwicklungs- und Entwicklungsphasen in überschaubarer Komplexität abzubilden und legen Sie Wert darauf, die Übergabephasen und Synchronisationspunkte zu visualisieren.

Es empfiehlt sich, in einem ersten Schritt die Technologie-Roadmaps anzupacken. Diese sind langfristig über einen Zeitraum von 3–5, vielleicht sogar 10 Jahre ausgerichtet. Sie dienen vor allem dazu, das mittel- bis langfristige Potenzial verschiedener Technologien aufzuzeigen, erste Trends zu erkennen, fundierte Prognosen über deren Entwicklung zu erstellen und potenzielle Anwendungsfelder zu identifizieren. Achten Sie zu diesem Zeitpunkt auf eine ausschließlich funktionale Beschreibung der Anforderungen, losgelöst von einer Debatte, ob die Realisierung der Ideen und Visionen überhaupt möglich ist und welche Kosten und Risiken mit deren Verfolgung verknüpft sind (Abb. 2.5).

Daraus leiten Sie Technologiebeobachtungsmaßnahmen ab, bauen Kooperationen auf und überlegen sich, wie Sie strategische Partnerschaften entwickeln können und Ihre Netzwerkaktivitäten ggf. neuausrichten müssen.

Dieser Schritt kann durch Werkstattgespräche unter Einbeziehung externer Partner oder die Einbindung geeigneter Beiratsmitglieder wesentlich beschleunigt werden, denn die technische Vorentwicklung erfordert in der Regel eine lange Vorlaufzeit. Daher muss die Technologiefrühaufklärung schon früh einsetzen (Abb. 2.6).

Ein dreistufiges Vorgehen hat sich dafür als idealer Prozess herausgebildet:

- Beim *Technologie-Scanning* verschafft man sich einen Überblick über neue technologische Entwicklungen. Dies kann durch Lektüre von Fachliteratur, die Auswertung von Tagungen, die Reflexion von Messeeindrücken geschehen. Für das Unternehmen interessante Entwicklungen werden erfasst und zunächst einmal grundlegend analysiert.

Produkt- und Technologie-Roadmap

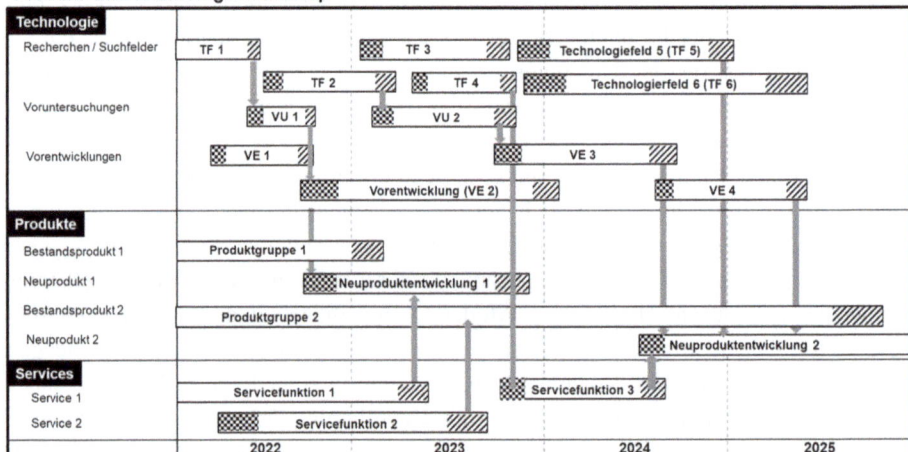

Abb. 2.5 Repräsentatives Beispiel für eine Produkt- und Technologie-Roadmap. Wichtig ist es, sich im agilen Prozess zunächst nur auf eine Grobplanung zu konzentrieren sowie die Ramp-Up- / Ramp-Down-Phasen und Zeitfenster für Übergabeaktivitäten zu visualisieren

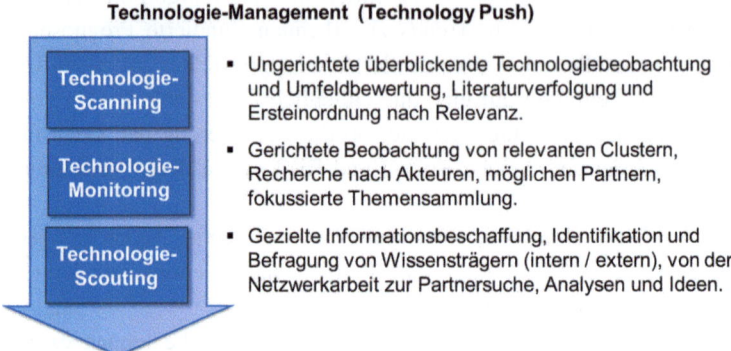

Abb. 2.6 Dreistufiger Prozess des Technologie- und Managements, um Anforderungen an künftige Produkte und Dienstleistungen aus Technologieinformationen im Sinne eines Technology Push abzuleiten

- Von diesen Technologieentwicklungen werden einige für das Unternehmen als verfolgenswert eingestuft. Sie werden im Rahmen eines fortlaufenden *Technologie-Monitoring* weiter beobachtet und inhaltlich vertieft.
- Das *Technologie-Scouting* setzt ein, wenn die neue Technologie einen umsetzbaren Reifegrad erreicht hat und zur Innovationsstrategie des Unternehmens passt. Jetzt werden konkrete Kontakte aufgenommen, um zu erkunden, wie die neue Technologie genutzt werden kann. Kooperationen oder gar eine Unternehmensübernahme werden vorbereitet.

Wichtig in diesem Zusammenhang ist eine möglichst realitätsnahe, an objektiven Krite-
rien ausgerichtete Bewertung des Reifegrads einzelner Technologien. Hier hat sich in der
Praxis der Technologiefrühaufklärung eine standardisierte Stufung der Reifegrade von
Technologien nach den *Technology Readiness Levels (TRL)* bewährt (Abb. 2.7).

Parallel zur Entwicklung und Überprüfung der *Technologie-Roadmaps*, die eine Ausrichtung der Innovationserfordernisse nach den Grundsätzen des Technology Push plaka-
tiv machen muss für einen kürzeren Zeitraum von ca. 3–5 Jahren die Produkt-Roadmap
entwickelt werden. Sie beinhaltet in funktionalen Anforderungsbeschreibungen oder als
Zielebild visualisiert Zielzustände für Produktlösungen entsprechend den Grundsätzen
des Market Pull.

Produkt-Roadmaps dienen als Koordinationsinstrumente der Abstimmung der mittelfristigen Handlungsbedarfe aller am Innovationsprozess beteiligten Fraktionen. Sie erinnern sich noch an die berüchtigten Silos aus Abschn. 1.4?

Produkt-Roadmaps setzen die inhaltlichen Leitplanken und verankern diese ebenfalls entlang der Zeitachse. Sie sind so angelegt, dass eine Abstimmung der Forschungs-
und Entwicklungsplanung für künftige Produktgenerationen mit der Produkt- und der
Technologievorentwicklung erfolgt ist. Sie dienen aber auch als Planungsrahmen für
evtl. erforderliche Investitionen und produktionsvorbereitende Maßnahmen in den operativen Einheiten. Nötige Vorlaufmaßnahmen werden veranlasst (Abb. 2.8).

Die Aufstellung von Produkt-Roadmaps birgt ein besonderes Konfliktpotenzial im
Innovationsprozess, da nicht nur unterschiedliche Sichtweisen und Charaktere der handelnden Personen zusammengeführt und zu einem Konsens über die generelle Ausrichtung der nächsten Maßnahmen und Schritte geführt werden müssen, sondern gerne
auch unnötige Fehler gemacht werden, die einer agilen Innovation im Weg stehen.

Technology Readiness Levels (TRL) in aufsteigender Reihenfolge:

1. Grundsätzliche Prinzipien sind dokumentiert.

2. Technische Konzepte oder erste Anwendungen sin beschrieben.

3. Kritische Funktionen oder partielle Machbarkeitsstudien im Labor erprobt.

4. Komponenten wurden in Laborumgebung validiert.

5. Komponenten wurden in realer Umgebung validiert.

6. Prototyp wurde in simulierter Umgebung oder im Labor erprobt.

7. Prototyp funktioniert unter realen Einsatzbedingungen.

*8. Produkt / System im Serienanlauf und Funktion durch Tests unter
    realen Einsatzbedingungen nachgewiesen.*

*9. System wurde funktionsfähig in realen Betriebsszenarien erprobt,
    alle legislativen Anforderungen sind erbracht.*

Abb. 2.7 Technology Readiness Levels (TRL) zur standardisierten Beschreibung des Reifegrads
einer neuen Technologie im Zuge der des Technologiemanagements

Produkt- und Technologie-Roadmap

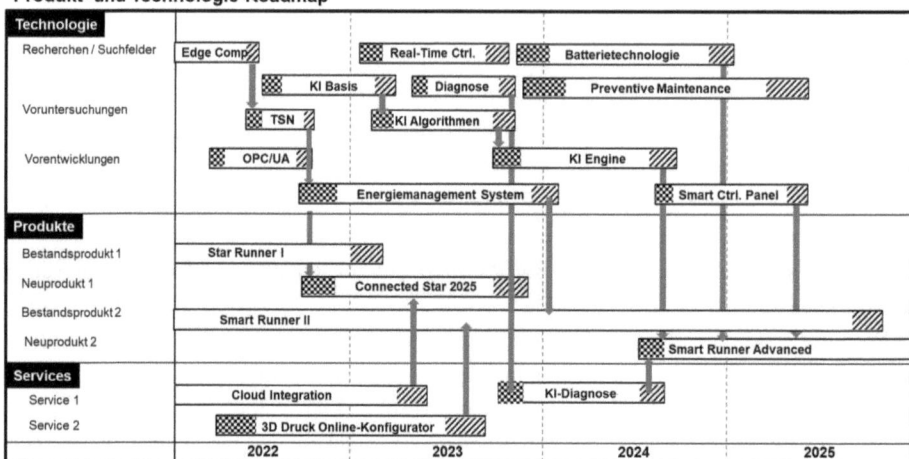

Abb. 2.8 Repräsentatives Beispiel einer im Rahmen eines Innovationsworkshops erstellten Produkt- und Technologie-Roadmap. Wichtig ist es vor allem, die Übergabeaktivitäten frühzeitig zu visualisieren und mit allen Beteiligten zu koordinieren

Ein Kardinalfehler ist die mangelnde Einbindung der handelnden Akteure und die zu geringe Berücksichtigung der Kundeninteressen. Setzen Sie auf die Kraft schlagkräftiger Teams und deren Einbindung in die Gestaltung der Rahmenbedingungen.

Ein weiterer, häufig gemachter Fehler ist eine zu große Detaillierung der Pläne und das Eintreten in eine regelrechte Planungswut. Volatile Märkte und ambitionierte Anforderungen lassen sich nicht im Detail planen, so sehr sich viele Menschen das wünschen.

Oft verbirgt sich hinter dieser Planungswut eine Unsicherheit vor den Umsetzungsmaßnahmen und eine Angst vor den damit verbundenen Risiken. Agile Innovatoren wissen, Angst lähmt und ist ein schlechter Wegbegleiter. Sie antworten darauf mit Experimenten, die einen frühzeitigen Erkenntnisgewinn ermöglichen und vertrauen auf eine Fehler- und Erkenntniskultur.

Ein Fehler ist es auch, beim Produktplanungsprozess die operativen Einheiten nicht in die Vorlaufplanungen für das neue Produktportfolio einzubeziehen. Schließlich zählt am Ende die erfolgreiche und rechtzeitige Platzierung eines Neuprodukts am Markt und damit seine rentable und effiziente Produktion sowie eine frühzeitige begeisternde Begleitkommunikation.

Achten Sie vor allem darauf, sich nicht in den Roadmapping-Prozessen endlos zu verlieren. Viele Menschen diskutieren gern und machen in solchen Runden auch ihre eigene Politik. Sorgen Sie daher stets für klare Zielzustände und einen regelmäßigen Takt.

Beschränken Sie die Präsentationswut und setzen Sie auf Pitches oder Funktionsdemonstrationen anhand eines Minimum Viable Products (MVP) oder eines Prototyps.

Es ist Ihre Aufgabe als Innovationsverantwortlicher, die Leitplanken zu setzen, damit Sie nicht in eine Endlosschleife oder auf eine Road to Nowhere gelangen.

2.4 Transformationsweg zur agilen Innovation

Nun haben Sie analysiert, wo Sie stehen und wo Sie hinwollen, aber wie kommen Sie dorthin? Ihre Analyse hat möglicherweise viele Bereiche aufgedeckt, in denen Verbesserungen notwendig sind. Wenn in Ihrem Unternehmen die zuvor beschriebene Silo-Denkweise vorherrscht, haben Sie bereits viele Konflikte, ineffiziente Prozesse und in sich unstimmige Wertschöpfungsketten identifiziert.

Agile Methoden und Werte gehen diese Probleme an, indem sie Menschen aus den verschiedenen Abteilungen zusammenbringen. Der Fokus verschiebt sich von „die gegen uns" zu einem „machen wir es gemeinsam"; von „das ist ihr Problem" zu „Wie lösen wir das zusammen?". Dabei geht es nicht nur darum, Scrum oder Design Thinking in allen Fachabteilungen einzuführen, sondern um eine Neuausrichtung der Art und Weise, wie Mitarbeitende über Abteilungen und Rollen hinweg täglich zusammenarbeiten.

Doch worauf kommt es an und was versteht man unter Agilität, agilen Werten, Methoden und agiler Innovation? Haben Sie noch kurz Geduld, gleich erfahren Sie darüber mehr. Beginnen Sie zuvor aber doch gleich einmal damit, in einem Zielebild oder in Zielzuständen zu denken.

Wie erkennt man einen Zielzustand, den man mit dem agilen Innovationsprozess erreicht?
Alle Beteiligten an den Innovationsinitiativen werden nahezu magisch von etwas angezogen. Sie sind als Team begeistert und leidenschaftlich gemeinsam unterwegs. Die Regeln sind eingespielt, das agile Wertegerüst ist verstanden und wird gelebt. Niemand drückt sich vor Verantwortung. Niemand macht etwas, ohne darüber zuerst nachzudenken. Im Gegenteil, es werden ständig neue, qualitativ hochwertige Ideen geboren und Verbesserungsansätze ausgearbeitet, um die gerungen und mitunter auch mal gestritten wird.

Kritik und Fehler werden zu Erkenntnisgewinnen und zum Fortschritt genutzt. Anstatt auf seinem Recht zu beharren und dem Diktat der Hierarchie zu folgen, packen alle beherzt an und organisieren sich selbst. Fehler werden gemeinsam ausgemerzt, anstatt Schuldige zu suchen. Jeder unterstützt jeden bis zum gemeinsamen Erfolg: Das Erreichen des Zielebilds, einer emotional aufgeladenen, bildhaften Vorstellung, was als Zielzustand proklamiert ist und in der Regel anders sein wird.

Alles naive Sozialromantik, im harten Tagesgeschäft nicht zu erreichen, werden einige behaupten. Keineswegs, man muss nur entschlossen an diesem Zielebild arbeiten. Was hält uns also auf? Nichts! Machen wir uns folglich auf den Weg und gestalten wir die Rahmenbedingungen entsprechend.

Treten wir zuvor aber noch einmal einen Schritt zurück und betrachten zum Schluss die wichtigsten Punkte in ihrem systematischen Zusammenhang:

1. Die existenziellen Probleme der Zeit bedürfen neuer Lösungsstrategien, die es in ihrer Radikalität mit den Herausforderungen volatiler Märkte und ihren aktuellen Anpassungserfordernissen aufnehmen können. Im Maschinenraum knirscht es gewaltig. Nur einzelne Schrauben anzuziehen, kann die drohende Katastrophe nicht mehr abwenden. Endloses Diskutieren hilft nicht weiter!

2. Agile Innovation fordert engagiertes Handeln auf allen Ebenen und eine nicht auf Hierarchie bauende Führung. Gefragt sind stattdessen Leitplanken, Gestaltungsfreiräume und ein ambitionierter Takt in Sprints. Vorherrschen muss ein unbeugsamer Wille, zu gewinnen. Ohne Leidenschaft und besondere Kreativität gibt es keine Genialität!

3. Agile Innovation setzt auf interdisziplinäre Zusammenarbeit und mutige Vorstöße. Nur im direkten Miteinander von Leitkunden, externen Experten und den maßgeblichen Innovatoren im eigenen Unternehmen entsteht das nötige Momentum für bahnbrechende Innovation. Im Fokus und maßgeblich ist eine veränderte Sichtweise auf unser Handeln: Die Kundensicht. Sie ist Maßstab für alles!

4. Für die Umsetzung erfolgreicher Lösungen braucht es vier Dinge: Visionen, Freiräume, Budgets und Vertrauen. Geld ist in einer Fülle verfügbar wie lange nicht. Zukunftsträchtige Visionen können wir uns gemeinsam erarbeiten, indem wir die systemischen Abhängigkeiten im Blick behalten und unsere Ziele gesamtgesellschaftlich sinnvoll und zum Wohl unseres Unternehmens strategisch ausrichten. Wichtiger als die Struktur ist die Kultur eines Unternehmens. Wir selbst können und müssen kulturprägend wirken, Fehler tolerieren und vertrauen, Vorbild sein und trotzdem ambitioniert, agil und strukturiert an unserer Zukunft arbeiten!

Weiterführende Literatur

Abel, J. *Die flexible Produktion*, mi Wirtschaftsbuch München, S. 7–8, 11–21, 40 (2011)

Bartneck, C., Belpaeme, T., Eyssel, F., Kanda, T., Keijsers, M., Sabanovic, S., *Mensch-Roboter-Interaktion*, Hanser (2024), S. 11–13, 30–32

Bauernhansel, T., ten Hompel, M., Vogel-Heuser, B., *Industrie 4.0 in Produktion, Automatisierung und Logistik*, Springer Vieweg, (2014)

Bendel, O., *Co-Robots und Co. – Entwicklungen und Trends bei Industrierobotern*, Netzwoche, 25(9), S. 4–5 (2017)

Bonin, H., Gregory, T., Zierahn, U., *Übertragung der Studie von Frey/Osborne (2013) auf Deutschland*, Forschungsbericht 455 an das Bundesministerium für Arbeit und Soziales, Herausgeber ZEW Zentrum für Europäische Wirtschaftsforschung GmbH, Mannheim (2015)

Brinjolfsson, E., Mc Affee, A. *The Second Machine Age*, Börsenmedien (2015)

Corke, P., *Robotics, Vision and Control*, Springer (2023)

Desouka, K. C., *Customer-Driven Innovation*, Research & Technology Management (2008), S. 35–44

Deuse, J., Weisner, K., Hengstebeck, A., Busch, F., *Gestaltung von Produktionssystemen im Kontext von Industrie 4.0* in A. Botthof, E. A. Hartmann (Hrsg.), Zukunft der Arbeit in Industrie 4.0., Springer Vieweg, S. 99–109, (2015)

Diemar, E., *Unternehmen brauchen ein agiles Mindset*, Elektronikpraxis, 20/2019, S. 58

Fang, X., Wang, H., Liu, G., Tian, X., Ding, G., Zhang, H., *Industry application of digital twin: from concept to implementation,* The Intern. Journ. of Advanced Manufacturing Technology, Vol. 121, S. 4289-4312 (2022)

Frey, C., Osborne, M. A., *The Future of Employment: How Susceptible are Jobs to Computerization?*, University of Oxford (2013)

Glück, M., *Die Produktion 2020*, Computer & Automation, Heft 6/2012, S. 47–50

Glück, M. *Technologien und Managementsysteme für die Fertigung der Zukunft,* VDI-Z Integrierte Produktion, Heft 4/2012, S. 66–68

Glück, M., *Alles wird smart – Neue Geschäftsmodelle durch Digit*alisierung, Vortrag auf der Best Practice Tagung „LEAN" der STAUFEN AG in Darmstadt (2.7.2019)

Glück, M.: *Mensch-Roboter-Kooperation erfolgreich einführen*, Springer Vieweg (2022), S. 47–77

Gregory, T., Salomons, A., Zierahn, T., *Technological Change and Regional Labor Market Disparities in Europe*, Centre for European Economic Research, Mannheim (2015)

Günthner, W., ten Hompel, M. (Hrsg.), *Internet der Dinge in der Intralogistik*, Springer (2010)

Hinrichs, B., *Nachhaltigkeit als Unternehmensstrategie*, Haufe (2023), S. 41–49

Holzbaur, U., *Nachhaltige Entwicklung: Der Weg in eine lebenswerte Zukunft,* Springer (2020), S. 66–70

International Federation of Robotics (IFR), *Welt-Roboter-Report 2023: Asien vor Europa und Amerika,* Pressemitteilung mit Ergebniszusammenfassung zur Veröffentlichung des World Robotics 2023 Report, Frankfurt (Main), 26.9.2023

International Federation of Robotics (IFR), *Service-Roboter-Absatz steigt weltweit um 48 Prozent – Personalmangel treibt die Nachfrage*, Pressemitteilung mit Ergebniszusammenfassung zur Veröffentlichung des World Robotics 2023 – Service Robotics Report, Frankfurt (Main), 12.10.2023

Kabel, P., *Dialog zwischen Mensch und Maschine – Conversational User Interfaces, intelligente Assistenten und Voice-Systeme*, Springer Gabler (2020), S. 3–9, 39–61

Kirchhoff, K. R., Niefünd, S., von Pressentin, J., *ESG: Nachhaltigkeit als strategischer Faktor*, Springer Gabler (2024), S. 15–24, 41–42

Klinkow, S., *Digitalisierung und Nachhaltigkeit: Eine Option für das nachhaltige Wirtschaften?,* Ökologisches Wirtschaften, 32(3), S. 16–17, 2017

Krick, T., Zerth, J., Rothgang, H., Klawunn, R., Walzer, S., Kley, T., *Pflegeinnovationen in der Praxis – Erfahrungen und Empfehlungen aus dem Cluster Zukunft der Pflege*, Springer Verlag (2023), S. 55–71, 167–193,

Liepert, B., *Wir denken Wege in die Zukunft*, Interview in Robotik und Produktion, Heft 3/2018, S. 18–19

Matzka, S., *Künstliche Intelligenz in den Ingenieurwissenschaften Maschinelles Lernen verstehen und bewerten*, Springer Vieweg (2021)

Mockenhaupt, A., Schlagenhauf, T., *Digitalisierung und Künstliche Intelligenz in der Produktion*, Springer Vieweg (2024), S. 1–3, 8–9

Müller-Friemauth, F., Kühn R., *Ökonomische Zukunftsforschung, Grundlagen – Konzepte – Perspektiven*, Springer Gabler (2017), S. 6–10

Naisbitt, J., Megatrends: *Ten New Directions Transforming Our Lives*, CGP Books (1988)

Swoboda, M., *Innovational Leadership*, Springer Gabler (2020), S. 19–20

Verl, A., Röck, S., Scheifele, C. (Hrsg.), *Echtzeitsimulation in der Produktionsautomatisierung: Beiträge zu Virtueller Inbetriebnahme, Digitalem Engineering und Digitalen Zwillingen*, Springer Vieweg (2024), S. 43–60

Vogel-Heuser, B., Bauernhansel, T., ten Hompel, M. *Handbuch Industrie 4.0 Bd. 2 Auto-matisierung*, Springer Vieweg (2017)

Wildemann, H. (Hrsg.), *Neue Geschäftsmodelle, Künstliche Intelligenz, Maschinenlernen,* Tagungsband Münchner Management Kolloquium (10./11.3.2020), S. 11–26

Zirm, A., Geschka, H., *FAQ-Innovationsmanagement*, Symposion (2014), S. 14, 16, 19–22

Agilität und agile Innovation

3

*Probleme kann man niemals mit derselben Denkweise lösen, durch
die sie entstanden sind.Albert Einstein*

In kaum einer anderen Branche ist das Innovationstempo so hoch wie in der Software-
branche und der Hochtechnologie. Beide befinden sich im Würgegriff der digitalen
Transformation. Die Produktlebenszyklen werden immer kürzer. Immer schneller müs-
sen Entwickler und technisches Management neue Technologien wie Künstliche Intelligenz und Machine Learning verstehen, in ihrer Bedeutung einordnen, entsprechende
Ressourcen aufbauen und die neuen Schlüsseltechnologien wie beispielsweise das
Cloud- oder Edge-Computing einsetzen. Sie müssen zudem ihr Augenmerk auf den
Ressourcenverbrauch richten, denn auch IT-Technologien tragen in einem nicht unerheb-
lichen Ausmaß zum ökologischen Fußabdruck von Produkten und Dienstleistungen bei.
Gleichzeitig müssen sie der hohen Komplexität in den Softwareprojekten Herr wer-
den. Ihr Anpassungsvermögen an neue Handlungserfordernisse, ihre Agilität, ist in be-
sonderer Weise gefragt und durch volatile Märkte mit hohem Innovationsdruck sowie
Produkte und Komponenten mit extrem kurzen Lebenszyklen geprägt.

Die agile Softwareentwicklung ist eine Gegenbewegung zu den oft als schwer-
gewichtig und bürokratisch angesehenen traditionellen Produktentwicklungsprozessen.
Sie basiert auf dem lateinischen *„agilis"* für flink, beweglich. Dahinter verbirgt sich eine
Methodik, flexibel auf Änderungen der Anforderungen während der Entwicklung eines
Produkts zu reagieren, gleichzeitig aber effizienter das Ziel zu erreichen.

Das häufige Scheitern von Softwareentwicklungen führte nämlich zu Überlegungen,
ob nicht der grundsätzliche Ansatz falsch sei. Man suchte die Ursache für das Scheitern

nicht bei den handelnden Personen oder bei der unzureichenden Anwendung der Methoden, sondern bei den Methoden selbst. Statt mehr und bessere Regelwerke aufzubauen,
versuchte man, mit viel weniger auszukommen. Ziel war es, alle Prozesse flexibel und
schnell zu machen und so agil zu werden. Dies zog sich durch alle Bereiche, von der
Anforderungsdefinition über die Programmierung bis zum Projektmanagement und der
Organisation selbst.

Zum Erfolg agiler Methoden tragen eine einfache, kurzzyklische und effiziente Kommunikation mindestens ebenso bei wie ein intensiver Kundenkontakt. Details können so
schnell während der Definitions- oder Prototypenphase geklärt, Missverständnisse sofort
beseitigt werden. Agilität ist daher besonders sinnvoll, wenn ein Projekt vielen Änderungen während seiner Laufzeit unterworfen ist. Gleichzeitig setzt die Methode darauf, die
künftigen Nutzer und die Entwickler verschiedener Disziplinen frühzeitig zusammenzuführen. Software-, Steuerung- und Prozessentwicklung können so in kurzen Abständen
weitere Funktionen in Prototypen implementieren, testen und bewerten.

Agilität hat seit einiger Zeit auch im allgemeinen Innovationsmanagement und im
Führungsalltag Hochkonjunktur. Und dies aus gutem Grund, denn immer wieder gibt
es zwar neue Methodenansätze für das Projekt- und Innovationsmanagement und trotzdem laufen viele Projekte nicht nach Plan, erreichen nie ihr Ziel und überschreiten zunächst kalkulierte Budgets bei weitem. Die fortlaufende Suche nach verbesserten Entwicklungsmethoden ist daher sinnvoll und notwendig, denn es gilt, flink, beweglich und
wendig auf die Herausforderungen unserer komplizierten Welt zu reagieren. Gleichzeitig
gilt es, verstärkt die Menschen in den Fokus des Innovationsgeschehens zu rücken. Zum
einen betrifft dies die Innovierenden und deren Arbeitsbedingungen. Zum anderen sind
damit die anvisierten Kunden als Nutzer, deren Bedürfnisse durch eine verstärkt *menschzentrierte Entwicklung* in den Fokus der genutzten Methoden und Handwerkszeuge
rücken. Agile Unternehmen werden so flexibel, schnell und kreativ im Innovationsgeschehen und robust gegenüber den VUCA-Parametern Volatilität, Komplexität, Veränderungstempo und Ungewissheit.

Agilität als Führungsprinzip bedeutet, die Fähigkeit einer Organisation so zu entwickeln und diese so zu steuern, dass sie flexibel, eigeninitiativ und anpassungsfähig ist,
um mit mehr Resilienz und mehr Initiative kreativ und schnell auf Herausforderungen
des Wandels und der Unsicherheit reagieren zu können. Agilität bedeutet, nicht Pläne
stur abzuarbeiten, sondern dynamische Strategien im Hinblick auf einen maxima-
len Innovations- und Markterfolg zu entwickeln ohne hierbei den Kunden, seine Anforderungen und Wünsche aus den Augen zu verlieren.

Aber werfen wir zunächst einen Blick zurück auf die Entstehung agiler Methoden und
die erste Proklamation agiler Werte (Abb. 3.1).

Abb. 3.1 Agil steht für Werte, Führungsprinzipien, Arbeitsmethoden und ein pragmatisches Vorgehen im Softwareentwicklungs- und im Innovationsprozess. Agilität bedeutet, flink und anpassungsfähig zu sein auf alle notwendigen Änderungen und nötige kundenzentrierte Anpassungen der Produktanforderungen

3.1 Anfänge und Triebkräfte agilen Arbeitens

In den 1950er Jahren entwickelte der amerikanische Soziologe Talcott Parsons mit seinem AGIL-Schema ein systemtheoretisches Modell, wonach jedes System vier Grundfunktionen erfüllen muss, um sein Bestehen zu sichern: *AGIL* ist ein Akronym für Adaption (Anpassung), Goal Attainment (Zielverfolgung), Integration (Eingliederung) und Latency (Latenz, Aufrechterhaltung des Zustands).

Unter *Adaptation*, Anpassung, versteht Parsons die Fähigkeit von Systemen, auf Ereignisse und Veränderungen von außen zu reagieren. Reagieren heißt zunächst Registrieren, dann Verstehen, welches fließend in Eigenaktion übergeht. Verstehen heißt im Zusammenhang mit einer Innovation nicht, sie völlig zu durchdringen, sondern sie ihrem Wesen nach zu begreifen und zwar, das ist wichtig, im Sinne ihrer Funktion, ihrer Ziele und Akzeptanz.

Unter *Goal Attainment*, Zielverfolgung, versteht man die strategische Fokussierung, indem Unternehmen sich ihrer eigenen Fähigkeiten vergewissern und diese konzentriert weiterentwickeln. Dazu zählt die Ableitung einer Vision, in der Unternehmen Sinn und Zweck ihres Handelns definieren, Ziele und Handlungserfordernisse daraus ableiten und diese umsetzen.

Die Forderung nach Anpassung bezieht sich auf die Ziele. Sie können nicht starr und losgelöst von aktuellen Markt- und Trendentwicklungen sowie den künftigen Kunden definiert werden. Die Zielverfolgung selbst ist nicht bis ins Detail von oben vorgegeben, sondern erfordert die individuellen Fähigkeiten und das selbstständige Entscheiden und Handeln der agilen Teams.

Integration ist die Fähigkeit der Eingliederung und der Kohäsion, also des Zusammenhalts einer Gruppe und Gemeinschaft. Integration heißt nicht Vereinnahmung, sondern Ermächtigung, eigene Wege zu gehen, selbst zu entscheiden. Innovation und Menschen brauchen Freiräume. Sie erreichen am meisten gemeinsam in schlagkräftigen Teams.

Latency oder exakter die *Latent Pattern Maintenance*, ist Parsons vierter Pfeiler des AGIL-Schemas. Latenz ist die Aufrechterhaltung und Erneuerung von Wertmustern. Damit ist nicht die Aufforderung zum Beibehalten alter Kulturen gemeint, sondern der Appell, Wissen und Werte stets weiterzuentwickeln. Die Beschäftigung mit der Geschichte und den Entwicklungslinien eines Unternehmens schärft das Bewusstsein für aktuelle Entwicklungen und die Beurteilung ihrer Relevanz. Sie hilft zweifelsohne bei der Bestimmung des eigenen Standpunkts und bei der Neuausrichtung seines eigenen Wirkungsumfelds.

Auf diese Wurzeln des AGIL-Schemas aus den 1950er Jahren aufbauend, entstanden Anfang der 1990er Jahre erste Ansätze zur agilen Softwareentwicklung. Ziel war es, den Entwicklungsprozess gegenüber klassischen Vorgehensmodellen flexibler und schlanker zu machen. Ihre Popularität erreichte die agile Softwareentwicklung erstmals 1999, als Kent Beck sein Buch „*Extreme Programming*" veröffentlichte. Dieses ebnete auch den Weg für andere agile Prozesse und Methoden.

Die Bezeichnung agil für diese Art der Softwareentwicklung wurde im Februar 2001 bei einem Treffen in Utah ausgewählt. Bei diesem Treffen wurde auch das „*Agile Manifest*" von den 17 Erstunterzeichnern Kent Beck, Mike Beedle, Arie van Bennekum, Alistair Cockburn, Ward Cunningham, Martin Fowler, James Grenning, Jim Highsmith, Andrew Hunt, Ron Jeffries, Jon Kern, Brian Marick, Robert C. Martin, Steve Mellor, Ken Schwaber, Jeff Sutherland und Dave Thomas formuliert. Und die Liste der Unterzeichner wächst nach wie vor.

Was aber sind die Triebkräfte und maßgeblichen Beweggründe für ein agiles Arbeiten?
Hauptsächliche externe Treiber sind die Umbrüche in Wirtschaft und Technik sowie das rasende Veränderungstempo an den Märkten. Der technologische Fortschritt ermöglicht eine exponentielle Zunahme von Veränderungen, deren Komplexität und Dynamik oft unvorhersehbar sind. Dies führt zu einer Schnelllebigkeit, in der kontinuierlich neue und innovative Unternehmen entstehen, die bestehende Firmen vom Markt drängen.

Wem es nicht gelingt, sich kontinuierlich und schnell an Veränderungen anzupassen und neue, innovative Geschäftsmodelle rasch zu entwickeln, wird auf dem Markt nicht fortbestehen. Die erhöhte Agilität einer Organisation ist ein Lösungsansatz, um mit den externen Treibern besser umzugehen.

Als interne Treiber lassen sich der Wertewandel im Arbeitsleben und die veränderten Bedürfnisse einer neuen Generation definieren, die nach Selbstverwirklichung und Partizipation verlangt.

Aber nicht nur die Generationen Y und Z sind zunehmend bestrebt, Sinn in ihrem Tun zu finden. So ist es generationsübergreifend der Wunsch vieler Arbeitnehmer, eigenverantwortlich Aufgaben zu übernehmen und zum Innovationserfolg eines Unternehmens beizutragen. Dies motiviert Organisationen dazu, team- und siloübergreifend zu arbeiten, Verantwortung abzugeben, seine Arbeitsweise kontinuierlich zu reflektieren sowie Organisationsstrukturen und Hierarchien aufzubrechen.

3.2   Agiles Manifest: Werte und Prinzipien

Der Begriff des agilen Managements geht auf das „*Agile Manifesto*" (Agiles Manifest) zurück. Es proklamiert einen fundamentalen Satz an agilen Prinzipien, Werten und Handlungsgrundsätzen. Auf diese bauen dann agile Methoden und konkrete Verfahren während der Softwareentwicklung auf. Der agile Prozess ist die Zusammenfassung aller angewandten Methoden und dient letztendlich der agilen Softwareentwicklung.

Diese Prinzipien stellen eine interessante Ausgangsbasis dar, die sich auch auf andere Bereiche des Managements und ganz besonders auf das Innovationsmanagement übertragen lässt. Schon ein erster Blick lässt erahnen, welche Unterschiede die dort beschriebenen Praktiken zu vielen herkömmlichen Managementtraditionen beinhalten: Individuen und Interaktionen stehen über Prozessen und Werkzeugen. Funktionierende Software steht über einer umfassenden Dokumentation. Die Zusammenarbeit mit dem Kunden steht über der Vertragsverhandlung. Das Reagieren auf Veränderung steht über dem Befolgen eines Plans.

Im Agilen Manifest sind die folgenden zwölf Prinzipien als Leitsätze für die agile Arbeit aufgelistet:

Agiles Manifest

„Wir folgen diesen Prinzipien:

Unsere höchste Priorität ist es, den Kunden durch frühe und kontinuierliche Auslieferung wertvoller Software zufrieden zu stellen.

Heiße Anforderungsänderungen sind selbst spät in der Entwicklung willkommen. Agile Prozesse nutzen Veränderungen zum Wettbewerbsvorteil des Kunden.

Liefere funktionierende Software regelmäßig innerhalb weniger Wochen oder Monate und bevorzuge dabei die kürzere Zeitspanne.

Fachexperten und Entwickler müssen während des Projektes täglich zusammenarbeiten.

Errichte Projekte rund um motivierte Individuen. Gib ihnen das Umfeld und die Unterstützung, die sie benötigen, und vertraue darauf, dass sie die Aufgabe erledigen.

Die effizienteste und effektivste Methode, Informationen an und innerhalb eines Entwicklungsteams zu übermitteln, ist im Gespräch von Angesicht zu Angesicht.

Funktionierende Software ist das wichtigste Fortschrittsmaß.

Agile Prozesse fördern nachhaltige Entwicklung. Die Auftraggeber, Entwickler und Benutzer sollten ein gleichmäßiges Tempo auf unbegrenzte Zeit halten können.

Ständiges Augenmerk auf technische Exzellenz und gutes Design fördert Agilität.

Einfachheit - die Kunst, die Menge nicht getaner Arbeit zu maximieren - ist essentiell.

Die besten Architekturen, Anforderungen und Entwürfe entstehen durch selbstorganisierte Teams.

In regelmäßigen Abständen reflektiert das Team, wie es effektiver werden kann, und passt sein Verhalten entsprechend an.“

(Quelle: Agiles Manifest, http://agilemanifesto.org/iso/de/principles.html).

Das häufige Scheitern von Softwareentwicklungen führte zu Überlegungen, ob nicht der grundsätzliche Ansatz falsch sei, Software nach einem strikten Anforderungskatalog streng linear nach einem möglichst komplett zuvor skizzierten Anforderungsprofil zu entwickeln. Man suchte die Ursache für das Scheitern nicht bei den handelnden Personen oder bei der unzureichenden Anwendung der Methoden, sondern bei den Methoden selbst.

Statt mehr und bessere Regelwerke aufzubauen, versuchte man, mit viel weniger auszukommen. Ziel war es, alle Prozesse flexibel und schnell zu machen und so agil zu werden, d. h. sich jederzeit an neue Sichten und veränderte Anforderungen schnell anpassen zu können. Dies zog sich durch alle Bereiche, von der Anforderungsdefinition über die Programmierung und Validierung bis zum begleitenden Projektmanagement und der Organisation der Entwicklerteams und ihrer Arbeit.

Die Herkunft und die einzelnen Formulierungen des Agilen Manifests könnten den Schluss nahelegen, dass es sich hierbei nur um ein Modell für die Softwareentwicklung handelt. Hinter dem proklamierten Methodenwechsel hin zu agilen Management-praktiken steckt jedoch wesentlich mehr, nämlich der Aufruf, auch im allgemeinen Innovationsprozess agile Methoden einzusetzen und sich dadurch von einem de-terministischen Weltbild der Wasserfallentwicklung abzukoppeln, um wendiger und an-passungsfähiger zu werden, schneller zu sein.

Ein wesentliches Kennzeichen agiler Methoden ist, dass sie in einem Prozess dazu dienen, die Aufwandskurve möglichst flach zu halten. Beim agilen Programmieren er-reichen Teams über ein iteratives und inkrementelles Vorgehen sehr schnell gute Ergeb-nisse mit möglichst wenig bürokratischem Aufwand.

Zum Beispiel gilt: Je mehr man nach Plan arbeitet zu Beginn einer Entwicklung alle Anforderungen definiert, desto mehr bekommt man das, was man geplant hat. Aber nicht das, was wirklich gebraucht und vom Kunden gewünscht wird. Bei Abschluss der Ent-wicklung entspricht das Entwicklungsresultat nicht mehr den Anforderungen, weil sich die Rahmenbedingungen währenddessen geändert haben. Üblicherweise bleibt dann nur, den Schaden zu minimieren.

Den meisten agilen Prozessen liegt zugrunde, dass sie versuchen, die reine Entwurfs-phase auf ein Mindestmaß zu reduzieren und im Entwicklungsprozess so früh wie mög-lich zu ausführbarer Software zu gelangen, die dann in regelmäßigen, kurzen Abständen dem Kunden zur gemeinsamen Abstimmung vorgelegt werden kann. Erklärtes Ziel ist es, dass der Kunde immer wieder ausführbare Softwarepakete bekommt, aber selbst zu einem späten Zeitpunkt in der Entwicklung noch Wünsche äußern kann.

Das Entwicklerteam trifft sich dazu fast täglich um die Arbeitsfortschritte und das weitere Vorgehen zu besprechen. Noch wichtiger: Es organisiert sich sogar selbst. Das klingt zunächst nach einem hippen Startup, doch auch Selbstorganisation braucht Füh-rung und Macht. Allerdings sind diese Ansprüche nicht mehr durch einen Posten zemen-tiert, sondern auf Rollen verteilt und zeitlich auf ein bis zwei Jahre vereinbart. Danach werden die Karten neu gemischt.

Für Routineaufgaben ist die kreative Wucht der Selbstorganisation nicht immer auto-matisch sinnvoll. Dagegen für alle Aufgaben, die große Gestaltungsmöglichkeiten auf-weisen, eine hohe Kundenorientierung erfordern, die schnell umgesetzt werden müssen oder deren Zielebild noch nicht klar ist. Früher wären solche Projekte von Abteilung zu Abteilung weitergereicht worden. An den Schnittstellen hätte es gehapert, weil sich kei-ner so recht damit identifiziert hätte. In der Selbstorganisation machen die beteiligten Teamkollegen die Herausforderung meist zu ihrem Kind.

Für eine wirksame Etablierung agiler Methoden ist vor allem eine nachhaltige Än-derung der Geisteshaltung notwendig, da sonst außer einem Strohfeuer der Begrifflich-keiten nur wenig faktische Änderung erreicht wird. Die Grundlage bilden Vertrauen und ein Teambegriff, der die positiven Aspekte der gemeinsamen Arbeit in den Vordergrund rückt.

Teams funktionieren vor allem dann besonders gut, wenn sie interdisziplinär aufgestellt und aufeinander eingespielt sind, wenn sie ohne oder nur mit einer geringen hierarchischen Struktur innerhalb des Teams auskommen, ohne Störungen fokussiert arbeiten können und trotz der jeweiligen Spezialisierungen der Teammitglieder ein gemeinsames Ziel im Blick haben.

Berechtigt ist die Frage, ob man basierend auf den Leitlinien und Prinzipien des Agilen Manifests in einem unsicheren Marktumfeld mit agilen Methodenansätzen mehr Innovationserfolg durch agile Innovation erzielt, ohne seine Mitarbeitenden dem Diktat einer detaillierten vorausschauenden Planung und der bürokratischen Detailkontrolle zu unterwerfen. Was sind also die Erfahrungswerte und Vorteile, was aber auch die Mythen, Fallstricke und Nachteile agiler Organisations- und Arbeitsformen?

3.3   Vorteile agiler Methoden

Agile Methoden sorgen für Flexibilität und Tempo. Sie kommen ohne Pflichtenhefte und überbordende Projektbürokratie aus. Der Kunde oder die internen Auftraggeber geben am Anfang nur einige wenige Basisfunktionalitäten vor. Das Projekt startet sofort ohne Verzögerung. Während des Projektverlaufs können jederzeit neue oder geänderte Anforderungen definiert werden, zum Beispiel weil festgestellt wurde, dass das Produkt andere Merkmale und Funktionen aufweisen muss als zunächst angenommen oder weil sich die Wettbewerbssituation geändert hat. Durch das iterative Vorgehen können Erfahrungen aus der laufenden Projektarbeit und Markterkundung umgehend in den weiteren Innovations- und Entwicklungsprozess einfließen.

Agile Methoden sparen Zeit und Nerven. Überbordende Steuerkreistreffen, Deep Dives und endlose Statustreffen sind Geschichte. Sie zielen doch alle nur in eine Richtung: Sie sollen die Mitarbeiter an die Kandare nehmen. Letztlich demonstrieren sie aber nichts Weiteres als Angst und fehlendes Vertrauen, dass die Mitarbeitenden das angestrebte Ergebnis verfehlen. In solchen Zusammenkünften geht es nicht um Erkenntnisgewinn, sondern um Kontrolle und eine Form von Rechtfertigung die an Gerichtsverhandlungen erinnert.

Im agilen Innovationsprozess sieht das ganz anders aus: Es wird um die besten Ergebnisse unmittelbar und im Entwicklerteam gerungen. Dies aber konstruktiv in kurzen täglichen Standup-Treffen. Dabei werden aktuelle Fortschritte analysiert und Handlungserfordernisse auf schlanke Art und Weise direkt priorisiert. Diejenigen Elemente des Systems werden zuerst fertig gestellt, die dem Kunden am wichtigsten sind, die also den höchsten Geschäftswert erzielen.

Zum Erfolg von Entwicklungsprojekten trägt vor allem die direkte Kommunikation und Kooperation mit den Endanwendern und den Lieferantenpartnern bei. Die Informationsübertragung erfolgt im agilen Innovationsprozess auf schlanke Art und

Weise: Frühzeitig, im Gespräch von Angesicht zu Angesicht, direkt vor Ort, zum Beispiel in einer Innovationswerkstatt. Unvollendet gebliebenem und falsch gelaufenem wird auf den Grund gegangen. Lernmöglichkeiten werden abgeleitet, anstatt Schuldige auszumachen, diese abzukanzeln und sich Fehler- und Schuldzuweisungen zu widmen.

Häufig arbeiten Entwickler in agilen Projekten sogar beim Kunden oder stehen in einem engen ständigen Kontakt mit ihm. Wo liegt der Nutzen? Details können so schnell geklärt, Missverständnisse sofort beseitigt werden. Zudem wird die Gefahr minimiert, dass Produkte und Entwicklungen am tatsächlichen Bedarf vorbei entwickelt werden. Niemand muss schriftliche Anfragen stellen und sich ärgern, wenn diese zu spät beantwortet werden. Gleichzeitig wachsen Kundenbindung und Kundenakzeptanz.

Weil die Entwickler regelmäßig Feedback vom Kunden erhalten, wird die Gefahr minimiert, dass sie sich verrennen und die Produkte in eine falsche Richtung entwickeln. Externen und internen Kunden – beispielsweise dem Außendienst – wird frühzeitig der aktuelle Entwicklungsstand präsentiert. So erhalten sie Einblick und die frühzeitige Gelegenheit zu korrigierendem Feedback und behalten so stets den Überblick über das Projekt.

Gleichzeitig wächst das Verständnis der Anwender, wenn mal eine Schätzung von den Entwicklern korrigiert werden muss. Insgesamt ist eine gemeinsame Vertrauensbasis zwischen Entwicklern und Kunden von unschätzbarem Wert für jedes Projekt.

Die kurzen Entscheidungswege und die Selbstorganisation in den Teams führen dazu, dass ein Prototyp oder das fertige Produkt insgesamt früher fertig gestellt und bereits unter realen Einsatzbedingungen getestet wird, was vor allem zu kürzeren Innovationszyklen (Time-to-Market) und einem echten Wettbewerbsvorteil führt, Kunden und Mitarbeitende begeistert.

Natürlich möchte jeder Entwickler sich mit seiner Arbeit identifizieren und wirklich gute Produkte nach Kundenwunsch entwickeln. Agile Methoden liefern dafür den passenden Rahmen: So werden die Aufwände von den Entwicklern selbst geschätzt, denn diese müssen ja hinterher auch dafür geradestehen.

Durch das zyklische Vorgehen können immer wieder individuelle Messungen für das jeweilige Projekt vorgenommen werden, sodass jeder im Entwicklungsteam direkt aus seinen eigenen Erfahrungen lernen kann und stets eine realistische Vorstellung der tatsächlichen Entwicklungsgeschwindigkeit besteht. So muss niemand auf Kosten der Qualität einem unrealistischen Plan hinterherhetzen.

Die Erfahrung zeigt, dass die meisten Entwickler in agilen Projekten viel mehr Spaß haben als in klassischen Projekten. Hierzu dürfte die enge Zusammenarbeit mit den Kollegen ebenso beitragen wie die direkte Kommunikation mit den Anwendern, das häufige Ausliefern neuer Versionen, das eigenverantwortliche Arbeiten und die Selbstorganisation in den Teams.

3.4   Mythen, Fallstricke und Nachteile

Durch den Hype um agile Methoden werden diese manchmal fälschlicherweise als Allheilmittel bei Projektproblemen angesehen. Agilität gepaart mit Kundenzentrierung ist zweifellos ein Konzept der Zukunft. Sie ist aber nicht unbedingt der sofort wirkende Heilsbringer, der unreife Organisationen auf einfache Weise aus ihrer permanenten Selbstverletzung holt.

Agile Ansätze sind zwar leicht zu verstehen, dafür jedoch umso schwerer anzuwenden. Oft unterschätzen Team und Management den Aufwand für die Umsetzung. Menschen haben nichts gegen Veränderung, aber etwas dagegen, geändert zu werden. Immer wieder begegnet man Missverständnissen. Meist führen sie dazu, dass Agilität nicht oder falsch umgesetzt wird. Wer aber das unbestrittene Potenzial agiler Methoden richtig ausnutzen will, sollte sich vor einigen Mythen und Fallstricken in Acht nehmen.

Wer meint, auf schnelle Art und Weise hierarchielos und agiler werden zu können, indem er Hierarchiestufen rasiert, gleichzeitig Strukturen abschafft und Entscheidungskompetenzen per Dekret von heute auf morgen dorthin verlagert, wo sie längst hingehören, wird schnell sein blaues Wunder erleben, Chaos ernten und Schiffbruch erleiden.

Verhaltensänderungen benötigen Zeit, eher Jahre als Monate. Schließlich legt nicht das gesamte Unternehmen von heute auf morgen den Schalter von Hierarchie auf Selbstorganisation um. Es menschelt vielfach in der Arbeit und es reicht nicht, einzelne ausgewählte agile Praktiken wie beispielsweise tägliche Standup-Treffen anzuwenden oder agile Features wie Task Boards zu nutzen. Man muss viel mehr ein neues Mindset im Unternehmen etablieren, den damit verbundenen Kulturwandel verinnerlichen und die Umorganisation des Unternehmens auf ein tragfähiges Fundament stellen.

Trotz der technologischen Innovationsleistung vieler Unternehmen wirkt hinter den Kulissen oft ein erheblicher Branchenkonservatismus, eine regelrechte Beharrungskompetenz, die sich in der Ablehnung neuer, von großer Offenheit geprägter Entwicklungsmethoden äußert. Und hierarchieloses Arbeiten setzt eine besondere Reife unabdingbar voraus. Das sicherste Indiz dafür ist der teilweise immense Widerstand gegen agile Veränderungen, der häufig zu Beginn einer Phase der Veränderung zu beobachten ist. Bequeme Menschen, die gern unter dem Radar fliegen, haben zum Beispiel ein gutes Gespür dafür, dass ihre Komfortzone in Gefahr ist. Sie beginnen zu blockieren, zu intrigieren und machen Politik.

Besonders gefährlich sind autoritäre Herrscher über ihre geliebten Königreiche, die ihre ganz persönliche Diktatur errichtet haben und ihre Untergebenen peinigen, ohne dass dies offensichtlich wird, denn ihre Abteilungen bringen unter immensem Druck zunächst scheinbar gute Ergebnisse, dies allerdings zu einem hohen Preis ihrer Leibeigenen. Ihre Werkzeuge sind die Methoden totalitärer Staaten: Aushorchen und Kontrolle, Redeverbote und Gleichschaltung, Vorschrift und Zwang statt konstruktiver Kritik und kreativen Freiheiten. So schüchtern sie ihre Mitarbeiter ein und nehmen dem Team jede Entwicklungsdynamik. Diese Könige gilt es aufzuspüren, mit ihrem Verhalten kritisch zu konfrontieren und den nötigen Wandel dringlich einzufordern. Gelingt dies nicht, ist eine Auswechslung unabdingbar nötig.

Allerdings ist auch der Preis der Selbstorganisation in agilen Arbeitsumfeldern in der Tat hoch: Täglich persönliche Resultate liefern zu müssen, die permanente Transparenz der eigenen Leistung und eine offen konstruktiv kritische Kommunikation, die auch mal wehtut, weil sie Schuld und Schamgefühl auslöst. Dies anzunehmen, zu leben und auch einfach auszuhalten, erfordert eine besondere Offenheit, die nicht allen Führenden automatisch in die Wiege gelegt oder von ihnen explizit eingefordert wurde.

Durch agile Methoden werden Teams automatisch schneller: Ein Trugschluss, denn agile Innovation bedeutet nicht, schneller zu liefern, sondern öfter. Geschwindigkeit im Sinne der agilen Entwicklung heißt: die richtigen Prioritäten zu setzen, kontinuierlich wertvolles Feedback zu sammeln und an der richtigen Stelle gewisse Dinge bewusst nicht umzusetzen.

Oft verwechseln Menschen Scrum mit Agilität. Doch Agilität ist ein Oberbegriff für eine Vielzahl verschiedener Ansätze. Wer sich nur mit Scrum auskennt, sollte sich mit weiteren Methodenbausteinen des agilen Arbeitens auseinandersetzen. Schnell wird er entdecken, dass es eine ganze Fülle an Möglichkeiten gibt, um den Teamprozess und die Kreativität der Teamarbeit zu verbessern. Vor allem mit Kreativitätstechniken und dem Design Thinking verleiht man Innovationsprozessen ungeahnte Flügel. Durch die Einführung von Personas schafft man Kundenzentrierung. Und ein Business Canvas strukturiert Geschäftsmodellinnovationen auf schnelle und einfache Weise.

Agile Methoden eignen sich besonders gut, um auf geänderte Anforderungen zu reagieren. In der Softwareentwicklung sind Entwicklungszyklen in der Regel aber von vornherein nicht lange angelegt. Anforderungen lassen sich leichter nur mit Kurzbeschreibungen festhalten und erst kurz vor Beginn der Umsetzung und Testvorbereitung final ausformulieren. In allgemeinen Produktentwicklungs- und Innovationsvorhaben ist das nicht immer so gegeben. Feste Strukturen, Regeln und Normen sowie eine umfassende Koordination aller produktionsbegleitenden Vorbereitungsmaßnahmen sind häufig erforderlich. Ebenso ist es vor allem bei Serienentwicklungsprojekten wichtig, klare inhaltliche Vorgaben zu machen, auch wenn die Detaillierung der Anforderungen erst während der Projektlaufzeit erfolgt.

Die Vorstellung, dass mit agilen Methoden keine Dokumentation mehr erforderlich sei, ist ebenfalls ein Irrtum und beruht auf einer weitverbreiteten Fehlinterpretation des agilen Manifests. Vor allem dem Requirements Engineering, der Ausformulierung funktionaler Anforderungen, wird in agilen Projekten große Bedeutung beigemessen. Auch bei Scrum wird die Dokumentation genauso wie jede andere Aufgabe behandelt. Bei Bedarf wird sogar ihr Umfang abgeschätzt und priorisiert, so wie jede andere Aufgabe auch.

Oft wird agiles Arbeiten fälschlicherweise mit technischem Laissez-faire oder anarchischer Kreativität gleichgesetzt. Dabei verlangen die damit einhergehenden Prinzipien in Wirklichkeit das genaue Gegenteil: Agiles Arbeiten ist ein sehr diszipliniertes Vorgehen, um kontinuierlich Ergebnisse in inkrementellen Schritten zu liefern. Dabei soll ein ständiges Streben nach technischer Exzellenz und gutem Design vorherrschen.

Obwohl der Fokus des agilen Manifests auf der Softwareentwicklung liegt, lässt sich Agilität auf alle Innovationsprojekte anwenden. Es ist jedoch nur ein Ansatz, Produkte zu entwickeln, und es gibt viele andere, gleichwertige Ansätze. Es gibt keinen Grund, einen bestimmten Ansatz dogmatisch zu verfolgen.

Klassische Stage-Gate-Planungen vermitteln eine Scheinsicherheit und vermeintliche Transparenz. Auch wenn jeder Beteiligte weiß, dass diese minutiöse Planung im Projekt-alltag nicht lange Bestand haben wird. Ein Wasserfall ist allerdings immer noch geeignet, wenn man in einem vorhersehbaren, nicht-volatilen Umfeld arbeitet, in dem Kunden-anforderungen von Anfang an klar und stabil sind. Andernfalls ist ein agiler Ansatz aber zu bevorzugen.

Obwohl agile Methoden und Praktiken schon einige Jahre eingesetzt werden, blei-ben die Mythen und Missverständnisse bestehen. Die Folgen sind weitreichend: Fal-sche Wahrnehmungen, erstes Scheitern, Ängste und die Sorge vor allzu viel Transparenz führen oft dazu, dass die Betroffenen agile Methoden und Praktiken verurteilen. Dann werden nicht selten bereits begonnene Veränderungsprozesse in der Mitte abgebrochen, denn für Organisationen mit Beharrungskompetenz ist es meist leichter, Dinge zu ver-komplizieren, als sie zu vereinfachen.

In den meisten Fällen funktionieren agile Implementierungen nach Manifest des-wegen nicht, sondern müssen auf das jeweilige Einsatzumfeld maßgeschneidert werden. Zusätzlich müssen falsche Vorstellungen um agile Entwicklungsmethoden immer wieder entlarvt werden.

Für eine dauerhaft wirkungsvolle agile Transformation muss man Überzeugungsarbeit leisten!

3.5   Agile Transformation

Agile Methoden sind sicher kein Allheilmittel zur Lösung aller Probleme und es gibt auch nicht die eine optimale Methode für alle Unternehmen und Organisationen, sondern immer nur eine passende Methode oder eine ideale Methodenkombination. Was braucht es aber dafür, im Sinne agiler Innovation zu handeln? Zunächst Mut, in großen Schritten zu denken. Raus aus dem evolutionären Denken der klassischen Produktentwicklung.

Wichtig ist es außerdem, den durch das agile Wertegerüst umrissenen Handlungs-rahmen zu verinnerlichen und den damit einhergehenden Paradigmenwechsel im Unter-nehmen entschlossen einzuleiten. Ein mit Sicherheit nicht ganz einfacher, stressfrei er-folgender Veränderungsprozess, sondern vielmehr eine kulturelle Transformation – die agile Transformation -, die es zu meistern gilt. Und das ist keine Frage der Vorkenntnisse und Ausbildung, sondern eine der grundsätzlichen Einstellung zu Neuem.

Je deutlicher der digitale Wandel alle Branchen betrifft und neue Geschäftsmodelle gefordert sind, desto mehr setzen Unternehmen inzwischen auf agile Arbeitsweisen und erproben schon den Einsatz agiler Vorgehensmodelle.

Die Einführung agiler Methoden und Organisationsformen beschränkt sich in der Regel zunächst auf einzelne Teams, Abteilungen oder Projekte. Die Herausforderung liegt jedoch darin, die neuen Vorgehensweisen und vor allem den dafür nötigen Kulturwandel in die gesamte Organisation zu bringen, denn die Bedeutung agiler Werte und Methoden reicht weit über die Softwareentwicklung hinaus, hinein in Bereiche wie die Produkt- und Prozessentwicklung. Agil ist das Gebot der Stunde. Machen Sie sich also auf den Weg!

Drei Eckpunkte bilden den Gestaltungsrahmen der agilen Transformation: Konzentration auf Mehrwert, kontinuierliche Verbesserung und interdisziplinäre, selbst organisierte Teams, die in einem engen, höchsteffizienten Austausch mit Kunden, Kooperationspartnern und Stakeholdern stehen.

1. Konzentration auf Mehrwert

Als Sie sich im Rahmen der ersten Analyse auf eine Kundenreise gemacht haben und begonnen haben, die Prozesse und Interaktionen innerhalb des Unternehmens zu betrachten, haben Sie vermutlich viele unnötige Prozessschritte und Interaktionen, also Verschwendung (oder „*muda*" auf Japanisch, entsprechend der Lean-Methodik), gefunden, die keinen Mehrwert für das Unternehmen oder den Kunden haben. Dies führt zu Verzögerungen, zusätzlichen Kosten und Engpässen und schadet nicht nur der Motivation Ihrer Mitarbeitenden, sondern schränkt auch deren Leistungsfähigkeit ein. Hinzu kommt, dass keine Innovation möglich ist, wenn die Dinge sich anstrengend langsam bewegen und jeder Tag ein Kampf ist. Überflüssiges in Ihren Prozessen müssen Sie unbedingt als erstes erheblich reduzieren. Hinterfragen Sie alles, ob es einen Mehrwert bringt!

Ihre Teams sollten sich um die Generierung von Wert organisieren und so schnell wie möglich Wert liefern. Sie müssen eine gemeinsame Ausrichtung für Ihre Teams schaffen, eine Vision und eine prägnante Strategie entwickeln sowie diese mit konkreten Leitplanken ausrichten. Geben Sie darüber hinaus intensiv Feedback und Anerkennung.

2. Kontinuierliche Verbesserung verinnerlichen

Bei der agilen Innovation geschieht alles in Iterationszyklen, die sicherstellen, dass wichtige Ereignisse auf vorhersehbare und zuverlässige Weise stattfinden. Das gilt für alle Aktivitäten und dient vor allem der kontinuierlichen Verbesserung des Teams und des Unternehmens.

Verbesserung ist ein wesentlicher Teil des agilen Transformationsprozesses. Nutzen Sie kurze Lernzyklen und überprüfen Sie, was Sie tun, um sicherzugehen, dass Sie noch immer auf das richtige Ziel hinarbeiten. Machen Sie Retrospektiven zur Routine aller Prozesse. Ein wesentlicher Teil des Fortschreitens sind Retrospektiven zum Abschluss eines Sprints, um zurückzublicken und zu analysieren, was gut gelaufen ist und wo sich Verbesserungsansätze ergeben. Diese Transparenz und das regelmäßige Feedback sollen das Unternehmen befähigen, flexibler und schneller auf sich ändernde Kunden- oder Marktanforderungen zu reagieren.

3. Arbeit in interdisziplinären, selbstorganisierten Teams

Interdisziplinären Teams, die am selben Produkt oder Service konzentriert arbeiten und dabei alle Fähigkeiten einbringen, die in der gesamten Wertschöpfungskette für die Entwicklung des Produkts benötigt werden, bilden das Herzstück und die Wunderwaffe zu agiler Innovation.

Diese Teams sind für den gesamten End-to-End Prozess verantwortlich. Es läuft nicht mehr so, dass ein Team etwas produziert und es anschließend an das nächste Team weitergibt, damit dieses sich darum kümmert. Diese agilen Teams organisieren sich selbst so, dass sie die aktuellen Themen so autonom wie möglich bearbeiten können.

Agile Innovation ist ein ausgesprochen dynamischer und auf vielfältigster menschlicher Interaktion basierender Prozess, bei dem eine enge interdisziplinäre Zusammenarbeit gefordert ist. Agile Methoden fördern diesen Austausch, es wird nicht von oben herab diktiert, die Mitarbeit aller Beteiligten ist ausdrücklich erwünscht. Das schweißt Teams noch stärker zusammen.

Inzwischen wird Ihnen klargeworden sein, dass Sie die Art und Weise ändern müssen, wie Menschen miteinander arbeiten, um diese Prinzipien auf Ihre Organisation anzuwenden. Damit dies erfolgreich sein kann, muss eine entscheidende Anzahl an Leuten zu Beginn der agilen Transformation verstehen, was die Veränderung bedeutet und was erwartet wird. Sie müssen die Antreibenden werden, denn am Ende der Transformation müssen alle Ihre Mitarbeitenden die agile Denkweise verstehen und verinnerlichen. Jeder Einzelne. Und das geht nur, indem man es wirklich tut.

Agile Innovationsroutinen zu implementieren, ist kein Quick Win, der innerhalb von drei Monaten durchgeführt werden kann. Es ist ein langfristiger Weg, der von viel Überzeugungsarbeit gekennzeichnet ist. Ein gewisses anfängliches Zögern ist charakteristisch für diesen Paradigmenwandel, da vor allem Zeit und Ressourcen benötigt werden.

Und wie bei jeder Veränderungsinitiative ist Kommunikation ein entscheidender Faktor. Hierzu eine Empfehlung: Suchen Sie Unterstützung bei erfahrenen Personen, die bereits eine Transformation von der Größe, wie Sie sie ins Rollen bringen möchten, durchgeführt haben. Geben Sie klare Anweisungen und zeigen Sie Entschlossenheit. Legen Sie großen Wert auf Transparenz beim Vorangehen. Intransparenz führt zu Vertrauensverlusten, die Sie sich in dieser Phase der agilen Transformation nicht leisten können.

Eventuell sollten Sie allerdings darüber nachdenken, ob der Wandel in vielen kleinen Schritten oder in wenigen, mutigeren Schritten geschehen soll. Das hängt in hohem Maße von der Dringlichkeit der Veränderung und von der Wandlungsfähigkeit des Unternehmens ab. Hierzu liefert eine erste Analyse wertvolle Anregungen: Ist Ihr Unternehmen offen für Veränderungen? Wie groß ist die Lücke, die Sie füllen möchten? Diese Leitfragen helfen Ihnen, die passende Einführungsstrategie für die agile Transformation zu finden.

3.5.1 Agile Prozesse einführen

Die bisherigen Vorgehensweisen, die sich am hinlänglich bekannten Modell des Wasserfalls orientieren und suggerieren, die Zukunft sei im Detail plan- und vorhersehbar, die Zukunft betreffende Veränderungen verliefen träge und ließen sich daher leicht antizipieren, haben ausgedient. Entschlackt werden müssen hemmende bürokratische Strukturen, überbordendes Berichtswesen und die Überspezifikation von Prozessen und Produkten.

Auf prozessualer Ebene führen agile Methoden, wie beispielsweise der Scrum-Ansatz schnell zu Orientierung im Veränderungsprozess und mehr Flexibilität. Kurze Planungszyklen, ein frühzeitiges Experimentieren und ein bewusstes inkrementelles Vorgehen in Iterationen sind hierfür charakteristisch. Dies ermöglicht das schnelle Liefern von Produkten und Ergebnissen in enger Abstimmung mit dem Kunden. Dabei ist die konsequente Ausrichtung auf den Kunden (Kundenzentrierung) das entscheidende Merkmal.

3.5.2 Kundenzentrierte Organisationsstrukturen schaffen

Agile Organisationen benötigen eine sehr konsequente Kundenzentrierung, um sich an die schnell verändernden Märkte anzupassen. Diese Kundenzentrierung findet in drei Dimensionen statt: in kundenzentrierten Prozessen, einer kundenzentrierten Organisationsstruktur sowie einer kundenzentrierten Strategie.

Prozesse kundenzentriert auszurichten, das leuchtet vielen ein. Schnell bemerken Unternehmen, dass eine hierarchisch verfasste Organisationsstruktur mit der neuen kundenzentrierten agilen Prozesswelt kollidiert. Somit benötigen sie nicht nur kundenzentrierte Prozesse, sondern auch kundenzentrierte Organisationsstrukturen, um agiler zu sein.

War die Organisation bisher vor allem durch die Aufbauorganisation mit klaren Hierarchien und einer Zentrierung der Macht und Entscheidungsgewalt auf den oberen Ebenen gekennzeichnet, liegt der Fokus in der agilen Organisation deutlich stärker auf der Prozess- bzw. Ablauforganisation, die sich weniger der Unternehmensspitze, sondern vielmehr dem Kunden verschreibt und sich entsprechend orientiert.

Es ist aber nicht nur die Hierarchie, die zur Verhinderung von Kundenzentrierung und Geschwindigkeit führt. Vor allem sind es die typischen Silostrukturen in den Unternehmen. Zusätzlich zur Kundenzentrierung benötigen agile Unternehmen eine konsequente Mitarbeiterzentrierung. Mithilfe von selbstorganisierten und selbstverantwortlichen Teams wird die Geschwindigkeit erhöht, um als Organisation schneller einen Kundennutzen generieren zu können. Diese Mitarbeiterzentrierung findet in den Dimensionen Führung, Personalentwicklung und Kultur des Unternehmens statt.

3.5.3 Kundenzentrierte Strategien entwickeln

Viele Unternehmen haben rein wirtschaftliche Ziele zum Fixpunkt ihrer Strategien erkoren. Sie streben ausschließlich nach Gewinnmaximierung und geben diese auch als ultimatives Ziel aus: Umsätze steigern, Kosten minimieren, Effizienz erhöhen.

Agile Unternehmen richten dagegen ihre gesamte Strategie am Kunden aus und streben eine Maximierung des Kundennutzens an. Sie tragen konsequent die Kundenbrille und haben eine klare Vision mit Leuchtkraft für das Thema Agilität im Unternehmen.

Führungsaufgabe vor allem ist es, die Menschen innerhalb der Organisation für den einzuschlagenden Weg zu gewinnen, Notwendigkeit, Orientierung und Sinn zu vermitteln, mit denen sich die Mitarbeiter auch identifizieren können.

Neben dem Verständnis für die agile Transformation muss auch eine Akzeptanz für die Unternehmensstrategie in der Organisation geschaffen, gegebenenfalls sogar partizipativ entwickelt werden.

3.5.4 Agile Führungskultur verinnerlichen

Für eine gelingende agile Transformation ist es von essenzieller Bedeutung, dass die Führung des Unternehmens die Initiative zur Veränderung übernimmt und als Vorbild für das gewünschte Verhalten dient. Sie müssen Ihren Worten Taten folgen lassen, damit die Menschen an Sie glauben und Ihnen folgen.

Agile Organisationsformen gehen einher mit Hierarchieabbau, Selbstbefähigung und Selbstbestimmung der Mitarbeiter. Für Führungskräfte bedeutet der Wandel zu agiler Innovation eine neuartige Interpretation von Führung. In klassischen Organisationen haben sie sich fast ausschließlich über ihre fachliche Expertise definiert. In der agilen Organisation hat sich die Führungsrolle radikal verändert.

Agil Führende verstehen sich als Dienstleister und Befähiger (engl. *Enabler*) ihrer Mitarbeiter, die es sich zur Aufgabe machen, den Mitarbeitern optimale Arbeitsbedingungen und Voraussetzungen zu ermöglichen, sodass diese ihre bestmögliche Leistung erbringen können, um den größtmöglichen Erfolg zu erzielen.

Agil Führende kontrollieren in einem klugen Rhythmus und haben ein Gespür dafür, wo Weichenstellungen notwendig sind. Sie verlangen keine Ausarbeitung über mehrere Seiten, um den Projektfortschritt zu hinterfragen. Sie sorgen dafür, dass die nötigen Rahmenbedingungen klar sind und wollen nur kurz und bündig wissen, ob täglich Fortschritte gemacht werden.

Aber wie organisieren sich Menschen, wenn starre Führungsrollen, Hierarchien und klare Verantwortlichkeiten ausbleiben? Bitte verwechseln Sie das nicht mit Führungslosigkeit. Und erst recht nicht mit Anarchie. Führung ist auch im agilen Innovationsprozess allgegenwärtig. Es ist nur so, dass die Führungsaufgabe nicht institutionalisiert ist.

Bei agiler Führung sprechen wir von verteilter Führung. Dies bedeutet, dass sich Führungsverantwortung zukünftig auf verschiedene Rollen aufteilt. Bei Scrum sind dies zum Beispiel die Product Owner, der Scrum Master und die Teams. Lediglich einzelne Verantwortlichkeiten, die Aufgaben der Kompetenz- und Nachwuchsentwicklung sowie das Setzen und Überprüfen organisationaler Rahmenbedingungen verbleiben bei den Linien-Führungskräften.

Eine Veränderung der Führungskultur vom klassischen hin zum agilen Führungsverständnis gelingt nicht kurzfristig. Selbstverantwortung und Selbstorganisation muss gelernt werden. Dies ist ein Lernprozess für alle Beteiligten im Unternehmen. Die wichtigsten Aufgaben für die Führungskräfte sind das Managen der Komplexität, das Prägen einer neuen Führungskultur und das Initiieren neuer Vernetzungsformen.

Von den Führenden sind vor allem mentale und soziale Kompetenzen gefragt, denn Vorgesetzte müssen kritische Mitarbeitende mitnehmen, wertschätzend reagieren und eine Feedback- und Fehlerkultur entwickeln. Darüber hinaus entscheidet ihre Vorbildfunktion auch darüber, wie weit die Mitarbeitenden ihre Kommunikationsfähigkeit entwickeln. Agil Führende verschanzen sich nicht hinter verschlossenen Türen, sondern sind ebenfalls in den offenen Büroflächen zu finden.

3.5.5 Direkte und effiziente Kommunikation

Die kollegiale, hierarchiefreie Diskussion eines agilen Teams im Rahmen kurzer täglicher Treffen ist ein Markenkern agiler Arbeitsformen. Vergleichbar dem Shopfloor Management in den operativen Einheiten eines Unternehmens, dienen diese stringent organisierten regelmäßigen Kurztreffen der unmittelbaren Problemdiskussion und Lösungsfindung.

Die Effizienz dieser Kurztreffen wird durch eine klare und schlanke Visualisierung der zentralen Arbeitsinhalte und Maßnahmen an Whiteboards oder Canvas-Postern unterstützt. Zudem gibt es je nach Bedarf alle zwei bis vier Wochen ein ausführlicheres Treffen als Teil des Sprints. Jedes Teammitglieder kennt dadurch den gegenwärtigen Projektstand und kann von den Entwicklungsschritten der Kollegen profitieren. Diese hohe Transparenz der eigenen Leistung verkraftet nicht jeder und auch nicht gleich.

Die Bereitschaft, rasche Lösungsvorschläge einzubringen, diese aber auch genauso schnell wieder zu verwerfen oder durch eine bessere Lösung zu ersetzen, ist ebenfalls ein Kernprinzip agilen Arbeitens. Hierbei sind farbige Klebezettel mit vorläufigen Lösungen zu den drängenden Fragen das Symbol für ein Akzeptieren der Vorläufigkeit.

Und auch beim Skizzieren eines Zielebilds und beim Ausfüllen eines Canvas kann stets nur der gegenwärtige Stand der Diskussion dokumentiert werden. Es ist mit Sicherheit keine endgültige Wahrheit.

3.5.6 Agile Kultur prägen

In einer agilen Kultur wird hierarchieübergreifend über alle Themen gesprochen, auch über strategische und finanzielle Themen. Transparenz, Dialog, Vertrauen und eine konstruktive Fehlerkultur sind Kernwerte agiler Organisationen. Absicherungsmechanismen, Standardisierungen, geringe Freiheitsgrade und Statusdenken weichen einem Handeln auf Augenhöhe.

Veränderungen werden positiv betrachtet, was eine schnellere Anpassung ermöglicht und zum Wettbewerbsvorteil der Zukunft wird. Agile Organisationen kennzeichnet eine offene und wertschätzende Vertrauenskultur: Finanzielle Zahlen sind transparent. Lernen ist grundlegender Bestandteil der Zusammenarbeit. Entscheidungen werden dort getroffen, wo es für die Kunden am wirkungsvollsten ist.

Agile Arbeitsumgebungen sind offen und als kreativ inspirierende Freiräume gestaltet. Gearbeitet wird in großen Räumen, die bedarfsgerecht gestaltet werden, und in interdisziplinär gemischten Teams; kommunikativ, transparent, eigenverantwortlich, schnell und ohne sichtbare Hierarchien. Darüber hinaus sind auch die Experimentiermöglichkeiten nah gelegen, damit eine Idee schnell umgesetzt und getestet werden kann.

Achtung: Unternehmen, die Arbeitsplätze und Innovationswerkstätten nicht zeitgemäß ausstatten, leben in Zeiten des Fachkräftemangels gefährlich. Sie riskieren Frust in der Belegschaft und sogar Kündigungen aufgrund der unbefriedigenden technischen Ausstattung. Ihre Arbeitgeberattraktivität lässt sehr schnell nach, vor allem in den sozialen Medien!

3.6 Wandel wagen

In vielen Unternehmen beginnen die Softwareentwicklungsbereiche als Speerspitze der agilen Bewegung damit, agile Vorgehensmodelle zu implementieren und sich agile Prozesse wie Scrum oder Design Thinking anzueignen. Doch im Laufe der Zeit müssen sie häufig feststellen, dass die agilen Methoden nicht immer den gewünschten Erfolg erzielen und die Leistungsfähigkeit nicht wie erhofft im gewünschten Maße zunimmt. Die Hintergründe für die vielfach beobachtbare Stagnation sind meist nicht in ihrer neuen Arbeitsweise, sondern in anderen limitierenden Faktoren und typischen Übergangseffekten auf dem Weg der agilen Transformation zu suchen.

Häufig werden zwar agile Prozesse eingeführt, die althergebrachten Organisationsstrukturen beispielsweise verhindern aber eine Weiterentwicklung der Gesamtorganisation. Mitunter stellen auch die Führungskräfte ein Hindernis dar, weil sie nicht in der Lage sind, die agilen Veränderungen adäquat zu unterstützen. In anderen Fällen wiederum verhindert die im Gesamtunternehmen vorherrschende Kultur eine tiefergehende Transformation. Somit müssen die Führenden immer wieder herausfinden, was der limitierende Faktor ist, um den agilen Reifegrad ihrer Organisation zu steigern und ein nächstes Transformationslevel zu erreichen.

Meistens beginnt die agile Transformation in Prozesslandschaften einer Produktentwicklung, die geprägt sind durch lange Planungszyklen und wasserfallartiges sequen-
tielles Vorgehen in einem engen bürokratischen Korsett. In der Hierarchie werden die
relevanten Entscheidungen getroffen und die siloartigen Strukturen führen zu einem
konfliktträchtigen Wettbewerb zwischen den einzelnen Unternehmensbereichen. Im Zentrum der Überlegungen stehen weniger die Kunden, sondern vielmehr die wirtschaftlichen Kennzahlen, Kosteneinsparungen oder Effizienzsteigerungen. Die Kultur ist geprägt von Absicherung und Kontrolle. Aus diesem Zustand gilt es rasch auszubrechen.

Starten Sie daher unbedingt und mutig in eine Experimentierphase, in der sie erste
agile Teams aufsetzen und im Rahmen ihrer Innovationsarbeit wertvolle Erfahrungen
sammeln. Die Transparenz in der Zusammenarbeit wird schnell steigen, die Liefer-
geschwindigkeit sich rasch erhöhen. Die ersten Mitarbeitenden sind zufriedener und
auch die Kunden merken, dass es bei ihnen positive Entwicklungen gibt.

Auf der strategischen Ebene finden viele Diskussionen statt. Es tauchen viele Fragen auf, die unbeantwortet bleiben: In welchen Bereichen wollen wir agil arbeiten? Was
verstehen wir unter Agilität? Muss das ganze Unternehmen agil werden oder nur ausgewählte Bereiche?

Strukturell werden Sie sicher an Hindernisse stoßen. Ein Konflikt zwischen den agilen Prozessen und der klassischen Aufbauorganisation entsteht, weil diese von den agilen
Teams zunehmend als Hindernis wahrgenommen wird.

Auch auf der Führungsebene entstehen zunehmend Identitätsprobleme. Die Verantwortung verteilt sich auf verschiedene Rollen und die Teams sollen mehr Verantwortung übernehmen. Was ist nun die Rolle der Führungskräfte?

Häufig entsteht ein Führungsvakuum, weil es eine große Unklarheit in der Organisation gibt, wie mit dem Thema Führung umgegangen werden soll. Zusätzlich treffen verschiedene Kulturen, Denk- und Handlungsweisen aufeinander, für die eine Lösung gefunden werden muss.

In einer solchen Experimentierphase befinden sich derzeit viele Unternehmen. Sie
stoßen an viele Grenzen und wissen nicht, wie und wo sie weitermachen sollen. Starten
Sie dennoch durch und beginnen Sie die agilen Werte und Prinzipien auf weitere Teile
der Organisation auszuweiten.

Es gibt hierfür vier gängige agile Organisationsmodelle. In dieser Phase wählen die
meisten Unternehmen eine funktionale Matrix-Struktur. Professionalisieren Sie die Rollen der Product Owner und Scrum Master, um Ihre Teams erfolgreicher zu machen. Starten Sie gleichzeitig die Arbeit mit Ihren Linien-Führungskräften an ihrer künftigen Rolle,
ihrem Selbstverständnis und ihren Instrumenten.

Als Gesamtunternehmen erreichen Sie eine Kulturfindungsphase. Dringend benötigt
werden wirkungsvolle innovationsfreundliche Rahmenbedingungen, die das agile Arbeiten unterstützen. Eine entscheidende kulturprägende Rolle spielt das Management.

Viele Teams haben in dieser Phase zunehmend den Eindruck, dass sie ständig an
Grenzen in der Organisation stoßen. Die Führenden bewerten hingegen den Reifegrad
ihrer Mitarbeitenden noch als zu niedrig ein. Letztendlich benötigt die Organisation nun

eine Grundsatzentscheidung, wie mit dem Thema Agilität weiter verfahren werden soll. Da viele Unternehmen an dieser Stelle oft an sich selbst zu zweifeln beginnen, verharren sie auf diesem Level.

Den Durchbruch schaffen Sie, wenn die Organisationen die Bewährungsprobe gemeistert haben. Dann gilt es, die agilen Werte und Prinzipien in der Zusammenarbeit weiter zu festigen und die bisherigen Errungenschaften herauszustellen. Jetzt ist es auch Zeit, die Schnittstellen zwischen den Silos zu lösen, um die Kundenzentrierung weiter zu steigern.

Charakteristisch für diese Transformationsphase sind Hybridstrukturen: Organisationsbereiche, die wie in einer traditionellen Organisation aufgestellt sind, und andere Bereiche, die mittlerweile in Netzwerkorganisationen und interdisziplinären Teams gearbeitet wird.

Der Grad der Zusammenarbeit unter den Teams nimmt spürbar zu. Sie entwickeln ein eigenes transparentes Backlog (eine Art Aufgabenheft) und machen Retrospektiven. Sie beginnen an sich zu arbeiten, um die Werte Kundenzentrierung und Mitarbeiterzentrierung vorzuleben. Es entsteht eine neue Kulturidentifikation. Während in den Anfängen agile Werte und Prinzipien noch belächelt worden sind, prägen sie nun die Arbeit der Organisation.

Die Transparenz steigt, der Partizipationsgrad der Mitarbeiter wächst und es ist eine Kultur des offenen Dialogs auf Augenhöhe entstanden. Damit stehen Sie kurz vor dem Zielzustand der agilen Organisation. Sie denkt und handelt konsequent aus der Kundenperspektive. Große Teile der Strategie werden partizipativ entwickelt. Die traditionellen Aufbauorganisationen sind meistens komplett abgeschafft. Das Arbeiten basiert auf agilen Organisationsprozessen. Agile Methoden werden organisationsweit genutzt. Die Führungsverantwortung ist verteilt auf mehrere Rollen. Vor allem die selbstorganisierten Teams übernehmen ein hohes Maß an Selbstverantwortung.

Beschreiten Sie mutig diesen Weg der agilen Transformation und probieren Sie schrittweise aus, wann, wo und wie agile Werte und Prinzipien Ihrem Unternehmen einen nachhaltigen Nutzen schaffen. Mit Sicherheit ist die agile Innovation dabei!

Ihre Veränderungsbemühungen müssen aber auch ein Ziel haben. Denken Sie darüber nach, wo Sie Ihr Unternehmen in Zukunft sehen möchten. Was sind Ihre Unternehmensziele? Was sind Ihre Innovations- und Transformationsziele? Sind sie alle schlüssig aufeinander ausgerichtet? Wenn Kostenreduzierung Ihre oberste Priorität ist, unterscheiden sich die dorthin führenden Schritte deutlich von denen mit dem Ziel, eine verkürzte Markteinführungszeit zu erreichen.

Um ehrgeizige Ziele zu erreichen, sind erhebliche Ressourcen erforderlich. Abgesehen von materiellen und monetären Ressourcen, sind dies vor allem die weniger greifbaren Aspekte wie Teamgeist, umfassende Kenntnisse von Markt und Technologie. All die Dinge, die Sie dorthin gebracht haben, wo Sie heute stehen. Wenn Sie diese Stärken verstehen und würdigen, können Sie auf dem vor Ihnen liegenden Transformationsweg darauf aufbauen.

Zum Abschluss stellt sich die Frage, was noch benötigt wird, um diese Ziele zu erreichen?

Im Rahmen einer Lückenanalyse sollten Sie herausfinden, in welchen Bereichen Sie noch nicht auf dem Stand sind, auf dem Sie sein möchten und welche Lücken Sie als Unternehmen füllen müssen, um Ihre Ziele zu erreichen.

Beleuchten wir im Folgenden einzelne zentrale Aspekte und Handlungserfordernisse auf dem Weg zur agilen Innovation im Detail.

Weiterführende Literatur

Beck, K., *Extreme Programming: Die revolutionäre Methode für Softwareentwicklung in kleinen Teams*, Addison-Wesley (2000)

Christensen, C. M., *Innovator´s Dilemma: When New Technologies Cause Great Firms to Fail*, Harvard Business Review Press (1997)

Dogs, C., Klimmer, T., *Agile Software-Entwicklung kompakt*, mitp (2005)

Eckstein, J., *Agile Softwareentwicklung im Großen. Ein Eintauchen in die Untiefen erfolgreicher Projekte*. dpunkt (2004)

Heider, M., *Retrospektiven – ein Weg zur agilen Organisation* in Lang, M. Scherber, S. (Hrsg.), *Agiles Management: Innovative Methoden und Best Practices*, Symposion (2015), S. 109–132

Herger, M., *Das Silicon Valley Mindset*, Plassen (2017), S. 63–75, 180–186, 240–243

Kraus, G., Becker-Kolle, C., Fischer, T., *Handbuch Change-Management*, Cornelsen (2006), S. 151

Martin, R. C., *Agile Software Development: Principles, Patterns, and Practices*, Prentice Hall (2003)

Pfannstiel, M. A., Siedl, W., Steinhoff, P. (Hrsg.), *Agilität in Unternehmen*, Springer Gabler (2021), S. 1–13

Plugmann, Ph. (Hrsg.), *Innovationsumgebungen gestalten Impulse für Start-ups und etablierte Unternehmen im globalen Wettbewerb*, Springer Gabler (2018), S. 57–66

Puckett, S., Neubauer, R. M., *Agiles Führen: Führungskompetenzen für die agile Transformation*, Business Village (2018), S. 49–75

Shore, J., Warden, S., *The Art of Agile Development*, O'Reilly (2008)

Sturm, T., Märkl, S., *Klassische vs. agile Produktentwicklung – Best of both Worlds*, Markt & Technik, Heft 36/2018, S. 42–43

van Lieshout, B., van der Waal, H.-J., Karsten, A., van Solingen, R., *Agile Transformation: Organisationen strukturell beschleunigen und beweglicher machen*, dpunkt (2021), S. 31–62

Wolf, H., Bleek, W. G., *Agile Softwareentwicklung: Werte, Konzepte und Methoden*, dpunkt (2010)

Agile Rahmensetzung: Vision und Strategie

4

> *Wenn Du ein Schiff bauen willst, dann rufe nicht die Menschen zusammen, um Holz zu sammeln, Aufgaben zu vergeben und die Arbeiten einzuteilen, sondern lehre sie die Sehnsucht nach dem großen weiten Meer.*
>
> Antoine de Saint-Exupery

Agile Organisationen brauchen eine klare, aber auch inspirierende Rahmensetzung durch eine Orientierung und Sinn stiftende, begeisternde Vision – einen richtungsweisenden Nordstern – sowie durch richtungsgebende strategische Leitplanken. Diese sind häufig Mangelware oder wenig authentisch. Ein grober Fehler mit fatalen Auswirkungen!

Erschwerend kommt hinzu, dass charismatische Führungspersönlichkeiten, die Ideen glaubhaft und mitreißend vermitteln und in positive Zukunftsvisionen ummünzen, ebenfalls eine Seltenheit sind.

Warum manche Unternehmenslenker aus Mangel an strategischer Fokussierung Zukunftsbilder gerne als nutzlose wolkige Visionen, mit denen niemand etwas anfangen kann, abtun, liegt oft an ihrem vollkommen unzulänglichen Wissen über Wesensgehalt, Kennzeichen und Entwicklung tragfähiger Visionen. Machen Sie es einfach besser und gehen Sie ans Werk!

4.1 Visionen als Richtungsweiser, Inspirations- und Kraftquelle

Eine *Vision* ist ein Vorstellungsbild davon, wie das Unternehmen und sein näheres Umfeld in Zukunft einmal sein sollen. Sie ist idealistisch, strategisch, erhaben und egoistisch zugleich. Sie beschreibt einerseits das Ideal, welches ein Unternehmen erreichen will, das höchste Potenzial, das in ihm steckt, ein Unternehmen mit mehr Leben, Energie

© Springer Fachmedien Wiesbaden GmbH, ein Teil von Springer Nature 2025
M. Glück, *Agile Innovation,* https://doi.org/10.1007/978-3-658-46584-1_4

und Qualität, das hohe Werte lebt, begeisterte Kunden hat und ein großartiger Platz zum Arbeiten ist. Sie beschreibt andererseits, was das Unternehmen bei seinen Kunden und im Markt erreicht haben will, wie es gewachsen sein will und wie seine Leistungen einmal sein sollen.

Eine Vision reicht über zeitlich kurzfristig bestimmte Ziele hinaus. Sie ist das mittel- oder langfristige, übergeordnete Ziel, das alle erreichen wollen. Ein Zielzustand, für den es sich lohnt, zusammenzuarbeiten, Opfer zu bringen, Wünsche aufzuschieben, Gewohnheiten aufzugeben und Veränderungen anzunehmen.

Eine Vision wird nicht gemacht, sondern entdeckt. Sie wird entwickelt. Sie entsteht dadurch, dass die Beteiligten in sich hineinhorchen und herausfinden, was sie wollen. Sie zeigt, welchen Nutzen das Unternehmen für andere, zum Beispiel die Kunden und die Allgemeinheit, schaffen will, aber auch, welchen Nutzen es für sich selbst schaffen will. Sie enthält Ideale, die ewig gelten, und Herausforderungen, die man irgendwann erreicht hat.

Die Vision ist nicht die Unternehmensstrategie. Sie beschreibt nicht die genauen Ziele und Prioritäten bezüglich der Marktsegmente, Produktlinien, Märkte und Vertriebswege. Sie enthält nicht die exakten Leistungskonzepte, das System von Kern- und Nebenleistungen, welches den Kunden angeboten werden soll. Sie beschreibt nicht das Geschäftsmodell, mit dem die Erträge erwirtschaftet werden sollen.

Die Vision enthält auch keine quantifizierten strategischen Ziele wie Marktanteile, Umsatzzahlen, Produktivitätskennziffern, Auslastungskennziffern, Umsätze pro Kopf, pro Quadratmeter und so weiter. Und sie sagt nichts darüber, ob das Unternehmen mittelfristig wachsen, konsolidieren oder schrumpfen soll. Dennoch gibt die Vision die Leitplanken für die Strategie vor: Sie artikuliert die Leitidee oder das Selbstverständnis.

Innovative Unternehmen brauchen besondere Visionen, die als motivierender Antrieb wirken und mit ihrer Sogwirkung mitreißen. Sie erzeugen Lust auf Zukunft, geben eine langfristige Ausrichtung und sind Kraftquellen, um das Unternehmen und seine Mitarbeitenden begeisternd auf ein gemeinsames Ziel zu fokussieren. Sie sind Wegweiser, die eine weit in die Zukunft gerichtete Orientierung ermöglichen, nicht jedoch den Weg dorthin genau beschreiben.

Innovationsführer als Unternehmen in Kombination mit visionären oder charismatischen Führungspersönlichkeiten, die den Kern und die Spitze des Unternehmens bilden, zeigen eindrucksvoll auf, welche Anziehungskraft eine inspirierende Vision – schriftlich dargelegt und authentisch vorgelebt – besitzt. Die Kraftlinien des Erfolgs sind in diesen Unternehmen geradezu spürbar.

Visionen sind per se wolkig, enthalten manchmal sogar Gefühle. Sie lösen sich ganz bewusst von der Perspektive und den Rahmenbedingungen des Alltags und ermöglichen dadurch völlig neue Blickwinkel. Während Strategien und Ziele nur an den Kopf appellieren, vermögen Visionen zu inspirieren. Sie beschreiben die gewünschte Zukunft ganzheitlich und decken das ganze Spektrum vom Materiellen bis zum Immateriellen ab, schaffen einen gemeinsamen Spirit, vitalisieren, geben Energie.

Eine gute Vision muss das Selbstverständliche ignorieren, Vorgegebenes übertreten oder infrage stellen. Sie darf durchaus ein unscharfes Bild, gar eine verrückte Träumerei sein, um mehr Fragen aufzuwerfen, als unmittelbar Antworten zu geben. Nur emotional aufgeladene Visionen erzeugen eine Zugkraft von der alle im Team sagen: „Das finden wir cool. Da will ich dabei sein. Das will ich erreichen."

Die Sinnfrage spielt im Arbeitsleben nicht nur bei der Generation Y und Z eine wichtige Rolle. Alle Mitarbeitenden wollen wissen, worin der Sinn Ihres Tuns liegt. Wofür das Unternehmen stehen und brennen soll, spürbar auf allen Ebenen und wahrnehmbar für Kunden und Stakeholder. Wichtig dabei: Pauschalpätze stiften keinen Sinn. Zielzustände, die sich auf Umsatz- und Ertragsziele, Marktanteile und Technologieführerschaften beziehen oder auf eine Überlegenheit hinweisen mögen für Eigentümer und obere Führungskräfte motivierend sein. In der Belegschaft und am Markt werden derartige Visionen das Gegenteil bewirken und verpuffen.

Eine Vision lässt sich nicht auf Knopfdruck hervorzaubern. Man muss sie idealerweise gemeinsam und in einem nicht alltäglichen Rahmen, zum Beispiel bei einer Klausur außerhalb der Firma, entwickeln, denn die Vision und ihre Entwicklung soll vor allem das Führungsteam, das ein Unternehmen leitet, weiterbringen. Sie soll ihm Kraft, Glauben und Zusammenhalt geben. Dies steigert die Motivation und das Commitment aller Mitarbeitenden. Sie identifizieren sich mehr mit ihrem Unternehmen und entwickeln ein Gefühl der Sinnhaftigkeit ihres Wirkens.

Oft ist leider noch immer das Gegenteil der Fall: Viele Firmenchefs entwickeln – mit oder ohne Beraterunterstützung – eine Vision, ein Leitbild und eine Strategie. Diese wird verkündet. Sie glauben, damit sei es jetzt getan. Einmal definierte Werte könne man als mehrheitlich umgesetzt betrachten. Sie erwarten, dass die Mitarbeiter das von ihnen entworfene Leitbild kennen, verstehen, den dargelegten Werten und Strategien umgehend folgen. Was sie komplett ignorieren: Eine Unternehmenskultur muss langsam gedeihen. Sie lässt sich nicht ohne weiteres aus dem Boden stampfen. Und sie muss begeisternd wirken.

Es sind aber nicht nur Visionen, die einem Unternehmen Richtung geben und Identität stiften. Häufig sind es auch die Gründer- und Inhaberpersönlichkeiten selbst, die die Orientierung des Hauses vorgeben. Sie sichern den Entwicklungspfad des Unternehmens. Auf ihnen ruht eine besondere Verantwortung zur Gestaltung der Unternehmenskultur. Durch die von ihnen geprägten Normen und Werte garantieren sie ihren Mitarbeitern ihren Selbstwert. Im Mittelpunkt standen in der Vergangenheit vor allem Tugenden wie Gehorsam, Ordnung, Pünktlichkeit, Sauberkeit, Zuverlässigkeit. Doch mit Personenkult alleine lassen sich heute langfristig keine erfolgreichen Geschäfte mehr machen.

Ebenso sind Utopisten, die über allem stehen, großartige Ideenkonstrukte propagieren und dafür auch noch einen Plan gemacht haben, der über allem steht, gefährlich für die Innovationspraxis. Wirklichkeit, die dazu nicht passt, wird passend gemacht samt allen Menschen, die sich darin tummeln. Ihre Planung führt zur Hölle auf Erden.

Visionen enthalten keine vergleichenden Aussagen wie „besser als …". Sie sagen, wie es sein soll, und nicht, dass es besser als heute sein soll. Sie enthalten auch keine Formulierungen wie „besser als der Wettbewerb", denn das wäre etwas Extrinsisches. Eine Vision ist jedoch intrinsisch. Wir wünschen uns nicht wirklich, besser als der Wettbewerb zu sein. Wir wollen herausragend und einzigartig, eben wir selbst sein.

Wenn Sie eine Vision formulieren, sollten Sie sich für die Gegenwartsform entscheiden. Sie schreiben keine Absichtserklärungen wie „Wir wollen eine makellose Qualität erreichen". Schreiben Sie besser: „Unsere Vision ist: Alle unsere Produkte und Leistungen sind von makelloser Qualität."

Wenn wir, wie das in Leitbildern und Unternehmensphilosophien fast immer geschieht, schreiben „Wir wollen …", „Unser Bestreben ist…", „Wir verfolgen das Ziel…" oder „Im Mittelpunkt unseres Handelns steht …", dann werden wir in einigen Jahren wahrscheinlich entdecken, dass wir immer noch nicht über das Wollen hinausgekommen sind, denn das „Wollen" war ja der Zielzustand und nicht das „Erreichen".

Es kommt hinzu, dass wir bei Menschen, die einen Text mit „Wir wollen"-Aussagen lesen, nicht viel auslösen. Solche Aussagen perlen wie Wasser an ihnen ab. „Natürlich wollen wir", denken sie. „An diesem Zielzustand sind wir doch ganz selbstverständlich angekommen." Wollen ist eben nicht verbindlich oder gar verpflichtend.

Wenn die gleichen Menschen einen Text lesen, in dem in Gegenwartsform steht, wie die Zukunft sein soll, dann lösen Sie vermutlich folgende Reaktion aus: „Hoppla, das ist ja etwas ganz anderes als das, was wir heute haben. Da müssen wir aber einiges tun und uns ändern, um dort hinzukommen." Erst ein in Gegenwartsform geschriebener Text baut eine kreative Spannung zwischen Vision und Realität auf, die wachrüttelt.

Neben vielen positiven Wirkungen einer Vision gibt es durchaus auch scheinbar negative. Eine Vision erzeugt nicht nur Energie und Begeisterung, sie erzeugt auch Phasen des Zweifels. Gerade wenn Mitarbeitende sehr stark in die Visionsfindung einbezogen werden, entsteht am einen Tag Begeisterung und am nächsten Tag Verzagtheit.

Diese emotionalen Schwankungen sind normal. Wir erleben dies ja oft auch mal selbst, wenn wir persönlich sehr ambitionierte Ziele anstreben. Wichtig ist, dass die Vision als Sonne auch hinter der Wolke oder als Nordstern auch in der Nacht da ist. Die Wolke zieht wieder weiter und gibt den Blick auf die Sonne frei. Auf dunkle Nachtstunden folgt ein heller Tag.

Der Glaube an Visionen setzt Energien frei. Langfristig aber gilt es, Visionen mit Strategien zu unterfüttern, um Orientierung zu schaffen. Nur so gelangt man ans Ziel. Und das klare Zielszenario, das im Rahmen eines Zielebildprozesses entsteht, wird zum Nordstern.

Ihr nächster Schritt ist es daher, parallel zur Visionsentwicklung auch in einen Strategieprozess einzusteigen und die Innovationsstrategie abzuleiten, bevor dann die Umsetzungsarbeit im agilen Innovationsprozess erfolgt.

4.2   Strategien als Kompass

Jedes erfolgreiche Unternehmen benötigt eine Strategie, die es ihm ermöglicht, eine einmalige strategische Position in seiner Branche zu finden und zu besetzen. Eine Strategie stellt die Summe aller Antworten eines Unternehmens auf die folgenden drei Fragen dar:

- Wer sind unsere Kunden, Zielmärkte und Wettbewerber?
- Was wollen wir unseren Kindern anbieten?
- Wie sollten wir dabei vorgehen und in den Markt eintreten?

Es geht immer darum, drei schwierige Entscheidungen in drei Dimensionen zu treffen:

- Die Kunden und Märkte, die Sie ansprechen wollen. Und genauso wichtig die Kunden und Märkte, die Sie nicht ansprechen wollen.
- Die Produkte oder Dienstleistungen, die Sie entwickeln und anbieten möchten. Und diejenigen, die Sie nicht anbieten möchten.
- Die Aktivitäten und Formen der Marktbearbeitung, die Sie anpacken möchten, um Ihre Produkte an Ihre Kunden zu verkaufen. Und diejenigen Aktivitäten, von denen Sie lieber die Finger lassen.

Letztlich geht es bei der Strategiefindung immer darum, eine Auswahl zu treffen. Ein Unternehmen wird Erfolge feiern, wenn es sich für eine strategische Positionierung entscheidet, die sich von derjenigen der Konkurrenten erheblich unterscheidet, bedeutsame Alleinstellungsmerkmale aufweist und attraktive Chancenpotenziale erschließt. Eine gute Unternehmensstrategie zeichnet sich durch eine klare und richtige Fokussierung der Aktivitäten und die passende Positionierung der bestehenden und künftigen Produkte und Dienstleistungen aus.

Doch es genügt nicht, nur die eigene aktuelle Position zu verbessern. Ein Unternehmen, das erfolgreich ist, weil es vor 20 oder 30 Jahren eine einzigartige Stellung für sich geschaffen hat, muss sich dieser Aufgabe immer wieder stellen, wenn es auch in Zukunft wachsen will. Genauso gilt es daher, in regelmäßigen Abständen, zum Beispiel in einem jährlichen Rhythmus, seine Strategieansätze zu überprüfen und kritisch zu hinterfragen, sie dann anzupassen.

Der gravierendste Unterschied zu Visionen besteht sicher darin, wie Strategien entstehen. Sie werden mit dem klaren Kopf gemacht. Der Prozess ist nicht so angelegt, dass tiefe Wünsche bewusst werden, Zukunftsbilder visualisiert werden und die Lebensenergie aktiviert wird. Strategien beschreiben einen Erschließungsplan und dessen Umsetzung.

Gute Unternehmensstrategien liefern glasklare und auch quantifizierte Aussagen bezüglich der zu bearbeitenden Marktsegmente, der angestrebten Marktpositionen, der

Abb. 4.1 Einflüsse auf die Innovationsstrategie und damit bei der Ausarbeitung des Strategieansatzes zu berücksichtigende Themenfelder und Auswirkungen

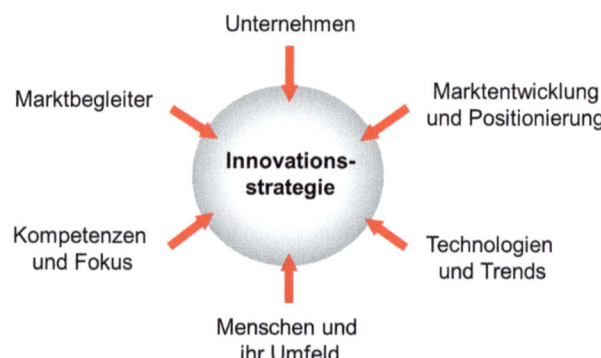

Positionierung der Produktlinien – auch mit Bezug auf den Wettbewerb – sowie zur Nutzung von Vertriebswegen. Sie setzen smarte Zielemarken für die anzuvisierenden Marktanteile, Umsatzzahlen, Produktivitäts-, Rentabilitäts- und Auslastungskennziffern, die zu erzielenden Umsätze pro Jahr, pro Kopf, pro Quadratmeter und so weiter. Sie beinhalten Aussagen, ob, wie stark und auf welche Weise das Unternehmen wachsen möchte und wie die Entwicklung des Personalbestands und seiner Kompetenzen aussehen soll. Sie enthalten selten Werte und Gefühl, wirken rational und kaum stimulierend, klingen eher kalt und zweckrational. Sie sind einfach Leitplanken, ein Kompass. Darüber hinaus sind in der Unternehmensstrategie oder in einzelnen Strategiepapieren Kernaussagen zu Innovationen zu formulieren. Diese können bezüglich Art und Tiefe sehr unterschiedlich sein (Abb. 4.1).

Agile Innovatoren setzen stark auf Zielebilder und deren Wirkung. Daher setzen sie auch auf eine explizite Formulierung ihrer Innovationsstrategie. Das sollten Sie jetzt auch in Angriff nehmen!

4.3   Innovationsstrategie

Die Grundlage für die Entwicklung der Innovationsstrategie bildet die Unternehmensstrategie mit ihren generellen Leitlinien für die Ausrichtung der Geschäftsaktivitäten und ihrer allgemeinen Darstellung der Wachstumsstrategie. Vor allem die Teile, in denen Aussagen zu Innovationen und Entwicklungsrichtungen gemacht werden, sind häufig nur sehr vage beschrieben. Sie eignen sich daher selten für die Mitarbeitenden in agilen Innovationsprozessen. Für deren Handeln müssen eigene Ziele, Zielzustände und Leitplanken beschrieben werden.

Eine Innovationsstrategie muss einleitend ein kurzes Lagebild der Marktsituation, der relevanten Trends und Entwicklungen sowie die Vision aufgreifen und daraus Maßnahmen und Entwicklungsziele ableiten. Sie beschreibt im Wesentlichen, mit welchen Technologien und welchem Markenversprechen zukünftige Produktangebote und Dienstleistungen am Markt etabliert werden sollen. Im Rahmen ihrer Ausarbeitung müssen Annahmen über zukünftige Zustände getroffen und daraus Ableitungen für die Innovationserfordernisse getroffen werden. Damit verknüpft die Innovationsstrategie die Technologie- und die Marktstrategie. Erforderlich ist auch eine Aussage zur Wettbewerbssituation und ihrer angenommenen Entwicklung.

Ausgangspunkt für die Formulierung der Innovationsstrategie ist die Analyse der Unternehmensumfelds. Im Rahmen dieser Umfeldanalyse geht es darum, eine Reihe von Indikatoren zu definieren und zu erheben, die in Bezug auf Branche, Technologie, Wettbewerber, Gesamtwirtschaft, Kunden etc. Anhaltspunkte für Entwicklungslinien aufzeigen. Darauf aufbauend müssen die konkreten Innovationsziele formuliert werden. Dies bedeutet, zunächst klarzustellen, welche übergeordneten Ziele zur Grundlage der Geschäftsmodelle und der Innovationsaktivitäten verfolgt werden sollen, zum Beispiel eine Technologie-, eine Weltmarkt- oder eine Kostenführerschaft. Für die Erhebung weiter in die Zukunft gerichteter Entwicklungspfade empfiehlt sich die Szenario-Technik sowie die Ableitung von Zielebildern.

In einer parallel erfolgenden Analyse des Unternehmens geht es um die Identifikation von vorhandenen oder zukünftigen innovationsrelevanten Kompetenzen. Als solche werden Fähigkeiten definiert, welche geschäftsfeldübergreifend anwendbar sind, eine deutliche Abgrenzung zum Wettbewerb darstellen, nur schwer imitiert und substituiert werden können und von langfristiger Bedeutung sind. Ein wichtiges gängiges Hilfsmittel hierzu ist die Stärken- und Schwächenanalyse (SWOT).

Eine *SWOT* fasst prägnant in vier Quadranten Stärken, Schwächen, Chancen und Risiken auf. Im Rahmen eines Strategieworkshops lassen sich diese leicht sammeln und mithilfe von Post-it´s visualisieren. Abb. 4.2 zeigt eine repräsentative SWOT.

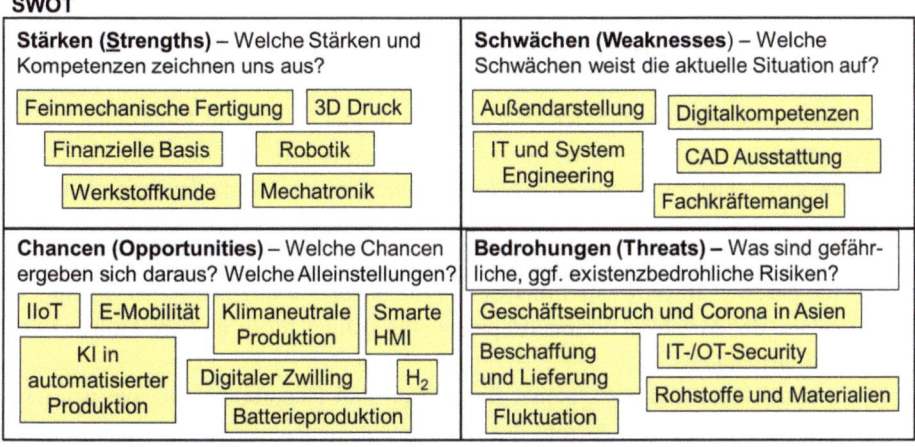

Abb. 4.2 Stärken- und Schwächenanalyse (SWOT), wichtiges Instrument im Rahmen der Ausarbeitung einer Innovationsstrategie. Hier dargestellt ist ein repräsentatives Beispiel

Ein dritter Teil der internen Analyse sollte sich mit Kulturaspekten und innovations-
fördernden Rahmenbedingungen beschäftigen. Dazu zählen auch Maßnahmen zur gezielten Beschleunigung der Innovationsprozesse durch Netzwerke und Partnerschaften,
Zukäufe, die Auslagerung von Innovationsaktivitäten in Corporate Startups, die Verschlankung der Prozesslandschaft im Unternehmen, die Einführung agiler Methoden und
Werte sowie die umfassende Nutzung kreativitätsfördernder Techniken.

Alle Analyseergebnisse müssen zusammengeführt und darauf aufbauend die Detail-
maßnahmen für die operative Umsetzung skizziert werden. Zur Darstellung eignen sich
schwerpunktmäßig Portfolien- und Technologie-Roadmaps, wie sie bereits beschrieben
wurden.

Die Innovationsstrategie muss darstellen, auf welche Weise Ideen, Trends und Markterfordernisse gesammelt und bewertet werden sollen und auf welche Suchfelder Schwerpunkte zu setzen sind. Agile Innovatoren bekennen sich eindeutig zur Gültigkeit agiler
Werte und Organisationsformen sowie zum Einsatz agiler Methoden.

Vorteilhaft und mit besonderer Signalwirkung ist ein in die Strategieausführungen
aufgenommenes Bekenntnis der Führung zu den gewählten Maßnahmen und der Bedeutung von Innovation im Gesamtkontext der Unternehmensaktivitäten sowie eine
Positionierungsaussage zu den kulturellen Rahmensetzungen für Führende und Mitarbeitende.

Ein wichtiger Bestandteil der Innovationsstrategie ist die Quantifizierung der
Innovationsziele. Agile Innovation muss messbar sein! Mit ausgewählten Kennzahlen,
die den aktuellen Stand der Innovationsdynamik beschreiben und zu einer *Innovation
Scorecard* verdichtet, wie sie in Anhang I dieses Buchs beispielhaft dargestellt ist.

Diese Kennzahlen spielen nicht nur für das Beurteilen der Innovationsfähigkeit
eine zentrale Rolle, sie spornen kreative Menschen auch an. Doch kann und sollte man
seine Innovationsleistung nicht nur an der Zahl der Patentanmeldungen oder Veröffent-
lichungen festmachen. Letztendlich zählt der Markterfolg!

Eine Auswahl an Erfolgskenngrößen wird nachfolgend diskutiert. Sie sollten aber
selbst die wichtigsten und für Ihr Unternehmen bzw. Ihren Fachbereich passenden
Kennziffern zusammenstellen oder neue schaffen. Dabei sollten Sie Kennzahlen für die
Innovationsleistung zu Beginn des Innovationsprozesses erheben, dann für die Durch-
laufzeiten und – last but not least – Erfolgskennziffern zur Marktakzeptanz von Neuprodukten.

- Die Wirksamkeit Ihrer Kreativprozesse und Ideengenerierung beurteilen Sie am besten anhand der Anzahl gesammelter potenzialträchtiger Ideen und am Füllgrad Ihrer
  Innovationspipeline.
- Den Neuheitsgrad und die Qualität Ihrer Ideen und Neuproduktkonzepte beurteilen
  Sie idealerweise über die Anzahl der Schutzrechtsanmeldungen. Achten Sie hierbei
  auf Qualität bei den Anmeldungen. Messen Sie die Anzahl der Anmeldungen und
  nicht nur die Anzahl der erteilten Schutzrechte. Letztere wirkt nur sehr zeitverzögert.

- Die Güte Ihrer Schutzrechtsanmeldungen bewerten Sie am einfachsten im Verhältnis der Schutzrechtsanmeldungen zu den erteilten Patenten.
- Die Wirksamkeit Ihrer Ideenbewertung am Kopf Ihres agilen Innovationsprozesses erkennen Sie an der Anzahl nötiger Sprints bis zur Realisierung des ersten MVP oder am Zeitbedarf von der Ideengenerierung bis zur Konzeptfixierung im Business Model Canvas.
- Die Effizienz Ihrer Innovationspipeline erkennen Sie an der Time-to-Market, also am Zeitbedarf von der Ideengenerierung bis zur Freigabe eines neuen Produkts.
- Die Effizienz Ihrer Netzwerkarbeit und den Grad der Kundenzentrierung in Ihren Innovationsprojekten können Sie auf einfache Weise an der monatlichen Anzahl durchgeführter Innovationsworkshops und Werkstattgespräche mit Kunden, Lieferanten und Partnern bewerten.
- Die Wirksamkeit Ihrer innovationsbegleitenden Kommunikationsmaßnahmen beurteilen Sie auf einfache Weise über die Anzahl an Fachveröffentlichungen und Kundenpräsentationen.
- Den Agilitätsgrad Ihrer Teamaufstellung erkennen Sie an der Anzahl agiler Teams oder am Anteil der Mitarbeiter, die je Organisationseinheit in agilen Teams arbeiten.
- Den Wirkungsrahmen Ihrer Innovationsarbeit beurteilen Sie nach wie vor am besten traditionell über den Anteil der FuE-Ausgaben am Umsatz und an den allgemeinen Personalausgaben. Im Entwicklungsprozess an der Notwendigkeit von Iterationen.
- Über die Qualität Ihrer am Markt platzierten Produkte geben die Anzahl der Reklamationen in einem vernünftigen Beobachtungszeitraum oder die Qualitätskosten Auskunft.
- Über die Fertigungsqualität zu Beginn und nach erfolgter Produkteinführung geben ebenfalls die Qualitätskosten und Ausfallraten in Tests eindrucksvoll Auskunft.
- Letztlich zählen vor allem der Markterfolg und die Kundenakzeptanz. Und diese erkennen Sie am Umsatz bzw. Umsatzanteil mit Neuprodukten, die innerhalb der letzten drei Jahre auf den Markt gekommen sind oder am Erfüllungsgrad der jeweils für die Markteinführungsphase eingeplant war.

Fester Bestandteil der Innovationsstrategie ist es auch, den angestrebten Umsatz- oder alternativ den Erfolgsbeitrag der neu eingeführten Produkte zu spezifizieren. Eine gängige Praxis hierzu ist eine strategische Forderung, mit Innovationen, die innerhalb der letzten drei Jahre auf den Markt gekommen sind, einen bestimmten Anteil des Jahresumsatzes, zum Beispiel um 30 %, zu erzielen. Die explizite Höhe hängt branchenspezifisch ab vom Lebenszyklus und der Art des Produkts bzw. der Dienstleistung, von deren Bedeutung im gesamten Angebotsportfolio sowie von dessen Anteil am bestehenden Jahresumsatz oder Ertrag.

Moderne Innovationsstrategien zeichnen sich dadurch aus, dass sie auch zu ausgewählten Megatrends (vgl. Abschn. 2.2) klare Aussagen treffen und Bezüge zu relevanten Entwicklungen auf diesem Gebiet herstellen. Wer heute eine Innovationsstrategie beschreibt, in der die Auswirkungen und Chancen der digitalen Transformation und der künstlichen Intelligenz keinen Eingang finden und hierzu im Maßnahmenplan keine Aussagen trifft, begeht einen kaum mehr korrigierbaren Fehler.

Eine moderne Innovationsstrategie gibt heute auch Auskunft zu Herausforderungen der Nachhaltigkeit. Dies sollte weit über eine Betrachtung des Ist-Zustands, z. B. im Rahmen einer Lieferantenanalyse oder einer CO_2-Bilanz, hinausgehen und die drei Handlungsfelder der ökonomischen, der ökologischen und der sozialen Nachhaltigkeit ganzheitlich aufgreifen. Vor allem sind strategische Leitplanken zur Erreichung der Leitziele einer klimaneutralen Produktion sowie der angestrebten Kreislauffähigkeit der genutzten Werkstoffe inklusive der Vorgaben an künftige Produktdesigns und Geschäftsmodelle zu adressieren. Dies auch im Hinblick darauf, dass Banken und Investoren bei künftigen Finanzierungsrunden sehr stark auf eine nachhaltige Unternehmensführung achten und diese bei Rankings berücksichtigen.

Viele Innovationsführer setzen auf einen ausbalancierten Mix an Innovationstypen. Vielversprechende Ideen lassen sich über ein funktionierendes Ideenmanagement gewinnen. Eine schnelle Selektion aus dem Ideenpool, vor allem im Hinblick auf den zu erwartenden Mehrwert für den Kunden, ist ein wichtiger Erfolgsfaktor. Die hierbei vielfach eingesetzten Entscheidungstrichter (vgl. Abb. 7.5) sind in den Unternehmen meist bedarfsgerecht standardisiert, zum Beispiel auf einen mehrstufigen Auswahlprozess, bei dem die Ideen aller Mitarbeiter berücksichtigt werden. Umgesetzt werden davon dann rund 10–15 % als typischer Wert.

Bei der Entscheidung für eine Markteintrittsstrategie kann man grundsätzlich zwei Optionen unterscheiden: Erster und damit Pionier zu sein, die Führung zu übernehmen und vor anderen potenziellen Wettbewerbern ein Produkt am Markt zu etablieren. Alternativ zielt die Option der Folger (Follower) darauf ab, bewusst später in den Markt einzutreten, um erste Erfahrungen der Pioniere für den eigenen Markteintritt zu nutzen. Die Strategie der Folger lässt sich noch unterteilen in die der frühen und der späten Folger.

Grundsätzlich haben Pioniere die Chance, eigene Standards zu setzen. Solange keine Wettbewerber in den Markt eintreten, haben sie die Chance zur Abschöpfung hoher Gewinne. Demgegenüber tragen sie jedoch auch hohe Entwicklungskosten, die Kosten der Markterschließung und damit insgesamt ein höheres Risiko im Vergleich zu Folgern. Diese können die Erfahrungen und Kosten der Pioniere nutzen, sehen sich aber häufig höheren Markteintrittsbarrieren gegenüber.

Die Adoption beschreibt das Akzeptanzverhalten. Nur dann, wenn ein neues Angebot von den Marktteilnehmern tatsächlich gekauft wird, spricht man von einer Adoption.

Da nicht alle Kunden zeitgleich bereit sind, die Innovation anzunehmen, unterscheidet man die potenziellen Nutzer in fünf Kategorien, die idealtypisch entlang einer Normalverteilung dargestellt werden.

Die Gruppe der Innovatoren bezeichnet die ersten Käufer, diese Gruppe ist vergleichsweise klein. Es folgen die frühen Übernehmer, dann die frühe und die späte

Mehrheit. Die letzteren beiden Gruppen stellen zusammen den größten Anteil der Abnehmer dar. Den Abschluss bilden die Nachzügler. Diese Kategorie akzeptiert die Innovation erst dann, wenn die Erfahrungen sehr umfangreich sind, häufig auch die Preise für das Angebot deutlich nachgeben haben oder es ursprüngliche Angebote nicht mehr am Markt gibt.

Nach dem Zeitpunkt der Bereitschaft zur Annahme einer Innovation klassifiziert man die Käufergruppen entsprechend. Im Rahmen der Vermarktung von Innovationen wird versucht, diese Gruppen zu identifizieren, möglichst segmentspezifisch mit unterschiedlichen Aktivitäten anzusprechen und somit zum Kauf zu bewegen.

Als Diffusion bezeichnet man die Summe aller Adoptionen von Innovationen. Der Diffusionsprozess beschreibt die Geschwindigkeit, mit der sich die Adoptionen vollziehen und sich die Innovation am Markt ausbreitet. Die Geschwindigkeit der Diffusion variiert je nach Innovationsgrad und Branche.

Idealtypisch kann der Verlauf der Verbreitung an einer S-Kurve dargestellt werden, indem man von einer langsamen Akzeptanz zu Beginn der Markteinführung ausgeht und einer intensiveren Beschleunigung im weiteren Prozessverlauf. Am Ende der Diffusion flacht das Tempo der Verbreitung wieder ab und das gesamte Marktpotenzial ist ausgeschöpft. Das bedeutet, dass alle Personen, von denen man vermutet hat, dass sie die Innovation übernehmen, einen Kauf getätigt haben.

Abschließend bedarf es im Rahmen der Innovationsstrategie auch einiger Aussagen zum angestrebten Schutz des geistigen Eigentums, der aus den Innovationsaktivitäten resultiert. Neuheiten auf dem Markt einzuführen, erfordert neben grundsätzlicher Risikobereitschaft auch die gründliche Überprüfung ihrer Neuheit und ihrer Schutzfähigkeit. Um sicherzustellen, dass die eigene kreative Leistung im Wettbewerb nicht in fremde Hände kommt, sollten Erfindungen mit der Anmeldung und Erteilung eines Patents oder Gebrauchsmusters geschützt werden, um diese für zwanzig Jahre ausschließlich herzustellen, zu vertreiben oder zu gebrauchen. Das Patentrecht hindert Dritte daran, die Erfindung für sich wirtschaftlich zu nutzen.

Ein Marktvorsprung kann auch die Lizenznahme an fremden Schutzrechten erfordern, wenn die notwendige Kernkompetenz im eigenen Betrieb nicht vorhanden ist. Es gilt auch in agilen Zeiten der zweckmäßige Grundsatz, nur das selbst zu tun, was man besser kann als andere, und ansonsten zu kooperieren. Um brauchbare Innovationen, patentwürdige und nicht patentwürdige Erfindungen voneinander abgrenzen zu können, ist es selbstverständlich notwendig, sich über das ständige Beobachten der Schutzrechtssituation einen Überblick über die in der Praxis vorkommenden Lösungen zu haben. Patentliteratur ist zwar trocken und bürokratisch. Wenn man aber diesen Aspekt zur Seite legt, birgt sie durchaus Ansätze für die eigene Ideenfindung und Inspiration. Vor allem aber vermittelt Sie ein frühzeitiges Bild der Aktivitäten Ihrer Marktbegleiter.

4.4   Strategiefallen vermeiden

Es gibt eine Reihe vorhersagbarer Fallen, vor denen Sie sich Unternehmen hüten sollten, wenn Sie neue Strategien entwickeln. Agile Innovatoren müssen diese Fallen kennen, um den Prozess der Strategieentwicklung richtig führen zu können.

1. Zerstreutheit

Die meisten Unternehmen entwickeln ehrgeizige, anspruchsvolle Ziele und fordern dann ihre Mitarbeiter auf, sie umzusetzen. Aber die meisten dieser Ziele sind fruchtlos.

Erfolgreiche strategische Innovatoren zeichnen sich nicht durch die Qualität oder den Umfang der Herausforderungen aus, die sie wählen, sondern durch die Zeit und Mühe, die sie darauf verwenden, jeden Mitarbeiter im Unternehmen von diesen Herausforderungen zu überzeugen. Ohne emotionales Engagement sind alle weiteren Aktivitäten der Strategiefindung Zeitverschwendung. Die Menschen begeistern sich nur dann leidenschaftlich für ein Unternehmensziel, wenn sie daran glauben und sich ihm verschreiben.

2. Strategie als Analyse

Viele strategischen Planer verwechseln die Instrumente und den Rahmen der Strategie mit der Strategie selbst. In vielen Unternehmen nimmt das strategische Planen die Form endloser Zahlenspiele und Prognosen an, an deren Ende lange Berichte stehen, die niemand liest. Stattdessen sollte das strategische Planen eine Mischung aus rationalem Denken und Kreativität sein, aus Analyse und Experimenten, aus Planen und Lernen. Dabei werden ständig neue Fragen aufgeworfen und Themen durchdacht. Ein Thema aus verschiedenen Blickwinkeln zu betrachten, ist produktiver als immer neue Daten zu analysieren. Mit neuen Ideen zu experimentieren ist wichtiger, als wissenschaftliche Analysen zu erstellen.

3. Lähmung durch Analyse

Manche Führende ziehen es vor, immer neue Informationen anzufordern und immer mehr Daten zu analysieren, nur um selbst keine klare Entscheidung treffen zu müssen. Denn die Entscheidung für einen Weg schließt jeden anderen möglichen Weg aus. Und was passiert, wenn ich auf das falsche Pferd setze? Ja, es ist nicht leicht, strategische Pro- und Contra-Entscheidungen zu treffen, die häufig interne Debatten auslösen. Sich aber um diese Entscheidungen zu drücken, um mehr Informationen und weitere Bestätigungen zu bitten, führt nicht zu mehr Sicherheit, sondern verwirrt mehr. Am Ende wird gar kein Weg beschritten.

4. Schwerpunkt auf operativen Verbesserungen

Manager sind oft mit zu vielen operativ bestimmten W-Fragen beschäftigt: Wie können wir die Kosten senken? Wie können wir die Prozesse erneuern, um kundenorientierter zu werden? Wie können wir die Produktentwicklung beschleunigen? Wie können wir den Entscheidungsbereich unserer Mitarbeiter erweitern, unsere Lieferkette besser führen, die Produktqualität verbessern? Warum sollte ich denn aufs Spiel setzen, was ich schon habe? Dabei kommt es viel häufiger zu wertvollen Innovationen oder Disruptionen, wenn ein Unternehmen die Antworten anzweifelt und den Mut hat, die Zukunft radikal neu zu denken.

5. Entscheidungsunfähigkeit

Eine der gefährlichsten Fallen im Strategiefindungsprozess ist der Glaube, dass das Unternehmen seine Flexibilität verliert, wenn es eine Entscheidung für einen Weg bei vollem Risiko trifft. Viele Unternehmer halten sich dann doch besser alle Optionen offen, um für alles gerüstet zu sein. Wer sich aber vor klaren Entscheidungen drückt, bewahrt sich nicht seine Flexibilität, sondern bringt sein Unternehmen womöglich schnell an den Rand.

Strategen und Innovationsverantwortliche müssen harte Entscheidungen treffen und gleichzeitig flexibel genug bleiben, um auf Veränderungen in der äußeren Umgebung zu reagieren. Nicht zu einer Entscheidung zu kommen, ist eine Todsünde in Führung und Strategiefindung.

6. Versäumnis, die Strategie jährlich zu überprüfen

Die Entwicklung einer guten Strategie ist eine Führungsaufgabe, die nie endet. Wer heute mit einer überlegenen Strategie erfolgreich ist, hat dennoch keine Garantie, dass dies auch morgen noch so sein wird. Vor allem der Erfolg von morgen erfordert eine überlegene Innovationsstrategie für die Märkte und Kundenbedürfnisse von morgen. Das ist Ihre Innovationsherausforderung! Welche Entscheidungen auch immer im Vorjahr getroffen wurden, sie müssen im Folgejahr wieder geprüft und infrage gestellt werden.

Spätestens jetzt sollten Sie sich an die die Unternehmensstrategie machen, sie auf ihre Aktualität und den ggf. nötigen Anpassungsbedarf hin überprüfen, um dann Ihr Hauptaugenmerk auf die Innovationsstrategie, die Schaffung innovationsfreundlicher Rahmenbedingungen und die Etablierung agiler Innovationsmethoden zu richten.

Weiterführende Literatur

Bonsen, M., *Führen mit Visionen*, Falken Gabler (2001), S. 46–63

Breyer-Mayländer, T., *Führung braucht Klarheit*, Hanser (2015), S. 180–181

Dillerup, R., Stoi, R., *Unternehmensführung. Management & Leadership. Strategien, Werkzeuge, Praxis*, Vahlen (2016), S. 34–46

Drucker, P. F., *Das Geheimnis effizienter Führung*, Harvard Business Manager, Edition I/2010, S. 7–13

Foelsing, J., Schmitz, A., *New Work braucht New Learning*, Springer (2021), S.46–83

Gausemeier, J., Plass, C., Wenzelmann, C., *Zukunftsorientierte Unternehmensgestaltung – Strategien, Geschäftsprozesse und IT-Systeme für die Produktion von morgen*, Carl Hanser (2009), S. 62–65

Häusling, A., Römer, E., Zeppenfeld, N., *Praxisbuch Agilität – Tools für Personal- und Organisationsentwicklung*, Haufe (2018), S. 11–22

Hinrichs, B., *Nachhaltigkeit als Unternehmensstrategie*, Haufe (2023), S. 171–206

Jochem, R., Mertins, K., Knothe, T. (Hrsg.), *Prozessmanagement – Strategien, Methoden, Umsetzung*, Symposion (2010), S. 377–411

Kreiling, S., *Vom agilen Leuchtfeuer zur gereiften agilen Organisation*, MM Maschinenmarkt, Heft 17/2019, S. 92–93

Mockenhaupt, A., Schlagenhauf, T., *Digitalisierung und Künstliche Intelligenz in der Produktion*, Springer Vieweg (2024), S. 14–16

Pfannstiel, M. A., Siedl, W., Steinhoff, P. (Hrsg.), *Agilität in Unternehmen*, Springer Gabler (2021), S. 15–32

Plugmann, Ph. (Hrsg.), *Innovationsumgebungen gestalten Impulse für Start-ups und etablierte Unternehmen im globalen Wettbewerb*, Springer Gabler (2018), S. 57–66

Servatius, H.-G., Piller, Frank. T., *Der Innovationsmanager – Wertsteigerung durch ein ganzheitliches Innovationsmanagement*, Symposion (2014), S. 44–45

Thinius, M., Wir sind nicht hinten!, Arbeit und Arbeitsrecht (AuA), Heft 6/24, S. 38–40

Swoboda, M., *Innovational Leadership*, Springer Gabler (2020), S. 19–20

van Lieshout, B., van der Waal, H.-J., Karsten, A., van Solingen, R., *Agile Transformation: Organisationen strukturell beschleunigen und beweglicher machen*, dpunkt (2021), S. 31–62

Venzin, M., Rasner, C., Mahnke, V., *Der Strategieprozess*, Campus (2003), S. 115–121

Innovationsfreundlicher Rahmen

5

Ich habe nicht 10.000-mal versagt. Ich habe nur 10.000 Wege gefunden, die nicht funktionieren.

Thomas Edison

Bei agiler Innovation geht es nicht nur um Märkte, Trends, Strategien, Produkte und Prozesse, sondern auch und ganz besonders um die Menschen. Innovationen gedeihen besonders gut in einer offenen und transparenten Unternehmenskultur, die sich wiederum aus Teilkulturen und einem grundlegenden und begeisternden Wertesystem zusammensetzt.

Entscheidend für eine agile Innovationskultur ist, dass Erfolge vorrangig in Teams erarbeitet werden. Dabei werden Fehler, Irrtümer und misslingende Experimente in Kauf genommen, bewusst als solche sanktionsfrei erlebt und analysiert, um daraus schnell zu lernen und zu wachsen.

Was besonders zählt, ist die Nähe zum Kunden, das frühzeitige Erkennen von Marktentwicklungen und neuen Anforderungen; eine besondere Flexibilität, gepaart mit großer Wachheit, die zu besonderer Wendigkeit und Anpassungsfähigkeit führt. Schauen wir uns das mal etwas genauer an (Abb. 5.1).

5.1   Macht der Kulturen und Werte

Das Wort Kultur kommt vom lateinischen *„colere"*, bebauen, pflegen, wohnen. Die Kultur eines Volkes oder einer Gruppe zeigt sich in ihren Gepflogenheiten, in der Sprache, in den Formen des Austauschs, in Wohn- und Umgangsformen, in Essgewohnheiten und der Art, sich zu kleiden.

© Springer Fachmedien Wiesbaden GmbH, ein Teil von Springer Nature 2025
M. Glück, *Agile Innovation,* https://doi.org/10.1007/978-3-658-46584-1_5

 **Abb. 5.1** Kulturbausteine, Werte und Grundsätze der agilen Innovation

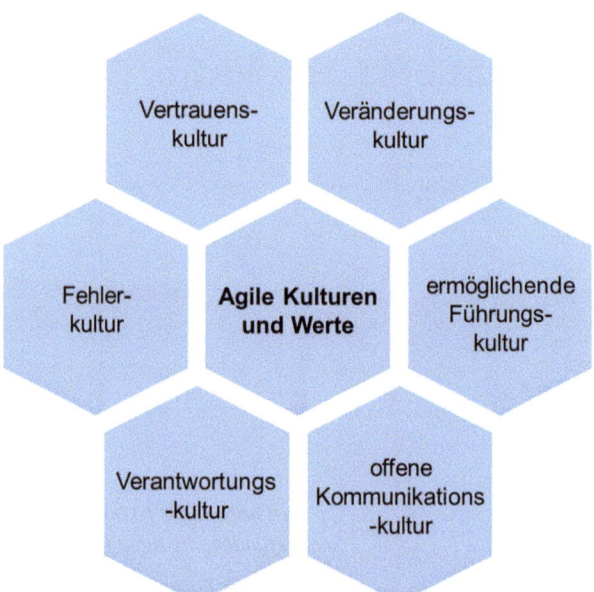

Analog beschreibt eine Unternehmenskultur die grundlegenden gemeinsamen Überzeugungen, die Art und Weise, wie miteinander umgegangen wird, wie Probleme gelöst und Herausforderungen angegangen werden, wie Krisen bewältigt und Informationen verteilt werden. Sie spiegelt sämtliche Normen, Werte, Einstellungen einer Organisation wider; von der Unternehmensphilosophie bis hin zum allgemeinen Betriebsklima.

Eine Kultur wird durch Persönlichkeiten und deren Überzeugungen geprägt. Von deren Verhaltensweisen, ihrer Vorstellungen, wie Erfolg entsteht und wie Menschen am besten miteinander auskommen.

Kultur ist das Betriebssystem eines Unternehmens, das alles am Laufen hält. Und auch wenn die Kultur stets ein vertrauenswürdiger Rahmen ist, so ist sie immer auch ein ausgeklügeltes Kontroll- und Überwachungssystem. Kultur vereinnahmt und vereinigt, nivelliert und macht passend. Der menschlichen Arbeit verleiht sie einen Aktionsrahmen und Orientierung, sie ermöglicht Experimente, steht aber auch naturgemäß gegen die Erneuerung.

Eine Kultur kann nur gezielt weiterentwickelt werden, wenn Vorbilder kulturprägend wirken und Rahmenbedingungen schaffen, Leitplanken und Handlungsspielräume aufzeigen und hierfür ein Soll-Profil geschaffen und sichtbargemacht wird. Ein innovationsfreundlicher Rahmen!

Dazu muss man sich, wie zuvor beschrieben, als erstes fragen, was das Unternehmen ausmachen soll (die Vision), welche Zielzustände man auf welche Weise erreichen möchte (die Strategie), um darauf aufbauend herzuleiten, was mit Blick auf die interne Zusammenarbeit im Unternehmen und auf seine Außenwirkung das Wesentliche, das

Besondere und das Sinnstiftende sein soll. Der beste Ansatz hierfür ist die Ableitung von Werten (die Kultur).

Werte, abgeleitet vom lateinischen *„valere"*, gesund sein, gelten als Vorstellungen von Menschen, wie die Gesellschaft als Ganzes, die persönliche soziale Umgebung und die eigene Lebensform idealerweise gestaltet sein sollen. Werte sind wirkmächtige Kristallisationspunkte einer Kultur. Mit ihnen kann der vielschichtige Handlungsrahmen, der eine Kultur ausmacht, in seinen wesentlichen Grundprinzipien anschaulich dargestellt werden.

Ein guter Indikator für den seelischen Zustand eines Unternehmens ist zum Beispiel die Gesprächskultur. Hat man sich in einem Team etwas zu sagen oder gehen einem ganz schnell die Themen aus? Wird sachbezogen und offen kritisiert und intensiv diskutiert? Oder wird über andere hergezogen und jeder konzentriert sich auf seinen Vorteil?

Auf das Unternehmensumfeld übertragen bedeutet dies: Wertesysteme eines Unternehmens beschreiben, wie das Unternehmen, seine Mitarbeiter, Lieferanten und Kunden miteinander umgehen wollen. Sie bilden das Fundament für gemeinsame Umgangsformen im Arbeitsalltag, wie diese idealtypisch zu gestalten sind. Ganz bewusst beschreiben Werte erwünschte oder geforderte Zustände. Dabei muss sich das Wertesystem eines Unternehmens ständig weiterentwickeln. Ein intensiver Austausch über Wertefragen und ein guter persönlicher Kontakt der Menschen zueinander bilden den Kitt einer Unternehmenskultur.

Die Bedeutung der Unternehmenskultur als zentraler Baustein für erfolgreiche Wertschöpfung ist seit langem bekannt. Bereits in den 1920er Jahren entstanden Programme zur Pflege menschlicher Beziehungen in den Unternehmen. Darunter verstanden die Initiatoren zum Beispiel Wochenendtreffen der Führungskräfte und ihrer Familienangehörigen, Abendveranstaltungen und regelmäßige Treffen der Belegschaft, Betriebssportgruppen und Kulturvereine. Wo ein derart geselliges und positives Miteinander im Unternehmen gepflegt wurde, sprach man von einem guten Betriebsklima, das Mitarbeiter anzog, an das Unternehmen band und zu besonderen Leistungen ansportnte.

Kulturdebatten entstanden in der Geschichte immer wieder unter dem Eindruck besonderer Wirtschaftskrisen. So häuften sich Mitte der 1970er und 1980er Jahre wirtschaftswissenschaftliche Publikationen, in denen kulturelle Aspekte von Unternehmen mit deren Erfolg verknüpft wurden. In dieser Zeit machten sich Unternehmen vor allem Gedanken, wie sie der zunehmenden Konkurrenz schnell aufstrebender japanischer Firmen mit ihren neuartigen Produktionsmethoden und ihrer ungewohnten Unternehmenskultur wirksam begegnen konnten.

Die in den Folgejahren einsetzende Manie der Prozess- und Renditeoptimierung (BPM) verdrängte vorübergehend Kulturfragen aus der ersten Reihe. Inzwischen hat sich angesichts der Innovationskrisen in den Firmen, des sich immer stärker auswirkenden Fachkräftemangels und der sich abzeichnenden dramatischen Auswirkungen des demografischen Wandels der Blick auf die Unternehmenskultur neu fokussiert.

Eine besondere Kultur ist ein extrem wichtiger Unternehmenswert. Sie ist ein zentraler Wettbewerbsvorteil, da sie zwar auf dem Papier, aber nicht in der Realität kopiert

werden kann. Sie spiegelt sich zum Beispiel in einem ausgeprägten Zusammengehörigkeitsgefühl wider oder auch in wertvollen informellen Strukturen, die Bürokratie über-
flüssig machen.

Doch nur selten werden die nötigen Konsequenzen aus dieser wichtigen Erkenntnis
gezogen. Aber warum nutzen Führende dieses enorme Potenzial, die Macht der Kulturen
und Werte, nicht, wenn es darum geht, eine schwierige wirtschaftliche Situation zu be-
wältigen oder Neues zu wagen? Oder sehen sie die Chancen, welche die Kultur ihren
Teams bietet? Und die Risiken, wenn sie die Wertvorstellungen eines Unternehmens und
die Einflüsse der Kultur geringschätzen? Oder wenn die Kultur in eine ungewollte Richtung abdriftet? Und welche Bedeutung haben Kulturen und Werte bei agiler Innovation
und agilem Arbeiten?

5.2   Wirkmächtige Kulturen und Werte

Agile Innovation erfordert eine neue Unternehmenskultur und Denkweise, die eigenverantwortliches Arbeiten in schlagkräftigen Teams, kundenzentriertes Arbeiten, Kreativität und Innovation besonders fördert. Des Weiteren bedarf es einer Teamkultur, die sich
durch drei Kriterien auszeichnet: Entschlossenheit, vertrauensvolle Zusammenarbeit und
Mut. Alle Kriterien sind voneinander abhängig. Ohne vertrauensvolle Zusammenarbeit
kann sich kein Mut entwickeln, unkonventionelle oder riskante Ideen zu äußern. Ohne
Beharrlichkeit und entschlossenes Handeln kann aus einer mutigen Idee kein tragfähiges
Konzept werden. Die Unternehmenskultur muss sich daher in den meisten Fällen radikal wandeln, mehr eigenverantwortliches Handeln, Mitdenken und aktive Gestaltung
durch die Mitarbeiter zulassen. Eine offene und wertschätzende Kommunikations- und
Informationskultur sind für eine gelingende agile Innovation unverrückbare Ecksteine,
ebenso ein hohes Maß an Vertrauen in die Mitarbeitenden.

Innovation und Agilität generalstabsmäßig von oben zu verordnen, weil es vielleicht
gerade opportun oder in Mode ist, bringt nichts. Man muss an einer Stelle konkret anfangen, damit sich dort Keimzellen bilden, die anderen als Vorbild dienen. Man muss
Überzeugungsarbeit leisten, eine wirkmächtige Kulturlandschaft aufbauen und vor allem
muss von der Geschäftsführung ein Signal ausgehen, dass Hinterfragen und neue Ideen
ausdrücklich erwünscht sind. Auch das Führungspersonal darf Fehler machen, schließlich lebt es damit den gewünschten toleranten und lernenden Umgang mit Fehlern vor.

Um eine agile Organisation aufzubauen, sind fünf Kernwerte zentral: Mut, Offenheit, Vertrauen, Verlässlichkeit und Geschwindigkeit. Sie stellen die Weichen für außergewöhnliche Innovationskraft und Wettbewerbsstärke!

Mut bedeutet, dass jedes Teammitglied bereit sein muss, auch spekulative, riskante
oder bestehende Strukturen infrage stellende Ideen zu präsentieren, ohne dabei mit negativen Konsequenzen rechnen zu müssen. Denn nur eine mutige neue Idee kann Bestehendes – ganz im Sinne Joseph Schumpeters – schöpferisch und disruptiv zerstören.

Offenheit bedeutet, für andere Sichtweisen, Meinungen und Lösungsansätze offen zu sein und diese verstehen bzw. ausprobieren zu wollen. Nur in einem offenen Miteinander, bei dem zunächst intensiv zugehört wird und in den notwendigen Diskursen zur rechten Zeit unterschiedliche Ideen ausgetauscht, diskutiert, verstanden und weiterentwickelt werden, entsteht außergewöhnliche Innovationskraft!

Vertrauensvolle Zusammenarbeit und offene Diskussionen, ohne dabei negative Konsequenzen fürchten zu müssen, sind die Grundvoraussetzung für erfolgreiche Innovationsarbeit. Jede Idee und jede Meinung müssen gleichermaßen geschätzt werden. Jeder Innovator muss offen sein für neue Ideen und sie würdigen können. Diese Empathie innerhalb eines Teams ist ebenso wichtig wie die Empathie für den Kunden.

Verlässlichkeit ist als Kern einer agilen Kultur ebenfalls unabdingbar. Leider vermisst man diesen wichtigen Wert in der gelebten Praxis häufig, was zu einer Kultur der Unzuverlässigkeit und Inkonsequenz führt.

Es gibt zwei hauptsächliche Gründe für Unzuverlässigkeit und Inkonsequenz: Es gibt keine verlässlichen Vereinbarungen und es gibt keine Konsequenzen, wenn man sich nicht an Vereinbartes hält. Dies nervt viele Leute kolossal, weil sie ihre Arbeitspakete erledigen und die anderen Mitstreiter im Team scheinbar nicht. Hier setzt agiles Management an: Statt Ansagen, Erwartungen oder Delegationen, gilt es Vereinbarungen zu treffen, um konsequent auch Unzuverlässigkeit entlarven zu können.

Unter dem Wert der Geschwindigkeit versteht man das Verfolgen von Zielen und das Erledigen von Aufgaben mit maximalem Tempo. Die Märkte nehmen einfach keine Rücksicht auf Befindlichkeiten. Noch weniger Ihre Wettbewerber und Ihre Kunden. Ja, eine hohe Geschwindigkeit ist sicherlich manchmal ein schmaler Grat zwischen umsichtigem Fordern und überforderndem Ausbeuten. Allerdings: Tempo entsteht nicht nur durch Nachdruck, sondern auch durch eine besondere Fokussierung auf das Zentrale sowie die Vermeidung von Ablenkung und unnötiger Störung. Um maximales Tempo vorzulegen, gilt es, den kürzesten Weg zu wählen. Eben den Pfad zu verfolgen, der schnurstracks zur Zielerreichung führt.

Nun aber zu einigen Agilität prägenden Kulturmerkmalen, die es zu beherzigen gilt.

5.2.1 Veränderungskultur

Wenn ein Unternehmen seine Kultur verändern will, braucht es einerseits ein gemeinsames Verständnis des Problems, andererseits einen breiten Diskussionsprozess und Partizipation. Zu klären ist die grundsätzliche Einstellung zu Neuem, eine Kulturfrage!

Was aber ist das Neue? Was könnte es sein? Was tun wir für die, die das Neue befördern? Die Gratwanderer, die ausgetretene Pfade und eingefahrene Routinen verlassen, Innovationen erfolgreich stimulieren und gleichzeitig im Sinne des Unternehmens, seiner Grundwerte und Kultur handeln. Und was tun wir für uns, damit wir zu jenen gehören, die das ebenfalls können? Dazu gehört auch ein kritischer – selbstkritischer – Geist.

Der erste Schritt der Veränderung ist stets eine Bestandsaufnahme der bisherigen Unternehmenskultur und die selbstkritische Reflexion der eigenen Arbeitsweisen und Ergebnisse. Im zweiten Schritt werden dann die gewünschten und zukünftigen Aspekte einer Kultur zusammengetragen und zu einem Zielebild sowie zu Führungs- und Kulturgrundsätzen zusammengefasst, bevor im dritten Schritt mit der Umsetzung begonnen wird. Abschließend erfolgt die Evaluierung anhand eines Zielebilds und eines Umsetzungscontrollings. Ein beispielhaftes Evaluierungsschema für die Einführung der agilen Innovation enthält Anhang VI in diesem Buch.

Veränderungsbereite Unternehmen arbeiten grundsätzlich lösungsorientiert. Ihre Mitarbeitenden beharren nicht auf vorgefassten Meinungen, sondern suchen permanent nach der besten Lösungsstrategie. Konflikte als Ergebnis von Missverständnissen und Meinungsverschiedenheiten lösen sie, indem sie im Dialog gut zuhören und zum fachlichen Austausch bereits Lösungsvorschläge mitbringen, die sie vorab objektiv und sachdienlich vorbereitet haben.

Veränderungsbereite Unternehmen haben ein offenes Ohr und ein Gespür für aufkeimende Sorgen und Ängste. Ängste sind mit Veränderungsschritten nahezu unweigerlich verbunden. Ängste lähmen und müssen daher schnell eingegrenzt, erfasst und durch aktive Kommunikation überwunden werden. Menschen brauchen klare Orientierung, die agil Führende über Zielbilder, die gemeinsame Visionsarbeit und klare Strategiegrundsätze schaffen.

Eine Veränderungskultur muss auf dem Fundament des Vertrauens aufgebaut und innerhalb von Leitplanken geführt werden. Sie muss getragen sein von den Menschen. Schlüsselerfolgsfaktoren einer offenen Veränderungskultur sind:

- Sinn: Allen Mitarbeitern muss der Sinn ihres eigenen Tuns und ihr Beitrag zum Unternehmenserfolg bewusst sein. Vor allem auf die Vision und die strategische Rahmensetzung kommt es an dieser Stelle an. Sie muss inspirierend, begeisternd und für alle Beteiligten sinnstiftend sein, zu vollem Einsatz motivieren. Umsatz- und Ertragsziele, unrealistische Wachstumsvorgaben sind dabei wenig hilfreich.
- Zusammengehörigkeitsgefühl: Team Spirit, das Gefühl, zusammenzugehören und an wesentlichen Entscheidungsprozessen beteiligt zu sein oder darüber zumindest offen und ehrlich informiert zu werden, versetzt Berge. Das gelebte Miteinander stärkt das Sicherheitsgefühl. Es hilft, Veränderungsängste und Zweifel zu überwinden.
- Kreativität: Zum Veränderungsmanagement gehört, dass alle Betroffenen Ideen, Neugier, Veränderungsbereitschaft und Pioniergeist in die Veränderungsarbeit einbringen dürfen. Wer ausgefallene Ideen im Keim erstickt, neue Wege als riskante Unsicherheit vorschnell taxiert und verwirft, lähmt Innovation und Beteiligung. Wer dagegen offen diskutiert, zur Mitarbeit in Workshops aktiv ermuntert und Zielzustände gemeinsam visualisiert, schafft eine besondere Basis für gelingende Veränderung und kontinuierliche Verbesserung.
- Konflikt- und Problemlösungsfähigkeit: Nur wenn in einem Unternehmen fair und sachorientiert um den besten Weg gerungen wird und keine Vernichtung von Personen

im Vordergrund der Auseinandersetzungen steht, wird das für gelingende Veränderung nötige Vertrauen aufgebaut.

- Kommunikation: In vielen Unternehmen und Fachbereichen wird oft zu wenig und falsch informiert, wenn es zu tiefgreifenden Veränderungen kommt. Häufig wird Information mit ehrlicher Kommunikation und wertschätzendem Dialog verbunden. Machen Sie wertschätzende Austauschformen zur Basis Ihrer Veränderungskultur!

5.2.2 Macht- und Führungskultur

Es ist kein Geheimnis, dass veränderungsbereite Unternehmen Ziele besonders schnell und gut erreichen, wenn diese gemeinsam von Mitarbeitenden und Führenden getragen und vorgelebt werden. Besonders erfolgreich sind Unternehmen, die so viel Eigenverantwortung und Freiräume zulassen wie möglich und so viel Standardisierung wie nötig vorschreiben.

Ein wichtiger Aspekt erfolgreicher agiler Führung ist ein vorbildlicher Umgang mit Macht. Führung ist ohne Macht oder Autorität nicht denkbar. Ob Macht destruktiv oder konstruktiv eingesetzt wird, ist letztendlich immer eine Frage der Führungspersönlichkeiten, ihrer Führungskompetenz und der in den Unternehmen herrschenden Führungskultur.

Am Meinungsgängelband des Vorgesetzten laufen zu müssen, würgt jede Kreativität und jeden innovativen Gedanken ab. Ebenfalls ist klar: Ungeduld, hierarchisches Denken und ein Führungsanspruch, der sich aus Anweisung und Kontrolle speist, tötet Innovation. Er ist ein schlechter, ja toxischer Wegbereiter auf dem Weg zur agilen Innovation.

Wer Macht mit Gewalt durchsetzt, Ängste schürt, wenig kommuniziert und dabei einem Dialog auf Augenhöhe aus dem Weg geht und wer unverhältnismäßigen Druck ausübt, führt ungeeignet und wird scheitern. Eine Führungskultur, die auf einen derartigen Umgang mit Führungsverantwortung setzt, wird keine Zukunft haben. Entsprechend Agierende sind Hindernisse für eine erfolgreiche Innovationsarbeit. Konsequenz tut dann Not.

Unternehmen mit einer starken Innovationskultur zeichnen sich auch durch Strategien und Maßnahmen zur Erhöhung der Selbstbestimmung und Selbstverantwortung sowie der Gestaltungsspielräume der Mitarbeiter aus.

Agile Führung muss sich grundsätzlich im Bereich der anerkennenden Wertschätzung abspielen. Es braucht souverän agierende, eigenständig denkende, verlässlich und behutsam vorgehende Führungskräfte. Kreative Führungskräfte, die ausgetretene Pfade und eingefahrene Routinen verlassen, Innovationen erfolgreich stimulieren und gleichzeitig im Sinne des Unternehmens, seiner Grundwerte und Kultur handeln. Führungskräfte, die anleiten und Orientierung schaffen können, sich dann aber auch wieder zurücknehmen.

Eine Selbstverständlichkeit? Wer so denkt, der soll mal täglich seine Augen etwas weiter öffnen und mit etwas Aufmerksamkeit in das ein oder andere Königreich im Unternehmen schauen. Sicher ist: Mit taktischen Jasagern und devoten Kopfnickern, mit

Menschen, die aus Selbstschutzgründen geistig nur an der Leine ihres Vorgesetzten laufen und Fehler scheuen wie der Teufel das Weihwasser, erobert kein Betrieb die Zukunft!

5.2.3   Verantwortungskultur

Ich bin nicht verantwortlich. Ich habe nur getan, was man mir aufgetragen hat. Diese einfache Formel ist eine Grundlage autoritärer und hierarchischer Organisationen. Sie ist das Ergebnis, wenn Organisationen von ihren Mitarbeitenden verlangen, dass diese nur ihre Arbeit machen.

Agiles Führen im Gegensatz hierzu heißt besondere Verantwortung tragen: Die Unternehmensleitung trägt die Erfolgsverantwortung. Die mittlere Führungsebene die Beziehungsverantwortung zwischen den Funktionsbereichen und Mitarbeitern. Die Führungskräfte an der Basis im operativen Geschäft die Verantwortung für die Rahmensetzung und die Einhaltung von Regeln. Neu aber in der agilen Welt ist es, dass die Teams umfassende Verantwortung für ihre Arbeitsorganisation, für ihren Fortschritt und ihre Ergebnisse selbst übernehmen. Das agile Zielebild ist eine Selbstorganisation mit umfassender operativer Verantwortung!

Aus der bisherigen Praxis weiß man, dass Unternehmen mit transparenten Verantwortungsbereichen, gelebter Einzelverantwortung mit wesentlich weniger Reibungsverlusten – und damit deutlich effektiver – wirtschaften als Unternehmen, in denen Verantwortlichkeiten zentral verankert und nicht klar abgegrenzt sind. Daher sollte die Einzelverantwortung in einer agilen Organisation bis auf die Teams und die persönliche Verantwortung für die zeit-, budget- und qualitätsgerechte Erfüllung von Arbeitspaketen auf die Teammitglieder übertragen werden.

Es gilt daher, im Zuge vom Einführungsmaßnahmen auf dem Weg zu einer agilen Organisation als erstes die selbstbestimmten Tätigkeitsbereiche aller Mitarbeiter zu stärken und für transparente Verantwortungsbereiche zu sorgen. Diese müssen dann aber auch mit Entscheidungskompetenzen verknüpft und aufeinander abgestimmt sein. Daher alle Macht den Teams und freie Fahrt für ein neues Organisationsprinzip und eine neue Verantwortungskultur!

Dies aus gutem Grund: Mitarbeitende selbstorganisierter Teams, die eine Kultur der Eigenverantwortung verinnerlichen, legen mehr Wert auf die werthaltige Interaktion und den konstruktiven Dialog als auf die Einhaltung von Regeln und die detaillierte Dokumentation von Prozessen in Verfahrensanweisungen und Unternehmenshandbüchern. Bürokratisierung wird von ihnen aktiv ausgebremst. Als agile Teams agieren sie wesentlich anpassungsfähiger und zielorientierter. Sie tarieren ihre Aufgabenlast viel effizienter und selbstständig aus.

In einer ernsthaft gelebten Verantwortungskultur kann eine Person und sein Team nur für den Erfolg einer Aufgabe verantwortlich gemacht werden, wenn sie unter Rahmenbedingungen arbeiten kann, die das erfolgreiche Bearbeiten dieser Herausforderung auch möglich macht. Nur so können sich Mitarbeitende daher ungebremst selbst entfalten.

Im Umgang mit Verantwortung gilt ein weiterer Grundsatz, der vielfach unzureichend verinnerlicht wird: Verantwortung, vor allem Einzelverantwortung, muss man annehmen. Sie kann nicht nach oben oder unten delegiert werden. Das betrifft auch die Teams in einer agilen Organisation. Werden Arbeitsaufgaben zum Beispiel nicht termingerecht ausgeführt, so sind in einer durchgängigen Verantwortungskultur weder Mitarbeiter noch Vorgesetzte rechenschaftspflichtig, sondern derjenige, der diese Aufgabe vereinbarungsgemäß umzusetzen hatte. Eine gelebte Fehler- und Verantwortungskultur entbindet nicht von der Verlässlichkeit in der eigenverantwortlichen Themenarbeit und dem ambitionierten Willen, einen angestrebten Zielzustand mit Engagement und Fokus erreichen zu wollen. Wer Verantwortung trägt, muss auch für Konsequenzen geradestehen.

Im Sinne einer positiven Fehler- und Lernkultur muss ein Fehler oder das Verfehlen von Zielen nicht sofort gerügt oder gar sanktioniert werden. Es sollte aber zumindest besprochen und objektiv beleuchtet werden, was falsch gelaufen ist und was das nächste Mal besser gemacht oder unbedingt vermieden werden muss. Führende müssen ihren Teams dabei die Angst vor der Autonomie nehmen.

5.2.4 Vertrauenskultur

Der Begriff des Vertrauens ist nicht leicht zu fassen. Eindeutiger ist es, von Zutrauen zu sprechen. Jemandem etwas zuzutrauen heißt, auf seine Fähigkeiten und Kompetenzen zu setzen. Vertrauen ist auch das bewusste Eingehen eines Risikos, verletzt oder enttäuscht zu werden.

Eine Kultur des Zutrauens kann nur entstehen, wenn Führungsverantwortliche etwas zulassen und Spielräume eröffnen, lediglich Rahmenbedingungen definieren und hierbei realistische Ziele setzen, Vertrauen schenken und einen Vertrauensvorschuss gewähren.

Wo aber kontrolliert wird, wird nicht vertraut. Vertrauen heißt, die Leine locker zu lassen und zu riskieren, dass der Freiraum, den man Teams gewährt, nicht ins Destruktive verkehrt wird; in Prioritätenchaos, Rechthaberei, oberflächliches Vorgehen und was immer uns den Nerv raubt. Nur mithilfe einer Vertrauenskultur lassen sich Veränderungen erfolgreich umsetzen!

In agilen Organisationen gilt daher: „Kontrolle ist gut, Vertrauen ist aber besser!" Vertrauen ist der Booster schlechthin, um sich gegenseitig zu besonderen Leistungen und Beiträgen anzuspornen. Es ist die wirksamste Keule gegen unnötige Prozesskomplexität, überflüssige Berichte, Präsentationen, Prozesse, Kontrollinstanzen, etc.

Je mehr wir einander vertrauen, desto weniger müssen wir uns ständig abstimmen, kontrollieren und haben die Chance zu entschlacken. Wir können verzichten auf überbordende Planungen, endloses Berichtswesen, einen Großteil von Statuspräsentationen. Sie alle tragen nicht zur Wertschöpfung bei.

In einer Kultur der ständigen Kontrolle, die Menschen auch noch zu reinen Kostenfaktoren degradiert, verlernen diese ihre Fähigkeit zu eigenverantwortlichem Denken und Handeln. Den oft bemühten Grundsatz „Vertrauen ist gut, Kontrolle ist besser" kehren agile Führungskräfte daher ganz bewusst um. Im Brustton der vollen Überzeugung lautet ihr agiles Credo: „Kontrolle ist gut, Vertrauen ist besser!"

Eine Vertrauenskultur zeigt sich im hinschauenden Vertrauen. Wer genau hinschaut, kann im Zweifelsfall korrigieren, noch bevor das Vertrauen beschädigt wird. Aus einem Vertrauensvorschuss entsteht auf diese Weise eine stabile, gemeinsam erarbeitete Vertrauensbasis, eine Kultur des Zutrauens. Sie geht von mündigen Mitarbeitern aus, informiert, beteiligt, setzt sich kritisch auseinander, nimmt gute Argumente auf, macht transparent, ermutigt.

Eine Kultur des Vertrauens fußt auf Loyalität und versteht darunter eine kritische Treue, kein blinder Gehorsam. Agile Partner gehen redlich miteinander um und zollen sich gegenseitigen Respekt. Individuelle Bedürfnisse stellen sie gegenüber den vereinbarten, gemeinsamen Interessen zurück; ein verantwortungsvolles Geben und Nehmen. Das Wissen darum, dass beide Partner so handeln, begründet ein wahres und tragfähiges gegenseitiges Vertrauen.

Strahlt die Führungsspitze Mut und Zuversicht aus, werden Mitarbeitende der nachgeordneten Ebenen nicht über Informationsmangel klagen und Informationen in überzogener Kontrollmanier sammeln. Vielmehr werden alle Mitarbeitenden mit Optimismus an die Arbeit gehen, Herausforderungen meistern und darauf vertrauen, dass sie den anvisierten Erfolg erreichen.

Agil Führende, die in Vorbildfunktion eine besondere Kultur der Eigenverantwortung prägen, verhalten sich grundsätzlich anders und führen wesentlich wertorientierter. Sie sind verlässliche Konstanten, die ihre Teams begleiten und unterstützen. Sie ziehen ihre Motivationskraft aus deren Erfolgen und leiten diese nicht aus Hierarchiestufen und einem hierarchisch geprägten Gebaren ab.

5.2.5   Fehlerkultur, angstfreies Arbeiten und Lernen

Als operative Zielvorstellung häufig unverzichtbar, als Realitätsvorstellung im Innovationsprozess jedoch weltfremd: Arbeiten ohne Fehler. So notwendig es ist, darauf hinzuwirken, so blockierend ist es, dies unnachsichtig zu verlangen.

Mit nichts lässt sich ein Unternehmen schneller lahmlegen als mit hausgemachten unrealistischen Forderungen und bei deren Nichterfüllung angedrohten existentiellen Strafmaßnahmen. Diese Denk- und Handlungsweise zählt zum Schlimmsten, was sich ein Unternehmen selbst antun kann. Angst frisst die Seele auf und würgt kreatives Arbeiten im Keim ab.

Nicht die selbst bei größter Umsicht schlicht und einfach unvermeidlichen Fehler sind am gefährlichsten für den Unternehmenserfolg, sondern die Entmündigung der Belegschaft durch auf ihre eigene Meinung und unrealistische Vorstellungen fixierte Führungskräfte. Letzteres führt in der Belegschaft zu der sich rasch festsetzenden denk- und handlungsleitenden Einsicht: Wer seinen Kopf nicht freiwillig unter das Fallbeil legen will, tut besser gar nichts als das Risiko einzugehen, sich durch beherztes und hier und da korrekturbedürftiges Tätigwerden selbst Schaden zuzufügen.

Das aber ist die Geburtsstunde des Dienstes nach Vorschrift. Und wohin die betriebliche Reise mit dieser Geisteshaltung geht, braucht nicht ausführlicher erläutert zu werden. Sie fördert individuelles Absicherungsverhalten und sorgt dafür, dass Organisationen geistig verkrusten und sich nicht mehr im vom Markt und Wettbewerb geforderten Maß weiterentwickeln.

Eine, wenn nicht die wichtigste Voraussetzung für mehr Innovation ist daher eine Fehlerkultur. Fehler bestimmen unser Leben. Sie können fatale Folgen nach sich ziehen. Sie sind aber auch Lernchancen zur Optimierung unserer täglichen Handlungen. Im Tagesgeschäft kommt es zwangsläufig zu Fehlern. Umso mehr, wenn neue Wege eingeschlagen werden, Veränderungen umgesetzt werden. Sackgassen, Irrtümer, Fehler gehören zum Innovationsprozess dazu!

Natürlich sind Fehler Erfolgshindernisse, kosten Zeit und Geld. Und in vielen Firmen gibt es noch immer nichts Schlimmeres, als einen Fehler zu machen und dafür gleichsam schuld zu sein. Überzogene Kritik, Schuldzuweisungen und Sanktion durch Führende sind leider in vielen Firmen noch immer an der Tagesordnung. Dabei ist es in jedem Fall kontraproduktiv, auf Fehler emotional und ungehalten zu reagieren. Denn die gesteigerte Angst vor Fehlern führt zur Verunsicherung und damit eher zu mehr Fehlern.

Noch schlimmer sind die Nebenwirkungen unbeherrschter Kritik und einer Null-Fehler-Kultur: Wo Fehlermachen keine Option ist, wird kein Risiko eingegangen, kein Wagnis angenommen, keine Innovation stattfinden. Fehler werden vertuscht, Lernchancen vergeudet. Dabei sind doch nur drei Fragen wichtig, wenn Fehler unterlaufen sind: Was ist passiert? Wie bekommen wir dies korrigiert? Und wie können wir diesen Fehler in Zukunft vermeiden?

Denken Sie daran: Positive Fragen schaffen positive Antworten und ermöglichen positive Entscheidungen und Handlungen. Nur bei grob fahrlässigem, vorsätzlichem Verhalten oder wiederholtem Auftreten sind Kritik und Sanktionen angebracht. In anderen Fällen führen sie nur zu einem Verlust der Selbstachtung der Betroffenen. In der Konsequenz werden aus eigenverantwortlich und kreativ tätigen Mitarbeitenden solche, die alles tun, um Misserfolge zu verhindern, Risiken zu meiden. Mitarbeiter, die frustriert resignieren und zurückfallen. Ein Heer an Bedenkenträgern entsteht, die es schaffen, letztendlich jede noch so nötige Veränderung im Keim zu ersticken.

In einer Fehlerkultur ist eine völlig andere Einstellung nötig: Fehler und Reklamationen sind wertvolle Orientierungshilfen! Versuch, nicht Unterlassung macht klug! Das Mittel dazu ist das ständige Experimentieren und die ständige Suche nach frühzeitigem Erkenntnisgewinn.

Frühzeitig erkannte Fehler treiben die schnelle Erkenntnis voran. Immer vorausgesetzt natürlich, sie werden offengelegt und konstruktiv behandelt. Werden sie jedoch aus Selbstschutzgründen vertuscht oder im Angstverfahren, so gut es eben möglich ist, zu reparieren versucht, können sich selbst die simpelsten Fehler zu unkalkulierbaren

Zeitbomben entwickeln. Wo keine Fehler eingestanden werden, ist keine Entwicklung möglich. Nur ein offener Umgang mit Fehlern schützt vor einer Fehlermultiplikation. Also davor, dass sich Fehler zu einer Fehlerwelle auswachsen und sich das Unternehmen dadurch plötzlich mit einer Situation konfrontiert sieht, die nur noch schwerer zu beherrschen und ohne größere Sach- und Rufschäden anzurichten zu bereinigen ist. Nur Gefallene lernen auch das Aufstehen, wie wir aus eigenen Kindheitstagen wissen. Misserfolge kennzeichnen bei genauem Hinsehen viele Wege des Erfolgs.

Fehler vermeidet man, indem man Erfahrungen sammelt. Erfahrungen sammelt man, indem man Fehler macht. So lässt sich kurz und bündig eine Verbindung zwischen zwei schlecht beleumundeten Faktoren der Unternehmensführung herstellen, die verdeutlicht, welch kontraproduktiver Unsinn es ist, das eine wie das andere zu verteufeln.

Überraschende und ungewollte Ergebnisse geben oft mehr Aufschluss als die bloße Bestätigung unserer Erwartungen. Irrtümer, Rückschläge und Pannen zwingen uns dazu, uns und unser Tun auf den Prüfstand zu stellen, unsere Komfortzone zu verlassen, uns neu zu justieren. Das schärft den Blick für das Wesentliche, hilft uns, Ballast abzuwerfen und neue Wege zu gehen.

Rat einzuholen ist auch kein Zeichen von Schwäche. Gleichzeitig zeugt es von Stärke, eigenes Unwissen oder eigene Missgeschicke zu benennen und sich Unterstützung zu holen. Das ist die beste Art, Fehlern vorzubeugen. Und wer an Fehlern wächst, empfiehlt sich für Größeres. Erfolgreiche stehen wieder auf. Wer Krisen durchlebt hat und daran gewachsen ist, der hat bewiesen, dass er mit Widrigkeiten umgehen kann. Null-Fehler-Toleranz erstickt dagegen Innovation im Keim.

Fehlerfreie Produkte fallen selten vom Himmel. Wer aber ständig in der Angst lebt, einen Fehler zu machen, schiebt Verantwortung von sich, beschäftigt sich vor allem mit Kontrolle und geht keine neuen Wege. Agil Führende müssen daher ganz gezielt ihren Mitarbeitenden die Angst vorm Fehlermachen nehmen, zum Experimentieren ermuntern. Probieren, Lernen, Weitergehen, vielleicht von vorn, denn Lernen ist ohne Fehler nicht möglich. Klingt banal, wird aber selten verinnerlicht. Dabei können Fehler sehr fruchtbar sein, wenn man weiß, wie man produktiv damit umgeht. Auch wenn es sicherlich Bereiche gibt, in denen sie besser nicht passieren. Natürlich muss man differenzieren: In der Produktion ist eine Null-Fehler-Toleranz durchaus wünschenswert, in der Forschung und Entwicklung hingegen ist das fatal.

Und wenn Fehler unterlaufen sind, legen Sie den Misserfolg schnell zu den Akten, nehmen Sie die Erfahrung mit und richten Sie Ihren Blick in die Zukunft. Geduld und genaues Analysieren sind manchmal wichtig. Aber halten Sie nicht zu lange an Dingen fest, die keinen Erfolg bringen!

Angst vor der Zukunft ist der sicherste Weg, sie nicht zu gewinnen. Angst lähmt die Handlungsfähigkeit und trübt den Blick für das, was grundlegend verändert werden muss, was neuen Bedingungen angepasst werden soll und was auf jeden Fall bleiben muss.

Wir alle müssen damit aufhören, den Menschen Angst zu machen. Kritisches Denken, Offenheit, Risikobereitschaft, Agilität sowie Experimentierfreude von Mitarbeitern sind die Voraussetzung für eine wirkungsvolle agile Innovation.

Noch etwas ganz Wichtiges: Wer glaubt, Angst mache den Menschen Beine und bringe sie dazu, schneller oder gar innovativer zu arbeiten, läuft einem folgenschweren Irrtum hinterher: In einer Atmosphäre der Angst wird der Innovationsgeist komplett vernichtet!

5.2.6 Kommunikationskultur

Der Innovationserfolg hängt in einem ganz besonderen, vielfach unterschätzten Maß von der Kommunikationskultur im Unternehmen ab. Dabei wird vergessen, dass die wirksamste Kommunikation, vor allem in Veränderungsprozessen, nicht im Versenden oder Publizieren von Informationen, sondern in der direkten Auseinandersetzung, im Dialog und im gegenseitigen Verstehen erfolgt. Der wichtigste Kommunikationskanal in einem Unternehmen ist und bleibt das persönliche Gespräch.

Doch davor schrecken viele Führungskräfte aller Hierarchiestufen vermehrt zurück. Die Einsicht, dass die zunehmende Einbahn-Kommunikation über elektronische Kommunikationsmittel eine offene und ehrliche Kommunikationskultur erheblich torpediert, hat sich leider noch nicht durchgesetzt. Fasziniert von Kurznachrichten, E-Mail Notizen und den umfassenden Informationsaustauschmöglichkeiten mit Lichtgeschwindigkeit bauen wir uns in unseren Mailboxen selbst die größten Datenfriedhöfe und Schlachtfelder auf. Unsere Mitarbeiter bombardieren sich mit Informationen, Kritik, Einladungen zu Besprechungen, Protokollen, neuen Handbüchern, regelmäßigen Newslettern per E-Mail. Sie nutzen Netze und Informationskanäle, die unter der Systemlast stöhnen. Sie haben verlernt, vieles ordentlich, schnell und effizient miteinander im Gespräch zu regeln, Konflikte aufzulösen oder Gesprächsergebnisse und Folgeaktionen in kurzen Notizen für den eigenen Gebrauch festzuhalten.

Agile Arbeitsweisen setzen daher auf ein hohes Maß an offener und direkter, regelmäßiger, aber auch schlanker und effizienter Kommunikation. Direkt am Ort des Geschehens, nur unter Einbeziehung der unmittelbar Betroffenen; eben im Team. Dies aus gutem Grund, denn direkte Gespräche minimieren den Abstimmungsbedarf, schaffen Vertrauen und kultivieren das Interesse an den Menschen. Produktives Mitdenken siegt über Routine, überbordende Bürokratie und fördert den nötigen kreativen Ungehorsam. Nur dieser führt zu wertvoller Innovation, neuen Produkten und gefragten Dienstleistungen.

Unternehmen, in denen offen und ehrlich kommuniziert wird, leiden nicht unter Ressortrivalitäten, Machtspielen, Informationsdefiziten. Im Gespräch erfährt ein Mensch seine Rolle und damit seinen Wert. Hieraus resultiert Anerkennung, Wohlbefinden und in besonderem Maß Motivation, Qualität und eine besondere Leistungsbereitschaft.

Trotzdem müssen auch in einer offenen Kommunikationskultur Grenzen respektiert werden. Manche Mitarbeiter glauben zum Beispiel in einem Klima des offenen Austauschs, dass sie rücksichtslos alles sagen dürfen, was sie denken. Doch die scheinbar vorbildliche Ehrlichkeit darf nicht im selbst bestimmten Diplomatieverzicht enden.

Konstruktiv geäußerte Kritik, objektive und vollständige Darstellung wichtiger Sachverhalte, alles ruhig im Ton vorgetragen, ist ein nicht verhandelbarer Eckstein einer von gegenseitigem Respekt geprägten Kommunikationskultur. Alles andere darf nicht toleriert werden.

Umgekehrt: Ist die Kommunikationskultur gestört, führt dies zu immensen Schäden und zu einer bemerkenswerten Beeinträchtigung der Lebensqualität von Führenden und Mitarbeitenden. Liefertermine verzögern sich, endloser Abstimmungsbedarf führt zum Informations-GAU und unvermeidbar zum Konflikt. Die Qualität der Produkte und Dienstleistungen fällt rapide ab, Kunden sind unzufrieden und wandern möglicherweise dauerhaft ab.

Und allgemeines Schweigen löst keine Probleme, sondern unterdrückt sie lediglich, verspätet ihre Lösung. Und das kann richtig teuer werden!

5.3   Beschleuniger agiler Innovation

Es gibt viele Möglichkeiten, Innovation zu beschleunigen. Und es gibt viele Irrtümer darüber, was noch alles Innovation beschleunigen könnte. Ein Blick über den Tellerrand hinaus ist aber in jedem Fall wichtig. Jede Inspiration tut gut. Jede gelernte Lektion hilft, sein Handeln zu verbessern. Und jeder Erfahrungsschatz ist es wert, dass man ihn teilt.

Agile Innovatoren setzen auf kreative Inspiration, Experimente, Partnerarbeit und Synergieeffekte. Umso mehr gilt es sich zunächst einmal mit besonders kreativen Milieus auseinanderzusetzen und sich vor allem einmal mit dem Spirit, der Kultur und Arbeitsweise von Gründerfirmen, von Startups und dem Silicon Valley als weltbekanntestem Innovationsraum zu beschäftigen, um daraus seine Lehren für die agile Innovation zu ziehen.

5.3.1   Mythos Silicon Valley

Der Norden Kaliforniens, das Silicon Valley und die Einzugsgebiete rund um die Stadt San Francisco, gelten noch immer als das Mekka für Innovationseffizienz, insbesondere in der Digitalindustrie. Unter der kalifornischen Sonne sitzen nicht nur die Technologiegiganten Apple, Google und Facebook und gedeihen prächtig. Auch junge Gründer versuchen dort in überdurchschnittlichem Maß ihr Glück und wollen mit ihrer Geschäftsidee das nächste große Ding – „the next big thing" – landen.

Kein Wunder, dass zahlreiche Unternehmenslenker sehnsüchtig auf den Ideenreichtum, die Kreativität und die besondere Dynamik dieses weltweit bekanntesten Hightech Pools und seiner Startups blicken. In großer Anzahl unternehmen sie regelrechte Pilgerreisen dorthin, um sich zu inspirieren, um das Wertesystem und das Erfolgsrezept des Ökosystems Silicon Valley kennenzulernen und um dort zu kooperieren oder gar zu investieren. Vom Besuch der heiligen Stätten gelingender Innovation, den dortigen

Konzernzentralen, versprechen sie sich Erleuchtung für ihre eigenen Innovationsanstrengungen. Geblendet vom Goldglanz und der eigenen Angst, etwas zu verpassen, erstarren sie in Ehrfurcht vor den großen Erfolgen einzelner Unternehmen und Führungspersönlichkeiten bis zur Selbstverleugnung des eigenen Erfolgs.

Zurück im eigenen Unternehmen, machen sich diese Firmenchefs ungeahnt locker. Sie verzichten auf Krawatte, tragen Jeans und Turnschuhe, verwenden viele englische Begriffe und verordnen ihren Innovationsbereichen, so zu sein, als wären sie junge Gründungen und keine Traditionsunternehmen, stellen Tischtennisplatten auf, um zu zeigen, wie modern man ist. Sie streichen den Konferenzraum grün, praktizieren Design Thinking und gründen ihr eigenes kleines Heiligtum. Doch das ist bestenfalls Folklore.

Imitieren ist aber das Gegenteil von Lernen. Ein offener Hemdkragen und ein paar englische Begriffe, ein flächendeckendes „Du" machen aus Bestandsunternehmen noch lange keine hochdynamischen Startups. Man sollte zunächst überlegen, was überhaupt zur eigenen Unternehmenskultur passt. Und man darf durchaus skeptisch auf derartige Initiativen blicken.

Selbstverständlich muss man aber aus den positiven Dingen, die man im Silicon Valley lernen kann, seine eigenen Lehren und Konsequenzen für die Innovationsarbeit ziehen. Was also können Unternehmen in Kalifornien besser als deutsche Technologiekonzerne?

Im Valley kommt eine besondere Mischung aus Gründergeist, Lockerheit, technischem Sachverstand, ökonomischem Gespür und Unmengen von Kapital zusammen. Es treffen sich dort die Welteliten und exzellente Vermarkter. Entstanden ist dort ist ein Hightech-Ökosystem aus vielen klugen Leuten, viel Geld, der Stanford University und dem kalifornischen Optimismus. Davon lernen zu wollen, ist kein Fehler.

Erfrischend ist der Bruch mit den Konventionen. Rein äußerlich, aber auch im Miteinander. Dialog auf Augenhöhe, statt Hierarchie. Schlankes Handeln, statt langes Diskutieren. Das sind die wichtigsten ersten Erfahrungen, die auch eine agile Innovationskultur verinnerlichen sollte.

Im Valley kann man neueste Technologietrends und Marktentwicklungen besonders früh erkennen und sehr gut beobachten. Die Deals sind sehr schnelldrehend, es geht hier eher um Tage denn um Wochen. Man muss flink sein, denn immer mehr Risikokapital sucht in Zeiten niedriger Zinsen nach Anlagen mit der Chance auf hohe Rendite. Schnell sind Antworten zu finden auf die Fragen: Lohnt es sich, ist Potenzial da, kann daraus etwas werden? Leitfragen, die auch die Ideenbewertung im regulären Innovationsgeschehen bestimmen sollten.

Das Tal der Innovationen zieht einfach seit Jahrzehnten die Besten der Welt magisch an. Aber das Valley ist nur ein relativ kleiner Ausschnitt der großen USA-Landkarte. Man kann die Boomregion und das Ökosystem Silicon Valley, das über die Computerindustrie in über 40 Jahren gewachsen ist und die besten Wissenschaftler und Ingenieure sowie die risiko- und zahlungsfreudigsten Investoren über Jahrzehnte aus der ganzen Welt angelockt hat, nicht mit unseren Standorten, Ballungszentren und Regionen vergleichen.

Erfolgreich sind dort vor allem die großen Handelsplattformen und die Monopolisten. Es gibt kaum Wettbewerbssituationen und umkämpfte Märkte, meist nur geringe Wertschöpfung. Die Geschäftserfolge der meisten Plattformen und Startups beruhen auf reinem Handel und der Beseitigung von Ineffizienzen. Die Erfolgsgeschichten beschränken sich auf den neuen Geld-Adel und die Erfolge der Großen, die immer wiederholt erzählt werden. The Winner takes it all. Kein Platz für Follower. Vieles fußt auf für die Lieferanten ruinösen Geschäftsmodellen, Preisdruck und ständiger Werbung. Der wirtschaftliche Erfolg ihrer Geschäftsmodelle ergibt sich nicht aus Kreativität, sondern nur aus ihrer Größe. Wertschöpfung auf Kosten Dritter ist aber kein langfristiges Zukunftskonzept, auf das man bei der eigenen Geschäftsmodellinnovation setzen sollte!

Keiner redet im Silicon Valley übrigens gerne von den vielen gescheiterten und erfolglosen Versuchen. Es werden immer die gleichen Erfolgsprojekte zitiert und eine Hymne auf das Scheitern und den Neuanfang gesungen. Mitarbeiterfluktuation, die Spaltung der Gesellschaft und die Solidität der Erfolgsmeldungen werden aber dabei meist ausgeblendet. Was nicht sein darf, das darf ganz einfach nicht sein. Ganz ehrlich: Man muss nicht wirklich ins Silicon Valley reisen, um zu verstehen, wie das Neue in die Welt kommt. Gründerspirit lässt sich als Innovationsbeschleuniger auch so entwickeln.

5.3.2 Startup DNA und Corporate Startups

Startups zählen zu den neidisch erblickten, hochdynamisch agierenden flexiblen Einheiten, von denen viele Unternehmenslenker träumen. In Zeiten des disruptiven wirtschaftlichen Wandels und der digitalen Transformation gelten sie und ihre typischen Merkmale für etablierte Unternehmen als der Heilige Gral, als wendige und spritzige Einheit und Keimzelle für künftig große Unternehmen, die nicht bis zum Hals in ihren eigenen alten Interessenten gefangen sind. Und mit denen sich die Probleme der Zeit direkt angehen und effektiv lösen lassen.

Doch was reizt Konzerne und gestandene Unternehmen an den Jungunternehmen so besonders? Oder brauchen gestandene Unternehmen einfach nur etwas mehr Startup-Spirit?

Letztendlich dreht sich alles um den unkonventionellen Geist, mit dem Startups agieren. Denn den unausgereiften Produkten stehen oftmals enthusiastische Gründer entgegen, die für die Sache brennen und Agilität, Flexibilität, Fehlerkultur und die Nähe zum Kunden leben. Sie arbeiten vor allem vorbehaltlos und erfolgreich nach den in der digitalen Arbeit entwickelten iterativen Prinzipien. Sie nutzen Methoden wie Design Thinking, Lean Start-up und Scrum und leben ihre außergewöhnliche Kreativität aus. Eine besondere Innovationskultur und der Drang zur Veränderung sind tief in der DNA der Startups verankert. Sie verkörpern alles, was die etablierte Wirtschaft momentan so dringend benötigt und was Konzerne gerne wären.

Startups entpuppen sich als entscheidender Treiber für die unkonventionelle Entwicklung neuer Geschäftsmodelle, während die etablierten Unternehmen versuchen, mit dem neuen Tempo mitzuhalten und häufig sich selbst in ihrer eigenen Prozesslandschaft verheddern, anstatt Produkte und Dienstleistungen schnell auf den Markt zu bringen und sich im engen Austausch mit Kunden ständig neu zu erfinden.

Startups werden von jungen, aufstrebenden Unternehmern gegründet und vorangebracht. Diese sind talentiert, extrem dynamisch, risikobereit, ideenreich und oft „Digital Natives", wodurch sie mit digitaler Technik spielerisch umgehen und mit den verschiedensten Aspekten der digitalen Transformation gut vertraut sind. Startups sind unkompliziert, brauchen keine Qualifikationsnachweise oder Titel, dafür ein begeisterndes Umfeld. Sie lassen sich ein auf neue Technologiefelder und sind von ihnen fasziniert. Sie versuchen zum Beispiel das Chancenpotenzial der Künstlichen Intelligenz rasch zu erschließen und auf neue Anwendungsfelder anzuwenden. Ihre Technologieoffenheit und ihre Begeisterung für experimentelles Arbeiten elektrisieren.

Gründer haben meist kein oder nur wenig Kapital. Um Zugang zu Kapital zu bekommen, müssen die von Startups angestrebten Geschäftsideen bei Investoren Gefallen finden. Daher müssen die Geschäftsideen besonders kundenzentriert, ebenso marktorientiert und von einer schlüssigen Gesamtkonzeption getragen sein, um zu überzeugen. Hiervon kann und sollte man bei der agilen Innovation lernen!

Startups setzen auf innovationstreibende Eigenschaften, dynamische Organisation und binden sich weniger an feste Strukturen. Typischerweise befragen sie zunächst potenzielle Kunden und ziehen daraus Schlüsse zur Gestaltung oder Verbesserung des Produktes. Anschließend arbeiten sie sofort und unter Nutzung agiler Methoden an den daraus resultierenden Impulsen. Erfrischend sind ihre Kreativität und ihre lösungsorientierten Denkweisen.

Startups bringen oft kein fertiges Produkt auf den Markt, sondern zunächst nur einen Prototyp. Durch permanentes Testen mit dem Nutzer wird das Produkt stetig angepasst und verbessert. Auf diese Weise orientiert sich die Produktentwicklung sehr stark an den Bedürfnissen des Nutzers. Ihre Reaktionsgeschwindigkeit und Handlungsfähigkeit sind enorm hoch, andererseits fehlt ihnen naturgemäß die Erfahrung, es fehlt ihnen oft die einschlägige Branchenkenntnis und sie sind nicht branchenspezifisch vernetzt.

Schnell aus Situationen lernen und das Scheitern als Teil des Lernprozesses begreifen sind zwei weitere Stärken aus der Startup-Szene. Das erfordert eine Fehlerkultur und den Willen zur Veränderung. Um solch eine Kultur leben zu können, braucht es ein hohes Maß an Vertrauen und Eigenverantwortung. Denn dadurch entstehen die gewünschte hohe Dynamik, Agilität und Kreativität, nicht durch enge Führung gemäß Befehl und Gehorsam.

Je größer ein Unternehmen ist, desto anfälliger zeigt es sich für das Silodenken: Organisationseinheiten verhalten sich wie einzelne Unternehmen, die mit anderen konkurrieren. Dabei gerät das gemeinsame Ziel aus dem Blickfeld. Startups hingegen arbeiten in Richtung eines gemeinsamen Ziels. Silos können gar nicht entstehen oder ihre hemmende Wirkung entfalten.

Etablierte Unternehmen realisieren, dass Innovationen der Treibstoff des Erfolgs sind. Sie können Ansätze aus der Startup-Kultur für sich nutzen, um Flexibilität, die Nähe zum Markt und ihre Innovationskraft zu stärken. Blind kopieren können große Unternehmen den Startup-Spirit aber nicht. Ihre Chance liegt jedoch darin, mit in agilen und selbstorganisierten Teams eine ähnliche Wirkung zu entfachen oder eigens für die Innovationsarbeit vergleichbare Entwicklungsräume zu schaffen, die ihre Innovationsarbeit wirkungsvoll beschleunigen sollen.

Einige Unternehmen haben daher eigene Corporate Startups als Innovationsökosysteme etabliert, die zwar im Gesamtverbund des Unternehmens angesiedelt sind, aber getrennt von den zentralen und bestehenden Organisationseinheiten innovieren. Corporate Startups können sich wesentlich effizienter auf neue Themenfelder fokussieren und sind geradezu prädestiniert für Geschäftsmodellinnovationen, technologische und disruptive Durchbrüche.

Doch auch wenn diese Unternehmenseinheiten agil vorgehen und eine dynamische Startup-Kultur ins Leben rufen, entstehen Innovationen und vor allem Disruptionen in der Regel nicht plötzlich über Nacht. Für bahnbrechende Neuerungen gibt es kein Patentrezept. Sie entstehen meistens im Rahmen von Geistesblitzen und einer zufälligen Inspiration. Gleichwohl kann die Mischung aus neuen agilen Ansätzen, einer revolutionären Kulturentwicklung und Bestehendem eine besondere Möglichkeit und Keimzelle für agile Innovation sein und attraktive Wege eröffnen, um sowohl in Bestandsunternehmen als auch in jungen Startups erfolgreich Veränderungen anzupacken. Wichtig ist es allerdings, dass diese beiden Welten zusammenarbeiten und voneinander lernen, um sie auch später wieder integrieren zu können.

Und natürlich sind so manche Differenzen hierbei in Kauf zu nehmen beziehungsweise im Rahmen der allgemeinen Rahmensetzungen lenkend auszugleichen. Denn da fragen sich durchaus mal Mitarbeitende, warum sie sich nur in einem sehr engen Rahmen bewegen können, während sich einige Kollegen in offenen Projekten in der Welt des Ungefähren und Kreativen bewegen dürfen. Das muss man wohlwollend im Auge behalten. Wenn eine Abteilung einen guten Kollegen an eine Innovationsinitiative zum Beispiel abgibt, muss man das ausgleichen. Man kann jemand anderen hinschicken, auf temporäre Kräfte ausweichen oder neue Mitarbeiter einstellen. Entscheidend ist die gemeinsame Agenda.

5.3.3 80 % statt Perfektion

Das traditionelle Vorgehen zur Entwicklung neuer Produkte mündet bei komplexen Produkten in vielen Fällen in langwierige Prozesse der Erstellung von Lasten- und Pflichtenheften sowie detaillierten Anforderungskatalogen. Lösen Sie sich von der Vorstellung, dass man eine perfekte Lösung vollständig definieren und dann ebenso perfekt der Reihe nach entwickeln kann.

Jedes perfektionistische Feilen an einem Plan, einem Pflichten- oder Lastenheft, einem Bericht oder einer Präsentation macht das Ergebnis und das Dargestellte zwar schöner, aber nicht unbedingt aussagekräftiger. Heute wissen wir, dass ca. 80 % der inhaltlichen Substanz eines Arbeitspakets in den ersten 20 % der Zeit entstehen und für weitere Arbeiten eine vorerst tragfähige Basis darstellen. Der Schritt zur Perfektion erfordert aber ungleich mehr Zeit- und Ressourcenaufwand. Lösen Sie sich also von der Perfektion und nutzen Sie die freiwerdende Kapazität, um sich für den Projekterfolg fruchtbareren Themen zuzuwenden.

Erfolgreiche agile Innovatoren haben den Mut, neue Wege zu gehen, die zuvor noch keiner gegangen ist, auch wenn diese nicht perfekt sind. Sie starten frühzeitig mit einfachen Experimenten und streben bewusst keine Perfektion, sondern nur das in einem nächsten agilen Bearbeitungstakt, dem Sprint, Bearbeitbare an. Ihr Ziel ist das möglichst frühzeitige Aufbauen eines Minimum Viable Products (MVP), welches genügend Features aufweist, um das Kernprodukt mit seinen Mindestanforderungen als Prototyp zu repräsentieren.

Dieses frühe Prototyping hilft nicht nur, die Ursache für die Probleme der Nutzer zu finden, sondern verbessert auch das Produktverständnis und die allgemeine Kommunikation im Team, indem die Erwartungen aller Beteiligten in Einklang gebracht werden. Es hilft in besonderem Maß, falsche Annahmen zu validieren oder zu verwerfen sowie die Ideen und das Produktdesign auf der Grundlage von echtem Nutzerfeedback zu verbessern.

Prototypen stehen am Anfang vieler Startups und revolutionärer Innovationen. Damit soll die Kernfunktion und der Kernnutzen des Produkts präsentiert werden, um sich die Zufriedenheit bei frühen Anwendern zu sichern und um hilfreiches Feedback für die Produktentwicklung zu erhalten, wie Steve Blank, der die Theorie des „Minimum Viable Products" (MVP) entwickelte, behauptet, bevor die nächste Entwicklungsstufe relevant wird. Das Sammeln von Rückmeldungen aus einem MVP ist einfach wesentlich kostengünstiger als ein komplettes Produkt mit vollständigen Funktionen zu höheren Kosten und mit einem höheren Risiko des Scheiterns zu entwickeln. Setzen auch Sie daher auf Prototypen und einen frühzeitigen Erkenntnisgewinn.

Der wichtigste Punkt beim Entwickeln eines MVP besteht allerdings darin, nicht nur das Grundkonzept für ein neues Produkt zu entwickeln, sondern die ihm zugrunde liegende Vision zu entwickeln und sich hier vom Anspruch der Perfektion bewusst zu lösen. Dies löst eine besondere Innovationsdynamik aus, die vom aktuellen Kundenverhalten im Umgang mit dem Produkt bestimmt ist, auch wenn dieses zuerst einmal nur die minimale und bei weitem noch nicht perfekte Basisversion darstellt.

5.3.4   Planwirtschaft beenden

Willst Du ein Ziel erreichen, dann mach einen Plan, den Du akribisch befolgst, bis er Dich zum gewünschten Ergebnis führt. Eine naive Vorstellung, die häufig noch immer kolportiert und in manchen Firmen zur Religion erhoben wird. Wenn diese Führenden diverse Projektmanagementzertifikate erwerben, werden sie nicht schlauer, weil der Wasserfall einerseits furchtbar logisch erscheint, andererseits über Jahre als das Allheilmittel zur Effizienzsteigerung in der Managementliteratur verkauft wurde.

In der unvorhersehbaren Welt der Forschung und Produktentwicklung lassen sich zu Beginn eines Entwicklungsprozesses weder dessen Verlauf noch dessen Endergebnis definieren. Niemand brennt für Gantt-Charts, Plantapeten oder Excel-Listen. Die Gestaltung der Zukunft beruht nicht – wie vom klassischen Projektmanagement suggeriert – auf Tools und Plänen, wie uns manche Technokraten weismachen wollen. Ganz ehrlich: Die Gestaltung der Zukunft durch Planwirtschaft ist doch schon mehrfach nachweislich misslungen.

In Berlin gelang es den angeblich besten Planern und Organisatoren nicht, einen Flughafen fertigzustellen, ohne dass immer wieder milliardenschwere Fehlplanungen zutage traten. Es ist ein offenes Geheimnis, dass es dabei nicht um einen Mangel an Planung ging, sondern um ein Defizit zur Improvisation und Anpassung an neue Gegebenheiten.

Komplexe Entwicklungen, schnelle Marktzyklen oder ein unvorhersehbares Entwicklungsgeschehen lassen sich nicht in das Korsett einer vollkommen detaillierten Planung packen, so sehr wir uns dies auch gerne wünschen würden.

Planwirtschaft und Dirigismus haben ein freundliches Gesicht und eine unausweichliche Konsequenz: Sie entmündigen Menschen, machen sie einfallslos. Kümmerer produzieren Verkümmerte. Das ist eine große Barriere gegen alles Neue und Alternative. Ein strikt mechanistischer Führungsstil, der auf eindeutig festgelegte Ziele, Rollen und Strukturen abstellt, tötet Kreativität und damit die Seele der gestalterischen Arbeit.

Was Innovation nicht braucht, sind Vormünder, die versuchen, Innovatoren in ein Korsett der Kontrolle und des Sicherheitsdenkens zu pressen. Das Neue birgt immer Risiken. Sie lassen sich nicht vollständig berechnen. Innovationen, die sicher sind, sind in Wahrheit gar keine. Sie werden nur so verkauft. Ein Etikettenschwindel, der Chancen und Zukunft kostet.

Lassen Sie sich nicht zur Planungssucht verführen! Im Gegenteil: Lösen Sie sich von Plänen, indem Sie sich ausschließlich an Fortschrittskriterien von Sprint zu Sprint orientieren. Erteilen Sie umfassender Planungswut eine klare Absage. Vorhaben lassen sich im VUCA-Zeitalter nicht über einen Zeitraum der nächsten drei Monate hinaus im Detail planen. Endlose Abstimmungsrunden sind reine Zeitverschwendung!

Große, auf Papier gedruckte Projektpläne und mehrseitige Gantt-Charts lassen zwar ehrfürchtig erstarren, sind aber meist nichts mehr als ein wirkungsvoller Sicht- und Sonnenschutz, den man sich an die Bürofenster hängt. Schauen Sie sich die Exemplare in Ihrem Umfeld doch mal genauer an. Meist sind sie wenig aktuell und auf der Zeitachse vollkommen entgleist.

Stellen Sie sich vor, Sie wollen mit einem Segelschiff einen fremden Hafen ansteuern. Messen Sie dann vor der Reise den Wind? Berechnen Sie schon den kompletten Kurs, um dann das Ruder korrekt festbinden und schließlich nach einer festgelegten Zeit kontrollieren, ob Sie auch wirklich am Ziel angekommen sind? Sicher nicht!

Denn was passiert, wenn sich der Wind gedreht hat? Was wenn die Karte ungenau war oder wenn Sie feststellen, dass Sie doch lieber in einem anderen Hafen anlegen möchten?

Konzentrieren Sie sich beim Planen nur auf die nächsten Arbeitspakete, die im Rahmen eines Projektabschnitts, eines Sprints, zu bearbeiten sind. Teilen Sie diese transparent auf und ordnen Sie diese Arbeitspakete Personen namentlich zu. Das ist es dann aber auch. Agieren Sie beim Sprint Review streng nach der Kernfrage: Welche konkreten nächsten Schritte bringen uns am deutlichsten dem Zielebild näher? Und nur das interessiert uns jetzt!

Schluss mit dem Wahn, Dinge vollständig abschätzen, detailliert planen, umfassend kontrollieren und lenken zu wollen! Haben Sie den Mut zur zielorientierten Planlosigkeit, zu neuem Denken und neuen Wegen, die zu ganz anderen Lösungen führen. Und bleiben Sie auch locker, wenn der Hase mal ganz anders läuft als zunächst gedacht.

5.3.5 Bürokratie abbauen

Was passiert, wenn Innovationsversuche mit einer stark regelbestimmten Prozessbürokratie kollidieren? Dann wird es schwierig. Wenn Debatten über ein Geschäftsmodell oder Kooperationsvereinbarungen eine gefühlte Ewigkeit zwischen dem Vertrieb, dem Produktmanagement, der Produktentwicklung und den operativen Einheiten geführt werden, wenn Prototypen und deren Versand zum Kunden in der Freigabeschleife des Qualitätsmanagements hängenbleiben, dann entsteht keine Innovation, kein Geschäftsmodell, kein neues Produkt, nichts.

Noch schlimmer ist es, wenn die jeweiligen Verantwortlichen sich auf ihre internen Regularien berufen und damit alles verzögern, bis sie die Sachverhalte als vollständig geklärt einstufen. Wenn nötige Entscheidungen dadurch nicht nur zu langsam, sondern gar nicht kommen. Wenn unflexibles Prozess- und Sicherheitsdenken das tägliche Handeln behindert und ein einfaches Machen nahezu unmöglich ist. Und wenn man schon zu Beginn eines Projektes einen Fünfjahresplan mit genauen Abläufen, Umsatzerwartungen und Vorgehensschritten vorlegen muss, dann wird jede Form des Experimentierens, des Try and Error abgewürgt. Dann scheitern Innovationsbemühungen nicht am guten Willen der Ideengeber, an fehlender Kompetenz oder am Budget, sondern an der Kultur und an einer Pervertierung des Controllings, bei dem sich Betriebswirte zu neuen Superbeamten und Ordnungshütern machen. Die Bürokratie ist der Atommüll der modernen Unternehmensorganisation. Man wird ihn nur sehr schwer los und selbst dann ist das Zeug immer noch lange gefährlich. Machen Sie sich klar: Es gibt keine innovationsfreundliche Organisation, keine erneuerungswillige Bürokratie.

Innovation ist ein offenes Spiel. Innovation und Organisation sind ein Widerspruch. Wir müssen damit leben, aber uns klarmachen, wo das eine und wo das andere gebraucht wird. Die Zukunft ist nicht berechenbar und auch nicht optimierbar. Es ist Zeitverschwendung, das zu versuchen. Dass in einer Routineorganisation Kreativität und Innovationsgeist erstickt werden, ist eine Binsenweisheit. Suchen Sie daher nach Organisationsformen, die weniger innovationsfeindlich sind. Talente und Kreative muss man von Routinearbeit und Bürokratie befreien. Systemerhalter dürfen nicht zu den Vormündern der Vordenker gemacht werden. Agile Innovatoren brauchen zunächst Erste Hilfe, dann einen Schutzraum, einen Bunker.

Dass es Inkubatoren, Entwicklungsabteilungen, Sonderprojekte, Corporate Startups heute gibt, zeigt, dass dies ansatzweise begriffen wurde. Experimente sind die einzige Möglichkeit voranzukommen. Die wichtigste kulturelle Innovation ist das Zulassen des Versuchs. Dazu gehört, aus Fehlern zu lernen und Überraschungen als etwas Positives anzunehmen. Fördert das Experiment, den Versuch, das Ausprobieren. Und lasst die, die dies tun, in Ruhe!

5.3.6   Keine Macht den Drogen!

Agiler Innovationserfolg beruht im Wesentlichen auf einer besonderen Anerkennung und Wertschätzung von Teams und ihrer Arbeitsergebnisse. Stellt sich dieser entweder nicht sofort ein oder werden die Ziele einer Arbeitsphase schnell erreicht, keimt oft der Ruf nach monetären Anreizen. Aber Vorsicht: Kriege gewinnt nicht derjenige, der die teuerste Kriegsmaschine hat. Und auch aus dem Fußball weiß man, dass nicht unbedingt das teuerste Team automatisch auf Tabellenplatz 1 liegt. Geld schießt auch hier sicherlich ein paar Tore, doch die These, dass viel auch viel hilft, stimmt eben nur in gewissen Grenzen.

Natürlich ist es verlockend, alle Schwierigkeiten auf den Mangel von Mitteln zu schieben und die Lösung aller Probleme in Finanzspritzen zu sehen. Doch es gibt viele Belege dafür, dass die Welt so nicht funktioniert, denn die Bedürfnisse wachsen meistens in ebenso hohem Tempo mit. Mitarbeiter finden Gehaltserhöhungen zwar angenehm, doch der Motivationseffekt lässt meistens rasch nach. Eine das Mittelmaß zementierende Haltung durchbrechen Sie nicht mit altbekannten Motivatoren wie Incentives oder Boni. Geld hat die hinterhältige Eigenschaft, schnell zur Selbstverständlichkeit zu mutieren und damit in seiner Wirkung rasch zu verpuffen. Mit Traubenzucker erlebt man im Leistungssport vergleichbare Effekte. Auch hier hält die kurzzeitig nutzbare Energiezufuhr nur für einen geringen Zeitraum an, verpufft ganz schnell, ohne dabei eine nachhaltig abrufbare Leistungssteigerung zur Folge zu haben. Und bei allen anderen Drogen wie beispielsweise Koffein, Alkohol, Aufputschmitteln sehen wir Ähnliches: Sie machen dauerhaft fordernd und abhängig, lassen aber sehr schnell in ihrer Wirkung nach.

Um diesen Punkt abzuhaken: Geld versagt bei den meisten Menschen als dauerhaft wirkender Motivator wie ein gefährliches Suchtmittel. Es wird viel zu schnell zur Selbstverständlichkeit. Sie sollten davon Abstand nehmen!

Was Menschen wirklich antreibt, wovon sie nie genug bekommen können, sind sinnstiftende Visionen und Zielzustände, überwältigende positive Emotionen, qualitative Verbesserungen, neuer Aufgaben- oder Verantwortungsbereich, bessere Arbeitsmittel, mehr Wertschätzung, mehr Freiraum und die wertschätzende Anerkennung ihrer Leistungen.

Verschoben hat sich die Wertigkeit von Geld und Zeit im Verhältnis zueinander. Junge Menschen legen in den jeweiligen Lebensphasen andere Schwerpunkte. Es geht ihnen heute darum, mehr selbstbestimmte Zeit zu haben und in selbst gestaltbaren Rahmenbedingungen arbeiten zu dürfen: Wann arbeite ich? Wo arbeite ich? Es geht um individuelle Arbeitszeitmodelle, die Homeoffice oder sogar Auszeiten flexibel ermöglichen.

Attraktiv sind Regionen und Arbeitgeber, die die persönliche Entwicklung zur Selbstständigkeit und Selbstbestimmung fördern. Mit Themen wie agiles Arbeiten, Homeoffice und Vereinbarkeit von Beruf und Familie punkten Firmen bei ihrer Arbeitgeberattraktivität. Selbstverwirklichung, Selbstermächtigung, Selbstbestimmung.

Das ist das Biotop für agile Innovatoren und Entrepreneure. In einer konsensorientierten Massenkultur wird Selbstverwirklichung oft als Egoismus denunziert. Nichts ist falscher. Selbstverwirklichung bedeutet, das zu tun, was man am besten kann, und das ist übrigens auch das, was anderen am meisten nützt.

5.3.7   Schnell, früh und oft scheitern

Obwohl man derzeit vieles über die Bedeutung von Scheitern im Geschäftsleben liest und hört, wird in diesem Hype die wahre Bedeutung des Scheiterns oft verkannt. Gewiss, Scheitern ist nicht schön, Fehler sind oft schmerzhaft und unangenehm und werden noch immer häufig fälschlicherweise als Zeichen von Schwäche angesehen. Eine gescheiterte Innovation ist allerdings kein Drama. Im Gegenteil: Intelligente Fehler sind oftmals Meilensteine für wegweisende Innovationen. Unser Hirn ist sogar so programmiert, dass es aus Fehlern lernt, um sie das nächste Mal zu vermeiden. Scheitern stellt somit in Wahrheit eine besondere Chance dar, um zu lernen, sich zu entwickeln und sich zu verbessern.

Scheitern, Fehler zu machen, Schadensfälle und abgelehnte Angebote zu analysieren muss daher zu einem grundlegenden und tolerierten, ja gewünschten Bestandteil agiler Innovation gemacht werden. Auch wenn es wie ein Klischee klingt, es ist tatsächlich besser, frühzeitig zu scheitern, als etwas gar nicht erst zu versuchen.

Fehler dürfen nicht unter den Tisch gekehrt werden, weil man sie aus Angst vor negativen Konsequenzen lieber vertuschen möchte. Nur der Mut zur Korrektur eines Anforderungsprofils eröffnet die Chance für neue Produktinnovationen. Und wenn wir ausschließlich Erfolge feiern, ist es extrem schwierig, Lehren zu ziehen.

Ein agil agierendes, wirklich innovatives Unternehmen verinnerlicht daher eine ausgewiesene Fehlerkultur, die das Scheitern als einen natürlichen Bestandteil des Innovationsgeschehens begreift und als entscheidenden Faktor für den Innovationserfolg in seiner Arbeitskultur propagiert. Fähigkeiten werden aus Fehlern heraus aufgebaut. Aus vielen.

Wenn es eine Geschichte gibt, die uns lehrt, niemals aufzugeben, ist es die Geschichte von James Dyson. Es hat ihn 15 Jahre und über 5.000 getestete Prototypen gekostet, um ein funktionierendes Staubsaugermodell zu entwickeln. Und selbst danach fand

Dyson kein Unternehmen, das sein Produkt herstellen wollte. Nach Hunderten von Ablehnungen entschied er sich, es selbst herzustellen, und gründete die Firma Dyson. Zwei Jahre später, Mitte der 1990er Jahre, wurde der Dyson-Staubsauger zu einer weltweiten Sensation.

Und wenn Sie sich kurz mal umsehen, sehen Sie wahrscheinlich irgendwo im Raum ein Post-it. Diese bunten, wieder rückstandsfrei ablösbaren Klebezettel, mit denen wir uns an Dinge erinnern und auf denen wir Notizen machen, sind ebenfalls das Ergebnis von Scheitern. Der Chemiker Spencer Silver wollte einen superstarken Klebstoff entwickeln. Doch das Ergebnis waren mikroskopisch kleine Blasen mit nur geringem Haftvermögen, die ohne Beschädigung der Oberfläche wieder entfernt werden konnten.

Ganz ehrlich: Fast immer sieht der Erfolg anders aus als geplant, aber auch das ist ein wichtiger Teil von Innovation. Kolumbus wollte bekanntlich nach China segeln und hat stattdessen einen neuen Kontinent entdeckt. Manchmal findet man eben etwas, das man ursprünglich gar nicht gesucht hat. Die wahre Leistung liegt darin, es zu erkennen. Ermutigen Sie also zum Scheitern und versuchen Sie daraus neue, wertvolle Erkenntnisse zu ziehen!

Hierzu noch ein paar Handlungsempfehlungen:

- Mit gutem Beispiel voran: Mitarbeitende müssen sehen, dass Veränderungen vom Management ausgehen. Führungskräfte sollten nicht nur neue Lösungen finden, sondern auch zu ihren Fehlern und schlechten Entscheidungen stehen, damit andere merken, dass es in Ordnung ist, zu scheitern.
- Transparent sein: Sprechen Sie darüber, was in Ihrem Team oder Unternehmen vor sich geht. Wenn alle ihre Ideen und ihre Fehlversuche miteinander teilen, bekommt niemand das Gefühl, seine Fehler verstecken zu müssen.
- Simulationen schaffen: Gehen Sie es spielerisch an. Um die Angst vor dem Scheitern in der realen Welt zu nehmen, können Sie künstliche Situationen schaffen, um Ideen, Produkte oder Dienstleistungen zu testen und herauszufinden, was in einer sicheren Umgebung funktionieren würde und was nicht. Digitale Zwillinge helfen dabei ungemein und sind ein Muss in modernen Entwicklungsvorhaben.
- Aus jeder Situation lernen: Nachdem Sie mit Ihrem Team oder Unternehmen mit etwas gescheitert sind, analysieren Sie, wie das passieren konnte. Gehen Sie dabei nicht auf eine persönliche Ebene, sondern versuchen Sie, für jeden etwas Gutes daraus zu ziehen.
- Unterstützung haben: Mitarbeitende und Führungskräfte sollten das Gefühl haben, dass jemand da ist, mit dem sie über ihre Arbeit und ihre Ideen sprechen können. Manchmal reicht schon ein kurzes Gespräch; manchmal hilft es, sich mit einem anderen Experten zusammenzusetzen und die gescheiterten Ideen zu besprechen. Manchmal jedoch bleibt einem eben nichts anderes übrig, als einen Fehler zu akzeptieren. Bevor Sie ihn überanalysieren und sich selbst zermürben, kommen Sie stattdessen mit Ihrem Team oder einigen Vertrauten zusammen und erzählen Sie ihnen bei Pizza und Bier, was passiert ist. Danach werden Sie sich mit etwas Abstand schon besser fühlen.

5.3.8 Auf Partnerschaften und Netzwerke setzen

Innovationen entstehen nicht allein durch die Konzentration auf Kernkompetenzen, Kernprozesse und das Kerngeschäft. Wirkliche Neuerung beginnt hinter der Komfortgrenze des Kerns und entsteht durch kreative Vernetzung und Kombination mit Anderem.

Innovationsstarke Unternehmen sind ständig auf der Suche nach neuen externen Impulsen für Innovationen. Partnerschaften sind für agile Innovatoren von grundlegender Bedeutung, da sie sich sehr positiv auf den Innovationserfolg auswirken. Kooperationen mit Lieferanten, Technologiefirmen, Universitäten, Startups und Anleihen aus anderen Industriezweigen steigern die Fähigkeit, radikale Innovationen zu entwickeln. Agile Innovation funktioniert am besten, wenn sich Netzwerke bilden. Wissen wächst eben, indem man es teilt. Wissen nur für sich zu behalten, ist ein Wettbewerbsnachteil!

Stellen Sie daher aktiv die Weichen für einen schnellen, offenen und gemeinsamen Wissenstransfer und den Aufbau von Partnernetzen, wo sich eine Vernetzung mit anderen Disziplinen und Branchen anbietet. Sich daraus Innovationsimpulse zu erschließen und gezielt Wissen aus unterschiedlichen Branchen und Technologien zu verknüpfen, ist ein Kernbestandteil intensiver agiler Innovationsarbeit.

Substanzielle Innovationspotenziale werden immer dann erschlossen, wenn die partnerschaftliche Zusammenarbeit in einem sehr frühen Entwicklungsstadium beginnt. Wenn also der Erfahrungshintergrund von mehreren Seiten eingebracht und genutzt wird. Dann reden wir in aller Regel in den Innovationsworkshops nicht mehr nur über den Einsatz dieser oder jener Komponente, sondern über Technologien, Wirkungs- und Wertschöpfungsketten, über Funktions- oder Systemintegration, Sicherheitstechnik oder Lebenszykluskosten – eben die ganzheitliche, optimierte Lösung einer Aufgabenstellung.

Partnerschaften, in denen man sich gegenseitig im Rahmen seiner Möglichkeiten unterstützt und nicht ausnutzt, müssen gelebt und erlebt werden. Dann profitieren alle Beteiligten von Synergieeffekten. Das Risiko, damit Misserfolg zu haben, ist weitaus geringer als die Alternative, es nicht zu versuchen. Doch leider haben vor allem kleine und mittlere Unternehmen oft noch immer Schwierigkeiten, sich von ihrem Selbstverständnis als Einzelkämpfer zu lösen.

Besonders erfolgreiche Partnerschaften zeigen sich dort, wo Produkte und technische Systeme entstehen, die ein einzelnes Unternehmen für sich nicht erreichen kann. Innovationen sind eben zunehmend komplexer. Partner tragen Risiken gemeinsam und gehen wertschätzend miteinander um. Nur der Schutz des geistigen Eigentums stellt gelegentlich eine Hürde für die Intensivierung einer Zusammenarbeit dar. Aber das lässt sich regeln.

Um Lieferanten oder Partner in den Innovationsprozess einzubinden, muss man ihnen klar den Gegenwert der Teilnahme kommunizieren, etwa den Zugang zu Ergebnissen oder die Synergien durch Vernetzung. Vertrauen und Verlässlichkeit spielen dabei eine sehr große Rolle.

Die Bildung von Netzwerken ist entscheidendes Fähigkeitsmerkmal zukunftsfähiger agiler Unternehmen: Je intensiver der Austausch, desto größer die Innovationsfähigkeit.

Je enger die Netze, desto stabiler das System. Je mehr Dialog, desto größer die Akzeptanz.

5.3.9   Open Innovation – Kraft des Schwarms

Wenn wir für Innovationen unsere Unternehmensgrenzen überwinden, um das Wissen und den Ideenreichtum der ganzen Welt zu nutzen, sprechen wir von Open Innovation.

Open Innovation basiert auf einem offenen Innovationsprozess, bei dem externe Partner und Kunden in Wertschöpfungsnetzwerken mit internen Mitarbeitern an Innovationen arbeiten. Zunächst vorangetrieben durch Großkonzerne, steht die Methode seit einigen Jahren auch bei Mittelständlern und sogar Kleinstunternehmen auf der Tagesordnung. Hinzu kommt, dass viele junge Mitarbeiter in den Unternehmen die Methode vorantreiben und so allmählich auch die Akzeptanz und damit die Anzahl an Pilotprojekten steigen.

Interaktive Plattformen zur Open Innovation und Co-Creation, bei denen wildfremde Nutzer in die unternehmensinterne Innovation eingebunden werden, sind heute ein Ansatz, um auf ganz neue Innovationsimpulse zu kommen. Paradebeispiele für derartige, gelungene Co-Creation Projekte mit Externen sind die blauen Gummibärchen und individualisierte Designs für Turnschuhe. Aber kann die Öffnung des Innovationsprozesses für fremde externe Mit-Innovatoren auch bei sehr speziellen Fragen helfen?

Natürlich wünscht man jedem Unternehmen, dass es über die Besten seines Fachs selbst verfügt. Realistischerweise muss man den Unternehmen aber sagen: Nicht alle schlauen Köpfe arbeiten bei Euch, da draußen gibt es noch ein paar, die das Problem vielleicht schon gelöst haben oder ganz anders auf die Fragestellung schauen, dass sie eher eine Antwort finden. Vor allem Fragestellungen, die in den Produktentwicklungen spezialisierter Unternehmen oft über Jahre ungelöst blieben, konnten schon vielfach mittels Open Innovation innerhalb weniger Wochen von wildfremden Innovatoren beantwortet werden. Warum sonst schreiben renommierte Firmen auf Open-Innovation-Plattformen auch knallharte, sehr spezielle Fragen aus? Nun, weil sie ahnen, dass sie selbst sie nicht knacken können.

Open Innovation ist vor allem eine Frage der Kultur und des Mindsets: Gehe ich an den Innovationsprozess mit der Überzeugung, dass ich sowieso die tollsten Experten im eigenen Haus habe, und wenn nicht, binde ich Externe vertraglich so eng ein, dass nur ich davon profitiere? Oder gehe ich stattdessen davon aus, dass ich im Austausch mit Externen besser innoviere? Das sind die beiden Extreme. In der realen Welt geht es nur darum, die richtige Kombination zu finden.

Wir brauchen generell mehr offene Plätze für Begegnungen, Konversation und Kollaboration. Was einst die antike Agora, die Kaffeehäuser der Aufklärung geleistet haben, findet heute in den digitalen Foren, Plattformen und Marktplätzen der Netzwelt statt, auf denen der offene Dialog und Richtungsstreit über den weiteren Weg unserer Welt geführt wird. Sie allein geben den Dingen noch keinen neuen Sinn, aber sie sind die Arenen, in denen wir gemeinsam attraktive Ideen gemeinsam entwickeln können – Innovationsöko-systeme eben.

Als Protagonist agiler Methoden will ich Unternehmen ermuntern, noch mutiger Externe einzubeziehen, interaktive Wertschöpfung ernst zu nehmen und mit solchen Mechanismen zu experimentieren. Nur eine gründliche Analyse kann helfen, die Eignung und Umsetzung von Open Innovation für das eigene Unternehmen einzuschätzen. Denn wenn Unternehmen ganz klassisch einen Unternehmensberater um Rat fragen oder Marktforscher losschicken, haben sie oft das Ostereier-Problem: Sie finden nur die Ostereier, die sie selber versteckt haben, sprich: Sie bekommen nur Antworten auf selbst formulierte Fragen, das Ergebnis ist oft wenig überraschend und bringt Innovation kaum voran.

Open Innovation bringt aber auch Herausforderungen mit sich. Eine ist das „Not invented here" Syndrom. Dabei zeigt eine Gruppe – etwa ein Projektteam oder eine Abteilung – die Tendenz, Ideen und Lösungen aus Quellen außerhalb der eigenen Gruppe abzulehnen. Um dieses Syndrom möglichst zu vermeiden, ist die konsequente Einbindung aller relevanten Stakeholder – egal auf welchen Hierarchieebenen – im Innovationsprozess unbedingt notwendig. Und natürlich sollte man den Umgang mit vertraulichen Informationen und möglicherweise schutzfähigen Ideen gleich zu Beginn rechtssicher vereinbaren.

Weiterführende Literatur

Adolph, L., Rothe, I., Windel, A., *Arbeit in der digitalen Welt – Mensch im Mittelpunkt*, Zeitschrift für Arbeitswissenschaft, 70(2), S. 77–81 (2016)

Bullinger, H.-J., Die Stärken des deutschen Innovationsmanagements liegen in der Vernetzung, in Keuper, F. (Hrsg.), Digitalisierung und Innovation – Planung, Entstehung, Entwicklungsperspektiven, Springer Gabler (2013), S. 27–34

Danne, H., Müller, O. P., *Erfolg mit Werten – Führungskräfte setzen Impulse*, Narr Francke Attempto (2017), S. 43–45

Gieseler, J., *Mitarbeiter zwischen den Mühlsteinen*, VDI-Nachrichten Nr. 15/2019 (12.4.2019), S. 28–29

Glück, M., *Innovation gelingt nur im angstfreien Raum*, VDMA Magazin 07/2017, S. 20–21

Herger, M., *Das Silicon Valley Mindset*, Plassen (2017), S. 63–75, 180–186, 240–243

Kohler, K., *Nerds als Helden – Ein wenig mehr Silicon Valley in Deutschland wäre schön!*, Informatik Spektrum 38, 1/2015, S. 37–40

Kolbusa, M., *Management beyond Ego – Teams in der neuen Arbeitswelt zu außergewöhnlichen Erfolgen führen*, Ariston (2020), S. 68–71, 142–143, 215–217

Maier A., *Tal der Selbstvermarkter – Warum der Erfindergeist im Silicon Valley völlig überschätzt wird*, Manager Magazin 11/2015, S. 67–69

Müller-Friemauth, F., Kühn R., *Silicon Valley als unternehmerische Inspiration Zukunft erforschen – Wagnisse eingehen – Organisationen entwickeln*, Springer Gabler (2016), S. 25–36

Müller-Friemauth, F., Kühn R., *Ökonomische Zukunftsforschung, Grundlagen – Konzepte – Perspektiven*, Springer Gabler (2017), S. 96–106

Nerdinger, F. W., Wilke, P., Stracke, S., Röhrig, R. (Hrsg.), *Innovation und Beteiligung in der betrieblichen Praxis – Strategien, Modelle und Erfahrungen in der Umsetzung von Innovationsprojekten*, Gabler Research (2010), S. 13–26

Pfannstiel, M. A., Siedl, W., Steinhoff, P. (Hrsg.), *Agilität in Unternehmen*, Springer Gabler (2021), S. 15–32

Puckett, S., Neubauer, R. M., *Agiles Führen: Führungskompetenzen für die agile Transformation*, Business Village (2018), S. 49–75

Rabenbauer, T., *Führungsprinzip Wertschätzung – Mitarbeiter begeistern, motivieren und binden*, Hanser (2017), S. 72–95

Schmidt, K., Gleich, R., Richter, A. (Hrsg.), *Gestaltungsfeld Arbeit und Innovation – Perspektiven und Best Practices aus dem Bereich Personal und Organisation*, Haufe (2009), S. 5, 133–152, 187–210

Sommerlatte, T., Keuper, F. (Hrsg.), *Vertrauensbasierte Führung – Credo und Praxis*, Springer Gabler (2016), S. 7–21

Swoboda, M., *Innovational Leadership*, Springer Gabler, 1. Auflage, 2020, S. 61–69

van Lieshout, B., van der Waal, H.-J., Karsten, A., van Solingen, R., *Agile Transformation, Organisationen strukturell beschleunigen und beweglicher machen*, dpunkt (2021), S. 31–62

Veerkamp-Walz, A., *Fehlerkultur: Ängste wecken ist der falsche Weg*, VDMA Nachrichten 1/2018, S. 46–47

Wellnitz, J., *Die Arbeitskultur innovieren*, Human Resources Manager, 1/2016, S. 36–37

Zander, T., *Entscheidungsfähige Teams machen eine gesunde Organisation aus*, Arbeit und Arbeitsrecht (AuA), Heft 12/22, S. 42–43

Agiles Arbeiten

6

Vergiss nicht: Erfolg ist die Belohnung für schwere Arbeit.

Sophokles (496–406 v. Chr.)

Der Erfolg agiler Methoden hängt neben der Einhaltung von agilen Werten und Prinzipien sowie der Schaffung innovationsfreundlicher kultureller Rahmenbedingungen vor
allem von der möglichst flächendeckenden Einführung agiler Arbeitsmethoden und Vorgehensmodelle ab.

Scrum stellt durch seine einfache Struktur und die klar definierten Rollen eine der
bekanntesten agilen Arbeitsmethoden dar. Im Mittelpunkt von Scrum steht das selbstorganisierte Entwicklerteam, das ohne einen Projektleiter im klassischen Sinn auskommt
(Abb. 6.1).

Was die verstärkte Einbeziehung von Kunden und Partnern in die iterativ eingehenden
Vorgehensmodelle bei Ideenauswahl und prototypenunterstützter Entwicklung angeht,
setzt *Design Thinking* vorteilhafte Maßstäbe als die Kreativität in besonderem Maße för-
derndes und forderndes Vorgehensmodell im agilen Innovationsprozess.

6.1 Scrum: Sprinten im Gedränge

Am weitesten unter den agilen Arbeitsmethoden und Organisationsformen verbreitet ist
Scrum, ein Framework für agiles Projektmanagement, das aus dem Umfeld der Softwareentwicklung stammt und Ende der 1990er Jahre von Ken Schwaber erstmals beschrieben wurde.

Der Begriff *„Scrum"* bedeutet wörtlich „Gedränge". Er wird im Englischen vor allem
in der Sportart Rugby verwendet und bezeichnet dort das Drängeln beider Mannschaften,
die in Ballbesitz kommen wollen (Abb. 6.2).

© Springer Fachmedien Wiesbaden GmbH, ein Teil von Springer Nature 2025
M. Glück, *Agile Innovation,* https://doi.org/10.1007/978-3-658-46584-1_6

Abb. 6.1 Scrum steht für einen wesentlichen Methodenbaukasten agiler Produktentwicklung, der auf die Kraft selbstverantwortlich agierender Teams setzt und von einem Arbeiten in Sprints bestimmt wird, ebenso von kurzen täglichen Standup-Meetings

Abb. 6.2 Scrum steht im Rugby für ein Gedränge und Gerangel um den Ball bzw. den Ballbesitz, um den nächsten Spielzug und Punktgewinn erfolgreich einzuleiten (Quelle: skysports)

Bei Scrum als agile Produktentwicklungsmethode sollen die Beteiligten in ähnlicher Weise hart, aber fair um die beste Lösung eines Kundenproblems ringen. Hierbei startet man nicht mit einer haargenauen Liste der Anforderungen, sondern mit einer Art Grobkonzept. Details erarbeiten die Teams erst im Laufe des Projekts.

Scrum stellt nur wenige Regeln auf. Der Grundgedanke ist, dass die Entwicklung neuer Produkte oder Dienstleistungen in der Regel komplex und schwer zu planen ist. Auch sind nicht unbedingt alle Anforderungen und deshalb auch Lösungsmöglichkeiten von Beginn an klar.

Mithilfe von aufeinander aufbauenden Zwischenergebnissen lassen sich diese Probleme aber durch kleine, schlagkräftige selbstorganisierte Teams lösen. Diese sind verantwortlich für die Lieferung des Produkts, die technische Umsetzung, die Qualität des Gelieferten und die Einschätzung, was tatsächlich geliefert werden kann.

Eine gewisse Planung ist aber dennoch erforderlich, das sogenannte „*Product Backlog*", welches als Arbeitsvorrat im Gegensatz zum konventionellen Vorgehen aber kontinuierlich verfeinert und verbessert wird. Parallel dazu gibt es einen Detailplan, das Sprint Backlog, das jedoch nur für die nächste Arbeitsphase (den Sprint) erstellt wird.

Scrum kennt als Kerngruppe eines Projekts drei maßgebliche Rollen und Verantwortlichkeiten: Der Product Owner, der Scrum Master und das Team. Normalerweise umfasst ein Scrum-Team drei bis neun Entwickler. Bei größeren Projekten ist dann ein weitergehendes Framework hilfreich, das mehrere Teams koordiniert (Scaled Agile Frameworks).

Der *Scrum Master* ist die Führungskraft im agilen Innovationsprozess. Als Methodenfachmann soll er wie ein Schäferhund arbeiten. Er hält die Herde (das Team) zusammen und hält die Wölfe (Außenstehende) fern. Er sorgt dafür, dass der Entwicklungsprozess nicht auseinanderdriftet und grenzt das Scrum-Team gegenüber anderen Bereichen ab.

Zu den Außenstehenden gehören als weitere am Projekt Beteiligte zum Beispiel das Management, andere Kundenvertreter und Vertreter aus Marketing und Vertrieb. Das Management legt zwar Rahmenbedingungen fest, darf aber nicht direkt ins Projektgeschehen eingreifen.

Der Scrum Master trägt die Verantwortung für die Termintreue des selbstorganisierten Teams und hält den Kontakt zum Management (Abb. 6.3).

Der *Product Owner* ist der Produktverantwortliche und repräsentiert den Kunden als dessen Vertreter. Er entscheidet über die Anforderungen, die das System erfüllen soll. Ihm kommt die Aufgabe zu, Anforderungen zu definieren, zu priorisieren und auch zu tauschen. Er kümmert sich um das Produkt, erstellt die inhaltliche Produktvision und das priorisierte und geschätzte Product Backlog, die Liste der Funktionalitäten, die aktuell noch zu erarbeiten sind und das deterministisch-mechanistische Pflichtenheft ersetzen. Product Owner sind Visionäre und Entwickler. Andere Kundenvertreter, das Marketing und der Vertrieb dürfen ihre Wünsche nur indirekt über den Product Owner einbringen.

Ein Scrum-Projekt läuft in einem festen periodischen Zeittakt ab. Es wird in sogenannte *Sprints* unterteilt, auch Iterationen genannt, die eine feste Dauer haben. Üblich

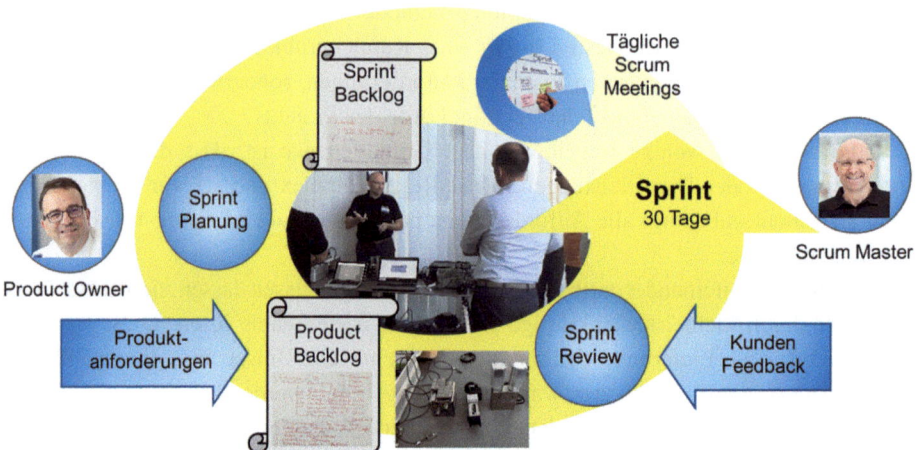

Abb. 6.3 Herzstück von Scrum spielen kurzyklische Iterationen (Sprints), tägliche Standup-Meetings im Laborumfeld sowie das Pflegen von Backlogs durch die agilen Teams. Die Koordination obliegt dem Scrum Master, die Pflege der Anforderungen dem Product Owner

sind dreißig Arbeitstage. Aber auch kürzere Perioden von zehn oder fünfzehn Arbeitstagen werden verwendet, in denen die Entwicklerteams ungestört arbeiten.

Zu Beginn des Entwicklungsvorhabens stellt der Product Owner alle seine Anforderungen im *Product Backlog* zusammen. Dieses muss am Anfang noch nicht vollständig sein, es kann im Verlauf des Projekts immer wieder geändert oder ergänzt werden. Der Product Owner versieht alle Anforderungen mit einer Priorität, in der er sie realisiert haben möchte.

Am Anfang eines Sprints wird die Sprintplanung durchgeführt. Dabei nehmen die Entwickler die Anforderungen mit der höchsten Priorität aus dem Product Backlog, analysieren sie grob und schätzen ab, wieviel sie davon im nächsten Sprint verwirklichen können. Dieser Teil des Product Backlog wird zum *Sprint Backlog*. Das Team verpflichtet sich mit einem formalen Commitment dazu, dieses vollständig zu realisieren. Am Ende des Sprints legt das Team das Sprintergebnis vor – ein Stück lauffähige, getestete und fertig dokumentierte Software oder ein neuer Prototyp, ein neues Funktionsmodell.

Entscheidend ist, dass das Projekt mit seinen Fortschritten und Problemen regelmäßig und fokussiert diskutiert wird. Es gibt – vergleichbar zum heute üblichen Shopfloor Management auf den Fluren und an den relevanten Stellen einer Fertigung – tägliche Kurztreffen, in denen in 15 bis 20 min das Wesentliche besprochen wird, um jedes Teammitglied auf den aktuellen Stand zu bringen und deutlich zu machen, wer sich im Anschluss ggf. noch gemeinsam abstimmen sollte, um bestimmte Problemlösungen zu forcieren. Dabei gibt es im Rahmen der Standup Meetings – den *Daily Scrums* – ein exklusives Rederecht, wobei der Moderator (Scrum Master) für einen konsequenten und

Abb. 6.4 Agile Teams visualisieren aktuelle Ziele und Arbeitsaufgaben im Rahmen ihrer täglichen Standup-Meetings. Neben einer Fortschrittsberichterstattung werden die nächsten Arbeitsschritte festgelegt, namentlich Verantwortlichkeiten festgelegt und für alle visualisiert

zügigen Ablauf sorgt. Alles wird dabei transparent, aber kurz und bündig dokumentiert (Abb. 6.4).

Ein wesentliches Merkmal von Scrum ist die klare Trennung von Verantwortlichen und allen Außenstehenden. Die Interaktion beider Gruppen erfolgt nach festgelegten Regeln. Diese ermöglichen den Entwicklern ein ungestörtes Arbeiten und kanalisieren Änderungswünsche der Außenstehenden. Sie ermöglichen gleichzeitig den Außenstehenden, Einfluss auf das Projekt zu nehmen, allerdings nur zu bestimmten Zeitpunkten. Daher kann der Produktverantwortliche innerhalb dieser Entwicklungszyklen keine Änderungen an den für diesen Zeitraum geplanten Anforderungen vornehmen, da dies das Entwicklerteam in seiner Arbeit stört.

Während eines Sprints wird der Product Owner seine Vorstellungen von der weiteren Entwicklung daher in den Arbeitsvorrat, den Product Backlog, aufnehmen und so für kommende Sprints vorzusehen.

Üblicherweise bilden fünf Sprints eine Sequenz. Alle Teilnehmer planen gemeinsam den Inhalt des kommenden Projektabschnitts. Die Idee, Teams zu synchronisieren und ihre Zusammenarbeit gemeinsam zu planen, soll die Transparenz fördern und Abhängigkeiten frühzeitig identifizieren. Das erhöht die Effizienz und verbessert die Zusammenarbeit.

Scrum ist auch eine Art Mindset, eine Art zu denken, ständig zu hinterfragen und zu optimieren. Am Ende eines Sprints steht daher immer ein Review, anschließend eine Retrospektive, um zu hinterfragen, was im Sprint gut lief und was man – auch an der Methodik – verbessern muss.

Scrum wird iterativ, schrittweise in bestimmten Arbeitsabschnitten und immer in enger Abstimmung mit dem Kunden entwickelt. Zwischenergebnisse der Entwicklung müssen in gewissen Abständen zum Beispiel zum Test an den Kunden geliefert werden.

Bei Softwareentwicklungen sind dies in der Regel lauffähige Programme und Module. In Entwicklungsprojekten eher Prototypen, Funktionsmuster und vorläufige Produkte, die sogenannten Minimum Viable Products (MVP) als Funktionsprototypen. Dadurch wird eine extrem vorteilhafte Kundenzentrierung zu einem frühen Zeitpunkt der Entwicklung eines Produkts oder einer Dienstleistung erzielt.

Die Gesamtaufgabe wird dabei nicht weniger komplex, nur überschaubarer. Der Kunde bekommt ein besseres Produkt, kann direkter auf die weiteren Entwicklungsschritte Einfluss nehmen und ein hochmotiviertes Team kann effizient Aufgaben übernehmen und ungestört Probleme lösen. Die Zielannäherung erfolgt fokussierter und besser an das tatsächliche Kundeninteresse angepasst. Aber darauf kommt es schließlich an.

Scrum ist verhältnismäßig einfach zu lernen und lässt sich schnell einsetzen. Somit kann Scrum häufig den ersten Schritt darstellen, um Entwicklungsprojekte agil zu machen. Darüber hinaus definiert Scrum klare Rollen und einen gut strukturierten, aber dennoch flexiblen Entwicklungsprozess.

Bei aller Klarheit bleibt stets die Möglichkeit erhalten, Besonderheiten und Erfahrungen des eigenen Projektes zu berücksichtigen und sich so seinen individuellen Scrum-Prozess zu erarbeiten, denn nicht jede Entwicklungsaufgabe ist für Scrum in Reinkultur geeignet, sodass nach wie vor eine Managementaufgabe darin besteht, über die Leitplankensetzung festzulegen, welche Methoden am besten angewandt werden sollen.

6.2   Vorteile und Schattenseiten von Scrum

Scrum ist eine dynamische Methodik, welche gut auf Situationen mit strikten Abgabefristen anwendbar ist. Sie ist besonders nützlich im Bereich der technischen Softwareentwicklung, wo sie einem Team ermöglicht, seine Ziele in Sprints zu managen. Aber auch für Innovationsvorhaben und frühe Phasen der Produktentwicklung ist Scrum sehr gut geeignet.

Auch wenn es für manchen Projekt- und Abteilungsleiter und die üblichen Linienverantwortlichen im Unternehmen schwer ist, das Risiko der Selbstorganisation zuzulassen, zeigt sich, dass es richtig ist. Das agile Arbeiten in selbstorganisierten Teams führt nachweislich zu deutlichen Vorteilen. Sie sind wesentlich effektiver, zeitlich abgestimmter und fokussierter unterwegs und finden im Allgemeinen schneller bessere Lösungen für den Kunden.

Gegenüber der konventionellen Projektabwicklung, die den Projektleiter stark belastet, wird dieser beim Arbeiten in einem agilen Team erheblich entlastet. Über Ziele, Risiken und die Produktvision wird offen gesprochen, sodass jeder im Team über den gleichen, aktuellen Wissensstand verfügt. Damit können auch alle Mitglieder jede Tätigkeit übernehmen, die Projektlast und sonstige Dinge wie Krankheit und Urlaub selbstständig ausgleichen und trotzdem terminsicher die vereinbarten Inhalte liefern.

Eine andere Dimension des agilen Entwickelns kommt dem Innovationsgeschehen besonders zu Gute, da hier mehrere sehr unterschiedliche Fachbereiche eng miteinander zusammenarbeiten. Insbesondere wenn die Komplexität des Produkts eine sehr enge Zusammenarbeit unterschiedlicher Experten erfordert und neue Funktionalitäten oder ganz neue Technologien zu integrieren sind.

Interessante, äußerst wirksame Nebeneffekte der intensiven und direkten Teamkommunikation in agilen Innovationsprozessen sind, dass die vielen Beteiligten sich auch auf den Fluren im Unternehmen besser kennen. Plötzlich gibt es nicht mehr nur viele anonyme Menschen, die im gleichen Gebäude arbeiten, sondern verschiedene Teams, die aus Leuten bestehen, die man kennt und mit denen man sich unterhalten kann. Die Teams beginnen, sich auszutauschen und weitere Probleme direkt zu lösen, Konflikte und Reibungsverluste abzubauen.

Scrum in ein bestehendes Team zu implementieren ist allerdings nicht ganz so einfach, wie es klingen mag. Die neuen Vorgehensweisen können nicht einfach übergestülpt werden, denn die neuen Arbeitsformen setzen auch eine besondere Denkweise voraus, mit der viele Mitarbeitende und Führende häufig zunächst überfordert sind. Und es macht zuerst einmal mehr Arbeit. Am besten führt man daher den Wechsel in kleinen Schritten durch, um jeden Kollegen in seinem Tempo abzuholen. Hierbei beobachtet man meistens eine hohe Motivation, selbst wenn es nicht jedem leichtfällt, die neuen Herangehensweisen sofort zu verinnerlichen.

Methodische Versäumnisse führen häufig zu Defiziten, die wiederum zeitliche Verzögerungen, Verwirrungen und Fehler zur Folge haben. Zu den typischen Gründen für diese Mängel gehören die Missachtung bestimmter Prinzipien von Scrum, unter anderem eine Überfrachtung der Sprintphasen, die schnell zu mehr Quantität statt Qualität führt, die Veränderung der Ziele und Prioritäten während eines Sprints oder Missverständnisse in Bezug auf die Rollen und Aufgaben innerhalb des agilen Teams.

Insbesondere wenn Führende es versäumen, Verantwortung abzugeben oder umgekehrt, wenn das Team seine Verantwortung für die Implementierung und die Qualität des Endprodukts nicht wirklich aufnimmt und stattdessen wie bisher die Koordination durch einen Vorgesetzten erwartet, kann es zu Problemen kommen. Diese können aber für gewöhnlich durch adäquate Führungshinweise überwunden werden.

Bei den Sprints sollten Sie unbedingt daran denken, dass Teams nicht dauerhaft erfolgreich sind, wenn sie einen Marathon nach dem anderen laufen und immer versuchen, permanent im Sprinttempo zu rennen. Dadurch verheizen und verbrennen sich die Teams und Organisationen, denn Menschen benötigen auch Ruhepausen. Auch im Kopf. Und sie benötigen Zeiträume, um auch mal stolz auf das Erreichte und das

Geleistete zurückblicken zu dürfen. Gönnen Sie sich und Ihrem Team Zeiten zur Erholung, eine Phase der Reflexion und Zeremonien der wertschätzenden Anerkennung.

6.3   Zwei Innovationswelten: Zyklische Iteration versus Wasserfall

Flexible, iterativ vorangehende agile Problemlösungsprozesse stehen im Widerspruch zu klassischen Phasenkonzepten der Produkt- und Serienentwicklung. Ein iteratives, in seiner Gesamtheit nur vage geplantes Vorgehen ist im klassischen Stage-Gate-Prozess – dem Wasserfall – nicht vorgesehen.

Die klassischen und die agilen Methoden unterscheiden sich im Wesentlichen darin, wie sie die Zielgrößen des Projektmanagements erreichen. Zu diesen Zielgrößen zählen Qualität, Termine und Kosten. Eine weitere Zielgröße, nämlich der Funktionsumfang, wird im Allgemeinen bei den klassischen Phasenkonzepten nicht als variabel angesehen.

Im Idealfall werden alle Zielgrößen vollständig erfüllt. In der Wirklichkeit treten jedoch oft Engpässe auf. Es müssen Kompromisse eingegangen und auf die komplette Erfüllung einzelner Zielgrößen verzichtet werden. Oft sieht das dann bei der Anwendung klassischer Methoden so aus, dass an der Qualität, der Termintreue und am Gewinn gespart wird und die reduzierte Qualität im Nachhinein nachgebessert werden muss, was wieder zusätzliche Kosten verursacht und den Gewinn reduziert.

Bei den agilen Methoden sind die Qualität, die Termin- und Kosteneinhaltung „heilig". Wenn Abstriche gemacht werden müssen, erfolgen diese beim Funktionsumfang, um die anderen Zielgrößen nicht zu beeinträchtigen. Es wird immer termingerecht ein Zwischenergebnis, zum Beispiel eine Software, in vereinbarter Qualität und zu vereinbarten Kosten geliefert, nur hat diese eventuell einen etwas verringerten Funktionsumfang. Bei Scrum bestimmt der Auftraggeber über die Priorisierung des Product Backlog selbst, welche Funktionen zunächst nicht realisiert werden.

Den meisten Firmen bliebt meistens nichts anderes übrig, als die generell gegenläufigen Anforderungen der klassischen Serienproduktentwicklung mit Projektplanung und Meilensteinen und den neuen Entwicklungsformen der agilen Innovation mit iterativem Vorgehen bestmöglich auszutarieren. Im Kerngeschäft der Serienentwicklung nutzen viele typischerweise und sicherlich auch weiterhin ein Wasserfallmodell, um die hohen Anforderungen an die Serienproduktqualität und an die Produktfreigaben auch künftig verlässlich zu erfüllen. Während die Innovationsarbeit viel Freiraum und Risikofreude benötigt, wird im Kerngeschäft deutlich mehr auf Investitionssicherheit, inkrementelle Optimierung und stringente Prozessorientierung geachtet. Das Kerngeschäft ist -ROI- und effizienzorientiert, während der Innovationsraum auf schnelles Lernen und Anpassen fokussiert. Das passt nicht ohne weiteres zusammen.

Eine Möglichkeit zur Auflösung dieses Interessenskonflikts ist eine zumindest anfängliche Parallelisierung der unterschiedlichen Vorgehensmodelle bei radikalen und inkrementellen Innovationen. Auf diese Weise würden beide Disziplinen von einem idealen Vortrieb in ihren Projekten profitieren, denn das Wasserfallmodell bremst mit seiner langwierigen Analysephase und seinem streng sequentiellen Vorgehen und der beständigen Pflicht zur Erfüllung der Vorgaben der Quality Gates Innovationen aus. Jahre vergehen bis die anfängliche Idee umgesetzt wird. Währenddessen haben sich die Kundenbedürfnisse in aller Regel verändert.

Ein Lösungsansatz ist eine Zweigleisigkeit (Ambidextrie) und damit die Implementierung einer hybriden Entwicklungsmethodik, bestehend aus Elementen der agilen Methode Scrum und des traditionellen Wasserfall-Modells. Damit wären die Entwicklerteams in der Lage, die jeweils für sie am besten passende Entwicklungsmethode zu verwenden und je nach Anforderungen des aktuellen Projekts und seines Fortschritts sich flexibel anzupassen.

Um es aber klar zu sagen, der Strategieansatz der Ambidextrie ist kein einfacher. Ein Weg, separate Vorentwicklungsbereiche oder agil agierende Corporate Startups einzusetzen, birgt nicht nur die Herausforderung, zwei komplett getrennte Welten aufzubauen und diese in ihrer Kultur und Arbeitsweise unterschiedlich auszurichten, sondern auch die große Aufgabe, beide Entwicklungsstränge zusammenzuhalten und die Ergebnisse wieder zusammenführen.

Zwei Welten sind zu lenken, in der die eine Gruppe von Menschen das Kerngeschäft bedient und die andere über Innovationen nachdenkt, daraus erwächst unbestritten eine große Gefahr, dass sich eine Zwei-Klassen-Gesellschaft im Unternehmen und vor allem in den Entwicklungsabteilungen bildet, die bei allen Vorzügen für die Innovationsarbeit nur schwer zu beherrschen ist. Man kann sich vorstellen, wie schwierig es ist, eine Innovation in das Kerngeschäft zu überführen und das typische *„Not invented here"* zu überwinden. Das ist wie eine Art Glaubenskrieg, vor allem dann, wenn Mitarbeitende den Eindruck gewinnen, dass einer der beiden Entwicklungsbereiche eine größere Wertschätzung und Anerkennung des Managements erfährt und man dort bessere Entwicklungsperspektiven hat als im traditionellen Kerngeschäft.

Zweifellos aber besitzt die agile Innovation gegenüber klassischen Methoden beim Erschließen neuer Anwendungsfelder entscheidende Vorteile, die es zu nutzen gilt. Im Gegensatz zum linearen Wasserfall-Modell entsteht bei fortschreitender Entwicklung eben kein ungetestetes Produkt, mit dem gleichzeitig das Risiko einer mangelnden Kundenakzeptanz erwächst.

Dem wirkt die agile Entwicklung wirkungsvoll entgegenwirken, denn im Rahmen der agilen Vorgehensweisen werden Produkte in kleinen Schritten geplant, entwickelt und getestet und dieser Prozess zyklisch wiederholt. Dadurch können Fehler früh entdeckt und behoben werden, während gleichzeitig Zielsetzung und Kundenanforderungen immer wieder aufs Neue reflektiert und das jeweilige Produkt bei Bedarf flexibel angepasst werden kann. Und dieses vorteilhafte Denken kann man auch bei einer Annäherung an den Wasserfall-Ansatz beibehalten!

6.4   Design Thinking: Weiterer Schlüssel zu agiler Innovation

Agile Entwicklungsmethoden oder Denkgerüste wie Design Thinking sind wichtige Werkzeuge zur Erzielung einer höheren Innovationsfähigkeit. Im Wesentlichen unterscheidet sich Design Thinking dabei von anderen Methoden der Innovationsarbeit durch den Ansatz, die Kunden intensiv direkt zu beobachten und sie nicht nur zu befragen. So binden Unternehmen ihre Kunden sehr frühzeitig und intensiv in die Produktentwicklung mit ein und arbeiten gemeinsam an iterativ entwickelten Prototypen. Aber was verbirgt sich noch hinter Design Thinking?

Design Thinking ist ein weiterer agiler Ansatz, der hilft, komplexe Probleme mit vielen unbekannten Variablen in dynamischen Kontexten zu lösen. Oft wissen wir nämlich nicht, ob und wie ein Produkt bei unseren Kunden einsetzbar ist und wodurch es akzeptiert wird. Dafür benötigen wir neue Ansätze wie das Design Thinking, um die Interdisziplinarität und Komplexität solcher Entwicklungen kontrollierbar zu machen und in sinnvolle Produkte zu übersetzen.

Der Ansatz, der ursprünglich aus dem klassischen Problemlösungsprozess von Designern stammt, hat sich seit etwa fünfzehn Jahren im Silicon Valley und zehn Jahren auch in Europa zunehmend Gehör verschafft. Zahlreiche Unternehmen haben Mitarbeiter geschult, Kreativräume eingerichtet und erfolgreich erste Schritte in agilen und interdisziplinären Projekten unternommen. Ziel ist es, künftig durch eine *menschzentrierte Entwicklung* die Entwicklungsarbeit mehr und besser an den Kunden und Endnutzern auszurichten beziehungsweise deren Bedürfnisse in den Mittelpunkt der Designprozesse zu rücken.

Zu den Kernelementen des Design Thinking zählt, sich stark am Nutzer zu orientieren, in kurzen Sprints zu entwickeln und in Feedback-Schleifen iterativ zu lernen. Das agile Vorgehen erleichtert es dabei, entsprechende Prioritäten zu setzen, Aufwände abzuschätzen sowie flexibel und schnell erste Maßnahmen als Experimente in Form von sogenannten Minimum Viable Products (MVP), einer minimal machbaren Lösungsidee, umzusetzen. Dabei ist es ein großer Vorteil, in Sprints mit häufigen Feedback-Schleifen zu arbeiten. Das macht es leichter, auf das Feedback vom Kunden oder Impulse von außen zu reagieren. Ziel von Design Thinking ist es, bei der Verfeinerung einer Produktidee Technologie, Wirtschaftlichkeit und Kundenbedürfnisse gleichermaßen in den Fokus seiner Überlegungen zu rücken, und damit alle wichtigen Dimensionen eines erfolgreichen Produkts zu berücksichtigen. Zentraler Erfolgsfaktor ist das Aufgeben klassischer Denkmuster und ein Sich-Hineinversetzen in die konkreten Bedürfnisse der Beteiligten, allen voran der Lösungsanwender, denen man als fiktive Personas sogar ein möglichst korrektes Profil und Gesicht gibt und ganz intensiv bei der Ideengewinnung sowie bei der Funktionsbeschreibung auf Kreativtechniken zurückgreift.

Design Thinking als Innovationsansatz zielt darauf ab, die Menschen mit ihren spezifischen Bedürfnissen konsequent in den Mittelpunkt zu stellen und mithilfe einer strukturierten Herangehensweise erfolgreich Ideen zu generieren. Wie erfolgreich eine Idee am Markt sein wird, hängt im Wesentlichen von der Relevanz und Akzeptanz aus Sicht des Endnutzers ab. Dabei zählt ein frühzeitiger Erkenntnisgewinn vor umgesetzter Perfektion. In manchen Fällen gehen die Produktmanager sogar nur mit einer Zeichnung der angedachten Lösung zum Kunden, um Feedback zu erhalten. Ein klassischer Ingenieur hingegen würde eine umfassende Lösung anstreben und erste Testmessungen abwarten, bevor er den Kunden aufsucht. Vor allem die radikale Nutzerorientierung steht im Gegensatz zu der noch immer traditionell in der Industrie verbreiteten Haltung, die voraussetzt, dass die Entwickler wissen, was die Kunden brauchen.

Design Thinking ist deshalb so beliebt, weil die Entwickler neuer Produkte und Dienstleistungen oft relativ weit weg vom Endverbraucher sind. Letztlich geht es nur darum, zu sagen: Denk das doch mal vom Kunden her. Verpackt wird diese Botschaft in allerlei spielerische Elemente, mit denen man die Kundensicht einfließen lassen will. Umso mehr sollten Sie bei allen Innovationsprozessen auch über jeden Schritt, den Ihr Kunde machen könnte, nachdenken. Bei jedem Service sowie bei jeder Inbetriebnahme und Bedienung eines Produkts gibt es eine bestimmte Anzahl Schritte, die der Kunde befolgen muss. Kontinuierliches Feedback von Nutzern und Kunden ist bei der agilen Innovation mehr als willkommen. Denkfehler, die frühzeitig auftreten, können zu wichtigen Korrekturen des Anforderungsprofils führen.

Beim Design Thinking geht es im ersten Schritt weniger um die Suche nach der richtigen Lösung als vielmehr um die zielgenaue Identifikation des eigentlichen Problems. Andere sprechen auch von einer neuen Denkweise, die sich von technischen Ansätzen, ein Problem zu lösen, abhebt. Weiter geht es darum, die Dinge greifbar zu machen und das praktische Erfassen als entscheidendes Merkmal zu berücksichtigen. Dies fördert sowohl die Kommunikation unter den Menschen als zwischen Menschen und den sie umgebenden Dingen.

Agile Innovation beginnt daher stets mit der Frage, wann eine Lösung für eine bestimmte Personengruppe attraktiv ist. Erst im Anschluss folgt die betriebswirtschaftliche und technologische Betrachtung. So besteht die Lösungssuche grundsätzlich aus zwei Handlungssträngen. Im ersten Ansatz werden die Probleme und Bedürfnisse der jeweiligen Zielgruppe analysiert. Dabei stehen die Teilnehmer vor der Herausforderung, die Menschen und deren Wahrnehmungen, Denkweisen und Empfindungen zu verstehen. Man spricht auch von Empathie als Kernmerkmal.

Daran anschließend werden auf Grundlage der im ersten Schritt gewonnenen Erkenntnisse Ideen generiert, die dann in Form eines Prototyps umgesetzt und im Idealfall vom Nutzer selbst evaluiert werden können. Daraus ergeben sich wertvolle Rückkopplungsinformationen, bis dann ein Prototyp entstanden ist, der sich an den Bedürfnissen des Nutzers orientiert und zumindest teilweise auch auf seine Realisierbarkeit hin bereits überprüft worden ist. Hierbei wird ganz besonders der iterative Charakter dieses Innovationsprozesses deutlich. Ganz nach dem Motto: „Der Wurm muss dem Fisch schmecken, nicht dem Angler."

Die Herangehensweise setzt eine Veränderungsbereitschaft der Teilnehmer voraus, nachdem in unserer alltäglichen Umgebung Denkmuster vorherrschen, die durch lösungsorientierte Vorgehensweisen geprägt sind. Design Thinking verkörpert mit seinem nutzen- und problemorientierten Ansatz dagegen eine andere Art des Denkens und Vorgehens, in dem Betroffene zu aktiven Beteiligten werden und so am Prozess der Problemlösung unmittelbar mitwirken.

Wichtig ist die Bildung multidisziplinärer Teams, die Schaffung geeigneter Rahmenbedingungen und die konsequente Umsetzung des iterativen Feedback-Prozesses. Teamgrößen von vier bis sechs Personen sind ideal. Ein Projektteam funktioniert am besten, wenn Experten mit unterschiedlichen Fähigkeiten und Erfahrungshintergründen zusammenkommen, da sie unterschiedlichste Blickwinkel einbringen. Dahinter verbirgt sich ein sehr großes, oftmals zu Beginn unterschätztes Potenzial.

Um kreative Prozesse in Gang setzen zu können, ist es hilfreich, die alltäglichen Strukturen aufzubrechen und neue Umgebungen zu schaffen, die sich als besonders innovationsfördernd auszeichnen. Ideal sind Pinwände, Schreibtafeln, Stehtische und Arbeitsflächen sowie mobile Trennwände, die eine möglichst große Einsatzflexibilität aufweisen und situationsgerecht auf die Wünsche und Bedürfnisse der Teilnehmer ausgerichtet werden können.

Wichtig ist es, das Arbeiten im Team und nicht die Leistung des Einzelnen zu fördern. Mit einem Verzicht auf Stühle kann man bewusst die Besprechungszimmeratmosphäre und damit unweigerlich einhergehende Konventionen aufbrechen. Dies sorgt für eine völlig neue Arbeitsatmosphäre.

Gleichzeitig ist für den Erfolg von Design Thinking eine gewisse Systematik nötig, die in Form eines klar strukturierten, in sechs Phasen untergliederten Prozessablaufs deutlich wird (vgl. Abb. 6.5). Diese Prozessschritte sind: Verstehen, Beobachten, Standpunkt festlegen, Ideen finden, Prototyp entwickeln, Testen. Sie sollten iterativ miteinander verbunden sein und in ihrer Reihenfolge unbedingt eingehalten werden. Der Begriff Iteration bedeutet in diesem Zusammenhang die wiederholte Bearbeitung und

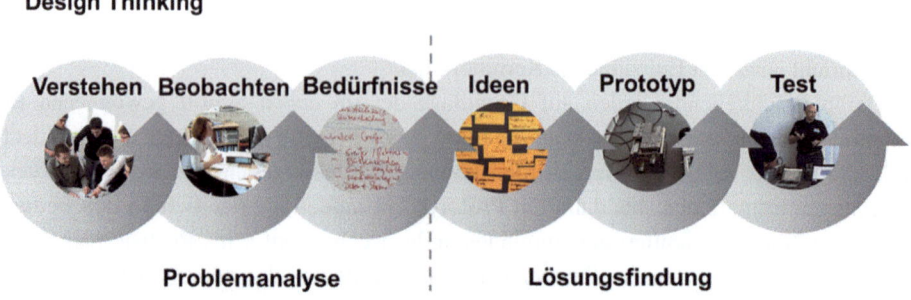

Abb. 6.5 Zentrale Elemente des in Zyklen untergliederten, iterativen Design Thinking Prozesses im Überblick. Wichtig ist dabei, zunächst die Problemanalyse vorzunehmen, die Endanwender und ihr Verhalten personenbezogen zu ergründen, um dann in die Lösungsfindung einzusteigen und hier besonderen Wert auf das kreative Sammeln von Ideen, das schnelle Ausprobieren von Prototypen und den frühzeitigen Test der Kundenakzeptanz vorzunehmen

Reflexion bestimmter Prozessschritte auf der Basis neu gewonnener Erkenntnisse und das evtl. erforderliche Zurückspringen auf vorige Phasen.

In der ersten Phase des Verstehens steht das Finden der richtigen Frage, die Formulierung der Design Challenge im Vordergrund. Wichtig ist es, das Problemfeld sorgfältig zu analysieren und ein gemeinsames Verständnis für die Ausgangslage zu entwickeln, um darauf basierend eine durchdachte, möglichst exakte Aufgabenbeschreibung vorzunehmen. Leitfragen an dieser Stelle: Was sind die vorhandenen Lösungen und warum sind sie nicht ausreichend? Wie sehen Schwächen und Kritikpunkte aus und weshalb gibt es noch keine adäquaten Lösungen?

In dieser Phase muss die Unvoreingenommenheit der Teilnehmer sichergestellt sein. Vorgedachte Lösungen, Spekulationen und Hypothesen sollten zu diesem Zeitpunkt nicht kommuniziert werden. Es geht darum, das Problem greifbar zu machen. Dann erst kann die Forschungsphase beginnen.

Impulsvorträge sind eine sehr gute Möglichkeit, Workshops mit Leitplanken und Inspirationshinweisen zu versehen. Hierbei ist es wichtig, dass ein Vortrag nicht zu spezifisch ist, gleichzeitig aber auf das zu bearbeitende Thema prägnant einstimmt. Lösungen sollten an dieser Stelle auf keinen Fall eine Rolle spielen, da ansonsten die Gefahr zu groß wäre, sich zu schnell in den Lösungsraum vorzubewegen und frühzeitig Festlegungen zu treffen. Vor allem sollte man sich in dieser Phase keine Gedanken über die endgültige Form des Produkts machen.

In der zweiten Phase des Beobachtens kommt es zu Beginn darauf an, eine Definition der Zielgruppe vorzunehmen, um die potenziellen Kunden mit ihren Einstellungen und Bedürfnissen besser zu verstehen. Eine Möglichkeit hierzu ist der direkte Austausch mit der Zielgruppe, zum Beispiel das unmittelbare Gespräch mit Kunden oder Interessierten im Rahmen eines Werkstattgesprächs, in dem sich alle Teilnehmer im vertrauten Umfeld persönlich kennenlernen und zu einem spezifischen Thema austauschen.

Ziel dieser Phase ist es, den potenziellen Kunden in seinem persönlichen Verhalten, in seinen Grundeinstellungen, seiner Beurteilungsweise und in seinem Entscheidungsverhalten bestmöglich zu verstehen. Im Idealfall führt man zu zweit oder in Kleingruppen Werkstattgespräche. Wichtig ist das Beobachten der Gestik seiner Gesprächspartner und natürlich das gute Zuhören auf Ihre offenen Fragen. Wichtig ist es, Überraschungen in den Antworten zu identifizieren und diese gezielt zu ergründen.

In der dritten Phase kommt es darauf an, die Vielzahl an Informationen zusammenzutragen, zu strukturieren und zu gewichten. Wichtig ist es dabei, dass alle im Austauschprozess Beteiligten ihre Erfahrungen austauschen. Ziel ist es, eine gemeinsame Wissensbasis herzustellen, um daraus einen Standpunkt abzuleiten. Ganz wichtig ist es auch, die Überraschungsmomente aus der zweiten Phase aufzugreifen. Leitfrage: Was hat bei den Interviews einen überrascht, erstaunt, erschreckt oder auch nachdenklich gemacht?

Die Herleitung eines repräsentativen Standpunkts zählt zu den herausforderndsten Teilaufgaben im Design Thinking Prozess, da hierbei die wesentlichen Informationen und die relevanten Bedürfnisse aus dem gesamten Feedback herausgefiltert werden müssen.

Als sehr hilfreich hat es sich erwiesen, den Nutzern als fiktive Personen – als *„Persona"* – ein Gesicht zu geben. Hierbei wird ein kleiner, aber äußerst bedeutsamer Steckbrief der Zielgruppe als visuelle Darstellung mit einem charakterisierenden Persönlichkeitsprofil erstellt. Dieses trägt in besonderer Weise zum besseren Verständnis der Problemstellung aus Nutzersicht bei. Eine Persona kann das Verhalten und die Emotionen von Kunden oder Mitarbeitern authentisch repräsentieren, was das Design Thinking und das sich Hineinversetzen in die Rolle des Kunden erheblich erleichtert.

Ein weiteres wichtiges Hilfsmittel, um den richtigen Blickwinkel auf ein Problem zu finden, stellt die Anfertigung einer Kundenreise – einer *„Customer Journey"* – dar. Auch sie zählt zu den wertvollen Werkzeugen einer nutzerorientierten Problembeschreibung und Visualisierung.

Eine Kundenreise visualisiert eine Aneinanderreihung der wichtigsten Kontaktpunkte und Interaktionen – häufig auch *„Touchpoints"* genannt – zwischen Kunde und Dienstleister. Ihrer anschaulichen grafischen Visualisierung sind dabei keine Grenzen gesetzt. Manche Kundenreisen erinnern in ihrer Darstellung sogar an Comics oder Kurzfilme bzw. Kurzgeschichten. Relativ einfach kann man auch mit *„Swimlanes"* – den Schwimmbahnen im Hallenbad nachempfunden – einen Prozess und die handelnden Akteure inklusive Schnittstellen zu visualisieren. Ergebnis dieser dritten Phase ist eine möglichst exakte Beschreibung der Kundenerfahrungen – der *„Customer Experience"* – der Ausgangsfrage aus der Sicht des Kunden, gezielt erweitert um die vom Kunden geäußerten Kritikpunkte – die *„Painpoints"*. Gelingt es, diesen Standpunkt des Kunden zu treffen und in das agile Team zu projizieren, kann dieses eine neue und für den Vermarktungserfolg relevante Außenperspektive einnehmen.

Eine gut aufbereitete Recherche und deren gelungene Auswertung kann sehr zeitintensiv sein. Sie markiert den Abschnitt der Problemanalyse und ist für den Erfolg der nun folgenden Lösungsfindung von zentraler Bedeutung.

Die Lösungsfindung startet mit der Ideenfindung. Aufgabenstellung in dieser Phase des Design Thinking Prozesses ist es, in relativ kurzer Zeit eine Vielzahl von Ideen zu produzieren, daraus mehrere Lösungsansätze zu entwickeln und diese im Anschluss zu clustern, um als Ergebnis eine beherrschbare Anzahl an potenzialträchtigen Leitideen zu identifizieren. Zum Einsatz kommen Kreativwerkzeuge, wobei es zu Beginn der Ideenfindung mehr um Masse anstatt Klasse geht.

Üblicherweise wird zu Beginn der Ideenfindung aufgrund ihrer allgemeinen Verbreitung die Brainstorming-Methode verwendet. Bewusst werden die gesammelten Ideen nicht gewertet und zu größtmöglicher Offenheit ermuntert. Ideenkiller werden verurteilt.

Alle Teilnehmer an Ideenrunden müssen ihre Hinweise unvoreingenommen und hierarchieunabhängig aufnehmen und respektieren. Gleichwohl ist das Ergebnis der Ideenfindung stark davon abhängig, inwieweit die vorherigen Phasen der Problembeschreibung mit der notwendigen Ernsthaftigkeit und Tiefe angegangen wurden.

Grundsätzlich sind beim Design Thinking in dieser Kreativphase der Methodenauswahl und den Moderierenden keine Grenzen gesetzt. Je nach Teamgröße, Reifegrad der

Teilnehmer und Fortschritt des Diskussionsprozess eignen sich weitere Kreativtechniken, wie sie explizit in Kap. 8 und im Anhang IV vorgestellt werden.

Auch die Gesprächsformate sind flexibel. Sie reichen von Innovationsworkshops mit Schwerpunktthemensetzung bis zu Werkstattgesprächen und Feedbackrunden mit Mitgliedern des Außendiensts und der Fachbereiche, die im unmittelbaren Kundenkontakt stehen.

Nach der Ideenfindung müssen die geeignetsten Vorschläge ausgewählt werden, die dann weiterverfolgt werden. Dazu bilden die Teilnehmer Themencluster, in denen die Ideen sinnvoll zusammengefasst und einer weiteren Betrachtung zugeführt werden. Diese Vertiefung kann in Folgeterminen auf Arbeitsebene erfolgen und sollte zu einem Ideen-Pitch mit abschließender Vorauswahl zusammengeführt werden. Hilfreich ist hierbei ein Schnellbewertungsverfahren anhand einer überschaubaren Kriterienanzahl, wie es beispielhaft in Anhang II aufgenommen ist und in Abschn. 7.2. zusätzlich besprochen wird.

In der fünften Phase des Design Thinking Prozesses steht die Entwicklung einfacher Prototypen durch ein agil organisiertes Innovationsteam im Fokus der Themenbearbeitung. Ziel dieser Projektphase ist es, die im Zuge der Problemanalyse ermittelte Leitidee in Form von einfachen Funktionsprototypen, ersten graphischen Visualisierungen, Rollenspielen oder auch Videos weiter auszuarbeiten. Dabei kommen Hilfsmittel unterschiedlichster Art zur Anwendung, auch Provisorien aus Holz, Pappe, Skizzen oder Playmobil-Figuren.

Bewusst wird auf ein spielerisches Element gesetzt, das kreative Überlegungen freisetzt und zu neuen Gedankengängen führt. Prototypen müssen nicht perfekt und auch nicht teuer sein. Es dürfen wild verkabelte Schaltungen sein, angeklebte Sensoren und alles zusammengefügt auf einem Tisch, ohne Gehäuse, eingebaute Netzgeräte, mit einfachem Bedienfeld. Ziel ist ein frühzeitiger Erkenntnisgewinn und eine intensive Auseinandersetzung mit den Funktionen.

Eine häufig gemachte Erfahrung in diesem Zusammenhang ist, dass unvollständigen Prototypen eine höhere Beachtung entgegengebracht wird und sich daraus ein nützlicheres Feedback für das agile Innovationsteam ergibt. Das liegt daran, dass eine weniger aufwendige Arbeit leichter zu kritisieren ist und der Tester sein Augenmerk verstärkt auf die Funktion statt auf die Ästhetik und Perfektion des Aufbaus legt. Zusätzlich fällt es dem Team natürlich auch leichter, einen Prototyp schnell zu realisieren und für die Einholung von Feedback bereitzustellen sowie diesen im Zweifelsfall ebenso fundamental zu überdenken oder sogar ganz aufzugeben. Der Prototyp dient letztlich dem übergeordneten Ziel, die Stärken und Schwächen kennenzulernen, um daraus wichtige Erkenntnisse zur weiteren Entwicklung von Produkten, Dienstleistungen oder Geschäftsmodellen zu ziehen.

Um das Ziel einer möglichst unmittelbaren Einholung von Kundenhinweisen für die Stärken- und Schwächenanalyse und die mögliche Akzeptanz einer Innovationsidee schnell zu erreichen, muss die mögliche Lösung in Form eines Prototyps von potenziellen Nutzern getestet werden. Nur so können praxisnahe Erkenntnisse gewonnen werden. Vor allem das Feedback von außen ist der wertbildende Moment für alle Beteiligten der agilen Innovationsprojekte.

Die Erwartungen an die Prototypen sollten zu Beginn nicht zu hoch angesetzt werden, da in dieser Phase die Ideen mehrfach entwickelt, konkretisiert, validiert und verworfen werden. Durch eine derartige iterative Vorgehensweise steigt die Wahrscheinlichkeit einer erfolgreichen Testphase, denn der Prototyp sollte bis zu seiner Fertigstellung mehrere Iterationsschleifen durchlaufen.

Das Vor- und Zurückgehen entlang des Phasenmodells ist ebenso ein zentraler Wesenskern des Design Thinking Methodenansatzes. Herzstück dieser Vorgehensweise ist neben einem pragmatischen Vorangehen ein systematisches, iteratives Infragestellen und Optimieren, das durch erlaubte, geradezu gewünschte Rücksprünge auf alle vorangehenden Designphasen gekennzeichnet ist. Dabei sollten die Rücksprünge natürlich mit fortschreitender Teamarbeit geringer werden und zu einer Festigung des Innovationsvorhabens beitragen.

Weiter muss allen Beteiligten im agilen Innovationsprozess immer klar sein, dass es sich insbesondere bei der Herstellung von Prototypen um einen kreativen Prozess handelt, der die Möglichkeit des Lernens gezielt miteinschließt und ganz bewusst auch fehlerhaft sein darf.

Das frühe und häufige Scheitern ist ein wesentliches Merkmal agiler Innovation, um zu lernen, zu verbessern und ohne zeitraubende vorausgehende Planung am Ende qualitativ hochwertige Lösungen präsentieren zu können.

Nutzenbetrachtung: Ist Design Thinking nur ein vorübergehender Hype?
Design Thinking ist derzeit in aller Munde. Dies birgt das Risiko, als vorübergehender Hype kategorisiert und evtl. ganz abgelehnt zu werden. Für agile Innovatoren steht aber weniger der Begriff im Vordergrund, sondern das damit postulierte, pragmatische, eng kundenzentrierte Vorgehen und das Lernen aus früh eintretenden Fehlern und Fehlinterpretationen.

Es handelt sich um eine stark umsetzungsorientierte Methode, die sich gegen eine allzu umfängliche vorausgehende Planung im klassischen Wasserfallprozess wendet und überbordender Planung im Voraus eine klare Absage erteilt.

Design Thinking setzt auf ein möglichst schnell einholbares, erkenntnisreiches Feedback von potenziellen Nutzern und gleicht die vielfach vorherrschende Nichtbeachtung von Kundenaspekten sowie die häufig unzureichende Ergründung von Kundenbedürfnissen im Vor- und Verlauf von Innovationsvorhaben auf extrem vorteilhafte Weise aus.

Agile Innovation und Design Thinking eignen sich nicht für alle Entwicklungsvorhaben, insbesondere wenn sicherheitskritische Funktionen erschlossen oder Großserienprodukte entwickelt werden müssen. Hierbei fördert es als Methodengerüst das wohltuende Aufbrechen rein rationalistischer und analytischer Denkweisen, die innovationshemmend wirken, ohne dabei den Gesamtablauf der Serienproduktentwicklung ganz infrage zu stellen, sondern nur im Bemühen um eine höhere Umsetzungsgeschwindigkeit nutzenstiftend zu ergänzen.

Ziel der agilen Transformation in den Firmen muss es sein, Hilfsmittel zu nutzen, die den Erfolg einer markt-, kunden- und technologieorientierten Innovationskultur beflügeln und allen Prozessbeteiligten als Methodengerüst wertvolle Hilfestellung gibt. Das Ganze eingebettet in eine agile Innovationskultur, die schnelle Anpassungen an Märkte und Kunden ermöglicht und rationalistische Denkweisen nutzenstiftend um intuitive Denk- und Arbeitsweisen erweitert.

Der Erfolg von Design Thinking zeigt, wie groß das Defizit in der Kundenorientierung und des Lernens aus Fehlern bisher häufig im Innovations- und Produktentwicklungsprozess war. Allein dies rechtfertigt es, damit zu arbeiten. Man kann auch mit Design Thinking nicht automatisch über das Wasser laufen. Aber probieren sollte man es allemal!

6.5   Die Kraft der verdoppelten Herzen: Alle Macht agilen Teams!

In vielen Unternehmen setzt sich zunehmend die agile Organisation als neue Leitorientierung durch. In agilen Teams ist die kumulative Denkkapazität einfach viel größer als die einer einzelnen Person. Man kann daher auch eine qualitativ bessere und quantitativ umfangreichere Ideenausbeute und Innovationsaktivität erwarten. Jedes Teammitglied hat einen anderen Wissens- und Erfahrungshintergrund, den es einbringt. Es entwickelt häufig einen gewissen Ehrgeiz, weitere Ideen einzubringen; ein konstruktiver Wettbewerb entsteht.

Teams und Unternehmen sind umso wendiger und leistungsfähiger, je einfacher sie strukturiert sind und je weniger Kontroll- und Steuerungsinstanzen mit den entsprechenden Instrumenten sie am Start haben. Jeder zusätzliche und unnötige organisatorische Aufwand und jede weitere Schnittstelle erzeugt Abstimmungsaufwand, birgt Reibungsverluste und Konfliktpotenzial in der Wertschöpfung. Jede unnötige Kontrolle kostet Zeit.

Wendige, kleine und schlagkräftige Teams sind folglich die Wunderwaffe im Wettstreit um agile Innovation. Wenn sich dazu dann noch eine kreativitätsanregende Atmosphäre einstellt, die Teams das bewusste Visualisieren von Ideen und Erkenntnissen beherzigen, beflügelt dies die Innovationsaktivität und den Projektfortschritt ganz besonders. Gesteigert wird dies dann noch, wenn viele Gruppen und interdisziplinäre Teilnehmer sich im Rahmen der Projektarbeit austauschen und relevante Punkte in gelenkten Bahnen auch mal kontrovers diskutieren.

Mit der Einführung agiler Arbeitsweisen entstehen neue Chancen, um den Menschen in den Mittelpunkt der Arbeitswelt zu stellen. Zentraler Schlüssel dafür ist das Empowerment der Beschäftigten. Ohne Empowerment funktioniert Agilität nicht. Empowerment steht dabei für vom Management initiierte Maßnahmen, die die Autonomie und Mitbestimmungsmöglichkeiten von Mitarbeitern in ihren Teams erweitern.

Beginnen Sie nun aber mit der Bildung erster agiler Teams und besetzten Sie diese mit den besten Mitstreitern, die Sie haben, um für diese neue Arbeitsweise und Idee mit ersten schnellen Erfolgen schnell zu werben. Leistungsstarke Teams aufzubauen, ist nicht immer ein Zuckerschlecken und erfordert neben dem Leisten von Überzeugungsarbeit häufig auch diplomatisches Geschick, Souveränität beim Konfliktmanagement und vor allem Führung.

Bruce Tuckman hat vier typische Teamphasen identifiziert und diese zu seinem in der Managementliteratur viel berücksichtigten Phasenmodell des erfolgreichen Teamaufbaus zusammengefasst. Dieses unterscheidet vier Phasen der Teamentwicklung und des Teamverhaltens, die auch bei der agilen Transformation generell und bei der Installation agiler Teams zu Beginn eines Innovationsvorhabens relevant sind (Abb. 6.6).

- Phase 1: Orientierungsphase (Forming)
- Phase 2: Auseinandersetzungsphase (Storming)
- Phase 3: Aufbruchsphase (Norming)
- Phase 4: Produktionsphase (Performing)

Führende müssen zuallererst erkennen, in welcher Situation sich das jeweilige Team befindet und welche Kräfte von innen und von außen auf dieses Team einwirken. Denn das hat großen Einfluss auf die Art und Weise der Zusammenarbeit und der Teamsteuerung.

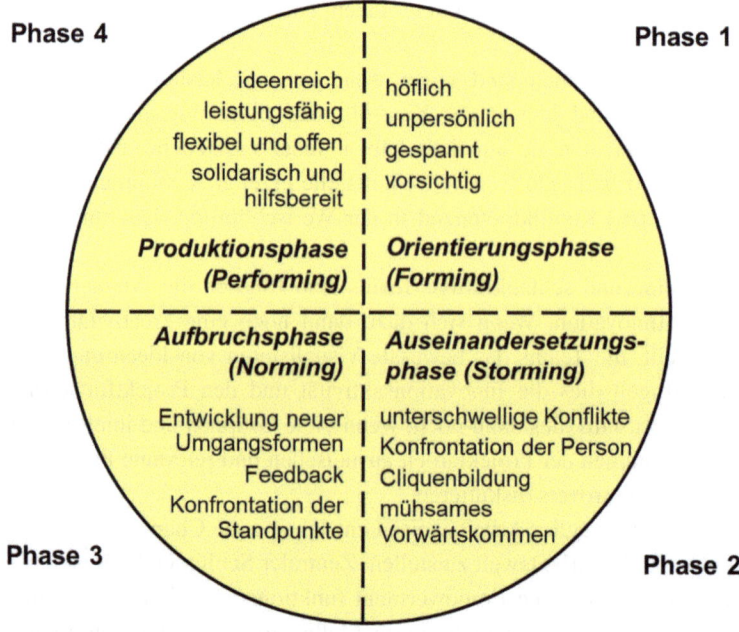

Abb. 6.6 Phasenmodell der Teambildung und phasentypisches Verhalten der Teammitglieder im Verlauf des Aufbaus

In der ersten Teamphase legen die Teammitglieder eher Zurückhaltung an den Tag. Sie sind abwartend, tasten sich noch unsicher ab, sie sind suchend und agieren vorsichtig. Dabei haben sie oft hohe Erwartungen an andere Personen, insbesondere an die Führungskraft.

Es gibt einen ausgeprägten Wunsch nach Hinweisen zur Richtung (Strategie und Ziele) sowie nach Klarheit, also möglichst viele Informationen zur Tätigkeit, zur internen Aufgabenverteilung und den Anforderungen, zu den einzelnen Rollen im Team und insbesondere zu den Erwartungen der Führungskraft an das Team und die einzelnen Teammitglieder.

In dieser Orientierungsphase haben alle Teammitglieder eine hohe Motivation, allerdings können die vorhandenen Stärken und Fähigkeiten der einzelnen Mitarbeiter noch nicht so gut in Produktivität und Ergebnisse umgemünzt werden.

Ein Team, das diese erste Phase der Orientierung durchlaufen hat, kommt in der Regel, aber nicht zwingend in die zweite Teamphase, die Auseinandersetzungsphase. Hier ist zu erkennen, dass deutlich mehr Reibung im Team entsteht. Es gibt Konkurrenzkämpfe um Einfluss, Macht und Positionen im Team. Die Kommunikation ist davon geprägt, dass eher hintenherum übereinander gesprochen wird, statt in den direkten Dialog zu treten. Außerdem gibt es oft gegenseitige Abwertungen. Es wird nach Schuldigen für entstandene Fehler gesucht und weniger nach Erkenntnissen und Lernmöglichkeiten aus dem Missgeschick. Es wächst das Misstrauen untereinander, dadurch entstehen viele Missverständnisse.

Durch das fehlende Vertrauen gibt es mehr oder weniger deutlich sichtbare, negative Reaktionen gegenüber der Führung und den Kollegen. Diese reichen von Gleichgültigkeit über „Dienst nach Vorschrift" bis hin zu offener Aggressivität, scharfen verbalen Angriffen und persönlichen Verletzungen. Ein weiteres Kennzeichen dieser Phase ist eine besondere Absicherungsmentalität der Teammitglieder. So kann man schon bei einem Blick auf die interne Mailgestaltung erkennen, dass viele Personen auf CC, teilweise auch auf BCC gesetzt werden, damit man selbst sagen kann: „Ich habe Euch informiert. Wenn Ihr das nicht lest, ist das nicht mein Problem!" In dieser Phase leiden das Team und jedes einzelne Teammitglied. Dadurch sackt die Motivation ab und das Team befindet sich in einem Tal der Tränen.

In der dritten Teamphase – der Aufbruchsphase – ist zu erkennen, dass die Gruppe als Einheit zusammenwächst. Der Umgang untereinander wird deutlich offener. Jeder ist bemüht, seine Aufgaben und seine Rolle ernst zu nehmen und sich lösungsorientiert einzubringen. Die Kommunikation erfolgt direkt, also miteinander anstatt übereinander. Es wächst das Vertrauen. Taten statt Worte beherrschen die Zusammenarbeit. Ehrliche Feedbacks, kollegiale Akzeptanz und Wertschätzung nehmen zu. Es ist die Phase mit der größten Dynamik. Die Eigeninitiative ist hoch und durch sichtbare Erfolge wächst das Selbstvertrauen der Teammitglieder.

In der vierten Teamphase – der Produktionsphase – zeigt das Team in echtes Wir-Gefühl. Leistungs- und Ergebnisorientierung stehen klar im Vordergrund. Dadurch entsteht auch ein hoher Output, und es gibt kaum Reibungsverluste. Auftauchende Problem werden zügig durch eine offene, wertschätzende, lösungs- und umsetzungsorientierte Kommunikation oder auf dem kleinen Dienstweg behoben, wobei die Teammitglieder ein hohes Maß an Selbstverantwortung an den Tag legen. Insgesamt ist ein gewisser Stolz zu spüren, dass man zu diesem Team dazugehört bzw. dazugehören darf. In dieser Phase ist das Team sehr erfolgreich, und es gilt als Herausforderung, dieses hohe Niveau zu halten.

Wie gilt es nun, diesen typischen Teamentwicklungsprozess von agiler Führungsseite aus zu begleiten?
In der Orientierungsphase geht es darum, dass Führende jedem Einzelnen, aber auch dem ganzen Team Orientierung geben. Der Fokus liegt auf Klarheit in der Kommunikation und Zieldefinition, wobei die verschiedenen Erwartungsperspektiven verständlich zu beschreiben sind. Außerdem sollten sie über die Vision, die Unternehmensstrategie, die Unternehmenswerte, die relevanten Ziele und Kennzahlen, aber auch über Prozesse und Qualitätsanforderungen sprechen. Es geht um eine strukturierende, über Leitplanken steuernde und ermutigende Führung. Führende sollten in einer Startphase allen Mitarbeitenden genügend Raum geben, ihre Fragen zu stellen. Diese fördern das Verständnis und stärken das wechselseitige Vertrauen.

Hierzu ein paar Tipps aus der Praxis:

- Gehen Sie von der Strategie in Ihrer Führungskommunikation aus und fokussieren Sie sich zunächst auf die Darstellung des Zielebilds.
- Geben Sie klare Orientierung durch zeitnahe und umfassende Information. Gehen Sie auf Ihre Beweggründe ein, argumentieren Sie über Zahlen und benennen Sie eindeutig das gewünschte Verhalten der Mitarbeitenden.
- Formulieren Sie die Erwartungen der Stakeholder, der Märkte, der externen und internen Kunden und erklären Sie relevante Hintergründe.
- Kontrollieren Sie die Arbeit der Teams in den Startphasen wohlwollend und unterstützend. Vergessen Sie dabei nicht, den Teams Sicherheit zu geben.
- Geben Sie Ihren Teams etwas Zeit, sich und ihre gemeinsame Arbeitsweise zu finden. Manchmal braucht es einfach Zeit, bis Menschen wieder in schlanken Teams flügge werden, wenn sie lange unter der Knute übermächtiger Vorgesetzter standen oder in Massenorganisationen Unterschlupf fanden.

In der Auseinandersetzungsphase sind agil Führende besonders gefordert. Durch die in dieser Teamphase üblichen Auseinandersetzungen liegt Ihr Führungsfokus auf Klärung und Verbindlichkeit. Klärung bedeutet, dass Sie einen offenen und vor allem direkten Austausch im Team und zwischen möglichen Konfliktpartnern fördern. Gleichzeitig gilt es dafür zu sorgen, dass Konfliktthemen nicht unter den Teppich gekehrt werden. Es geht bei allem stets um die Klärung und verbindliche Einhaltung agiler Werte und Spielregeln. Deshalb ist manchmal eine enge Führung wichtig.

- Beobachten Sie die Teamarbeit und greifen Sie rechtzeitig ein. Legen Sie Wert auf die Einhaltung der vereinbarten Verhaltensregeln. Verfehlungen gilt es klar zu benennen und notfalls zu sanktionieren.
- Unterstützen Sie die Teamarbeit durch Präsenz und drängen Sie auf Lösungsorientierung. Erkennen Sie Positives an und würdigen Sie erste Erfolge.
- Bringen Sie sich aktiv ein und versuchen Sie das Team schnellstmöglich aus dieser Phase zu bringen, denn danach geht es wieder bergauf und in die richtige Richtung.
- Versuchen Sie niemals, eine Konfliktsituation über schriftliche Mitteilungen zu lösen und lassen Sie Rechtfertigungen in ausufernden E-Mailkommunikationen keinen Raum.

In der Aufbruchsphase kommt es zu einer positiven Gruppendynamik. Die Zuversicht wächst, die wichtigsten Orientierungskämpfe sind geführt und das Team hat zur fokussierten Themenbearbeitung gefunden. Der Fortschritt bei der Themenarbeit fasziniert und motiviert. Zeit für agil Führende, sich zurückzunehmen. In ihren Fokus rückt nun die Prozessoptimierung, die Zielfokussierung und die Aufrechterhaltung der Teammotivation durch Anerkennung und die Schaffung innovationsfreundlicher Rahmenbedingungen. Sie werden als Führungskraft zum Ermöglicher (Enabler) und verlassen den Pfad direkter Vorgabe hin zum situationsgerechten Coaching. Dort, wo es bereits gut läuft, sollten Sie mehr und mehr loslassen, Vertrauen schenken und weitere Freiräume gewähren.

- Fördern Sie den Dialog im Team über Erfolgserlebnisse und regen Sie dazu an, weitere Ideen und Vorschläge ins Team einzubringen.
- Geben Sie positives Feedback und würdigen Sie wertschätzend die erzielten Erfolge.
- Ermutigen Sie die Teams, dranzubleiben und konzentrieren Sie sich auf das Inspirieren mit weiteren Ideen und Ihren Erfahrungswerten. Übergehen Sie dabei nicht Ihren Product Owner. Legen Sie Ihre zusätzlichen Anforderungen regelkonform im Sprint-Meeting vor.
- Dirigieren Sie weniger und überlassen Sie den Teams die eigenverantwortliche Selbstorganisation. Sie werden positiv überrascht sein, wie produktiv die Teams dann sind.

Haben Sie die Produktionsphase erreicht, läuft es in der Regel wie geschmiert. Seien Sie stolz auf Ihr Team und zeigen Sie ein großes Maß an Vertrauen, denn das Team hat sein Topniveau erreicht. Jetzt ist es Ihre Aufgabe, dieses Topniveau zu halten. Gerade hier ist es angebracht, mit richtig langer Leine zu führen und die Selbstorganisation der Teams in vollem Umfang zuzulassen beziehungsweise herauszufordern. Ihre Mitarbeitenden bringen in dieser Phase hervorragende Leistungen, die Sie unbedingt anerkennend wertschätzen sollten. Unterstützen Sie die Selbstverantwortung der Teams und deren Wir-Gefühl, wo immer es geht.

- Lassen Sie agilen Teams den kompletten Handlungsspielraum zur Selbststeuerung.
- Zeigen Sie viel Vertrauen in Ihre Teams. Geben Sie nur noch gezielt Unterstützung.
- Feiern Sie mit den Teams Topergebnisse und besondere Erfolge.

6.6   Stets im Blick: Die frühzeitige Marktvalidierung. User first!

Da man bei umfragebasierten Marktanalysen und mit Erkenntnissen aus Innovations-workshops und Werkstattgesprächen nicht sicher sein kann, ob das, was die Befragten einem ins Stammbuch schreiben, auch mit den Marktrealitäten übereinstimmt und wirk-lich auf die Akzeptanz der realen Kunden trifft, stellt sich immer wieder die Frage, ob ein Prototypentest nicht die bessere Variante der Marktforschung darstellt.

Oft kommt es vor, dass Kunden nicht mit der richtigen Problemstellung kommen, sondern die Symptome beschreiben. Sie sagen beispielsweise, dass eine Schaltfläche mit dieser oder jener Funktionalität klein und unleserlich ist und die Nutzer sie nicht fin-den. Doch das eigentliche Problem ist nicht die Größe des Bedienelements, sondern die Funktion selbst. Deshalb ist es immer wichtig, jede Entwicklung und jedes Innovations-vorhaben mit dem Blick auf das große Ganze zu beginnen und die erforderlichen Funktionalitäten zunächst zu beschreiben. Hier hilft nur, über die Schulter der Nutzer zu schauen und durch intensives Beobachten zu analysieren, wie sie arbeiten. Zusätzlich führt man Interviews durch, um einen guten Eindruck vom Nutzerkontext zu gewinnen.

Denken Sie daran: Auch wenn wir in einem digitalen Zeitalter leben, arbeiten viele Menschen immer noch gerne mit etwas Greifbarem. Verteilen Sie Papier und Bleistifte. Bitten Sie die Beteiligten, einfache Skizzen von den wichtigsten Funktionalitäten des zu entwickelnden Produkts zu zeichnen. Dabei ist es völlig egal, ob die Zeichnungen schön oder hässlich sind. Papier, Bleistifte und Klebstoffe sind lediglich Werkzeuge, um einen ersten Eindruck davon zu bekommen, wie die zukünftige Lösung aussehen könnte.

Ziel des ersten Prototypens ist es, dass sich die Teammitglieder verstehen und alle das gleiche Verständnis davon entwickeln, wie die Lösung funktionieren sollte. Dabei sagt ein Bild oft wirklich mehr als tausend Worte. Diesen sehr einfachen Prototyp verwenden Sie dann für die Kommunikation, um den Leuten eine Vorstellung davon zu vermitteln, worum es bei dem Projekt geht und was in etwa die Lösung sein sollte.

Die Aufgabe des Innovationsmanagers, ist es, die Mitwirkenden durch diesen Teil des Innovationsprozesses ermunternd zu führen. Das Ergebnis dieser ersten Analysephase bildet die Grundlage für den nächsten Schritt, die konzeptionelle Phase, in der ein erster grober Prototyp entwickelt wird. Diesen gibt man den ersten Pilotnutzern zum Testen und nimmt eine Auswertung vor.

Agile Innovation setzt bewusst auf den zügigen Aufbau eines minimal funktions-fähigen Produkts, eines „Minimum Viable Products" (MVP), um damit zu testen, ob die-ses Produkt im Markt funktionieren kann.

Bei diesen Tests geht es vor allem darum, mit der Zielgruppe der Early-Adopter zu experimentieren. Diese Zielgruppe, die sich selbst über die Nutzung und den Besitz von neuen Produkten definiert, ist aufgrund ihrer Aufgeschlossenheit gegenüber Innovationen und ihrer Zahlungsbereitschaft ideal dazu geeignet, um die Funktionsfähigkeit von neuen Produkten im Markt zu erproben. Aus der Akzeptanz dieser Vorreiterzielgruppe können die Chancen auf einen späteren Erfolg im Markt abgeleitet oder noch nötige Korrekturen im Produktkonzept frühzeitig eingeleitet werden.

Vor allem das frühzeitige Auffinden von Stolpersteinen in der eigenen Produktvorstellung ist der kniffligste und bedeutsamste Teil beim Prototyping. Hierbei hilft nur, die Nutzer genau zu beobachten, um deren eigentliche Probleme zu verstehen und die daraus gemeinsam abgeleiteten Erkenntnisse umgehend in der nächsten Iteration des Prototyps entsprechend zu berücksichtigen.

Wenn mit den Nutzern alles gut läuft, können Sie mit der Entwicklung des Produkts beginnen. Für den Fall, dass es nicht so gut läuft, müssen Sie noch einmal von vorne beginnen, zur Analyse und Konzeptphase zurückgehen, eine neue Iteration des Prototypings durchführen und eine weitere Evaluierungsrunde machen. Bewährt hat sich, für diese Prototypenphase mindestens zwei Iterationen vorzusehen. Warum?

Viele neue Ideen klingen anfangs sehr gut, bis man beginnt, sie zu skizzieren und das voraussichtliche Nutzungsverhalten realitätsnah zu durchdenken. Nach tagelanger Arbeit an einem vielleicht sogar interaktiven Prototyp erhebliche Designprobleme und -mängel im Konzept zu entdecken, kann eine sehr frustrierende Erfahrung sein. Doch keine Lösung ist von Anfang an perfekt. Mit jeder Iteration gehen Sie weiter ins Detail. Wiederholen Sie den Prototyping-Zyklus, bis der Prototyp den Nagel auf den Kopf trifft oder der Pilotkunde sich sehr überrascht zeigt. So können Sie viel Geld sparen. Erreicht wird eine bessere Nutzerakzeptanz und Sie können sich sicher sein, dass der Innovationsprozess in die richtige Richtung geht.

Viele Leute glauben, dass man mit einem gutaussehenden Prototyp schon sehr nah am Endprodukt ist. Das führt dazu, dass sie nur sehr ungern größere Veränderungen daran vornehmen. Deshalb ist es klug, zunächst ein paar schnelle, grobe Entwürfe zu Papier zu bringen und erst dann mit dem „echten" Prototyp zu beginnen. Kommen weitere Details auf, werden sie hinzugefügt. Wichtig ist es, frühzeitig in die erste Validierungsrunde einsteigen, unabhängig davon, ob das Konzept als Ganzes zuverlässig funktioniert oder nicht.

Gehen Sie gemäß den Prinzipien der iterativen Entwicklung vor, testen Sie und bewerten Sie, denn all dies ist nötig für den dritten Schritt: Der Test auf dem realen Markt.

Während dieses gesamten Prozesses ist es wichtig, die richtige Stimmung im Unternehmen zu fördern. Die Mitarbeitenden müssen das Gefühl haben, dass es möglich ist, etwas zu versuchen und auch zu scheitern, und dabei aus ihren Fehlern und den Fehlern anderer zu lernen.

Weiterführende Literatur

Bauer R., Eagen, W., *Design Thinking: Epistemic plurality in management and organization*, Aesthesis 2 (3) (2008), S. 63–74

Blatt, M., Sauvonnet, E. (Hrsg.), *Wo ist das Problem? – Mit Design Thinking Innovationen entwickeln und umsetzen*, Vahlen (2017), S. 18–52

Brown, T., *Design Thinking*, Harvard Business Review 6, (2008), S. 84-96

Diemar, E., *Unternehmen brauchen ein agiles Mindset*, Elektronikpraxis, 20/2019, S. 58

Dillerup, R., Stoi, R., *Unternehmensführung. Management & Leadership. Strategien, Werkzeuge, Praxis*, Vahlen, 5. Auflage, 2016, S. 78–94

Eckstein, J., *Agile Softwareentwicklung im Großen. Ein Eintauchen in die Untiefen erfolgreicher Projekte.* dpunkt (2004)

Foelsing, J., Schmitz, A., *New Work braucht New Learning*, Springer (2021), S.46–83

Ginter, T., Romppel, A., *Scrum – viel mehr als ein Entwicklungs-Tool*, VDMA Nachrichten, Heft 07/2016, S. 34

Häusling, A., Römer, E., Zeppenfeld, N., *Praxisbuch Agilität – Tools für Personal- und Organisationsentwicklung*, Haufe (2018), S. 11–22

Heider, M., *Retrospektiven – ein Weg zur agilen Organisation* in Lang, M. Scherber, S. (Hrsg.), *Agiles Management: Innovative Methoden und Best Practices*, Symposion (2015), S. 109–132

Hruschka, P., Rupp, C., Starke, G. *Agility kompakt – Tipps für erfolgreiche Systementwicklung.* Spektrum (2003)

Hüttermann, M., *Agile Java-Entwicklung in der Praxis*, O'Reilly (2007)

Kolbusa, M., *Management beyond Ego – Teams in der neuen Arbeitswelt zu außergewöhnlichen Erfolgen führen*, Ariston (2020), S. 215–217

Kraus, G., Becker-Kolle, C., Fischer, T., *Handbuch Change Management*, Cornelsen (2006), S. 56–71

Künzel, M. Kraus, T., Straub, S., *Kollaboratives Engineering – Chancen und Risiken*, MM Maschinenmarkt, Heft 19/2019, S. 166-167

Müller-Friemauth, F., Kühn R., *Silicon Valley als unternehmerische Inspiration Zukunft erforschen – Wagnisse eingehen – Organisationen entwickeln*, Springer Gabler, 1. Auflage, 2016, S. 25–36

Pichler, R., *Scrum – Agiles Projektmanagement erfolgreich einsetzen*, dpunkt (2008)

Plugmann, Ph. (Hrsg.), *Innovationsumgebungen gestalten Impulse für Start-ups und etablierte Unternehmen im globalen Wettbewerb*, Springer Gabler (2018), S. 149–164

Puckett, S., Neubauer, R. M., *Agiles Führen: Führungskompetenzen für die agile Transformation*, Business Village (2018), S. 49–75

Schwaber, K., *Agiles Projektmanagement mit Scrum*, Microsoft Press (2007)

Sturm, T., Märkl, S., *Best of both Worlds – Klassische vs. agile Produktentwicklung*, Markt & Technik, Heft 36/2018, S. 42–43

Swoboda, M., *Innovational Leadership*, Springer Gabler (2020), S. 61–69

Ulwick, A. W., *What customers want – Using Outcome-Driven Innovation to Create Breakthrough Products and Services*, McGraw Hill (2005), S. 66–82

Väth, T., *Wie agile Entwicklung mit Festpreis funktioniert*, Future Manufacturing (2017), S. 24–25

Wolf, H., Bleek, W. G., *Agile Softwareentwicklung: Werte, Konzepte und Methoden*, dpunkt (2010)

Wolf, M., *Rollen in der agilen Produktentwicklung: Und wer soll das bei uns machen?*, Der F&E Manager, 1/2015, S. 29-31

Agile Innovation: Mit Schwung zum akzeptierten Produkt!

7

Die Schwierigkeit liegt nicht so sehr in den neuen Gedanken als in der Befreiung von den alten.

John Maynard Keynes

Zu Beginn eines idealtypischen agilen Innovationsprozesses wird eine Vision entwickelt, eine Unternehmensstrategie abgeleitet und darauf basierend eine Innovationsstrategie erarbeitet. Sie leitet sich, wie wir zuvor gesehen haben, einerseits aus aktuellen und künftigen Entwicklungen des Marktumfelds ab und greift andererseits technologische Entwicklungen auf, bei der die Entwicklungsmöglichkeiten der eigenen Forschungs- und Entwicklungskompetenzen, aber auch die Möglichkeiten ihrer Ergänzung mit Netzwerkpartnern Eingang finden. Daraus werden Leitlinien für die Innovationsarbeit abgeleitet und explizit Suchfelder für das Technologiemanagement definiert.

Ein weiterer zentraler Schritt im Innovationsprozess ist die Ideengenerierung, bei der die Innovationsstrategie zur Grundausrichtung dient. Danach fungiert sie als wichtiges Kriterium bei der Ideenauswahl, welche in mehreren Schritten vorgenommen wird.

In einem ersten Auswahlschritt werden die Ideen einer Schnellbewertung unterzogen. Nur die besten Ideen kommen in die nächste Auswahlstufe, wo für die ausgewählten Ideen Konzepte formuliert werden. Ein Konzept beinhaltet die Vermarktungsidee und wird aus der Sicht der potenziellen Kunden formuliert. Die Konzeptfindung wird durch Vorprojekte, die Realisierung erster Testaufbauten und Prototypen (Minimum Viable Products) gestartet und dann in eine zyklisch iterierende Verfeinerung und Projektentwicklung überführt. Diese sich über mehrere Sprintphasen im agilen Innovationsprozess ausdehnende Themenbearbeitung nutzt hierbei die Methoden und Regeln von Scrum und orientiert sich am Design Thinking Prozess. Auf beide Methodenansätze wurde bereits detailliert eingegangen.

Ausgangspunkt von Neuerungen sind Ideen. Zur Innovation wird eine Idee jedoch erst, wenn man sie erstens umgesetzt hat und es zweitens einen Markt dafür gibt, also Menschen, die bereit sind, dafür Geld zu bezahlen und ihr Nutzverhalten zu ändern. Daher kommt der Generierung von Ideen und vor allem ihrer schnellen Bewertung eine Schlüsselfunktion im Innovationsprozess zu, die höchste Aufmerksamkeit und Kreativität erfordern, ebenso Ausdauer und Geduld, denn nur wenige Ideen werden ein Verkaufsschlager. Aber die Quote lässt sich beeinflussen. Marktfähige Ideen sind der wahre Ursprung gelingender Innovation!

7.1   Ideen und ihre Killer

Wer kennt sich mit den Arbeitsabläufen besser aus als die Mitarbeiter selbst? Das fragte sich schon Alfred Krupp, der kurz vor seinem Tod 1887 auf die Einführung des betrieblichen Vorschlagswesens in seinem Unternehmen drängte. Er gilt als Pionier des Ideenmanagements, der bereits erkannt hat, dass die besten Ideen nicht unbedingt von der Spitze, sondern aus der Tiefe einer Organisation kommen. Und daher muss man sich auch den unteren Ebenen öffnen, in den Werken, in den Entwicklungen und im Verkauf suchen. Benötigt werden Verbindungen zu jungen Leuten, aber auch zu den alten Hasen, die man beim Thema Innovationsfähigkeit gemeinhin gerne unterschätzt. Man muss einfach nur einmal gut zuhören.

Ideen sind der Anfangspunkt für Innovationen. Doch nicht jede Idee schafft es zur Marktreife. Und nicht jede Idee kann verfolgt werden. Neben einer Vielzahl an Ideen braucht es ein möglichst treffsicheres Auswahlverfahren. Und trotzdem ist auch dieses nicht ein Garant für Erfolg oder die richtige Wahl. Viele Ideen werden falsch eingeschätzt und bleiben leider zunächst oder auf Dauer in der Schublade. Sie sind noch nicht marktreif oder potenzielle Geldgeber winken ab. Das wäre beinahe auch der MP3-Technik passiert, die das Fraunhofer Institut in Erlangen entwickelt hatte. Als sich kein deutscher Partner fand, griffen Amerikaner zu. Heute wird das System weltweit in Musikgeräten und auf Computern genutzt. Es sorgt für Milliardenumsätze. Dem Forschungsinstitut bleiben als Trostpflaster die Lizenzeinnahmen.

Schon Rudolf Hell (1901–2002) erfand 1929 den „Hellschreiber" zur schnellen Übermittlung von Schriftzeichen. Das Gerät wurde von Siemens gebaut und vor allem im Presse- und Nachrichtenwesen eingesetzt. In den 1970er Jahren wurden in Deutschland Prototypen einer neuen Telefaxgeneration entwickelt, aber nicht vermarktet. Die Japaner erkannten indes die Chance, mit dieser Entwicklung in den breiten Markt zu gehen, und machen bis heute ein gutes Geschäft mit Faxgeräten. Umgekehrt: Hätte Sony 1979 auf die Kritik der Händler an seinem neuen tragbaren Cassettenspieler gehört, hätte es den Walkman möglicherweise nie gegeben.

Ideen geben Anstoß für Innovation. Das Dumme daran ist nur, dass auch die besten Ideen selten fortgeschritten genug sind, um unmittelbar in eine erfolgreiche Innovation überführt werden zu können. Daher gehört der sprichwörtliche richtige Riecher im

Auswahlprozess sowie die Entschlossenheit dazu, von einer Idee überzeugt zu sein und sie entgegen aller Schwierigkeiten und Widerstände solange weiterzuentwickeln bis alle Anforderungen erfüllt sind.

Ideen sind billig. Erst die Ausführung der Idee ist von Wert. Und gerade diese Ausführung ist der schwierige Teil. Um eine Idee zu verbessern, muss man sie vielen Leuten vorstellen und sich genau anhören, was diese dazu sagen. Kleine Demonstratoren, die gebaut werden, sind idealerweise unverzüglich an Testnutzern auszuprobieren, um sie daraufhin anpassen und optimieren zu können. Nur auf diese iterative Weise kann eine Idee Schritt für Schritt verbessert werden. Mit Entschlossenheit ist kein Problem unlösbar!

Ideen gibt es überall. Jeder kann tolle Ideen produzieren, vorausgesetzt es wird richtig angegangen. Doch wir erlauben es uns selten, Ideen sprudeln zu lassen. Zudem wird Kreativität in Firmen erst dann zu einer mächtigen Ressource für den Innovationsprozess, wenn das Wissen und die Phantasie vieler Menschen gemeinsam aktiviert werden. Ein bekanntes, aber auch relativ schwaches Tool dafür ist das Brainstorming. – Es gibt eine Vielzahl von wirkungsvollen Methoden, die je nach Aufgabenstellung kreative Ideen hervorlocken, weiterentwickeln, bewerten und für die Umsetzung vorbereiten. Im Anhang finden Sie hierzu ein paar interessante Hinweise auf Kreativtechniken und die Bewertung von Ideen.

Ideen hat jeder. Manche sprudeln über davon, andere ringen sie sich tröpfchenweise ab. Ideen sind wie zarte Pflänzchen, die gepflegt werden müssen, um aufblühen zu können. Doch oft sterben sie viel zu früh durch die Hand zahlreicher Ideenkiller. Dabei könnte manche Idee zur Innovation aufblühen, hätte man sie nur gut gepflegt oder sorgfältig ausgewählt.

Ideen sind zunächst wertneutral, können hinterfragt und weiterentwickelt werden, bis sie zur Lösung veredelt sind. Es gibt keine schlechten oder falschen Ideen. Es gibt nur solche, die funktionieren und solche, die nicht funktionieren. Aber auch Flops bringen einen weiter.

Ein professioneller Umgang mit Ideen öffnet den Zugang zu firmeninternen Ressourcen. Ein guter Start in eine kreative Innovationskultur sind Innovationsworkshops. Sie bauen eine Brücke zwischen interdisziplinär vorhandenem Wissen, geben kreativen Prozessen den passenden Rahmen und gewähren bei überschaubarem Zeitaufwand die nötige Auszeit vom Tagesgeschäft.

7.2   Ideensammlung, -auswahl und -management

Das agile Ideenmanagement beginnt mit der Festlegung von Suchfeldern oder einer thematischen Schwerpunktsetzung für die erste Phase im Ideenprozess: die Ideenfindung. Sie erfolgt in Innovationsworkshops oder baut auf Ideenkampagnen auf, die durch das Innovationsmanagement angestoßen und fortwährend stimuliert werden. Eine Ideenfindung ohne Orientierung ist nicht zu empfehlen. Die Vorgabe von strategischen Suchfeldern erhöht die Effektivität und Effizienz der Ideenfindung erheblich (Abb. 7.1).

Abb. 7.1 Ideensammlung und anschließende Clusterung im Rahmen eines bereichsüber-greifenden Innovationsworkshops

Im agilen Innovationsprozess erfolgt das Sammeln, Bewerten und die Verfolgung potenzialträchtiger Ideen in drei Schritten. Zunächst werden neue Ideen gesammelt und durchdacht. Bei diesem Schritt gilt es, eine Mentalität zu entwickeln, die offen für Kreativität und unkonventionelle Denkweisen ist. Nur so können Ideen weitergegeben und Horizonte erweitert werden.

Agile Innovatoren nutzen nicht nur eine Ideenquelle. Sie nehmen gezielt Ideen aus mehreren Quellen auf, die aber alle einer zentralen Sammelstelle zugeführt werden. Eine ganze Reihe von Quellen bietet sich an, beispielsweise Ideenvorschläge von Einzelpersonen oder Kleingruppen aus den Bereichen Forschung und Entwicklung (Technology Push), Anregungen aus dem Produktmanagement, Vertrieb und Marketing (Market Pull), aber auch das innerbetriebliche Vorschlagswesen ist eine interessante Ideenquelle.

Ergiebig in der Ideenausbeute sind zudem Innovationsworkshops mit dem ausschließlichen Ziel, Innovationsideen für ein vorgegebenes Suchfeld zu generieren oder sie gemeinsam zu vertiefen. Ideenfindungsworkshops mit Kunden, Zulieferern, externen Experten, Fans und Lead-Usern bergen ein außergewöhnlich wertvolles Innovationspotenzial. Sie sollten im Rahmen einer agilen Innovation regelmäßig institutionalisiert werden und sich wechselnden Schwerpunkten widmen (Abb. 7.2).

Bei der agilen Innovation werden möglichst viele Ideen gesammelt und generiert. Viele und unterschiedliche Ideen in einem Auswahlprozess führen in der Regel zu aussichtsreichen Innovationsvorschlägen, die in die weitere Bearbeitung übernommen

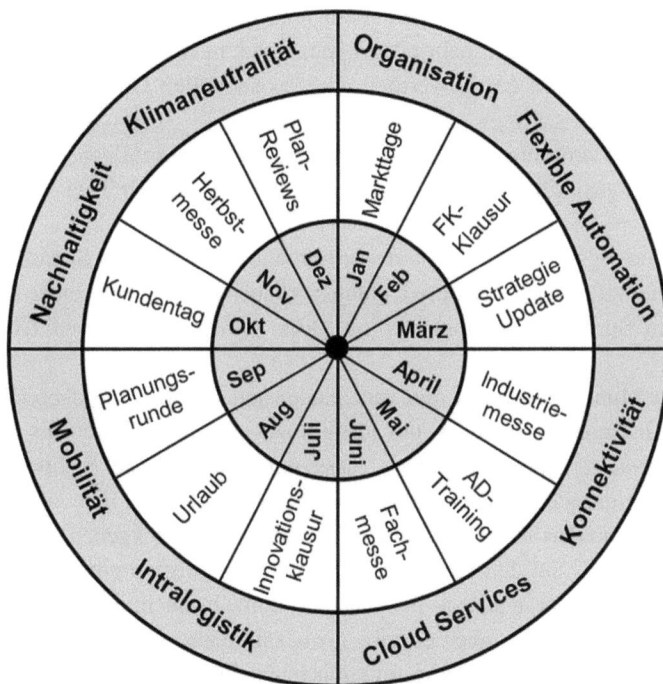

Abb. 7.2 Beispiel für eine thematische Schwerpunktsetzung und regelmäßige Ideensammlung in Innovationsworkshops, auf Messen, Tagungen und in Werkstattgesprächen

werden. In Kreativprozessen geht es vor allem darum, aufkeimenden Ideen eine Chance zu geben und damit den Menschen, die diese Ideen haben. Daher werden Ideen und ihre Umsetzbarkeit zum Zeitpunkt der Ideensammlung nicht bewertet und im Detail analysiert. Sie werden nur gesammelt, einander vorgestellt und dann gemeinsam zu Aktionsschwerpunkten gebündelt.

Wenn Sie bereits Lösungen angedacht oder mit Lösungsvorstellungen experimentiert haben, sollten Sie Anwenderworkshops und Feedbackrunden mit potenziellen Nutzern einplanen. Dabei stellen Sie Ihre Arbeitsergebnisse und das zugrunde liegende Zielebild ihren künftigen internen und externen Kunden vor. Beobachten Sie deren erste Reaktionen aufmerksam. Sie sind ein wichtiger Hinweis auf die zu erwartende Kundenakzeptanz. Beobachten Sie ebenso sorgsam, wie sich die künftigen Nutzer dem neuen Produkt nähern. Kommen Sie mit der Inbetriebnahme und der Bedienung klar? Erkennen Sie die wesentlichen Bedienfunktionen? Sind diese intuitiv? Nutzen Ihre Testpersonen die Funktionen auch? Oder was läuft zum Beispiel beim Auspacken – der Unboxing Experience – und der Inbetriebnahme schief?

Der zweite Schritt beginnt mit der Entscheidung, welche dieser Ideen weiterentwickelt und ausgearbeitet werden sollen. Die Ideen, die als erstrebenswert erachtet werden, werden übernommen. Um diese Entscheidung zu fällen, wird ein strukturiertes

Schnellbewertungssystem benötigt, mit dem man das Potenzial des Endprodukts und seines Erfolgs auf dem Markt beurteilen kann, bevor man sich dem dritten Schritt, der Konzeptverfeinerung und der Bewertung eines potenziellen Geschäftsmodells intensiv widmet.

Um einen Ideensammlungsprozess aufzuweiten und zu optimieren, stehen Ihnen mehrere Unterstützungsmöglichkeiten zur Verfügung. Hierzu ein paar Tipps:

- Sammeln Sie regelmäßig Ideen und institutionalisieren Sie das Sammeln von Ideen, zum Beispiel zu Beginn von Entwicklungsvorhaben oder als Teil einer Retrospektive, mit der ein Sprint abgeschlossen wird. Oder beim Auffüllen und Überprüfen des Backlogs.
- Führen Sie Mitarbeitende aus den verschiedensten Unternehmensbereichen in regelmäßigen Abständen zusammen, um Ideenprozesse durchzuführen. Es ist für erfolgreiche Innovatoren kein Geheimnis, dass unterschiedlichste Sichtweisen und Erfahrungshintergründe zu den besten Ideen führen und viele Innovationssprünge auf Quereinsteiger in den Teams und kreative Querdenker zurückgehen.
- Setzen Sie intensiv auf den Einsatz verschiedener Kreativtechniken (vgl. Anhang IV). Brainstorming -ist zwar allseits bekannt und einfach, auch spontan und ohne große Hilfsmittel durchführbar, aber es gibt noch zahlreiche weitere Wunderwaffen, mit denen Sie sich im Ideenprozess vertraut machen sollten (Abb. 7.3).
- Setzen Sie quartals- und monatsweise Themenschwerpunkte in Ideenkampagnen und holen Sie gezielt zu diesen Themenschwerpunkten interne und externe Kunden zusammen. Nutzen Sie vor allem die Gelegenheit, zu Beginn, während einer Messe oder nach einer Rückkehr von Messen, auf der Basis frischer Erinnerungen Ihre Ideenpools zu füllen.

Abb. 7.3 Kreativtechniken im Methodenüberblick. Weitere Detailinformationen in Anhang IV

- Machen Sie Market Pull Workshops mit Ihren Außendienstmitarbeitern und den Marktverantwortlichen aus Produktmanagement und Vertrieb. Nutzen Sie hier zum Beispiel kurze einstündige Zeitfenster bei Regelterminen mit ihren Mitarbeitenden im Außendienst. Werten Sie auch Messeverläufe und Informationskampagnen bei dieser Gelegenheit aus.
- Durchforsten Sie Kundenrückmeldungen, die Sie erhalten haben, zum Beispiel aus Besuchsberichten, aus dem Reklamationsmanagement oder aus den Serviceabteilungen. Diese sind wertvolle Hinweise auf Schwachstellen und gewünschte Verbesserungen.
- Laden Sie sich externe Experten zu Impulsbeiträgen ein. Diese referieren kurz zu Beginn eines Innovationsworkshops und berichten über aktuelle Trends, Anforderungen und Einsatzbedingungen ihrer Branche. Dann sammeln Sie die Ideen, führen diese unbewertet zusammen und geben Ihren Gästen die Chance eines ersten Feedbacks.
- Laden Sie sich monatlich mindestens einen Schlüssellieferanten zu einem Werkstattgespräch ein. Dabei informieren Sie zunächst über neue Ideen und befragen dann gezielt Ihre Lieferanten nach Lösungsansätzen. Gemeinsam diskutieren Sie deren Roadmaps und Zukunftssichten und machen dabei gezielt Synergiepotenziale der Zusammenarbeit aus. Sie müssen Ihren Gästen Ihre Gesprächswünsche nur vorab als Agendapunkte mitteilen, dann kommen Sie bestens präpariert zu Ihnen zum Werkstattgespräch.
- Behalten Sie auch nach einem Ideenbewertungsprozess noch die aktuell nicht zur Weiterverfolgung aussortierten Ideen auf. Sichten Sie diese immer wieder, um zu überprüfen, ob sich eine Veränderung in Ihrer Sicht oder am Markt ergeben hat, die ein Umdenken und eine Wiedervorlage erfordert oder einen neuen Ideenansatz beflügeln könnte.

Achten Sie auch darauf, dass Ideensammlungen nicht durch Unwissenheit, methodische Fehler oder vielleicht sogar absichtlich torpediert werden. Auch hierzu ein paar Hinweise:

- Ideen werden grundsätzlich während einer Ideensammlung nicht bewertet, nicht im Detail analysiert und auch nicht mit Killerphrasen torpediert. Jede Idee und jeder Ideengeber muss während der Ideensammlung geschützt werden. Es gibt keine dummen Ideen!
- Vermeiden Sie unmittelbare Reaktionen auf neue Ideen, insbesondere ablehnende oder skeptische Hinweise. Eine hochgezogene Augenbraue oder ein tiefes Luftholen genügen meist schon, um Mut der Mitwirkenden schwinden und Ideenflüsse versiegen zu lassen.
- Es braucht Freiraum, in dem Ideen als wichtige Kristallisationskeime für nachgelagerte Prozesse sprudeln dürfen. Manche Idee löst sich noch vor ihrer Bekanntgabe in Nichts auf, lange bevor sie das Licht der Welt erblickt, weil sich niemand

gerne blamieren möchte. Das verhindert aber, dass weitere Mitwirkenden sich inspirieren lassen können und so ein Ideenvorschlag schnell noch reift.

- Verschieben Sie keine Ideen vorschnell auf das Abstellgleis. Es ist bequem, zunächst die bekannten Möglichkeiten in Ideenprozessen zu sehen und diese mit Priorität zu verfolgen. Wahre Potenziale stecken aber in den scheinbar verrückten Ideen. Entwickelt man sie weiter, können sie den Durchbruch bedeuten. Es benötigt Kraft und Disziplin, sich nicht mit der ersten halbwegs umsetzbaren Idee zufriedenzugeben.

- Geben Sie sich auch Zeit zur Analyse. Gute Ideen brauchen Zeit für ihre Wachstumsphasen. Zu schnelle Inputs von anderen beeinflussen sie. Dann verlassen sie unreif den Pfad ihres eigenen Gedankenganges und folgen der Ablenkung. Ein Mittel gegen solche Störungen sind ganz gezielt geplante Phasen der Einzelarbeit.

- Vermeiden Sie Killerphrasen jeder Art (Abb. 7.4) und sorgen Sie für positiv formulierte Antwortreaktionen. Wahre Ideenkiller sind Sätze wie „Das geht doch nicht, das haben wir ja noch nie gemacht, ist ja nett, aber…". Dieses „ja, aber" sollte schnellstmöglich durch ein „ja, und" ersetzt werden. Denn das „aber" drängt in die Defensive, raubt Energie und bremst die Ideenvielfalt aus. Hingegen ist ein „und" lösungsorientiert, selbst wenn inhaltlich der gleiche Einwand geäußert wird.

- Diskutieren Sie in Ideenrunden hierarchiefrei! Gruppen mit starken Hierarchieunterschieden neigen dazu, den Ideen des Ranghöheren zu folgen. Allzu schnell wird sich auf eine Idee geeinigt und das kreative Potenzial der Gruppe bleibt auf der Strecke. Das ist wenig hilfreich und entspricht nicht dem agilen Ideal der hierarchiefreien Arbeit und Führung.

- Vermeiden Sie eine gedankliche Verknöcherung und Fixierung in Ideenprozessen. Perspektivwechsel fallen schwer, aber allzu eindimensionale Sichten auf Dinge behindern die Entwicklung alternativer Konzepte. Nutzen Sie die unterschiedlichen Sichtweisen und Erfahrungsründe interdisziplinärer Teams.

Abb. 7.4 Killerphrasen in Ideenprozessen, die alle Innovationsbemühungen konterkarieren

- Setzen Sie geeignete Kreativtechniken ein, um ein Problem gezielt aus einer anderen Perspektive zu betrachten. Vor allem die Kundenperspektive zählt! Bessere Ideen erfüllen die Bedürfnisse der Kunden besser, was dazu führt, dass sie für Ihr Angebot eher bezahlen und zu loyalen Fans statt zu ehemaligen Kunden werden. Lassen Sie Kunden daher direkt oder indirekt über fiktive Personenprofile zu Wort kommen. Vor allem die Design Thinking Methode verlangt Ihnen dies ganz besonders ab.
- Erkennen Sie Trittbrettfahrer, die sich zurücknehmen nach dem Motto „Ich habe keine Idee. Den Kollegen wird schon etwas einfallen. Schließlich sind wir ein Team". Ermuntern Sie diese Trittbrettfahrer zur Mitarbeit. Auch beim Sammeln von Ideen geht es um viel!

Die Ideensammlung wird durch die Ideenbewertung in einem mehrstufigen Bewertungs- und Auswahlprozess abgeschlossen (Abb. 7.5). Es ist nicht leicht, sofort den Unterschied zwischen einer Seifenblase und Jahrhundertidee oder einen Diamanten zu erkennen, der noch nicht geschliffen ist. Kriterien für die Bewertung von Ideen sollten vorzugsweise aus den relevanten Zielen und Rahmenbedingungen der Innovationsstrategie abgeleitet werden. Dabei sollten nicht zu viele Kriterien angewandt werden. Diese sollten einander nicht über- bzw. untergeordnet sein und sich auch nicht inhaltlich überschneiden. Häufig zur Anwendung kommende Bewertungskriterien sind: Strategiekonformität, Synergien,

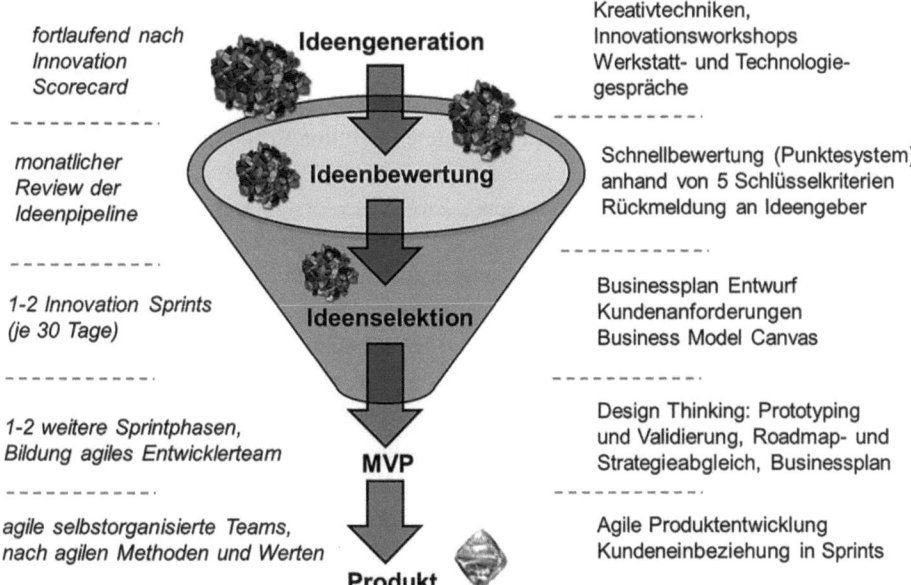

Abb. 7.5 Ideenauswahl in einem mehrstufigen Bewertungsprozess mit dem Ziel potenzialträchtige Ideen in einem agilen Auswahlverfahren herauszufiltern und diese einer agilen Projektbearbeitung – vom Findling über den Rohdiamanten zum Diamanten – zuzuführen

Produktvorteile für den Kunden, Marktattraktivität, technische Machbarkeit und Verfügbarkeit von Ressourcen.

Im weiteren Verlauf der Ideenbewertung gewinnt die Wirtschaftlichkeit an Bedeutung. Nur nachhaltig gewinnbringende Innovationsvorschläge sind letztendlich von Interesse. Diese zuletzt genannten Kriterien und Grundsätze sollten Sie bei der Einschätzung des Innovationspotenzials stets begleiten und sich auch in Ihren Unternehmenszielen widerspiegeln. Ein Beispiel, dies auf einfache Weise zu tun, ist das in Anhang II vorgestellte Schnellbewertungssystem zur ersten Einschätzung von neuen Ideen und Konzepten.

Im Fortgang der Ideenentwicklung werden die Vorschläge immer weiter zu Innovationskonzepten, Projektvorschlägen und Geschäftsmodellen verfeinert. Gleichzeitig wird die Anzahl der weiterbearbeiteten Ideen reduziert und so manche Ideen werden auch gebündelt.

Hierbei hat sich ein mehrstufiger Auswahlprozess bewährt:

- In einer ersten Bewertungsstufe wird in den maximal ersten vier Wochen seit der Ideensammlung und nach einer ersten Aufbereitung des Vorschlags eine Schnellbewertung vorgenommen. Die Basis zur Bewertung bildet ein Pitch, bei dem die Ideen in einem maximal fünf- bis zehnminütigen Kurzreferat vorgestellt werden und ihr Umsetzungspotenzial auf der Basis eines einfachen Punktesystems abgeschätzt wird. Darauf folgt die Bewertung durch den Ideengeber und eine gleichartige Bewertung durch ein Innovationsgremium. Hierzu braucht man Menschen mit umfangreichem Erfahrungshintergrund, klarem Blick, nüchtern agierend, mir optimistischer Grundeinstellung und Offenheit für Neues.
  Im Anhang II dieses Buchs ist ein derartiges pragmatisches und in der Realität bewährtes Schnellbewertungsverfahren vorgestellt. Es setzt dabei auf eine Punktebewertung von fünf zentralen Kriterien, für deren Erfüllung nach einem Vorgabemuster 0 bis 3 Punkte vergeben werden können. Vor allem die Einfachheit des Verfahrens und seine erste Aussagekraft ist bestechend. Ziel dieser ersten Bewertungsrunde ist es, wenig Potenzialträchtiges im Ideenpool frühzeitig auszusortieren, Prioritäten für die anschließende Ideenverfeinerung zu setzen und auch offene Punkte aus den Pitches zu adressieren. Achten Sie darauf, bei dieser ersten Auswahl nur noch eine beherrschbare Ideenanzahl von weniger als 25 % zu berücksichtigen und einen ausgewogenen Ideenmix einer weiteren Verfeinerung der Konzepte zuführen.
- Ideen, die es in eine weitere Runde schaffen, sollten im Rahmen eines vierwöchigen Sprints verfeinert werden. Ein agiles Team sollte sich dieser Aufgabe annehmen, in dem der Ideengeber die Schrittmacherrolle als Product Owner einnimmt. Ziel dieser Phase ist es, frühzeitig detailliertere Erkenntnisse zur Umsetzbarkeit, zum Aufgabenumfang, zur Kundenakzeptanz, den Marktchancen und Innovationsrisiken zu gewinnen.
  Im Rahmen dieses ersten und möglicherweise eines weiteren zweiten Innovationssprints soll ein Geschäftsmodell in Grundzügen und ein Produktansatz als erstes MVP skizziert werden. Hilfsmittel in dieser konzentrierten Phase der Konzeptverfeinerung

ist der Einstieg in einen Design Thinking Prozess und die Aufstellung eines Business-plans, eines Canvas oder eines Zielebilds mit konkretisierten Anforderungen in ersten Grundzügen.

Ab diesem Zeitpunkt unterscheidet man evtl. Muss- und Soll-Kriterien. Erstere sind stringenter Natur: Wenn nur eines der Kriterien nicht erfüllt ist, scheidet die Idee aus. Bei der Anwendung von Soll-Kriterien wird eine bestimmte Anzahl an Nein-Antwor-ten toleriert. Ebenfalls denkbar ist eine Gewichtung der Kriterien und deren Berück-sichtigung in einem Bewertungsschema nach Punkten.

In dieser Auswahlphase zählen ein hohes Recherchetempo, die Einholung erster Kundenmeinungen sowie die Zusammenführung zu einer ersten Anforderungsliste für den Backlog. Achten Sie darauf, bei dieser zweiten Auswahl nur noch eine be-herrschbare Ideenanzahl von weniger als 10 % der gesamten Ideennennungen berück-sichtigen, um bei deren weiterer Verfeinerung kein Tempo zu verlieren. Wenn mög-lich, sollten Sie bei der zweiten Auswahlrunde auch einen ausgewogenen Ideenmix der Weiterbearbeitung zuführen.

- Nach der zweiten Auswahlrunde beginnt die Hauptarbeit an den Innovations-konzepten. In ein bis zwei Innovationssprints von jeweils vierwöchiger Dauer schaf-fen Sie die Voraussetzungen für die finale Ideenauswahl und bereiten den Startschuss für die agile Themenbearbeitung vor. Im Mittelpunkt der ersten Sprintphase steht die Aufstellung eines Businessplans oder eines Geschäftsmodellgrundkonzepts, das Sie in Form eines Canvas aufbereitet zur Projektfreigabe erwarten. Abgeschätzt sind die ungefähren Projektkosten, ein erster MVP liegt vor bzw. dessen Realisierung in einer der nächsten Sprint-Runden ist skizziert. Spätestens nach der ersten Sprint-Phase wer-den die Rollen und Teammitglieder eines agilen Entwicklerteams besetzt und nehmen gemeinsam die konzentrierte Vorbereitungsarbeit auf. Die Backlogs als Leitplanken sind gefüllt, die ersten Entwicklungsaufgaben zugewiesen und die ersten Machbar-keitstests bzw. Rücksprachen mit Lead Kunden sind erfolgreich verlaufen. Mit der dritten Auswahlrunde erhalten die agilen Teams vom Innovationsgremium den Startschuss, ein erstes Budget, weitere Ressourcen für das agile Team und über-zeugen mit schlüssigen ersten Zielbildern das Auswahlgremium. Dann rollt das Pro-jekt auf die Pole Position. Los geht´s, mit voller Kraft voraus!

Wichtig noch: Ideengeber wollen ein schnelles Feedback, wo ihre Idee steht und wie darüber befunden wurde. Auch aus der Reflexion einst zurückgestellter Ideen ergeben sich wertvolle Impulse für das Innovationsgeschehen. Zusätzliche Motivation stiften Innovationspreise, denn kreative Menschen suchen Anerkennung. Finanzielle Anreize sind für sie sekundär und führen eher dazu, das Innovationsgeschehen im Unternehmen zu lähmen.

Innovation muss man erleben und greifen können. Umso wichtiger ist es, frühzeitig aussagekräftige Experimente durchzuführen und Prototypen in einem Proof of Concept zu testen. Diese beschleunigen den Erkenntnisgewinn, sichern Risiken ab und geben wertvolle Sicherheit in frühen Denk- und Entwicklungsphasen.

7.3   Innovationsworkshops und Werkstattgespräche

Innovationsworkshops und Werkstattgespräche sind wesentliche Elemente agiler Innovation. Sie dienen der systematischen Ideensammlung oder der Gewinnung wichtiger Teilinformationen für den Strategie- und den Innovationsprozess. Vor allem im zuvor beschriebenen Ideengewinnungs- und Ideenverarbeitungsprozess spielen sie eine gewichtige Rolle.

Innovationsworkshops sollten immer gründlich vorbereitet und einem zuvor bekanntgemachten Themenschwerpunkt gewidmet sein. Ziel ist es, funktionsübergreifend unternehmensinterne und externe Experten sowie nach Möglichkeit Schlüsselkunden zusammenzubringen und sich für die Themenarbeit aus dem Routinealltag für mindestens einen halben, besser noch einen ganzen Tag auszuklinken.

Einen Innovationsworkshop untergliedern Sie am besten in fünf Phasen:

- Die erste Phase dient der *Öffnung*. Dazu lassen Sie den Teilnehmern bewusst etwas Zeit, sich kennenzulernen, sich auszutauschen und beginnen mit einer Kennenlern- oder Aufwärmrunde. Ziel ist es, die Teilnehmer abzuholen, sie aus der Tagesroutine herauszunehmen und ihnen Zeit zur Entschleunigung und Öffnung zu geben.
- Die zweite Phase dient der *Sensibilisierung*. Dazu formulieren Sie den Themenschwerpunkt und sorgen für einen Themenimpuls oder ein Wachrütteln. Ein Wachrütteln sollte vorwurfsfrei erfolgen, zum Beispiel über einen Trendüberblick oder die Darstellung einer Kundenreise. Am Ende steht eine offene Frage, die es zu bearbeiten gilt. Meistens wirkungsvoller ist ein Themenimpuls durch einen externen Gastreferenten, Anwenderberichte von Kunden oder eine eigene Analyse der Marktsituation bzw. der technologischen Entwicklungstendenzen. Am Ende steht auch hier ein ausformulierter Handlungsbedarf, für den adäquate Lösungen zu suchen sind oder eine offene Frage zur Bearbeitung. Ebenso wirkungsvoll ist auch die Konfrontation mit der Realität, beispielsweise wenn ein vorhandenes Produkt in seinen Stärken und Schwächen analysiert wird oder ein MVP vorgestellt wird. Auch die Analyse eines Wettbewerbsprodukts oder eines fehlgeschlagenen Experiments kann sensibilisieren. Ebenso das Auspacken und die Inbetriebnahme eines eigenen Produkts.
- Die dritte Phase ist eine erste *kreative Gruppenarbeit*. Im Mittelpunkt dieser Phase steht der Kundenblick. Ziel der Phase ist die Aufdeckung von wahren Kundenbedürfnissen und funktionalen Anforderungen an ein Produkt oder eine Dienstleistung. Leitfragen helfen:
  Was sind die Kundenbedürfnisse, die sich aus der Sensibilisierung, den Markt- und Technologietrends ableiten lassen? Was kann man über den Zielkunden und seine Erwartungen daraus schließen? Welche Beschwerden und Hinweise haben die Kunden bereits geäußert? Welche Funktionen werden vermisst? Welche dienen der Alleinstellung und wirken kaufentscheidend? Hilfreich ist es in diesem Zusammenhang,

Kundenbilder zu personalisieren und – wenn möglich – den Kundenanforderungen ein Gesicht und eine Erwartungshaltung zu geben.

- Die vierte Phase widmet sich der *konkreten Ideensammlung*. Sie beginnt vielleicht mit einem Brainstorming- oder der Vorstellung eines ersten Zielebilds und wird dann schnell in eine systematisch erfolgende Ideenmultiplikation überführt. Hierzu gibt es weitere Kreativtechniken, die situationsgerecht eingesetzt enorme Wirkung entfalten (vgl. Anhang IV).
  Beschließen Sie diese Workshop-Phase mit sichtbaren Ergebnissen, die Sie auf Karten an Trennwänden visualisieren, als Skizzen oder Mindmaps festhalten. Clustern Sie nach der Ideenvorstellung die Ideen nach Schwerpunkten und Handlungserfordernissen und ziehen Sie gemeinsam mit den Teilnehmern die ersten Schlüsse.
- Die fünfte Phase *beschließt den Workshop*. Versuchen Sie eine Aufbruchstimmung zu erzeugen. Schätzen Sie die Ergebnisse wert und ziehen Sie dann gemeinsam mit den Teilnehmern die ersten Schlüsse aus dieser Übung, vereinbaren Sie Folgeaktionen oder beginnen Sie noch im Workshop mit der Ausarbeitung eines Zielebilds. Vermeiden Sie aber zu diesem Zeitpunkt Detaildiskussionen. Noch geht es um den Kern, die Kundenerwartungen und einen Lösungsweg, um diese zu treffen.

Werkstattgespräche können Sie vergleichbar gestalten. Der Charme eines Werkstattgesprächs ist die gezielte Aufweitung des Teilnehmerkreises um bedeutsame Partner, vor allem Kunden und Lieferanten sowie Netzwerk- und Entwicklungspartner. Der Charakter eines Werkstattgesprächs ist offener. Es steht der Erfahrungsaustausch und der Blick auf die Einsatzumfelder im Vordergrund, insbesondere, wenn Sie einen Einblick in die Fertigung auf einem Rundgang nehmen dürfen. Ebenso der offene Austausch über Schwachstellen und Einsatzhemmnisse sowie die Sichten auf gewisse technologische oder branchenrelevante Entwicklungen des Markts. Hören Sie aufmerksam zu und sammeln Sie Informationen statt Ideen in Werkstattgesprächen. Nutzen Sie die Chance, Ihre Konzepte und die neuesten MVPs zu präsentieren, gemeinsam zu experimentieren und zu lernen.

7.4   Detaillierung einer Idee

Nach Ideengenerierungsrunden und einer Ideenvorauswahl, nach ersten Innovationsworkshops gilt das volle Augenmerk der Detaillierung eines Innovationskonzepts. Das ist der explorative Teil einer Innovationsinitiative, die sowohl schnell als auch möglichst hochwertig abgeschlossen werden sollte. Daher auch die Einrichtung eines agilen Innovationsteams zu diesem Zeitpunkt.

In dieser Phase suchen Sie mit Ihren Teams den vertieften Austausch mit relevanten Kunden (*Lead User*) oder starten eine Kundenbefragung, aus der sich wichtige Hinweise auf Innovationsaufgaben mit hohem Marktpotenzial ergeben. Damit können Sie die Erfolgschancen eines Innovationsvorschlags besser einschätzen, Innovationsrisiken identifizieren und minimieren sowie Fehlinvestitionen vermeiden.

In den agilen Innovationsteams werden zunächst messbare Ziele für die Innovationsaufgaben definiert. Die funktionalen Anforderungen und die Innovationsaufgaben werden beschrieben. Es folgt die Weiterentwicklung und Auswahl der besten Ideen sowie eine quantitative Bewertung von Umsetzungsideen nach ihrem Kundennutzen, Realisierungsaufwand und Kosten. Zentrales Kriterium sind der Kunden-Nutzwert und die erschließbaren Marktpotenziale.

In einer vertiefenden Analyse werden die zentralen Elemente eines Businessplans zur Orientierung herangezogen. Es erfolgt eine Markt- und Wettbewerbsanalyse, die Analyse des Neuheitsgrads und die Möglichkeit der Anmeldung vom Schutzrechten. Erste Sichten auf die Marktbearbeitung werden ergänzt, um sich dann in agilen Entwicklerteams einer Lösungssuche zu widmen. Als wertvolle Hilfsinstrumente haben sich in diesen Phasen Zielebilder, Geschäftspläne und ein Business Model Canvas herauskristallisiert (Abb. 7.6).

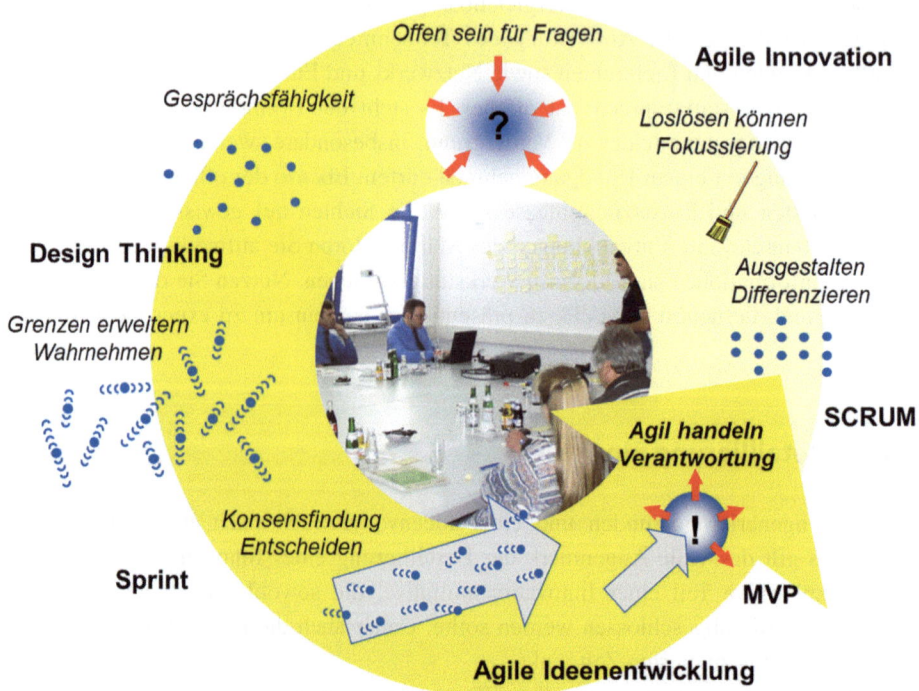

Abb. 7.6 Iterativer Zyklenprozess der Ideenschärfung

7.5 Business Model Canvas – Geschäftsmodellinnovation mit System

Das *Business Model Canvas* (BMC, deutsch: Geschäftsmodell-Leinwand) ist eine weit verbreitete und bewährte Methode zur Visualisierung, Strukturierung und Weiterentwicklung von Geschäftsideen auf einer Leinwand (engl. Canvas) bzw. auf einem großen Flipchart.

Dieses Framework wurde vom Schweizer Alexander Osterwalder entwickelt und erfreut sich großer Beliebtheit bei der Bewertung von Ideen, Innovationskonzepten sowie zur strategischen Planung und Entwicklung von Geschäftsmodellinnovationen.

Ziel ist es, eine Innovationsidee strukturiert und möglichst prägnant ganzheitlich darzustellen, um sich damit einen Überblick über die wichtigsten Punkte und ersten Aufgaben zu machen. Komplexe Zusammenhänge von Geschäftsmodellen werden durch diese strukturierte Form der Darstellung erheblich vereinfacht und verständlicher gemacht, was es auch leichter macht, die Idee und ihr Erfolgspotenzial auf der Basis von neun Schlüsselerfolgsfaktoren zu vermitteln. Im Mittelpunkt steht hierbei die Geschäftslogik eines Unternehmens oder Angebots. Die Geschäftslogik beschreibt, wie ein Wert geschaffen, dem Kunden angeboten und letztendlich auch finanziert wird. Das BMC stellt eine wirkungsvolle Methodik dar, um Geschäftsmodelle übersichtlich zu visualisieren. Dies erleichtert es, Geschäftsmodelle zu verstehen, zu besprechen, zu bewerten und zu optimieren.

Abb. 7.7 zeigt die Grundstruktur eines Business Model Canvas als Ausgangsvorlage für die Innovationsarbeit. In den Feldern werden zu jedem Schlüsselthema die relevanten Ideen in Stichworten notiert. Im Kern des BMC steht das Leistungsversprechen. Auf der rechten Seite wird dargestellt, wie Werte für Kunden und das Unternehmen geschaffen werden. Dagegen wird mit der linken Seite des BMC dokumentiert, welche Mittel ein Unternehmen für erfolgreiche Umsetzung des Geschäftsmodells braucht.

Das BMC ist ein sehr wirkungsvolles Werkzeug, um die Dynamik und die Entwicklung von Geschäftsmodellen schnell, visuell ansprechend und konkret zu diskutieren. Eine oberflächliche Analyse kann durch eine Person in kurzer Zeit durchgeführt werden. Bei komplexen Entwicklungsprojekten muss mindestens ein halbtägiger Workshop eingeplant werden, bei dem Personen aus unterschiedlichen Abteilungen des Unternehmens teilnehmen sollten.

Der große Mehrwert des BMC ist, dass Teams eine gemeinsame Sprache und Verständnis über die Wichtigkeit einzelner Elemente entwickeln, indem sie viele Einzelideen baukastenartig zu einem Geschäftsmodell zusammenzufügen und zueinander in Beziehung setzen, bis ein marktfähiges Modell gefunden ist. Am besten funktioniert das Ganze, wenn eine interdisziplinäre Gruppe mit der Methode arbeitet. In der Diskussion wird zudem jedem bewusst, dass dein Geschäftsmodell ein System ist in dem alle Blöcke aufeinander aufbauen und voneinander abhängig sind.

Business Model Canvas (BMC)

Key Partners Schlüssel-Partner	Key Activities Schlüssel-Aktivitäten	Value Propositions Wert- und Nutzenversprechen	Customer Relationships Kundenbeziehungen	Customer Segments Kundensegmente
• Lieferanten? • Technologiepartner? • FuE Hilfestellung? • Netzwerke? • Marktbegleiter?	• Innovationsworkshops • Kundenkontaktgespräch • Customer Journey • Anforderungsprofil • Design Thinking	• Warum ist die Lösung besser / beachtenswert? • Schlüsselfunktionen? • Alleinstellungschancen? • Problem & Lösung beschreiben • Nutzenargumente aus Kundensicht • Skalierbarkeit und Re-Use	• Stand der Kundenbeziehung • Austausch mit Kunde und agile Kooperation • Chancenpotentiale?	• Zielgruppe? • Zielmärkte? • Partner und Schlüsselkunden? • Erreichbarkeit? • Chancen / Risiken? • Marktanteile?
	Key Resources Schlüsselressourcen • Kompetenzen • Entwicklungsbedarf • Budget • Verfügbarkeit und Möglichkeit der Ergänzung?		**Channels** Vertriebs- und Kommunikationskanäle • Wie und wo erreiche ich meine Kunden? • Markteintrittsbarrieren? • Produktvorstellung? • Kommunikation • Marktbearbeitung	

Cost Structure Kostenstruktur	Revenue Streams Erlösstruktur
• Fixkosten und variable Kosten? • Entwicklungskosten und –risiken? Produktionskosten und Zukäufe? • Markteinführungskosten, Kosten für Kundenakquise, Vertrieb? • Personalbedarf und –kosten? Kosten der Kompetenzentwicklung? • Partnerarbeit und Chancen der Förderung / Risikominimierung?	Welche Einnahmequellen sind möglich? • Ertragspotentiale und Preisstabilität? • Pilotkunden und Pilotprojekte? • Preisrisiken und Absatzchancen? • Wachstumspotentiale und Wettbewerb?

Abb. 7.7 Grundstruktur eines Business Model Canvas (BMC) zur ganzheitlichen Bewertung eines Geschäftsmodells oder eines Innovationsvorhabens und seiner Erfolgsfaktoren

Das BMC schlägt zur ganzheitlichen Beschreibung der Geschäftsmodelle 9 Dimensionen vor

1. *Schlüssel-Partner (Key Partners):* Je nach Geschäftsmodell und Unternehmensreife bietet es sich an, eine strategische Partnerschaft einzugehen oder Investitionen zu tätigen, um die Effektivität des Unternehmens zu steigern, die Time-to-Market zu reduzieren, Entwicklungskosten und Risiken auf mehrere Schultern zu verteilen. Leitfrage: Wer kommt als Partner infrage?

2. *Schlüssel-Aktivitäten (Key Activities):* Um ein Produkt herzustellen oder eine Leistung zu erbringen, sind bestimmte Tätigkeiten und Entwicklungswerkzeuge notwendig. Die Entwicklung einer App, neuer Lösungen für Kunden oder eines Netzwerks sollten in diesem Themenfeld kurz umrissen werden. Leitfrage: Welches sind die wichtigsten Tätigkeiten, um dieses Geschäftsmodell umzusetzen und am Laufen zu erhalten?

3. *Wert- und Nutzenversprechen (Value Propositions):* Jedes Produkt und jede Dienstleistung haben eine Aufgabe, ein Problem des Kunden zu lösen oder ein Bedürfnis zu befriedigen. Jedes Produkt und jede Leistung muss dieses Nutzenversprechen enthalten: Neuer, besser, günstiger oder einfach nutzerfreundlicher als vergleichbare Angebote zu sein. Leitfrage: Welchen Nutzen haben die Kunden, wenn sie das Produkt oder die Dienstleistung kaufen?

4. *Kundenbeziehungen (Customer Relationships):* Kunden können persönlich bedient werden. Sie können auch über Internetplattformen im B2C Markt erreicht werden und erwarten je nach Angebot eine gewisse Art von Service und Umgang. Wie man die Kundenbeziehung gestaltet, ist ein wichtiger Bestandteil eines Geschäftsmodells und

sollte vor allem bei agiler Innovation mit ihrer ganz besonderen Kundenzentrierung klar definiert sein. Leitfrage: Wie können die potenziellen Kunden gewonnen und gebunden werden?

5. *Kundensegmente (Customer Segments):* Jedes Unternehmen will ein Produkt oder eine Dienstleistung verkaufen und hat hierbei eine bestimmte Zielgruppe im Auge oder ist zumindest auf der Suche nach Marktsegmenten, die einen hohen Nutzen durch ihr Produkt haben. Als Kunden kommen verschiedene Kundenarten infrage: Die Masse, eine Nische, spezielle Branchen- und Kundensegmente. Leitfrage: Welches ist die Kundenzielgruppe? Hierbei sollte das Bild der Kundensegmente immer klarer werden und optimal zum Wert- und Nutzenversprechen passen.

6. *Schlüssel-Ressourcen (Key Resources):* Eine Produktion zu bewerkstelligen und eine Dienstleistung zu erbringen, ist nur mit bestimmten Ressourcen möglich: Betriebsstätte, Personal, Startkapital usw. Leitfrage: Welche physischen, menschlichen und finanziellen Ressourcen sind unverzichtbar?

7. *Vertriebs- und Kommunikations-Kanäle (Channels):* Kunden kaufen nur, was sie kennen. Und das, was für sie erreichbar und verfügbar ist. Fragen: Wie erfahren Kunden von dem Angebot? Wie muss der Vertrieb aussehen? Sie beschreiben an dieser Stelle, wie Sie mit Ihren Kunden interagieren, angefangen mit dem Erregen von Aufmerksamkeit für das Produkt, über Vertriebswege und die Lieferung hin zum Service nach dem Verkauf.

8. *Kostenstruktur (Cost Structure):* Jede Produktion und jede Dienstleistung sind mit Kosten verbunden. Sie fallen vor allem für die Aktivitäten, die Ressourcen und für Partner an. Mit Blick auf diese Elemente sollten die wichtigsten Kostenpunkte schnell erfasst und grob abgeschätzt sein. Leitfrage: Welches sind die wichtigsten Ausgaben, ohne die das Geschäftsmodell nicht funktionieren würde?

9. *Erlösstruktur (Revenue Streams):* Es gibt oft mehrere Wege, mit demselben Angebot Geld zu verdienen. Gerade in diesem Bereich kann man mit dem Business Model Canvas verschiedene Optionen gut durchspielen und neue Geschäftsmodelle identifizieren. Einmalzahlungen bringen schnell Geld in die Kasse. Abonnenten und Rahmenverträge mit After Sales Services versprechen dagegen kontinuierliche Folgeeinkünfte über längere Zeit. Frage: Woher kommt bei diesem Geschäftsmodell das Geld? Und dabei will auch die Frage nach dem Preismodell beantwortet werden.

In einigen neueren Formen und Weiterentwicklungen des BMC werden häufig drei weitere wichtige Schlüsselerfolgsfaktoren benannt, die auch für die agile Innovation bedeutsam sind:

10. *Team:* Das Team ist wichtiger Bestandteil für den Erfolg eines agilen Innovationsprojekts. Wer gleiche Werte teilt und an einem Strang zieht, kann schwierigen Situationen besser begegnen. Frage: Welche Kompetenzen, auch soziale, sind im Team vereint?

11. *Werte (Values):* Werte kann man nicht sehen und nur schwer messen. Sie stehen für gemeinsame Grundüberzeugungen und kulturelle Rahmenbedingungen der Zusammenarbeit; auch für die Zusammenarbeit mit wichtigen Kunden, Lieferanten und Partnern. Leitfragen: Wofür soll das Geschäftsmodell, das neue Produkt oder das Unternehmen stehen? Was ist wichtig, worauf wird der Fokus gelegt? Was ist unwichtig und wird ausgeblendet oder zurückgestellt?

12. Nachhaltigkeitsaspekte *(Sustainability Aspects):* Zunehmend müssen Nachhaltigkeitsaspekte zu Beginn einer Entwicklung berücksichtigt werden. Hierbei sind es vor allem Fragen der Kreislauffähigkeit und Ökobilanz von Produkten, Lieferkettenaspekte und vor allem Geschäftsmodellinnovationen, die zu einer Kreislaufwirtschaft generell beitragen, die zu bewerten sind: Wie kann die CO_2-Bilanz und der Ressourceneinsatz während eines Produktlebenszyklus verbessert werden? Wie können soziale Aspekte berücksichtigt werden?

Die Vorteile eines Business Model Canvas liegen auf der Hand: Es ist ein einfache, weitverbreitete und auch in Führungsebenen bekannte Methode und Evaluationsstruktur für die systematische, dennoch schnelle Analyse der wichtigsten Erfolgsfaktoren einer Innovationsidee, eines neuen Produkts oder einer neuen Unternehmensaktivität. Es adressiert die wichtigsten Punkte kurz und übersichtlich auf einer Seite und legt damit die Basis für Schlüsselelemente eines Businessplans.

Die Vorgehensweise und die anschauliche Visualisierung bieten eine klare Struktur für Innovationsworkshops und nachgelagerte Ideenbewertungen. Teams können schnell und produktiv mit dem BMC arbeiten. Es fördert die Fokussierung auf die wichtigsten Aspekte. Aufgrund seiner Größe und des Arbeitens mit Haftnotizen, sind alle Beteiligten dazu gezwungen, rasch auf den Punkt zu kommen. Ein Geschäftsmodell wird prägnant auf einer Seite dargestellt, trotzdem erkennt man sofort wichtige Abhängigkeiten, Maßnahmen und Erfolgsfaktoren. Agile Teams gewinnen und aktualisieren damit auf effiziente Weise ihr einheitliches Verständnis. Je nach Einsatz des BMC kann der Aufwand stark variieren.

Nachteilig an dem Instrument des Business Model Canvas aus agiler Sicht ist die unterrepräsentierte Kundensicht und der zu geringe Einfluss des Kunden auf das Geschäftsmodell. Diese Schwachstelle in der BMC-Betrachtung lässt sich aber leicht aufheben, indem agile Innovatoren gezielt Kunden und Partner in die Aufstellung ihres Canvas einbinden oder dieses mit ihnen diskutieren und gemeinsam optimieren. Auch komplexere Netzwerke und Zusammenhänge sind im BMC nicht möglich. Zudem handelt es sich beim BMC um einen sehr generischen Ansatz, der teilweise an bestimmte Voraussetzungen und das Einsatzumfeld zuerst angepasst werden muss. Aber dabei setzen agile Teams und agile Innovatoren selbstverständlich auf ihre Gestaltungsfreiräume, um die Zielzustände zu erreichen.

Für den Einsatz und die Aufstellung eines BMC werden analog zur Strukturierung von Innovationsworkshops, Ideenprozessen und Werkstattgesprächen fünf Phasen vorgeschlagen: Eröffnung und Impuls, Verstehen, Design, Ideenverfeinerung und agile Umsetzung (Abb. 7.8).

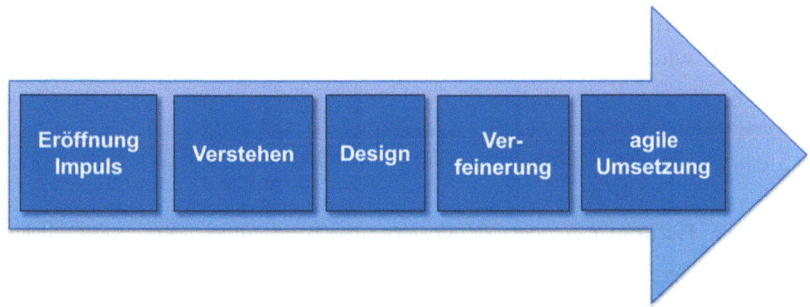

Abb. 7.8 In fünf agilen Schritte zum Einsatz eines Business Model Canvas (BMC)

Die erste Phase des *Eröffnungsimpulses* schafft die Rahmenbedingungen für eine Auseinandersetzung mit Ideen und Innovationsvorhaben. Zu einem Impulsworkshop wird ein möglichst heterogenes Team aus unterschiedlichen Funktionsbereichen eingeladen, um die größtmögliche Bandbreite an Wissen und Ideen einzufangen. Als Moderator konfrontieren Sie die Teilnehmer mit dem Thema, ersten Analysen und einigen Impulsgedanken. Diesen Part können auch externe Gäste, Kunden und Partner übernehmen, ebenso interne Markt- und Technologiekenner, die sich im Rahmen von Recherchearbeiten bereits mit Themenfeldern auseinandergesetzt haben.

In der zweiten Phase „*Verstehen*" wird ein fundiertes Verständnis entwickelt und die ersten Ideen werden gesammelt, um sie dann in den BMC zu integrieren. Neben einer Markt- und Kundenanalyse werden Marktbegleiter eruiert, die Experten befragt und gescheiterte Geschäftsmodelle für erste Ideen und Meinungen untersucht. Mit diesen ersten Hinweisen auf die Geschäftsmodellumwelt wird die nächste Phase eingeleitet.

In der Phase „*Design*" wird ein Geschäftsmodell entwickelt. Mittels Kreativitätstechniken und Prototyping werden verschiedene Ideen hervorgebracht, mithilfe des Canvas dargestellt, kombiniert und getestet. Durch *Storytelling* – einer Variante des Rollenspiels – kann zur Verfeinerung ein Feedback von internen oder externen Experten zu potenziellen Geschäftsmodellen eingeholt werden, bevor die Entscheidung der Implementierung getroffen wird.

In der vierten Phase „*Ideenverfeinerung*" nimmt ein agiles Innovationsteam in einem ersten Sprint die Projektarbeit auf. Alle offenen Punkte werden geklärt, die ersten MVP´s aufgebaut und mit den Endanwendern – den *Lead Usern* – diskutiert. Damit einher geht die Kommunikation über das Vorhaben, die Verfeinerung der Prototypen und das Befüllen des Backlog für die Implementierung.

In der letzten Phase „*agile Umsetzung*" geht das Innovationsvorhaben und die damit einhergehende Produkt-, Prozess- oder Geschäftsmodellinnovation unter Berücksichtigung der langfristig anvisierten Ziele vollständig in die Verantwortung der agilen Teams über. Ständig werden bei Bedarf weitere Anpassungen und grundlegende Veränderungen im Rahmen der agilen Sprintorganisation und als Ergebnisse der Marktbeobachtung und Kundenrückmeldungen vorgenommen. Durch die visuelle Repräsentation des BMC wird das Zielebild sichtbar und stets weiterverfeinert. Zusätzlich wird die unternehmensweite Kommunikation des Geschäftsmodells mit diesem ganzheitlichen Zielebild erleichtert.

Was Sie noch beachten sollten:

- Nutzen Sie Haftnotizen oder Moderatorenkärtchen und eine möglichst große Projektionswand. Anhand von Vorlagen und Online-Tools lässt sich ein BMC selbstverständlich schnell, einfach und digital erstellen. Dennoch: Nutzen Sie in Workshops und zu Beginn des Visualisierungsprozesses eine klassische Variante auf Papier oder Flipchart. Dort bringen Sie zu den jeweiligen Elementen Post-it´s an, um sie mit Inhalt zu füllen. Diese lassen sich leicht erweitern, verschieben, zusammenführen oder auch wieder entfernen, wenn sich etwas ändert. Auch hier zählt: Eine 80 %-ige Lösung genügt und ist fortlaufend weiter optimierbar.
- Entwickeln Sie das Business Model Canvas weiter: Die erste Version Ihrer Leinwand zur Geschäftsidee sollte nicht die abschließende Version sein. Geschäftsmodelle, Produkt- und Dienstleistungsinnovationen müssen reifen. Sie befinden sich in einer frühen Phase der Produktentwicklung, suchen und bewerten Ideen, die noch ganz am Anfang stehen. Jede Iteration und jede kleine Nachbesserung dient dem Fortschritt und dem besseren Kunden-Fit. Entwickeln Sie daher mit der Methode und Zielebilddarstellung des BMC Ihr Innovationsvorhaben weiter und achten Sie zunehmend auf eine ganzheitliche Betrachtung aller Schlüsselerfolgsfaktoren und Aspekte.
- Verdeutlichen Sie Zusammenhänge: Betrachten Sie die Elemente nicht einzeln und individuell. Es gibt viele wichtige Verbindungen, die Sie erkennen und verdeutlichen sollten: Etwa zwischen Kosten und Schlüsselressourcen, zwischen Wertversprechen und Schlüsselaktivitäten oder auch zwischen Kunden und Kanälen. Nutzen Sie die Möglichkeiten einer gleichartigen Farbgebung und haben Sie den Mut, auch mal eine Verbindungslinie in einer entsprechenden Farbe zu ziehen, auch wenn darunter vielleicht die Prägnanz der Präsentation leidet.
- Entwickeln Sie aus dem BMC den detaillierten Businessplan. Das BMC ersetzt den Businessplan nicht, sondern ist eine wichtige Grundlage für dessen Erstellung. Nutzen Sie hierfür alle gesammelten Informationen und Erkenntnisse, um daraus einen detaillierten, dennoch prägnanten Businessplan zu entwerfen. So entwickeln Sie und Ihre agilen Teams bereits frühzeitig ein besseres Verständnis der Idee und wichtiger Zusammenhänge. Das überzeugt am Ende auch Partner, Unternehmenseigentümer, Investoren, Banken und sonstige Stakeholder.

Weiterführende Literatur

Bergmann, G., Daub, J., *Systemisches Innovations- und Kompetenzmanagement – Grundlagen, Prozesse, Perspektiven*, Gabler (2006), S. 69–77

Blake, S., *Kreativität ist wie ein Muskel, den man trainieren kann*, Der Konstrukteur, Heft 09/2019, S. 12–14

Böhmann, T., Warg, M., Weiß, P. (Hrsg.), *Service-orientierte Geschäftsmodelle – Erfolgreich umsetzen*, Springer-Gabler (2013), S. 8–29

Breyer-Mayländer, *Management 4.0 – Den digitalen Wandel erfolgreich meistern*, Hanser (2017), S. 80–92

Desouka, K. C., *Customer-Driven Innovation*, Research & Technology Management (2008), S. 35–44

Frensch, J., Wördenweber, B., *Verhaltensorientiertes Innovationsmanagement – Spielerische Anleitung für Teams und Unternehmensführung*, Springer Gabler (2021), S. 89–111

Glück, M., *Innovation gelingt nur im angstfreien Raum*, VDMA Magazin 07/2017, S. 20–21

Mockenhaupt, A., Schlagenhauf, T., *Digitalisierung und Künstliche Intelligenz in der Produktion*, Springer Vieweg (2024), S. 38–44

Osterwalder, A., Pigneur, Y., *Business Model Generation: Ein Handbuch für Visionäre, Spielveränderer und Herausforderer*, Campus (2011), S. 19–23

Pfannstiel, M. A., Siedl, W., Steinhoff, P. (Hrsg.), *Agilität in Unternehmen*, Springer Gabler (2021), S. 33–50

Plugmann, Ph. (Hrsg.), *Innovationsumgebungen gestalten Impulse für Start-ups und etablierte Unternehmen im globalen Wettbewerb*, Springer Gabler (2018), S. 149–164

Pichler, R., *Scrum – Agiles Projektmanagement erfolgreich einsetzen*, dpunkt (2008)

Servatius, H.-G., Piller, Frank. T., *Der Innovationsmanager – Wertsteigerung durch ein ganzheitliches Innovationsmanagement*, Symposion (2014), S. 44–45

Student, D., *Wir können auch anders*, Manager Magazin 06/2016, S. 80–86

van Lieshout, B., van der Waal, H.-J., Karsten, A., van Solingen, R., *Agile Transformation: Organisationen strukturell beschleunigen und beweglicher machen*, dpunkt (2021), S. 31–62

Kreativität und Kreativitätstechniken

Der vernünftige Mensch passt sich der Welt an; der unvernünftige besteht auf dem Versuch, die Welt sich anzupassen. Deshalb hängt aller Fortschritt von unvernünftigen Menschen ab.

George Bernhard Shaw

Der Begriff Kreativität hat seine Wurzeln im lateinischen „*creare*", erschaffen. *Kreativität* ist die menschliche Fähigkeit, Herausforderungen durch neue, originelle oder ungewöhnliche Ansätze zu lösen sowie Ideen für Verbesserungen, ganz neue Funktionen oder Lösungskonzepte hervorzubringen, um Strukturen und Denkansätze aufzubrechen und ganz andere Lösungsansätze aufzustellen. Hierbei werden häufig bekannte Wissenselemente zur Erfüllung eines bestimmten Zwecks erstmals neu kombiniert.

Unterscheiden lässt sich zwischen ausgestaltender Kreativität, die ins Detail geht, und bahnbrechender Kreativität, die sich in grundlegenden wissenschaftlichen Erkenntnissen oder radikalen Innovationen darstellt. Beide Kreativitätsformen ergänzen sich und sind auf nützliche Ergebnisse ausgerichtet, was sie von Phantasie unterscheidet.

Neben der künstlerischen gibt es auch die technische Kreativität. Konzentriert man sich auf die technische Kreativität, dann ist sie die Ressource, mit der Ingenieure ihre täglichen Herausforderungen lösen. Kreativität ist ein wesentlicher Faktor der Unternehmensentwicklung und führt zu innovativen Marktleistungen.

Es kommt ohne Zweifel darauf an, das Kreativitätspotenzial einer Organisation zu erkennen und systematisch auszuschöpfen. Obwohl Unternehmen grundsätzlich diese Meinung teilen, ergibt sich im Hinblick auf den gezielten Einsatz von Kreativitätsmethoden im Innovationsprozess und der Produktentwicklung noch ein uneinheitliches Stimmungsbild.

Eine Vielzahl der Unternehmen verwendet kaum bzw. keine Kreativitätstechniken. Trotz der erkannten Relevanz von kreativem Freiraum sind die dafür erforderlichen Infrastrukturen oder Arbeitszeitmodelle noch nicht verbreitet. Um Kreativität in der

Produktentstehung zu fördern, bedarf es eines Mentalitätswandels sowohl in den Führungspositionen als auch bei den Entwicklern. Dadurch kann die Akzeptanz gesteigert werden.

Positiv ist die sehr große Auswahl an Kreativitätstechniken, die sich in der Praxis bewährt haben, beispielsweise das Design Thinking und Kreativitätsworkshops wie Makeathons. Hier zeichnet sich die Herausforderung ab, die für den spezifischen Einsatzfall bestgeeignete Technik auszuwählen.

Kreativität beschränkt sich keinesfalls nur auf bunte Bastelstunden. Kreativität spielt in der Phase der Ideengenerierung im Innovationsprozess eine sehr bedeutende Rolle und ist eine der Schlüsselressourcen der Zukunft, keineswegs nur Kinderkram!

Wer an der Spitze bleiben will, braucht kontinuierlich neue Ideen. Doch wenn neue und brauchbare Ideen gefragt sind, dann ist oftmals guter Rat teuer. Und meistens fällt das Zauberwort Brainstorming; e-infach und bekannt. Aber kann man Kreativität lernen?

Eine abschließende und eindeutige Antwort hierzu liefert die Wissenschaft bis heute nicht. Stattdessen wird kontrovers diskutiert. Früher wurde davon ausgegangen, dass Kreativität zwar beobachtbar, aber nicht beeinflussbar ist. Dies bedeutet, es gab kreative Erfinder und nicht kreative Menschen.

Nach heutiger Erkenntnis ist bei jedem Menschen eine geistige Grundstruktur für Kreativität vorhanden, welche jedoch unterschiedlich stark genutzt wird. Diese geistige Grundstruktur wird auch als natürliche Kreativität bezeichnet.

Kreativität ist eine Grundvoraussetzung für Innovation. Menschen werden aber erst kreativ, wenn sie sich wohl und wertgeschätzt fühlen. Das geschieht allerdings nur, wenn sie Sinn in ihren Aufgaben erkennen, wenn sie sich regelmäßig auf Augenhöhe austauschen und ihre Ideen einbringen können. Erst durch Sicherheit, Wertschätzung und Anerkennung laufen sie zur Höchstform auf.

Die neuere Forschung auf dem Gebiet des menschlichen Denkens hat gezeigt, dass die Anwendung von Kreativitätstechniken die kreative Leistung in jeder Altersstufe signifikant erhöhen kann. Sie finden deshalb bei der Lösungssuche im agilen Innovationsprozess häufig Anwendung, helfen sie doch ausgetretene breite Pfade zu verlassen und Denkblockaden zu überwinden. Das funktioniert vielleicht nicht gleich beim ersten Mal, erfordert auch etwas Übung und Erfahrung, aber dann ergeben sich erstaunliche positive Effekte.

Kreativitätstechniken als Methoden zur Förderung der Kreativität besitzen aus gutem Grund einen hohen Stellenwert im Rahmen der agilen Innovation. Sie helfen vor allem, neue Ideen spielerisch zu generieren, Denkanstöße zu geben und Kreativität zu fördern. Sie fördern auch den Zweifel, der kein Hadern und Zaudern ist, sondern die konstruktive Frage nach einer Alternative. Im Marketing werden sie des Weiteren genutzt, um Inspiration für neue Kampagnen, Content-Ideen oder Strategien zu finden. Auch Prozesse und Strukturen können mithilfe von Kreativitätstechniken hinterfragt und optimiert werden. Sie sind die Basis für das innovationsstimulierende Erkennen.

Das Trainieren und Fördern von Kreativität ist für agile Innovatoren kein pädagogischer Kinderkram, sondern wesentliches Element der Grundlagenarbeit für agile

Innovation, so wichtig wie Lesen, Schreiben, Rechnen. Die Auswahl nützlicher Methoden ist groß. Neben den Klassikern gibt es heute viele moderne Kreativitätstechniken zur Ideenfindung. Einen Überblick gängiger Methoden zeigt Abb. 7.2. In Anhang IV finden Sie darüber hinaus eine Auswahl der für die agile Innovation besonders geeigneten Techniken inklusive Durchführungshinweise, Vor- und Nachteile.

Die Basismethode der Techniken der freien Assoziation ist da-s Brainstorming. Hierbei werden keine Denkrichtungen vorgegeben. Ideen anregendes Denkprinzip ist die Assoziation. Bei den weiteren Techniken der strukturierten Assoziation werden Denkrichtungen vorgegeben; ansonsten werden Ideen intuitiv gebildet.

Grundsätzlich lassen sich Kreativtechniken in drei Arten unterteilen

- *Intuitive Methoden*: Hierbei stehen Assoziationen im Vordergrund. Ausgehend von ersten Impulsen werden immer mehr und weitere Ideen generiert. Es entsteht ein sehr hoher Output. Der Fokus liegt auf Quantität statt Qualität. Man unterscheidet ruhige und laute Techniken. Zu den ruhigen Techniken gehören die 6–3–5 Methode, die ABC-Liste oder das Mindmapping. Zu den lauten gehören das Brainstorming oder die Kopfstandtechnik. Das Besondere an intuitiven Methoden ist, dass innerhalb kurzer Zeit viele Ideen entwickelt werden.
- *Diskursive Methoden* generieren oft wenige, in der Regel aber sehr durchdachte Ideen. Im Vergleich zu den intuitiven Methoden, geht man deutlich analytischer und strategischer vor. Es geht darum, das Problem in all seinen Bestandteilen zu analysieren und Schritt für Schritt eine Lösung zu erarbeiten. Das Problem wird beispielsweise in Teilprobleme zerlegt und es werden zunächst Lösungen für die jeweiligen Teile gesucht. Typische Vertreter sind die Osborn-Methode, SCAMPER oder die Relevanzbaumanalyse.
- *Kombimethoden* enthalten intuitive wie diskursive Elemente. Kreativitätstechniken, die beide Methoden kombinieren, sind die De Bono Hüte, Kill Your Company, 5 W oder die Walt-Disney-Methode. Ziel ist meist ein Perspektivenwechsel. Kombimethoden eignen sich daher besonders für größere Teilnehmergruppen.

Kreativitätstechniken haben ihre Vor- und Nachteile. Die eine, beste Kreativitätstechnik gibt es nicht. Probieren Sie verschiedene Methoden aus, kombinieren Sie diese und finden Sie heraus, womit Sie selbst oder im Team die besten Ergebnisse erzielen. Ob eine Kreativitätstechnik zündet, hängt nicht zuletzt von der Tagesform und den Teilnehmern ab.

Oftmals wird von einer Arbeitsgruppe erwartet, dass sie sofort ein großes Spektrum an kreativen Geistesblitzen hervorbringt, auch wenn hinlänglich bekannt ist, dass allgemeine Deklarationen und Appelle, kreativ zu sein, nicht sehr wirksam sind.

Zu Beginn einer Kreativrunde sollten im ersten Schritt die naheliegenden Einfälle abgesaugt werden, zum Beispiel mit einem Brainstorming o-der einer stillen Nachdenkrunde, bei der man seine Ideen auf kleinen Zetteln festhält. Sie verhindert unkoordinierte

Diskussion gleich zu Beginn eines Termins und fördert die Fokussierung auf das Thema. Die so gewonnenen Assoziationen und die ersten Ideen bilden eine gute Ausgangsbasis für die weitere Ideenfindung mithilfe anderer Kreativtechniken.

Ratsam ist auch ein Perspektivenwechsel, bei dem sich die Mitarbeitenden in neue, ungewohnte Rollen versetzen. Naheliegende Rollen wie Kunden und Partner. Was denken Sie zum Thema? Oder ausgefallene Gäste wie zum Beispiel der Redakteur einer Zeitschrift. Was steht wohl auf der ersten Seite seines nächsten Magazins als Titelthema?

Ebenfalls interessante Sichten liefert ein Ebenenwechsel. Hierbei geht es darum, absichtlich schnell von der konkreten auf die abstrakte Ebene und wieder zurück zu wechseln. Ein Beispiel: Es wird nach einem neuen Anwendungsgebiet für eine Simulationssoftware gesucht, um sich neue Kundengruppen zu erschließen.

Wer wissen möchte, wozu die Software mit geringen Anpassungen noch genutzt werden könnte, wechselt zunächst auf die abstrakte Ebene: „Eine Simulationssoftware hilft Menschen dabei, mittels mathematischer Modelle das Verhalten eines tatsächlichen Phänomens nachzustellen." Danach wechseln Sie wieder zurück auf die konkrete Ebene: „Was kann oder muss simuliert werden?"

Die Kreativtechnik des Ebenenwechsels empfiehlt sich, wenn vorhandene Lösungen auf neue Anwendungsgebiete übertragen werden sollen. Oder: Die Antwort ist schon definiert, aber das passende Problem muss noch gefunden werden. Dann empfiehlt es sich, sich vorzustellen, dass jemand genau nach dieser Lösung gesucht hat. Und zu fragen: Wer könnte dies sein? Und: Wie lautet sein Problem?

Man kann aber auch zielgerichtet und systematisch auf neue Ideen kommen. Eine bekannte wirkungsvolle Fragemethode ist beispielsweise TRIZ, die von dem sowjetischen Ingenieur, Wissenschaftler und Science-Fiction Autor Genrich Saulowitsch Altschuller entwickelt wurde.

TRIZ basiert auf den Annahmen, dass erstens vielen Erfindungen wenige Lösungsprinzipien zugrunde liegen, zweitens Innovation durch die Überwindung von Widersprüchen möglich wird und drittens die Entwicklung technischer Systeme bestimmten Mustern folgt. Deshalb werden bei TRIZ spezifische Probleme in allgemeine Widersprüche aufgelöst, denen dann mithilfe einer Widerspruchsmatrix und einer Liste von 40 innovativen Prinzipien allgemeine Lösungen gegenübergestellt werden, die anschließend wieder spezifiziert werden können. Das klingt kompliziert und ist es auch, taugt aber auszugsweise ebenso für agile Innovation.

Sehr wirkungsvoll ist der „Jobs to be done"-Ansatz. Er beruht auf der Annahme, dass Menschen keine Produkte wollen, sondern dass Aufgaben, Jobs, für sie erledigt werden. Weiß man, um welche Aufgaben es konkret geht, eröffnen sich neue Perspektiven auf bestehende Angebote oder gar Ideen für ganz neue Produkte.

Neue Perspektiven bringen bekanntlich neue Ideen. Bei der Personal Analogy nimmt man eine seltene Sichtweise ein: Der Innovator versetzt sich in die Lage des betreffenden Produktes oder der Dienstleistung und betrachtet aus seiner Perspektive die Umwelt – einschließlich der Kunden und des eigenen Unternehmens. Dabei können auch Fragen gestellt werden: Was wäre mein Ziel, wenn ich mein Produkt wäre? Wie muss ich vorgehen, um dieses Ziel zu erreichen? Welche Beziehungen muss ich aufbauen? Wie sollte ich wahrgenommen werden? Wichtig ist, die Erkenntnisse, Meinungen, Gefühle und Einstellungen des jeweiligen personifizierten Objekts zu kommunizieren, etwa über Bilder, Geschichten oder Rollenspiele, sodass sie geordnet, interpretiert und zu potenziellen Innovationen weiterentwickelt werden können.

In Online-Communitys werden einzelne Produkte oder Dienstleistungen und die damit verbundenen Wünsche, Erfahrungen, Motive und Beobachtungen meist sehr offen diskutiert. Besonders aktive Teilnehmer erweisen sich zudem häufig als Menschen, die mit ihren Ideen dem Markt weit voraus sind. Mit Netnography (Internet Ethnography) lassen sich wertvolle Kunden- und Nutzerdialoge auswerten.

Dafür müssen zuerst das Suchfeld (Produkte, Märkte, Trends) festgelegt und die passenden Online-Communities gefunden werden. Dann werden die Aussagen (Beobachtung von Diskussionen, Nutzerinnovationen, Profilen) gesammelt und die Daten schließlich qualitativ analysiert und interpretiert. Dabei ergeben sich häufig nicht nur neue Impulse für Produktinnovationen, sondern auch für Marketing, Design und vieles andere.

Man muss das Rad nicht immer neu erfinden. Manchmal genügt es, es zu verbessern. SCAMPER ist ein Fragenkatalog, mit dem man dafür systematisch Ideen suchen kann. Die Fragen lauten in Anlehnung an die Anfangsbuchstabenfolge SCAMPER:

- Substitute: Was kann ich an meinem Produkt oder Prozess ersetzen?
- Combine: Wie kann ich mein Angebot durch Kombination mit anderen Angeboten, Dienstleistungen oder Ähnlichem verbessern?
- Adapt: Wie kann ich Funktionen verändern oder Teile anderer Angebote in mein Angebot einbeziehen?
- Magnify: Welche Teile meines Angebots kann ich mehr betonen, um es attraktiver zu machen?
- Put to other use: Wie kann mein Angebot in einem anderen Zusammenhang oder für einen anderen Zweck verwendet werden?
- Eliminate: Wie kann ich durch Reduktion und Vereinfachung einen Nutzen erzielen, etwa durch eine kostengünstigere Variante für eine andere Zielgruppe?
- Rearrange: Wie kann ich meinen Prozess umgestalten, umkehren oder neu anordnen, um zusätzlichen Wert zu schaffen?

Damit soll an dieser Stelle Schluss sein. Weitere Hinweise auf Kreativitätstechniken, die zugrunde liegende Vorgehensweise und Hinweise zur Durchführung finden Sie in Anhang IV.

Was Sie abschließend auf jeden Fall noch als agiler Innovator berücksichtigen sollten: Kreativität sollte man nie blockieren! Leichter als eine gute Idee zu bekommen, ist es nämlich, aufkeimende Kreativität durch methodische Fehler zu beerdigen.

Klassische Wege, Kreativität im Keim zu ersticken, sind: Pauschalkritik, Verweis auf Traditionen, Normen, feste Prozesse, dramatisieren von Risiken, persönliche Angriffe… Das sollten Sie unbedingt unterbinden. Natürlich sollten Sie auch die Grundprinzipien agiler Führung beherzigen, auf die wir im Folgenden eingehen.

Weiterführende Literatur

Blake, S., *Kreativität ist wie ein Muskel, den man trainieren kann*, Der Konstrukteur, Heft 09/2019, S. 12–14

Blatt, M., Sauvonnet, E. (Hrsg.), *Wo ist das Problem? – Mit Design Thinking Innovationen entwickeln und umsetzen*, Vahlen (2017), S. 18–52

Foelsing, J., Schmitz, A., *New Work braucht New Learning*, Springer, 2021, S.46–83

Frensch, J., Wördenweber, B., *Verhaltensorientiertes Innovationsmanagement – Spielerische Anleitung für Teams und Unternehmensführung*, Springer Gabler (2021), S. 89–111

Gausemeier, J., Plass, C., Wenzelmann, C., *Zukunftsorientierte Unternehmensgestaltung – Strategien, Geschäftsprozesse und IT-Systeme für die Produktion von morgen*, Carl Hanser (2009), S. 62–65

Häusling, A., Römer, E., Zeppenfeld, N., *Praxisbuch Agilität – Tools für Personal- und Organisationsentwicklung*, Haufe (2018), S. 11–22

Kohler, K., *Nerds als Helden – Ein wenig mehr Silicon Valley in Deutschland wäre schön!*, Informatik Spektrum 38, 1/2015, S. 37–40

Liebermeister, B., Digital ist egal: Mensch bleibt Mensch – Führung entscheidet, Gabal (2017), S. 127–128

Müller-Friemauth, F., Kühn R., *Ökonomische Zukunftsforschung, Grundlagen – Konzepte – Perspektiven*, Springer Gabler (2017), S. 96–106

Plugmann, Ph. (Hrsg.), *Innovationsumgebungen gestalten Impulse für Start-ups und etablierte Unternehmen im globalen Wettbewerb*, Springer Gabler (2018), S. 239–254

Ulwick, A. W., *What customers want – Using Outcome-Driven Innovation to Create Breakthrough Products and Services*, McGraw Hill (2005), S. 66–82

Agile Führung

Um Menschen zu führen, gehe ich hinter ihnen.

Laotse

Erfolgreiches unternehmerisches Handeln ist wie Fahrradfahren. Wenn man stillsteht, kippt man schnell um. Solange man sich bewegt, kommt man voran. Dieser einfache Grundgedanke muss auf allen Stufen der agilen Führung gelebt werden. Innovationen zu stimulieren, gehört zu den zentralen Führungsaufgaben. Darüber hinaus ist das erfolgreiche Führen agiler Teams vor allem eine Frage der Kultur und der Einstellung der Führenden (Abb. 9.1).

9.1   Selbstverständnis agiler Führung

Agile Führung heißt Vertrauen statt Kontrolle, Verantwortung statt Anweisung, Kooperation statt Silodenken, Zusammenarbeit ohne direkte Anweisung statt autoritärer Chefrolle und Hierarchiedenken. Im Fokus agiler Führung stehen Menschen und ihre Zusammenarbeit. Herkömmliche Steuerungsmechanismen, die Volatilität und Dynamik durch Planung und Kontrolle beherrschbar machen sollten, haben ausgedient. Zurecht, denn wer die Einhaltung langfristig aufgestellter Pläne sklavisch verfolgt, blockiert Entwicklung und verhindert Veränderung. Enge Arbeitsanweisungen nehmen die Luft für Innovation.

Damit stehen die Führenden bei einer agilen Transformation selbst vor der größten Herausforderung: Sie müssen lernen, Verantwortung zu delegieren und Rahmenbedingungen zu schaffen, die innovationsfördernd sind. Das geht nicht mit hierarchischem Denken und in einem Klima der Angst. Die Autorität agiler Führung gründet sich auf Respekt gegenüber kollaborativen Prinzipien, gegenseitiger Wertschätzung und

© Springer Fachmedien Wiesbaden GmbH, ein Teil von Springer Nature 2025
M. Glück, *Agile Innovation,* https://doi.org/10.1007/978-3-658-46584-1_9

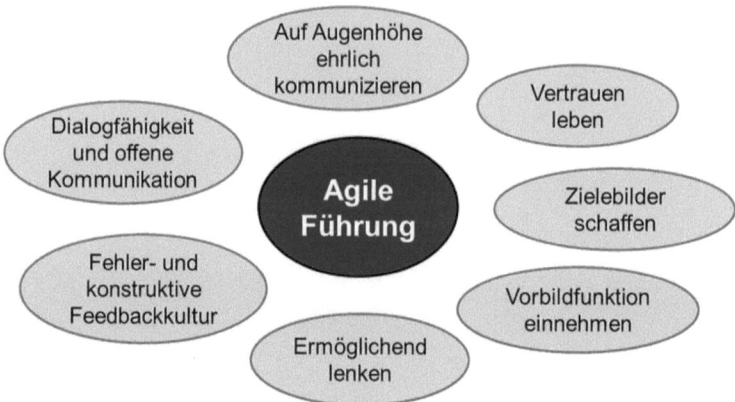

Abb. 9.1 Eckwerte agiler Führung und daraus abgeleiteter Handlungsmaxime für Führende

einer Begegnung auf Augenhöhe. Das bedeutet nicht, auf autoritäre Prinzipien komplett zu verzichten, sondern sie sinnvoll und dosiert an richtiger Stelle einzusetzen, um Innovation nicht nur zu propagieren, sondern sie auch einzufordern und zur Not gegen die inneren Kräfte des Unternehmens durchzusetzen. Jede innovative Idee braucht schließlich einen Schutzraum von oben, damit sie auch umgesetzt werden kann, selbst wenn das ebenso bedeutsame Ziel der kurzfristigen Umsatz- und Ertragsgenerierung oft im Konflikt mit Innovationsvorhaben steht, deren Ausgang offen ist.

Die zentrale Aufgabe agil Führender ist es, innovationsfreundliche Rahmenbedingungen zu schaffen, ein innovationsfreundliches Wertesystem zu etablieren sowie eine Atmosphäre des Vertrauens und der Offenheit zu schaffen und diese selbst in Vorbildfunktion zu prägen. Sie sollten ihren Teams Entscheidungsspielräume einräumen und ihnen die Möglichkeit geben, etwas zu versuchen und zu scheitern. Das ist äußerst wichtig, denn wenn Mitarbeitende nicht scheitern können, werden sie etwas nicht einmal versuchen und somit nicht innovieren.

Agil Führende stehen für einen neuen Typ Organisator von Talenten und Wissen. Sie verstehen sich als Coaches, die mit ihren Erfahrungswerten die Arbeit der Teams begleiten. Sie sind leidenschaftliche Enabler, die mit gutem Beispiel vorangehen und ihren Mitarbeitenden weitgehende Gestaltungsfreiräume für ein selbstbestimmtes Arbeiten innerhalb von Leitplanken eröffnen, die sicherstellen, dass das gesamte Entwicklungsgeschehen im Unternehmen durch die Innovationsaktivitäten nicht außer Tritt gerät.

Agil Führende nehmen eine Vorbildrolle ein, sie leben Fehlertoleranz und ermuntern die ihnen anvertrauten Mitarbeitenden zu Pioniergeist und leidenschaftlichem Experimentieren. Sie selbst dürfen dabei den Lösungsprozess nicht mehr beherrschen. Was zählt, ist die Innovationsgeschwindigkeit der Teams. Diese kommen aber nur auf Tempo, wenn sie Entscheidungsfreiräume besitzen und schnell ihre Ideen Wirklichkeit werden lassen können.

Agil Führende sind Orientierungsgeber und Richtungsweiser im Wandel, wohlwissend, dass Veränderungen in einem Unternehmen zu etablieren immer eine besondere Herausforderung ist. Sie nehmen dabei alle Mitarbeitenden mit auf die Reise in die Zukunft, bestärken sie im Kampf gegen Ängste und Verluste durch ehrliche Kommunikation. Die Menschen müssen fühlen und sehen, dass Innovation nicht nur eine Abteilung ist, die ein paar ausgefallene Sachen macht, sondern dass sie als Mitarbeitende alle auf ihre eigene Art und Weise zum Erfolg des Unternehmens beitragen.

Agil Führende setzen auf die Kraft und Eigenverantwortung ihrer Teams. In die Teams berufen sie die fähigsten Mitarbeiter. Sie wissen, dass facettenreiche Teams, die ein breites Spektrum an Altersgruppen und unterschiedlichen Erfahrungshintergründen umfassen, in den meisten Fällen die besseren Geschäftsentscheidungen treffen als Einzelpersonen.

Bei Innovationsanstrengungen treffen immer zwei Aspekte aufeinander: Die bisherigen traditionellen Prozesse und das Bestandsunternehmen mit seinem Kerngeschäft, das Gewinn von heute sichert, und die Menschen, die sich für den Gewinn von morgen intensiv engagieren. Agil Führende wissen, dass sie diese beiden Einflüsse sensibel aufeinander abstimmen müssen, da jeder auf seine Weise gut ist und zum Ergebnis beiträgt.

Man sollte nie behaupten, dass nur der neue innovative Weg gut und der alte Geschäftsansatz falsch oder überkommen ist, schließlich bleibt dieser immer ein Bestandteil der Geschichte und die Entwicklungsbasis für die Zukunft des Unternehmens. Um dieses Zukunftspotenzial aber wirklich zu nutzen, müssen wir Innovation betreiben. Das bedeutet, die alten Bestandteile an den Zukunftszielen auszurichten und allen Abteilungen zu helfen, ihre Ziele zu erreichen.

Eine Kultur der offenen und ehrlichen Kommunikation hat eine besonders vertrauensfördernde Qualität. Ob Mitarbeitergespräch, Arbeitssitzung oder Workshops, das persönliche Gespräch, sie alle bieten die Möglichkeit, ein tieferes Verständnis der jeweiligen Situation zu entwickeln, eine gemeinsame Sprache und ein gemeinsames Vorankommen im Konsens zwischen allen Betroffenen herzustellen, Reibungsverluste abzubauen.

Agil Führende wissen um die Bedeutung und den Wirkhebel der Kommunikationskultur. Sie prägen diese in besonderem Maße, denn Vertrauen ist in ein Ergebnis der Wechselrede und des wertschätzenden Dialogs und nicht der bloßen Informationsverteilung. Setzen Sie als Führende trotz aller technischen Möglichkeiten auf den direkten Dialog. *„Sprechen statt schreiben"* muss nicht nur in agilen Organisationen zu einem Markenzeichen von gelebter und erfolgreicher Führungsverantwortung – von Führungskultur – werden!

Agil Führende schärfen daher in ganz besonderem Maß ihr Gesprächsverhalten. Dabei kommt es primär gar nicht auf eine geschliffene Rhetorik, eloquentes Vortragen oder engagiertes Präsentieren an. Die größte Chance auf einen Vertrauenszugewinn ergibt sich durch das sorgfältige Zuhören und Verstehen. Wer nicht verstehen kann, wird kein Vertrauen aufbauen. Als Führender sollten Sie daher so viel wie möglich mit ihren Mitarbeitenden reden, denn der Weg von der Strategie zum Unternehmenserfolg ist ein Weg der Worte!

Bedenken Sie, dass sich in Veränderungsprozessen häufig die Ereignisse überschlagen, sodass es unter Umständen gar nicht möglich ist, exakt und vollständig zu kommunizieren. Passen Sie in diesen Momenten ganz besonders darauf auf, dass Sie kein Vertrauen unnötig verspielen. Wer zum Beispiel zu lange abwartet, heizt die Gerüchteküche über Gebühr an. Wer aber schweigt oder nebulös formuliert, löst eine Vielzahl von Ängsten und Interpretationen aus, die nicht mehr kontrollier- und korrigierbar sind. Vergessen wir nicht, dass wir auch Botschaften aussenden, wenn wir schweigen. Damit verlieren Sie das Vertrauen Ihrer Mitarbeiter und Ihre eigene Autorität. Stehen Sie also zur Lage.

Vermeiden Sie tunlichst starke Diskrepanzen zwischen Kommunikation und tatsächlichem Handeln. Ihre Mitarbeiter entlarven dies sofort. Es reicht nicht aus, leere Sprüche zu machen. Führungskräfte müssen die Strategie und Wertewelt des Unternehmens sich zu Eigen machen, damit sie diese auch glaubhaft und überzeugend kommunizieren können. Vor allem aber beschönigen Sie nichts! Veränderungsprozesse bringen auch harte und unangenehme Einschnitte mit sich. Stehen Sie dazu. Es hilft nichts, diese ins Positive verkehren zu wollen und zerstört die Glaubwürdigkeit Ihrer generellen Kommunikation.

Haben Sie eine Meinungsverschiedenheit oder ein Problem zu lösen, konzentrieren Sie sich ganz auf die Sache und vergessen Sie dabei die Rolle des Chefs. Aktives und aufmerksames Zuhören, Ruhe im Ton, Souveränität und Gelassenheit in der Sache deeskalieren so manche Meinungsverschiedenheit ohne dauerhafte Beschädigungen zu hinterlassen.

Beherzigen Sie eines ganz besonders: Versuchen Sie nicht, Interessenskonflikte per E-Mail vor einem großen Mitleserkreis zu lösen. Nirgends wird so scharf geschossen, wie in den Mailboxen mancher Mitarbeiter und Führungskräfte. Aussagen gehen hier auf die Reise, die man unter vier Augen sich selten ins Gesicht sagt. Kaum rückholbar.

Agil Führenden bleibt kein Ausweg, als eine persönliche Sicherheit im Umgang mit Unsicherheit zu finden. Sie müssen lernen, ihre Unsicherheit zu kultivieren und sich auf ihre Teams zu verlassen. Alles aus Angst bis ins Detail kontrollieren zu wollen, führt unabdingbar ins Nichts und unterwandert jede Vertrauenskultur. Agil Führende müssen sich an die agilen Prinzipien und Arbeitsregeln auch unter Druck halten und zu einer Fehlerkultur stehen. Für Fehlentscheidungen der Teams die Mitarbeitenden verantwortlich zu machen, ist absolut kontraproduktiv.

Übertriebene Harmonieorientierung ist jedoch auch in einer Vertrauenskultur fehl am Platz. Wenn Führende ihre gesamte Energie in die Pflege der Beziehungen stecken und sich mehr mit den Befindlichkeiten der Mitarbeitenden auseinandersetzen, als diese bei Bewältigung ihrer Aufgaben zu unterstützen, dann schwimmen sie gefährlich auf einer Harmoniewelle, bei der sie leicht den Überblick verlieren und zum Spielball verschiedenster Interessen werden, die meistens nichts mit agiler Führung und agilen Grundwerten gemein haben. Zudem vernachlässigen sie die von ihnen selbst zu erledigenden Aufgaben der Richtungsvorgabe, Teampflege und Mitarbeiterentwicklung.

9.2   Ziele und Leitplanken

Agile Führung baut auf das Setzen von Zielen als Leitplanken. Das eröffnet Gestaltungs-freiräume, gibt aber auch den Handlungsrahmen in aller Klarheit vor, denn Menschen ohne Ziele neigen dazu, sich mit peripheren Aufgaben zu beschäftigen, die nur gerin-gen Bezug zu den gewünschten Endresultaten haben. In der Projektarbeit entwerfen sie neue Formularvordrucke, gestalten Briefköpfe und definieren Dokumentenvorlagen. Dies mit besonderer Akribie. Im Produktions- und Qualitätsumfeld entstehen ständig neue Formulare, Statistiken und Verfahrensanweisungen, die kaum Wirkung an den deutlich sichtbaren Problemstellen erzielen. Und Controlling Experten verwenden un-glaubliche Energie für das Erstellen neuer Statistiken, Kuchen- und Balkendiagramme für das Monitoring der Unternehmensperformance mit der Folge, dass ein Heer an operativ bedeutenden Mitarbeitern ständig mit dem Füttern von Tabellen und IT-Syste-men beschäftigt ist. Manche Mitarbeiter kennen oft nur noch ihren eigenen Computer, nicht mehr allerdings wichtige Abläufe, Kunden oder Schlüsselmitarbeiter eines Unter-nehmens. Entstanden ist nur ein Wildwuchs an Bürokratie.

Von zentraler Bedeutung ist es, bei agiler Innovation, Ziele und Budgets zu definie-ren, die zu erreichenden Zielzustände darzustellen und mit gemeinsam vereinbarten Maßstäben in regelmäßigen kurzzyklischen Abständen die Erreichung der Zielzustände zu überprüfen. Die wesentlichen Führungsaufgaben sind somit das Überprüfen der Zielkonformität und des grundsätzlichen zeitlichen Ablaufs, das Sicherstellen der Takt-einhaltung in Sprints (Zeiträume von üblicherweise zwei oder vier Wochen) sowie die tägliche Abstimmung der nächsten Aktionen und Handlungserfordernisse in den agilen Teams.

Ausgangspunkt des Projekts ist die Zieldefinition und die Beschreibung der Ziel-zustände in einem Zielebild. Diese werden in ein grobes zeitliches Ablaufraster über-führt, das Team wird zusammengestellt und die ersten Sprints werden gestartet. Sie bil-den das Herzstück der Zielüberprüfung und sind der Takt der agilen Innovation.

Auch wenn agiles Arbeiten für ein maximales Maß an Selbstorganisation und Eigen-verantwortung steht, sind die vereinbarten Ziele kein Wunschdenken oder das Warten auf Glückstreffer, sondern ein immer sichtbares und glaubwürdiges Bekenntnis zu Zielver-einbarung und Zielerfüllung. In einer agilen Zielkultur sind die Ziele eines Sprints eine bewusste Verpflichtung, ein bestimmtes Ergebnis erreichen zu wollen.

Smarte Zielsetzungen sind vor allem auch im agilen Führungsalltag ein allgegen-wärtiges Steuerungsinstrument; spezifisch, messbar, ambitioniert, realistisch und termin-lich bestimmt (Abb. 9.2). Sie sind im agilen Arbeitsprozess allen Beteiligten bekannt. Das Berichtswesen ist effizient gestaltet. In den täglichen Standups und in den Review Treffen liegt der Fokus ganz auf der Beobachtung der Zielerreichung. Überbordendes Berichtswesen ist nicht gewünscht. Folienschlachten erteilt das agile Wertegerüst eine bewusste und willkommene Absage.

Abb. 9.2 Ziele im agilen
Umfeld müssen smart sein
und für das Erreichen von
Zielzuständen hilfreiche
Leitplanken sein, zum Beispiel
als Zielebild

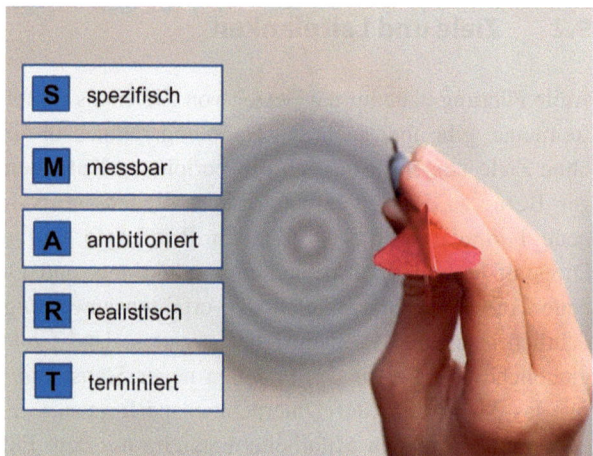

S spezifisch

M messbar

A ambitioniert

R realistisch

T terminiert

Je radikaler die Innovationsvorhaben sind, desto geringer wird eine systematische Steuerung möglich und sinnvoll sein. Grundsätzlich aber verstärkt eine konsequente Taktsteuerung die Systematik, schärft den Fokus der Mitarbeitenden auf das Wesentliche und verkürzt die Bearbeitungszeit. Alles Weitere ist situativ anzupassen.

Im Rahmen der Steuerung agiler Innovationsprozesse ist besonders auch darauf zu achten, dass die kontinuierliche Einholung und Berücksichtigung der Kundenrückmeldungen erfolgt und diese bei der Projektbearbeitung bzw. im Backlog berücksichtigt werden.

Erkannt wurde im agilen Innovationsprozess, dass es äußerst sinnvoll ist, kurzzeitig eine möglichst große Zahl von Mitarbeitern zu beteiligen, wenn im Team über Zielsetzungen diskutiert wird. So lässt sich sicherstellen, dass alle an einem Strang ziehen und möglichst alle Chancen, Risiken umgehend beleuchtet werden und im Rahmen der als nächstes zu erledigenden Arbeitspakete Eingang finden.

Wie genau die Ziele letztendlich zu erreichen sind, das müssen die Teams selbst erarbeiten. Eine Gestaltungsfreiheit verknüpft mit besonders hohem Vertrauen und einer Verpflichtung zur gemeinsamen Übernahme von Verantwortung und Konsequenz!

Und das ist dringend erforderlich, denn wer dies nicht beherzigt, erstickt Engagement und Kreativität im Keim und legt das Fundament für Bürokratie, Frustration und Widerstand. Erfolgreiche und glückliche Menschen brauchen aber Gestaltungsfreiräume und Erfolgserlebnisse. Und dazu bietet sich ein gemeinsames Vereinbaren von sinnvollen Teilzielen mit jeweiliger kurzzyklischer Erfolgskontrolle oder in einem anerkennenden Gespräch an.

Die Ziele selbst müssen auch im agilen Innovationsprozess stets ambitioniert gesetzt werden. Untergliedert nach klar bestimmten Leistungs-, Kosten- und Terminzielen. Wie im sportlichen Wettkampf muss man sich anstrengen, überlegt vorgehen und sich mit den Besten am Markt vergleichen.

Leider sieht die Realität in vielen Unternehmen heute noch anders aus. Nicht selten kennen Mitarbeitende häufig ihre persönlichen Zielsetzungen nicht. Angebliche Zielvereinbarungen entpuppen sich bei genauem Hinsehen häufig als wenig hilfreiche Leitlinien und Alibidokumente; von oben pauschal diktiert, weder spezifisch, noch terminlich bestimmt und messbar.

Und wenn dies nicht der Fall ist, wird die Zielkontrolle durch die Führenden nicht wirklich wahrgenommen. Die Zeit für intensive Mitarbeiter-, Personalentwicklungsgespräche und eine fortlaufende Bewertung der Zielerreichung im Dialog wird der täglichen Hektik geopfert. Der Stellhebel einer wirksamen Zielkultur komplett unterschätzt.

Wichtig in einer agilen Zielkultur sind nicht nur Termin-, Leistungs- und Kostenziele, sondern auch und ganz besonders Verhaltensziele. Selbst bei kleinen Unternehmen und vor allem bei Problemen im Umgang der Mitarbeiter und der Führenden untereinander ist es unabdingbar, Maßstäbe und Indikatoren der sozialen Kompetenz zu vereinbaren. Basis hierfür bildet ein Grundwertekatalog, der nahezu der wichtigste Bestandteil eines Unternehmensleitbildes und einer damit definierten agilen Innovationskultur ist.

Lassen Sie Ihre Mitarbeitenden, sehen, schmecken und fühlen, wie Ihr Zielebild beschaffen sein soll. Helfen Sie ihnen dabei, vor ihrem inneren Auge das Bild, den Zustand zu erleben, den es zu erreichen gilt. Auf diese Weise entzünden Sie Begierde und Leidenschaft in Ihren Mitarbeitenden, die diese dann wie von selbst geradezu magnetisch zum Zielzustand zieht.

9.3   Agil Führen mit Überzeugungskraft und Bescheidenheit

Die richtige Besetzung von Führungspositionen ist auch im agilen Transformationsprozess und in agilen Organisationen von zentraler Bedeutung. Agil Führende müssen neue Werthaltungen leben und andere Rollenkombinationen praktizieren, weil sie in einem extremen Wettbewerbsumfeld erfolgreich agieren müssen, gleichzeitig aber zunehmend Freiheiten und langfristige Gestaltungsmöglichkeiten eröffnen müssen.

Zur benötigten Fach- und Methodenkompetenz müssen sie eine hohe persönliche Stabilität und charakterliche Integrität mitbringen, um das unruhige Marktumfeld und die unterschiedlichen Erwartungshaltungen ausgleichen und Kultur stiftend wirken zu können.

An die Spitze einer agilen Organisation gehören kommunikations- und konfliktstarke Persönlichkeiten mit vorbildlicher Führungskompetenz, mit strategischem Weitblick, die Ziele und Visionen formulieren und Erfolgsvertrauen vermitteln. Führende mit vorbildlichen Umgangsformen, die sich Zeit nehmen, ausreden lassen und Ideen anderer konzentriert anhören, denn Sachverhalte stellen sich aus unterschiedlichen Perspektiven verschieden dar und erweitern häufig das Verständnis und das Finden von Lösungswegen auf wertvolle Weise.

Agil Führende lehnen hierarchisches Denken und Handeln in Alltagsdingen und Teamangelegenheiten ab, wissen aber um ihre Führungsaufgabe und ihre Führungsrolle.

Sie bauen vor allem auf ihre Überzeugungskraft. Überzeugungskraft setzt Fachwissen, vor allem aber Kommunikations- und Konfliktfähigkeit voraus. Dies ist erlernbar und gehört zu den unbedingten Profildaten der sozialen Kompetenz von Führenden.

Zur Überzeugungsfähigkeit gehört geduldiges, genaues und aktives Zuhören. Wer sich während der Sprechzeit anderer mit anderen Themen auseinandersetzt, telefoniert, eine Kurznachricht verfasst, E-Mails oder andere Schriftstücke liest, Unterschriften leistet, sich auf eigene Beiträge vorbereitet, kann Mitarbeiter kaum nachhaltig überzeugen. Er signalisiert durch sein Verhalten vielmehr geringste Wertschätzung und Anerkennung, legt die Basis für Gleichgültigkeit und Misstrauen. Eine unglückliche und charakterlose Machtdemonstration. Keinesfalls eine vorbildliche Machtkultur.

Zu den Grundwerten agiler Führung zählen Ehrlichkeit und Bescheidenheit. Diese zeigt sich an häufigem Feedback, Offenheit, Anerkennung der Leistung anderer, Demut dem Team gegenüber und darin, eigene Fehler einzugestehen. Selbstzweifel sind ausdrücklich erlaubt. Vor allem darf gezeigt werden, dass es dauert, sich mit der nötigen Umsicht ein Bild von einer Sache zu machen und man nicht sofort zu allem auskunftsfähig sein muss.

Es lohnt sich immer, auf dem Teppich bleiben, sich für die Sache und nicht für die eigene Karriere zu interessieren, sondern zu akzeptieren, dass der eigene Fortschritt kommt, wenn man einen guten Job macht.

Eine wichtige Voraussetzung für agil Führende ist ihre Fähigkeit, mit Kritik kühl und sachlich umzugehen, ganz gleich, wie sie geäußert wird. Kritik wird in unserer Kultur aber meist persönlich genommen und nicht als das, was sie sein sollte: ein Lernschritt, der verhindert, dass man zweimal auf die Nase fällt, und ermöglicht, dass man richtig laufen lernt.

„Du bist schuld", „Du kannst es nicht", „Du bist anders als wir", … Das sind Gesänge aus dem Liederbuch der Dummheit. Schuldzuweisungen passen überhaupt nicht ins Repertoire agiler Führungstechniken. Besser ist es, sich in die Zukunft zu lächeln und sich nicht verbissen nach vorne zu kämpfen. Das geht nur, wenn man sich und seine Ideen auch mag. Und nicht Applaus erwartet für alles, was man tut.

Agil Führende haben die Aufgabe und die Verantwortung, eine Kultur der Innovation zu schaffen und zu stärken. Fünf Prinzipien schaffen die Voraussetzungen zu einer solchen Kultur.

- *Partnerschaft*: Arbeiten Sie mit Ihren Leuten auf Augenhöhe. Jeder kann zur Innovation beitragen – unabhängig von Ausbildung und Vorerfahrungen.
- *Offenheit:* Setzen sie keine Grenzen. Auch Sie haben ihre eigenen Vorurteile. Hören Sie zu. Wechseln Sie bewusst die Perspektive, bevor Sie Ideen und Lösungen verwerfen.
- *Pragmatik*: Führen Sie Ideen unmittelbar konkreten Maßnahmen und Verantwortlichkeiten zu. Geben Sie Raum für kreatives und wildes Nachdenken. Beenden Sie jedoch nie ein Treffen, ohne konkrete Vereinbarungen getroffen zu haben.

- *Konsequenz*: Bleiben Sie dran! Setzen Sie vereinbarte Maßnahmen um. Lernen Sie aus den Ergebnissen. Erfolge, wie Niederlagen sind gleich wertvoll, weil sie Erfahrung aufbauen.
- *Wertschätzung*: Gehen Sie mit sich und anderen wertschätzend um. In Teams, die wertschätzend miteinander umgehen, werden Ideen schneller weitergegeben, Niederlagen wirksamer verarbeitet, Entscheidungen schneller getroffen und auch umgesetzt.

9.4   Führungsfehler, die sich agil Führende nicht leisten!

Zahlreiche Manager spezialisieren sich auf das Erstellen von Strategiepapieren, die sie nicht umsetzen. Sie fertigen mit großem Aufwand Organigramme und Stellenbeschreibungen an und erzeugen mit großer Energie eine immense Papierflut, weil sie glauben, je präziser die von ihnen formulierten Informationen und Prozesse seien, desto reibungsloser funktioniere ihre Abteilung oder ihr Unternehmen. Leider liegen sie damit falsch.

Andere Führungskräfte begehren häufig nach schädlicher Kontrolle und Transparenz bis ins letzte Detail. Die CC-Zeile einer E-Mail Eingangsbox sorgt ständig für ihre Vollbeschäftigung. Ein meistens selbst definiertes, dichtes Regelwerk sorgt dafür, dass nichts dem Zufall oder dem Urteilsvermögen und der Einzelverantwortung eines Mitarbeiters überlassen wird. Zudem bestärken spezielle Organisations- und Berichtsstrukturen bekanntlich das Gefühl der Überlegenheit. Dies führt zu einer immensen Komplexität unserer Abstimmungsprozesse, die teilweise gar nicht mehr beherrschbar sind.

Dennoch setzen diese operativ veranschlagten und eng kontrollierenden Manager diesem Treiben erstaunlich wenig Widerstand entgegen. Ritualartig pflegen sie ihre Berichte, fordern diese ein und entmündigen dadurch ihre Mitarbeiter. Die danken es ihnen häufig mit noch mehr Information, selbstverständlich per E-Mail, breit im Unternehmen verteilt. Alles schürt nur Misstrauen und Angst, führt zu Bürokratie und Verstopfung. Manche verbringen sogar ihre Zeit damit, Telefonabrechnungen und Arbeitszeiterfassungen persönlich zu kontrollieren, anstatt leidenschaftlich über Zukunftsvisionen, neue Märkte, Innovationen nachzudenken, sich mit Mitarbeitern und Kunden im Dialog zu befinden. Wie soll da noch Zeit für wesentliche Führungsthemen bleiben? Zeit, um nachzudenken, wie die Konkurrenz durch noch mehr Kundennähe oder bessere Produktperformance aus dem Sattel gehoben werden könnte. Misstrauen ist ein ganz schlechter Wegbegleiter in Abgründe!

Unternehmen und Organisationen brauchen Konstanz. Dort, wo Manager ständig über neuen Organisationsformen und einzuhaltenden Spielregeln brüten, entsteht keine Innovation. Dort, wo Führende wie Abziehbilder in 2–3 Jahresetappen ausgewechselt werden oder als profillose loyale Vollstrecker wüten, um damit ihren Marktwert oder ihr Überleben zu sichern, etabliert sich keine Vertrauenskultur. Solange der stetige Kampf im Innern eines Unternehmens zum Alltag gehört, wird keine Verbesserung eintreten. Und dass ständige Restrukturierungen und Neuorganisationen lähmen, ist kein Geheimnis.

Auch Isolation hat eine Schattenseite: Dringend erforderliche Feedbackschleifen innerhalb des Unternehmens und oft auch zu Kunden, Lieferanten und Märkten werden gekappt. In der Konsequenz wissen manche Führenden heute nicht mehr, was die Leistungsfähigkeit ihres Unternehmens ausmacht, wo die aktuellen Probleme liegen, welche Kernkompetenzen, Sorgen und Nöte ihre Mitarbeiter haben. Dann basteln sie völlig losgelöst von der Realität an gefährlichen Strategien. Zudem fehlt es ihnen an einem ehrlichen und konstruktiven Austausch. Leichtfertig schalten sie Störfaktoren ab, ihre Kritikfähigkeit leidet gefährlich. Sobald Mitarbeiter und selbst treue Wegbegleiter eine Auseinandersetzung fordern, werden sie zum Hindernis und aus dem Weg geräumt. Die Rücksichtslosigkeit wird als notwendige Sachorientierung gerechtfertigt. Mehr und mehr führen sie ein unberechenbares Leben im Einzelkampf. Führen Sie aus einer Allwissenheitsüberzeugung heraus, schaden sie dem Unternehmen erst recht. Nicht Fehler gefährden den Erfolg, sondern die Entmündigung der Mitarbeitenden!

Ganz wichtig zum Abschluss noch: Unbeherrschtheit führt nie zum Ziel. Die Vorstellung, dass in fünf Jahren das eigene Geschäftsmodell nicht mehr funktionieren könnte, treibt viele Unternehmerpersönlichkeiten in den derzeitigen, von radikalen Umbrüchen geprägten Zeiten der Transformation ganz besonders um. Dies kann sie schon auch mal in Panik versetzen und zu Handlungen verleiten, die unter Umständen viel zu früh kommen und bei denen es klüger wäre, erst einmal die Ernte mit den laufenden Innovationen einzufahren. Panik ist nicht nur auf der Brücke eines durch stürmische See fahrenden Schiffes oder im Cockpit eines durch Turbulenzen fliegenden Flugzeugs ein wenig hilfreicher Wegbegleiter. Hüten Sie sich davor, allzu ungeduldig zu sein und Ihre Ängste auf Ihr Umfeld zu transformieren!

Unter Druck gelingt Innovation und kreatives Arbeiten nicht. Wenn Vorgesetzte versuchen, ihre Mitarbeiter ständig mit neuen Informationen und Anforderungen zu füttern, wenn der Druck eskaliert und gar ein Klima der Angst vorherrscht, dann vergeht der Hunger nach Neuem und der Lernappetit. Wenn es hingegen gelingt, Erkenntnisse zu entdecken und verknüpfen, Lösungsansätze zu entwickeln, dann funkt es im Gehirn, Kreativität fließt und der gewünschte Erfolg stellt sich ein. Dann macht es auch den Mitarbeitenden Spaß. Sie entwickeln ein neues Unternehmensverständnis, handeln pro-aktiv und prägen den ersehnten Wandel. Sie genießen das neue Betriebsklima und tragen diese Botschaft hinaus zu Kunden und Partnern.

9.5   Die Richtigen für die agile Innovation!

Pioniere für die Innovationsarbeit kann man nicht erschaffen. Man muss sie erkennen und fördern. Erkennen kann man unternehmerisch agierende Mitarbeiter an Eigenschaften wie einem hohen Maß an Selbstbewusstsein, dem Streben nach Autonomie, einer kritischen Einstellung, der Fähigkeit, Entscheidungen unter großer Unsicherheit treffen zu können, an ihren Networking- und Problemlösungsfähigkeiten. Diese Eigenschaften sind oft gepaart mit einer hohen Risikotoleranz, überdurchschnittlicher

Eigeninitiative und einer starken Organisationsbindung. Sie sind in Summe sehr gute Ausgangspunkte agiler Innovation.

Was Sie nicht gebrauchen können, sind Helden, Propheten, Eroberer und Genies. Sie stehen für veraltete, aber sehr verbreitete Archetypen, die nicht für die agile Innovation taugen. Sie erkennen Sie an den folgenden Verhaltensmustern:

- *Helden* sind Vorbilder, zupackende Macher. Im Umgang mit Komplexität fehlt es ihnen nicht an Mut und Tatkraft, wohl aber oft an der Geduld und der Fähigkeit zum gründlichen Denken. Der Held ist nicht gleichzusetzen mit einem Entrepreneur, der seine Sache in einem oft mühsamen Prozess voranbringt. Wer einmal ein Held geworden ist, ein Star, der lebt entscheidend vom eigenen Mythos, der oft nicht mehr hinterfragt wird.
- *Propheten* sind Dogmatiker, die keine Alternative zu sich kennen. Sie verkünden die Wahrheit; die eine, an der nicht gezweifelt werden darf. Damit wird die Selbstverantwortung aller anderen außer Kraft gesetzt. Propheten rücken ihr eigenes System an die Stelle des alten, indem sie den Wechsel erzwingen. Mit Kritikern, die das infrage stellen, gehen sie nicht zimperlich um, machen kurzen Prozess und entwerten deren Arbeit.
- *Eroberer* folgen den Propheten. Das Recht der Stärkeren regiert. Es geht um Alleinherrschaft. In Zeiten der Veränderung sollte nicht nur den Propheten viel Aufmerksamkeit gewidmet werden, sondern gerade auch diesem Typus. Denn viele Menschen verwechseln Rücksichtslosigkeit mit Entscheidungsstärke. Sie räumen den Eroberern damit weitreichende Machtbefugnisse ein. Eroberung bedeutet Durchsetzung um jeden Preis und damit unweigerlich eine Reduktion der Vielfalt und eine Einschränkung des Wettbewerbs.
- *Genies* folgen allein ihrer Bestimmung und wähnen sich im Auftrag höherer Mächte tätig, wissen alles und scheinen über das Wasser laufen zu können. Sie machen sich damit zur nützlichen Marionette der Propheten und Eroberer.

Helden, Propheten, Eroberer und Genies gehören in die Mottenkiste der Geschichte verzweifelter Innovation. Man kann sie getrost in Rente schicken. Neue Pioniere braucht das Land!

Innovation ist ein Entwicklungsprozess mit Irrwegen und Abzweigungen auf dem Weg zur Erkenntnis. Wir brauchen hierzu unternehmerisch denkende, engagierte Mitarbeitende, die als Pioniere Freiräume nutzen, um völlig neue Geschäftsmodelle zu entwickeln oder zunächst abstrus erscheinende Ideen gerne ausprobieren. Menschen, die Spaß daran haben, Komfortzonen zu verlassen und sich auf völlig neues Terrain zu begeben:

- *Erfinder und Entdecker* sind Handwerker der Innovation, professionelle Problemlöser. Ihre Werkzeuge sind das Experiment und die systematische Innovation. Sie sind gerne Problemlöser an der vordersten Front der technologischen Entwicklung. Sie verbohren sich in eine Idee und entdecken leidenschaftlich neue Chancen.

- *Erkenner* gehen den Bedürfnissen der Kunden und des Markts auf den Grund. Am Anfang steht die nüchterne Analyse: Wer braucht was? Das bedeutet nicht zwangsläufig, dass man die Kunden fragt, was ihnen fehlt, zumindest aber, dass man ihre Wünsche antizipiert. Der Erkenner ist ein Kombinierer, ein anwenderorientierter Innovator und ein Entrepreneur mit hohem technischem Verständnis.
- *Ermöglicher* treten als Organisatoren der Innovation in Erscheinung und überlassen die führende Rolle einem selbstständig und unternehmerisch handelnden agilen Team. Sie sorgen für optimalen Rahmenbedingungen für Innovatoren und Talente, damit diese sich entfalten können, ohne von den Zwangsläufigkeiten der Bestandsorganisation gehemmt zu werden. Diese Form des Führens wird im agilen Kontext zum Normalfall werden. Sie ist unternehmerischer als alles, was Organisationen heute kennen. Es sind Experten für die Entwicklung von Talenten und Fähigkeiten.

Was lernen wir daraus?

Agile Innovatoren verrennen sich nicht in Details und im akribischen Verbessern ihrer Prozesse in winzigen Schritten, sondern schaffen etwas völlig Neues. Etwas, das Kunden in Zukunft wirklich benötigen. Sie sind von Markt- und Technologietrends begeistert und haben einen besonderen Kundenkontakt. Sie haben den Mut, neue Wege zu gehen. Dabei antizipieren sie vom Markt und auch von Partnern, mit denen sie in neue Ökosysteme eintreten.

Netzwerke helfen diesen Menschen externe Inspirationen aufzunehmen und die notwendigen Partnerschaften aufzubauen. Das alles geht nur mit Mitarbeitern, die ihren Pioniergeist leben und anders denken. Haben Sie solche Pioniere im Unternehmen? Stöbern Sie diese auf und starten Sie mit diesen Pionieren in agilen Teams durch.

Ebenso spielt die Arbeitgeberattraktivität im Wettbewerb um die besten Mitarbeiter und Partner eine sehr große Rolle. Achten Sie sehr genau darauf, Ihre Talente vom Studium oder der Ausbildung an kontinuierlich zu fördern.

Gebraucht werden aber nicht nur „Leute, die zu uns und unserem Team passen", wie eine der dümmlichen Phrasen in nahezu allen Stellenanzeigen lautet, also leicht integrierbare Untergebene, sondern Talente, die die Zukunftsfähigkeit der Organisation fördern, indem sie ihre Routinen durchbrechen und stören. Sie brauchen auch frische Talente!

Agile Innovation ist schnelles und fokussiertes Problemlösen. Das sagt eigentlich alles. Es geht um Projekte. Ihre Entwicklungsarbeit ist nicht auf Ewigkeit ausgerichtet, die die Organisation für sich beansprucht. Wer Talente will, darf sie nicht an Abteilungen fesseln. Es spricht sehr viel dafür, Strukturen wie agile Biotope zu erproben.

Setzen Sie Ihre Besten für Innovationsaufgaben ein, denn es geht um Ihre Zukunft und die Zukunft Ihres Unternehmens. Und suchen Sie gezielt die Besten der Branche, die am Markt verfügbar sind, als Mitarbeitende oder Partner. Leistungssportler messen sich im Training für einen Wettkampf aus gutem Grund auch mit den Besten. Agil Führende verstehen sich durch und durch als Ermöglicher. Sie wissen um die Chancen der Personalentwicklung.

Wer sich beim Ressourcenaufbau jedoch am Durchschnitt orientiert, stellt in der Regel Leute ein, die ihm selbst nicht als Konkurrenten zu nah kommen. Eine alte Personaler-Weisheit. Das System des Mittelmaßes, bei dem Talent mit Angepasstheit verwechselt wird, funktioniert wie der Abbau unter Tage. Man muss immer tiefer runter, immer weiter buddeln. Am Ende ist die Organisation voller talentfreier Systemerhalter, die sich relativ einfach organisieren lassen, weil sie tun, was man ihnen sagt. Vor allem solange es nicht zu anspruchsvoll ist. Das ist aber mit Sicherheit nicht das Ziel!

Weiterführende Literatur

Adolph, L., Rothe, I., Windel, A., *Arbeit in der digitalen Welt – Mensch im Mittelpunkt*, Zeitschrift für Arbeitswissenschaft, 70(2), S. 77–81 (2016)

Blume, L., Gerstlberger, W., *Determinanten betrieblicher Innovation: Partizipation von Beschäftigten als vernachlässigter Einflussfaktor*, Industrielle Beziehungen, 14 (23), S. 223–244 (2007)

Breyer-Mayländer, T., *Führung braucht Klarheit*, Hanser (2015), S. 180–181

Breyer-Mayländer, *Management 4.0 – Den digitalen Wandel erfolgreich meistern*, Hanser (2017), S. 80–92

Dillerup, R., Stoi, R., *Unternehmensführung. Management & Leadership. Strategien, Werkzeuge, Praxis*, Vahlen (2016), S. 124–128

Drucker, P. F., *Das Geheimnis effizienter Führung*, Harvard Business Manager, Edition I/2010, S. 7–13

Fiebeler, P., Krisenbewältigung und Krisenarten, Projektmanagement Aktuell, Jahrgang 34, Heft 05/2023, S. 33–37

Frensch, J., Wördenweber, B., *Verhaltensorientiertes Innovationsmanagement – Spielerische Anleitung für Teams und Unternehmensführung*, Springer Gabler (2021), S. 89–111

Herger, M., *Das Silicon Valley Mindset*, Plassen (2017), S. 63–75, 180–186, 240–243

Hinrichs, B., *Nachhaltigkeit als Unternehmensstrategie*, Haufe (2023), S. 276–302

Kolbusa, M., *Management beyond Ego – Teams in der neuen Arbeitswelt zu außergewöhnlichen Erfolgen führen*, Ariston (2020), S. 142–143, 215–217

Liebermeister, B., *Digital ist egal, Mensch bleibt Mensch – Führung entscheidet*, Gabal (2017), S. 232–239

Lundak, J., *Agile Prozesse – Fallstricke erkennen und vermeiden*, entwickler.press (2009)

Pfannstiel, M. A., Siedl, W., Steinhoff, P. (Hrsg.), *Agilität in Unternehmen*, Springer Gabler (2021), S. 33–50

Puckett, S., Neubauer, R. M., *Agiles Führen: Führungskompetenzen für die agile Transformation*, Business Village (2018), S. 49–75

Rabenbauer, T., *Führungsprinzip Wertschätzung – Mitarbeiter begeistern, motivieren und binden*, Hanser (2017), S. 72–95

Schmidt, K., Gleich, R., Richter, A. (Hrsg.), *Gestaltungsfeld Arbeit und Innovation – Perspektiven und Best Practices aus dem Bereich Personal und Organisation*, Haufe (2009), S. 5, 133–152, 187–210

Sommerlatte, T., Keuper, F. (Hrsg.), *Vertrauensbasierte Führung – Credo und Praxis*, Springer Gabler (2016), S. 7–21

Swoboda, M., *Innovational Leadership*, Springer Gabler, 1. Auflage, 2020, S. 19–20, 61–69

Sprenger, R.K., *Radikal Digital – Weil der Mensch den Unterschied macht*, DVA (2018), S. 96–101

Student, D., *Wir können auch anders*, Manager Magazin 06/2016, S. 80–86

van Lieshout, B., van der Waal, H.-J., Karsten, A., van Solingen, R., *Agile Transformation: Organisationen strukturell beschleunigen und beweglicher machen*, dpunkt (2021), S. 31–62

Wellnitz, J., *Die Arbeitskultur innovieren*, Human Resources Manager, 1/2016, S. 36–37

Agile Marktkommunikation – Wie findet das Neue zu den Menschen?

10

Lorbeeren, auf denen man sich ausruht, verwandeln sich in Kakteen.

Peter Ustinov

Innovativ zu sein, ist eine Sache. Dafür bekannt zu sein, eine ganz andere, denn typischerweise gehen Innovationen über das etablierte Stammgeschäft hinaus, neue Lösungen werden angesprochen, neue Märkte und neue Zielgruppen werden adressiert. Eine Innovation, die nach langer Arbeit und unter Einsatz eines besonderen Entwicklungsbudgets in ein marktfertiges Produkt verwandelt wurde, auch noch den Menschen nahezubringen, ist eine besondere Kunst, von der viel abhängt. Dass eine agile, den Projektfortschritt ständig begleitende Markteinführungskommunikation dabei nicht schadet, ist gewiss eine Binsenweisheit.

Jede Innovation benötigt daher eine professionelle Markteinführungskommunikation, um innovative Erfolge abzusichern und eine dauerhafte Positionierung für das Unternehmen zu erzielen. Dies hat den Vorteil, dass man den Namen der Firma zukünftig mit Innovationen verbindet. Es eröffnet Möglichkeiten der Differenzierung und Gewinnsteigerung, um eine Führungsposition im angestrebten Innovationsumfeld zu etablieren. Durch das innovative Image werden Sie häufiger als Projektpartner beteiligt und gewinnen mehr Bekanntheit. Und die Erfinder sollten auch die Lorbeeren ernten, die sie verdienen!

Wer durch agile Innovationen zum Marktführer werden will, muss auch bei der Kommunikation mutig vorangehen. Hierbei haben Unternehmen nur ein begrenztes Zeitfenster, um ihre Innovationen zu vermarkten, denn innovative Produkte werden schnell von Mitbewerbern imitiert. Noch schlimmer: Ohne Kommunikation imitieren Mitbewerber die Innovation und stellen dies es als eigene Erfindung vor. Daher gilt: Wenn Unternehmen einzigartige Innovation entwickeln, dann müssen sie dies möglichst frühzeitig am Markt kommunizieren, damit der vielleicht mühsam aufgebaute Vorsprung verlorengeht. Entwickeln Sie daher unbedingt während agiler Innovationsprozesse bereits eine umfassende Strategie für Ihr Innovationsmarketing und die nötige Markteinführungskommunikation!

Vielfach wird an dieser Stelle allerdings ein großer Fehler im Innovationsprozess gemacht. Die begleitende Kommunikation wird in ihrer Wirkung unterschätzt. Sie erfüllt oft nur eine Alibifunktion und kommt zu einem viel zu späten Zeitpunkt. Die eigene Innovationskompetenz oder ein neues Produkt zuerst einmal mit einer Pressemitteilung oder als Teil eines Newsletters zu verkünden, dann abzuwarten, wer es findet und sich meldet, reicht auf jeden Fall nicht aus.

Wer Neuprodukte erfolgreich an den Markt bringen will, braucht eine agile Marktkommunikation und wirkungsvolle Maßnahmen, um sich bei Kunden und Stakeholdern Gehör zu verschaffen. Das muss nicht zwingend teuer sein. Es braucht vielmehr Kreativität. Das Internet bietet heute vielfältige Möglichkeiten, die Innovationskommunikation richtig in Schwung zu bringen. Mit aktuellen Artikeln zu Forschungsergebnissen, mit Erfahrungsberichten, aber auch mit kritischen Anmerkungen können Unternehmen Kompetenz und Offenheit beweisen und eine hochwertige Positionierung gewinnen.

Viele Unternehmen verspielen den Bonus einer Produkteinführung, da sie ihren Markt und ihre Kunden nicht richtig informieren. Vor allem Produktverantwortliche drängen häufig darauf, erst nach einem sich abzeichnenden Erreichen der Marktreife eines neuen Produkts oder einer neuen Dienstleistung, diese als innovative Neuheit vorzustellen. Damit geht die Ankündigung beispielsweise vor Messen in der Vielzahl ähnlicher Vorstellungen unter und ist in ihrer Wirkung begrenzt, weil sie meistens erst am Ende des Innovationsprozesses – und damit viel zu spät – zum Zuge kommt.

Erfolgreiche Innovatoren bauen bereits vor der Markteinführung ein fachliches Momentum auf und machen Kunden hungrig. Wer eine echte Weltneuheit entwickelt hat, kann diese stolz und souverän kommunizieren; die Botschaft, der Nutzen und die Alleinstellungsmerkmale dieser Neuheit sollten aber auch die Zielgruppen nicht nur erreichen, sondern sie auch ansprechen.

Schlauer ist es, mit der Kampagne viel früher zu starten; dann, wenn die Innovation entsteht. Nur so werden Ankündigungen zu wertvollen Initialbeiträgen eines fortgeführten Dialogs zwischen agil innovierenden Unternehmen und ihren Kunden.

Auf die Pauke zu hauen, laut und wahrnehmbar, damit die Welt erfährt, was sich die Erfinder, Ingenieure, Produktentwickler und Marketingstrategen ausgedacht haben. Dies zu einem frühen Zeitpunkt mit dem Ziel, Verständnis für und Vertrauen in die Innovationen zu schaffen sowie das dahinterstehende Unternehmen als Innovator zu positionieren. Dies ist die Kernaufgabe des agilen Innovationsmarketings. Nur: Was bedeutet das? Wie und auf welchen Kanälen dringt die Innovationsbotschaft am besten zu Kunden?

Um mit seinem Produkt auf Augenhöhe mit dem Wettbewerb oder gar darüber wahrgenommen zu werden, ist es wichtig, mindestens ähnlich viel aufmerksamkeitsstarke Reichweite in den unterschiedlichen Medienkanälen zu generieren. Agile Innovatoren machen dabei systematisch Dinge, über die die Medien berichten. Sie schalten keine Anzeigen und produzieren keine Werbevideos, verzichten auf bezahlte Inhalte, um im Gespräch zu bleiben. Das ist nicht nötig und auch gar nicht gewollt: Es sorgt für viel mehr Effekt, wenn Sie Aufmerksamkeit durch Machen bekommen, anstatt statt sie sich zu erkaufen.

Lancieren Sie gezielt Fachartikel in den renommierten Branchenmagazinen und besetzen sie die Themenhoheit in Ihrem Innovationsumfeld. Nutzen Sie hierbei verschiedene Marketingkanäle, darunter Online-Plattformen, soziale Medien, Branchenveranstaltungen und Partnerschaften. Binden Sie Ihre Mitarbeitenden in die Launch-Kommunikation ein.

Sollte man mit der Zeit gehen und die Kampagnen über die sozialen Medien rollen lassen, auf dass sie sich epidemisch übers Netz verbreiten, inklusive einer Dosis geschickt inszenierter Aufregung oder einem Hype zum rechten Zeitpunkt?

Innovative Unternehmen fallen auf durch viele zeitgleiche Presseberichte, Beiträge auf Online-Plattformen und in Social Media. Social Media Marketing ist ein höchstattraktiver Weg, um neue Aktivitäten bekannt zu machen und mit potenziellen Partnern und Multiplikatoren sowie Kunden in Kontakt zu treten. Netzwerke wie Xing, Twitter und LinkedIn können hervorragend genutzt werden, um die klassische Kommunikation, zum Beispiel Vorträge und Workshops auf Konferenzen, durch weitere Kontaktpunkte zu erweitern. Und dies bereits zu einem Zeitpunkt, wo noch nicht alle Produktbeschreibungen druckreif vorliegen müssen.

Es mag sein, dass Verantwortliche für eingeführte Marken darauf achten müssen, was man über sie sagt, insbesondere wenn ihr Markenversprechen auf Grundwerten wie Solidität, Perfektion, Präzision und Souveränität beruhen. Für agile Innovatoren zählt zuerst einmal, überhaupt wahrgenommen zu werden. Und da gilt zunächst: Dabei sein ist alles. Interessierte Partner zu finden das Ziel. Hierfür reichen auch 80 %-ige Lösungen. Blogs eignen sich darüberhinaus sehr gut, um Innovationen zu präsentieren und sie zu diskutieren.

Natürlich könnte man das neue Produkt auch erleb- und greifbar machen, auf Events, Messen oder Workshops präsentieren. Sollten Sie über ein großes Vertriebsnetz im Land verfügen und das nächste Sales-Event ist ohnehin geplant, dann wäre dies eine besonders gute Gelegenheit, ihre Vertriebsmitarbeiter abzuholen – nicht nur um die Neuheit fassbar und begreifbar zu machen, sondern auch um ein besonderes Momentum für den Vertrieb zu kreieren und dessen erstes Feedback aufzunehmen.

Nur eine motivierte Vertriebsmannschaft wird Ihre Zielgruppen begeistern können. Lassen Sie die Vertriebsmitarbeiter mit den Produkten spielen, geben Sie ihnen Gelegenheit, Fragen zu stellen und gestalten Sie dieses „*Look & Feel-Event*" mit möglichst vielen aktivierenden Elementen. Der Vertrieb braucht zu allererst Sicherheit und Vertrauen, dass das neue Produkt hält, was es verspricht und keine Folgeprobleme bei den Kunden entstehen. Als erster interner Kunde sollte der Vertrieb verstehen, wo das neue Produkt eine Lücke im bestehenden Portfolio schließt beziehungsweise welcher Trend und welche Bedarfe bei den Zielgruppen mit diesem Produkt abgedeckt werden. Er benötigt

Hintergrundwissen, um die Nutzenargumente speziell auf die Zielgruppen und deren Prozesse abstimmen zu können. Das gilt besonders, wenn das Produkt für neue Zielgruppen konzipiert wurde.

Laden Sie Kunden und Partner zu sich ein und richten Sie Fachaustauschforen aus. Sie werden überrascht sein, wie intensiv Sie an solchen Fachinformationstagen mit Ihren Kunden in Kontakt kommen. Sie werden fasziniert sein, wie wertvoll der Austausch mit Ihren Partnern, Lieferanten sein kann. Sie werden enorm inspiriert werden, wenn Kunden in Erfahrungsberichten über ihre Produkte und Anwenderszenarien berichten. Und Sie werden neue Impulse von eingeladenen externen Experten und Gastrednern bekommen, die Ihre Arbeit und Ihre Sichtweise erheblich erweitern werden.

Nutzen Sie Werkstattgespräche, um mit Ihren Kunden in einem vertrauten Umfeld in einen direkten Dialog zu treten. Auf Augenhöhe erfahren Sie mehr über Marktentwicklungen, Sichten auf sich abzeichnende Technologietrends und Dinge, die Ihre Kunden und Partner beschäftigen. Notieren Sie dabei viel, beobachten Sie Ihre Gesprächspartner intensiv und formulieren Sie gemeinsam ein Situationsabbild und ein Zielebild.

Besonders schnell kommt man zu einem ersten Überblick, indem man seinen Gästen im Rahmen einer Pause die Chance zur Teilnahme an einer Umfrage aktiv gibt. Wer füllt schon gerne alleine zu Hause Fragebögen aus? Interessanter ist doch eine unmittelbare Diskussion vor Flipcharts, auf die man in der Vorbereitung eines Innovationsworkshops ca. 5–7 Leitfragen formuliert. Jeder Teilnehmer erhält vor der Pause Klebepunkte und kann diese dann im Rahmen seiner Pausengespräche direkt selbst platzieren (vgl. Abb. 10.1). Schon haben Sie in wenigen Minuten einen Marktüberblick, erste Einsichten und erste Trendinformationen erhalten, die Sie sofort weiterverarbeiten und unmittelbar diskutieren können. Pragmatischer und agiler geht es einfach nicht mehr. Probieren Sie es aus!

Es rächt sich, wenn der Markt nicht rechtzeitig auf die Einführung vorbereitet wird. Dann fehlen bei der Produkteinführung Dokumente oder Zulassungen, der Vertrieb ist nicht geschult oder die Produktion kann die Lieferzeiten nicht einhalten. Auch bei der agilen Innovation ist deshalb ein Markteinführungskonzept erforderlich, das im Wesentlichen beantwortet, wo der strategische Fokus in der Markteinführung liegt. Hierbei wird festgelegt, ob etwa zuerst bestimmte Prioritätszielgruppen angesprochen werden sollen, ob der internationale Rollout sukzessive oder gleichzeitig stattfindet, welche Preispolitik oder welche Kommunikationsmaßnahmen für die Einführungsphase geplant sind. Ein der wesentlichsten Fragen dabei ist der richtige Zeitpunkt für die Markteinführung.

Ihr Markteinführungsplan unterteilt sich in drei Phasen: Die Pre-Launch-, Launch- und Post-Launch-Phase. Lassen Sie uns alle drei Phasen einmal genauer betrachten:

- Die *Pre-Launch-Phase* beginnt frühzeitig vor dem geplanten Markteintritt. Es sollte ein Zeitraum gewählt werden, zu dem die Produktentwicklung noch nicht abgeschlossen ist und Anpassungen noch möglich sind. Nichts ist frustrierender, als wenn das Marketing- und Vertriebsteam feststellt, dass wichtige Produktmerkmale fehlen oder Veränderungen im Markt stattfinden, auf die nicht mehr angemessen reagiert werden kann.

Abb. 10.1   Beispiel für eine
agile Sammlung von Markt
und Trendinformationen
im Rahmen von
Innovationsworkshops und
Fachinformationstagen

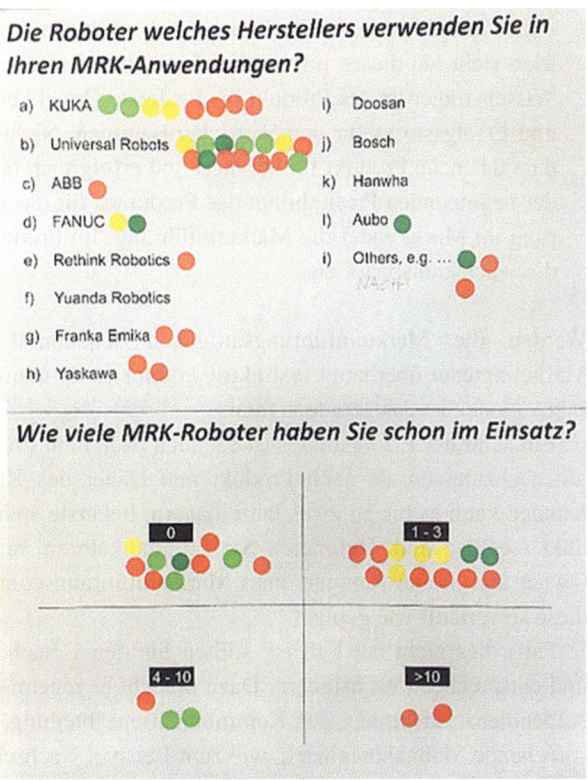

• Während der *Launch-Phase* kann ein bereits etabliertes agiles Team seine Stärken
  voll und ganz ausspielen. Es fällt ihm leicht, die vielen, verschiedenen Aufgaben und
  die Ausführenden sowie die unterschiedlichen Markteinführungsaktivitäten konzer-
  tiert zu starten. Der Launch kann erst beginnen, wenn die Werbematerialien erstellt
  und die entsprechenden Daten aufbereitet sind. Wenn hier die Zusammenarbeit nicht
  richtig funktioniert, werden die Produkteigenschaften unscharf oder gar falsch dargestellt. Ein weiteres Argument, in dieser Phase noch an der agilen Organisations-
  und Arbeitsweise festzuhalten.

• Die *Post-Launch-Phase* kann Monate bis Jahre dauern. Die Umsatzentwicklung wird
  forciert und es werden gegebenenfalls Kinderkrankheiten des Produktes behoben.
  Manche Unternehmen schalten dabei sehr schnell in den reinen Vertriebsmodus nach
  dem Motto „das Produkt ist nun auf dem Markt, jetzt kümmert sich der Vertrieb
  darum". Das funktioniert bei bekannten Produkten, bei Innovationen kann diese Phase
  jedoch schnell zur Hängepartie werden. Wenn sich der Umsatz nicht so entwickelt
  wie geplant, und das ist bei Innovationen häufig der Fall, muss auf breiter Basis
  und funktionsübergreifend nach dem Warum gefragt werden, um dann an der richtigen Stelle die notwendigen Maßnahmen zu ergreifen. Nicht immer ist das Problem
  beim Vertrieb zu suchen. Es ist daher wichtig, dass das agile Entwicklerteam in dieser

Phase immer noch zur Verfügung und im engen Austausch mit Marketing und Vertrieb steht, da dieses im wissenschaftlich-technischen Umfeld meist der bedeutsame Wissensträger ist das Produkt bis ins letzte Detail kennt. Stellen Sie Referenzprojekte und Erfolgsstorys für den Vertrieb zusammen. Nichts ist motivierender als zu sehen, dass das neue Produkt funktioniert und erfolgreich beim Kunden eingesetzt wird. Mit der beginnenden Profitabilität des Produktes für das Unternehmen und seiner Etablierung im Markt endet die Markteinführung. Im Produktlebenszyklus schließt sich nun die Wachstumsphase an.

Werden die Markteinführungsaufgaben sequentiell abgearbeitet oder wird das Marketingteam überhaupt erst aktiv, kommt es zu unnötigem Zeitverlust. Bei radikalen Innovationen ist das geradezu fatal.

Ein zentraler Erfolgsfaktor ist es, auch nach dem Produkt-Launch nicht mit der Energie nachzulassen. Je nach Produkt und Dauer des Kaufentscheidungsprozesses beim Kunden kann es bis zu zwei Jahre dauern, bis erste spürbare Umsätze für das neue Produkt messbar sind. Definieren Sie Frühindikatoren, mit denen der zuständige Product Owner und Sie im Rahmen eines Markteinführungscontrollings überwachen können, ob diese so verläuft wie geplant.

Falls dies nicht der Fall ist, sollten Sie den Ursachen schnell auf den Grund gehen und entsprechend nachsteuern. Dazu braucht es regelmäßiges Feedback vom Innen- und Außendienst sowie aus der Kommunikationsabteilung. Steuern Sie zeitnah durch entsprechende Maßnahmen nach, wie zum Beispiel Nachschulungen des Vertriebs, Mailingaktionen, Überarbeitung der Nutzenargumentation, Erstellung von FAQ für den Vertrieb und den Service. Erst wenn das Produkt erfolgreich am Markt platziert ist, ist die Produkteinführung und damit der ganze agile Innovationsprozess ein wirklicher Erfolg geworden.

Weiterführende Literatur

Frensch, J., Wördenweber, B., *Verhaltensorientiertes Innovationsmanagement – Spielerische Anleitung für Teams und Unternehmensführung*, Springer Gabler (2021), S. 89–111
Großklaus, R., *Neue Produkte einführen – Von der Idee zum Markterfolg*, Gabler (2018), S. 36–43
Kuß, A., Kleinaltenkamp, M., *Marketing-Einführung Grundlagen – Überblick – Beispiele,* Springer (2020), S. 207–233, 275–287
Liebermeister, B., *Digital ist egal, Mensch bleibt Mensch – Führung entscheidet*, Gabal (2017), S. 232–239
Lutzer, B., Howind, A., *Kommunikation und Marketing für Technik-Innovationen*, Springer Gabler (2020), S. 121–161
Molitor, A., *Von Freibeutern und Weltrettern – Wie findet das Neue zu den Menschen?*, brandeins Thema Innovation (2017), S. 76–81
Scharf, A., Schubert, B., Hehn, P., *Marketing – Einführung in Theorie und Praxis*, Schäffer Poeschel (2020), S. 511–558

Wie gelangt man zur Disruption?   11

Wo aber Gefahr ist, wächst das Rettende auch.

Friedrich Hölderlin

Radikale Innovationen – Disruptionen- verändern die Spielregeln innerhalb eines Marktes oder einer Branche. Sie schaffen neue Geschäftsmodelle und zerstören alte. Das ist etwas ganz anderes, als Prozesse zu optimieren oder eine Produktpalette zu verändern, auch wenn man ab einer gewissen Qualität allerdings auch bei einer Prozessoptimierung von einer Disruption sprechen kann.

Bei *Disruptionen* geht es nicht nur darum, neue Technologien zu erfinden, sondern auch darum, für bestehende Technologien neue Anwendungen zu finden, die die Handlungslogik in einer Branche grundlegend ändern. Disruption benötigt neue Geschäftsmodelle und neue Unternehmenskulturen, völlig neue Kompetenzen und Entscheidungsprozesse sind zu entwickeln. Deshalb reagieren konservative Marktteilnehmer oft mit erheblicher Verspätung. Sie versuchen, möglichst lange ihr altes Geschäftsmodell in traditionellen Strukturen fortzusetzen, auch wenn diese teuer und ineffizient sind.

Die meisten Firmen haben durchaus Gründe, warum sie so weitermachen, als wäre nichts geschehen. Einerseits weil sie es können. Aber natürlich auch oft, weil sie nur können, was sie in den alten Strukturen über einen langen Zeitraum perfektioniert haben. Darin sind sie gut, da haben sie Expertise. Das Problem ist bloß, dass diese Expertise unter veränderten Umweltbedingungen auf einmal nicht mehr viel wert sein kann.

Disruptive Innovation, so sehr man sich diese wünscht, lässt sich selten über Regelprozesse und Innovationsroutinen erarbeiten. Zur Disruption braucht es in einem ganz besonderem Ausmaß Denkpausen, kreative Freiräume und das Glück des Tüchtigen.

Umso mehr müssen sich agil Innovierende ein Ziel setzen, um auch grundlegende Neuerungen in ihrer Ideenpipeline zu bearbeiten und die Suche nach disruptiven

© Springer Fachmedien Wiesbaden GmbH, ein Teil von Springer Nature 2025
M. Glück, *Agile Innovation,* https://doi.org/10.1007/978-3-658-46584-1_11

Ansätzen nicht komplett dem Zufall zu überlassen. Hierzu muss man sich ganz aus dem Tagesgeschäft ausklinken und intensiv mit neuen Entwicklungen auseinandersetzen.

Führen Sie zu Innovationsrunden disruptiver Zielsetzung Ihre erfahrensten und kreativsten Mitarbeiter gezielt zusammen und konfrontieren Sie diese mit harter Kundenkritik, hochkarätigen Themenimpulsen oder ganz neuen Kreativmethoden, die zum Beispiel die fiktive Zerstörung Ihres eigenen Geschäftsmodells zum Ziel haben.

Wagen Sie ganz neue Dinge in einem eigens hierfür abgetrennten Unternehmensbereich, einem Co-Creation Umfeld. Ein besonders kreatives Ökosystem löst aus dem Alltagsumfeld, weckt ganz neue Kreativitätsressourcen und ermöglicht das direkte Arbeiten an ersten Funktionsmustern und Prototypen. Agile Arbeitsumgebungen sind anders, offen und als kreativ inspirierende Freiräume gestaltet. Es wird in großen Räumen und in interdisziplinär gemischten Teams gearbeitet – kommunikativ, transparent, eigenverantwortlich, schnell und ohne sichtbare Hierarchien. Die Führungskräfte verschanzen sich nicht hinter verschlossenen Türen, sondern sind ebenfalls in den offenen Büroflächen zu finden, die je nach Bedarf flexibel gestaltet werden. Darüber hinaus sind auch Experimentiermöglichkeiten vorhanden. Das ermöglicht es, am Anfang die Aufgabenstellung an einem leeren Tisch zu entwickeln, dann die Lösungsansätze einzugrenzen und in Kreativrunden weiter auszugestalten.

Kristallisiert sich eine Idee als besonders revolutionär heraus, starten Sie eine erste Sprint-Phase unter Einbeziehung externer Partner. Ziel ist das Testen neuer Lösungsansätze in einem guten Mix an Methoden, welche die Vorteile einer Startup Kultur mit den Erfahrungen Ihrer Mitarbeiter zusammenzuführen. Lassen Sie Tischaufbauten und einfache Demonstratoren auf demselben Tisch entstehen, die bei weitem noch nicht perfekt sind. Weder das Aussehen noch die an Serienprodukte später typisch zu stellenden Anforderungen spielen hierbei eine zentrale Rolle. Wichtig ist, dass sie schnell Schlüsselversuche durchführen und frühzeitig Erkenntnisse gewinnen, ob ein Lösungsansatz Erfolg verspricht und ob Sie mit Ihren Ideen die richtigen Antworten auf die Bedürfnisse des Marktes und Ihrer Kunden geben.

Ob eine Innovation disruptiv war, kann man rückblickend leicht sagen. Das hilft aber nicht weiter. Schauen Sie sich daher die kleinen und großen Innovationen an, die radikalen und die inkrementellen und finden Sie den richtigen Mix für Ihr Unternehmen. Verbessern Sie, was Sie ohnehin machen, und machen Sie etwas, das Sie noch nie gemacht haben. Wer hierbei beides hinbekommt und dabei außerdem die Balance hält, ist im Hinblick auf seine Innovationsleistung auf einem guten Weg.

Es bleibt Ihnen nur, zum Querdenken gezielt zu ermuntern, ohne dabei die Bodenhaftung ganz zu verlieren. Und natürlich braucht es viel Geduld sowie das dringend benötigte Glück des Mutigen und Tüchtigen. Ein Sechser im Lotto ist auch nicht nur eine Frage des Einsatzes. Aber wer keinen Lottoschein abgibt und damit nichts in sein eigenes Glück investiert, wird auch niemals auf der Gewinnerliste stehen!

Weiterführende Literatur

Blatt, M., Sauvonnet, E. (Hrsg.), *Wo ist das Problem? – Mit Design Thinking Innovationen entwickeln und umsetzen*, Vahlen (2017), S. 18–52

Dillerup, R., Stoi, R., *Unternehmensführung. Management & Leadership. Strategien, Werkzeuge, Praxis*, Vahlen (2016), S. 178–186

Foelsing, J., Schmitz, A., *New Work braucht New Learning*, Springer (2021), S.46–83

Holzbaur, U., *Nachhaltige Entwicklung: Der Weg in eine lebenswerte Zukunft,* Springer (2020), S. 317–322

Müller, B., *Disruptive Geschäftsmodelle erfordern neue Innovationsprozesse*, Open Automation, Heft 4/2019, S. 24–26

Müller-Friemauth, F., Kühn R., *Silicon Valley als unternehmerische Inspiration Zukunft erforschen – Wagnisse eingehen – Organisationen entwickeln*, Springer Gabler (2016), S. 112–121

Osterwalder, A., Pigneur, Y., *Business Model Generation: Ein Handbuch für Visionäre, Spielveränderer und Herausforderer*, Campus (2011), S. 19–23

Swoboda, M., *Innovational Leadership*, Springer Gabler (2020), S. 19–20

Schlussfolgerungen, Fallstricke und Ausblick

12

Mache die Dinge so einfach wie möglich – aber nicht einfacher!

Albert Einstein

Innovationen – neue Ideen, Produkte, Verfahren, Geschäftsmodelle und Dienstleistungen, die erfolgreich am Markt platziert werden – sind Triebfedern des Fortschritts und das langfristige Lebenselixier sowie die Zukunftssicherung eines jeden Unternehmens. Sie sind der unabdingbare Schlüssel zu mehr Wettbewerbsfähigkeit!

Mit diesen ersten zentralen Merksätzen erfolgreicher Unternehmensführung begannen meine Ausführungen in der Einführung dieses praxisorientierten Leitfadens zu agiler Innovation. Ganz bewusst will ich mit dieser Kernaussage auch meine Ausführungen beschließen.

Innovationen sind lebenswichtig. Sie entstehen nicht zufällig. Sie fallen nicht einfach vom Himmel. Sie sind das Ergebnis harter Arbeit, konsequenten unternehmerischen Handelns, fördernder Umfeldbedingungen, ambitionierter Zielsetzungen sowie effektiver Prozesse und nutzbarer Freiräume.

Bis aus einer Erfindung oder einer guten Idee ein markt- und wettbewerbsfähiges, von den Kunden in großem Stil angenommenes Produkt wird, ist eine Menge methodisches Arbeiten, leidenschaftliches Engagement, Geld und Durchhaltevermögen erforderlich, denn ein wirkungsvolles agiles Innovationsgeschehen fußt auf verschiedensten Eckpfeilern: Eine erfolgreiche Marktbeobachtung, ein funktionierendes und effizient ausgestaltetes Ideenmanagement, eine sorgsame Beobachtung von Trends und Mitbewerbern, den intensiven Austausch mit Kunden und das Erkennen ihrer Bedürfnisse, eine positive Gestaltung der Unternehmenskultur, Gestaltungsfreiräume, den Einsatz wirksamer Kreativtechniken sowie die lenkende Einbindung der Führungs-, Produkt- und Entwicklungsverantwortlichen.

© Springer Fachmedien Wiesbaden GmbH, ein Teil von Springer Nature 2025
M. Glück, *Agile Innovation*, https://doi.org/10.1007/978-3-658-46584-1_12

Ebenso erforderlich sind eine starke Kundenzentrierung, eine Beschleunigung der Innovationszyklen und eine Entschlackung der Prozesse sowie die Stärkung der Anpassungsfähigkeit an die sich ändernden Anforderungen volatiler Märkte. Nötig ist die Auflösung bürokratischer Hemmnisse. Dringend geboten ist eine wirkungsvolle Ermächtigung der Mitarbeitenden.

Innovation ist die zentrale Führungsaufgabe verantwortungsvoll agierender Unternehmerinnen und Unternehmer sowie ihrer Führenden auf nahezu allen wichtigen Gestaltungsfeldern einer Unternehmung, wie Abb. 12.1 zeigt. Vor allem die Arbeitskultur in den Unternehmen positiv.

- nutzenzentriert, kundenzentriert, menschzentriert – zu gestalten, ist eine der Kernaufgaben, denn nur ein erfrischendes Betriebsklima schafft Lust und Freude auf Neues. Unter Druck, Stress und in Angstsituationen dagegen gelingen Innovation und kreatives Arbeiten nicht!

Kreativität ist einer der wesentlichen Erfolgsfaktoren für erfolgreiche Innovationsarbeit. Sie zu fördern, ist erklärtes Ziel mutiger Innovatoren, die sich agilen Werten, Prinzipien und Arbeitsweisen verschrieben haben oder gerade dabei sind, sich in einem Startup zu verwirklichen. Deren Erfolg sowie ihre Leidenschaft ist berauschend, inspirierend, nachahmenswert.

Neues Denken entsteht nie aus dem Nichts. Es bedeutet immer zunächst: Wissen anzusammeln, zu lernen sowie ein profundes Verständnis für Technologien, Märkte, Kundenbedürfnisse und neuartige Geschäftsmodelle zu entwickeln. Agile Innovation ist mit Lernen und Lernerfahrungen untrennbar verbunden.

Ein Grundverständnis für neue Technologien und das Marktgeschehen ist, wie wir gesehen haben, unabdingbar. Dabei geht es nicht um Formelpauken und Auswendiglernen, sondern um Grundlagenwissen und Neugier beim Verstehen von Wirkzusammenhängen.

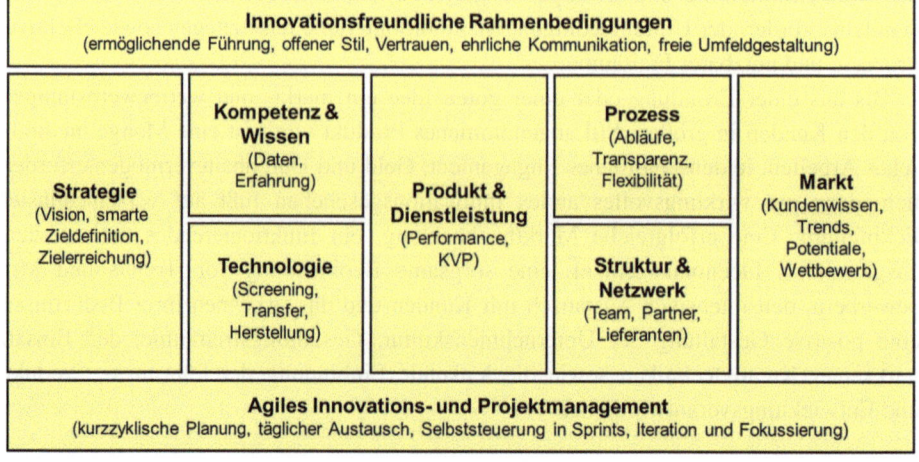

Abb. 12.1 Gestaltungsfelder und Handlungsrahmen agiler Innovationsarbeit im Überblick

Mit reproduzierbarem Wissen ist nicht viel anzufangen. Genauso wenig mit reiner Recherche. Oft dürsten wir nach Wissen, aber ertrinken in Informationen. Innovation gelingt nur beim Denken, Verstehen und Erkennen von Zusammenhängen.

Agile Innovation braucht eine neue Vertrauenskultur! Umfangreiche Kontrollen, überbordende Planung, zentralisierte Freigaben, Einmischung und eine totale Fixierung sind schlechte Rahmenbedingungen für wirkungsvolle Innovationen.

Wer Innovation nicht verhindern will, muss Menschen frei denken und sich entwickeln lassen. Das ist eine der schwierigsten Übungen im Rahmen der agilen Transformation, denn sie widerspricht vielen Regeln, die bisher in Unternehmen galten: Von der Hierarchie, über genauestens definierte Arbeitsbeschreibungen und das zwischen Arbeitgeber und Arbeitnehmer herrschende Misstrauen bis zu detaillierten Vorschriften oder der Stempeluhr am Eingang.

Der Einsatz schlanker agiler Methoden ist eine äußerst potenzialträchtige Möglichkeit, ein Unternehmen oder zunächst nur eine Organisationseinheit fit für die Zukunft zu machen und im Wettbewerb deutlich schneller, erfolgreicher und anpassungsfähiger zu sein. Wenn dieser Kulturwandel gelingt, hat dies zweifellos bedeutsame Auswirkungen auf die Innovations- und Wandlungsfähigkeit eines Unternehmens.

Agile Prinzipien und Werte sind allerdings noch wenig verbreitet. Allgemeine Bedenken und ein Null-Fehlertoleranz-Denken stehen dem häufig entgegen, was nicht notwendigerweise heißt, dass sich die Ingenieure ändern müssen, sondern die Prozesse und Kulturen um sie herum. Man muss ganz einfach an einer Stelle konkret anfangen, damit sich Keimzellen bilden, die anderen als Vorbild dienen. Innovation und Agilität generalstabsmäßig von oben per Ansage zu verordnen, bringt nichts. Die handelnden Personen müssen die Herausforderungen erkennen und annehmen, die nötigen Schritte selbst einleiten.

Agile Innovation baut auf den technologischen Kompetenzen eines Unternehmens auf, nutzt diese und entwickelt sie weiter. Die Stärken in Forschung, Entwicklung und Produktion sollten Kriterien bei der Ideenauswahl sein, denn Innovationsprojekte, die mit profunder technischer Erfahrung durchgeführt werden, sind erfolgreicher.

Durch technologische Vorstudien, Prototypen (MVPs) und kurzzyklische Produkttests unter Einbeziehung der Kundensicht wird ihr schnelles Vorankommen abgesichert. Neue Produkte erweisen sich zudem dann als erfolgreich, wenn die Marketingaktivitäten in den Innovationsprozess einbezogen werden. Dieser Erfolgsfaktor bezieht sich auf Markterkundungen inklusive Prototypentests mit Schlüsselkunden.

Welche Faktoren kennzeichnen die Innovationsfähigkeit eines agilen Unternehmens?
Es besteht eine sich durch innovationsfreundliche Rahmenbedingungen besonders auszeichnende Unternehmenskultur, die insbesondere auf eine unmittelbare bereichsübergreifende Zusammenarbeit in flexiblen, agil agierenden Einheiten setzt, einen partizipativen Führungsstil pflegt, Ideen und Vorschläge aller Mitarbeiter wertschätzt und Fehler toleriert. In den Innovationsprozess sind Mentoren aus dem oberen Management integriert. Sie schaffen die Rahmenbedingungen und agieren als Coaches, die

Rahmenbedingungen schaffen, Leitplanken setzen und ein offenes Ohr für aufkommende Probleme haben.

Eine klare Innovationsstrategie, die allen relevanten Mitarbeitenden bekanntgemacht ist, liegt vor. Diese besteht in der Regel darin, Schwerpunkte für die Ideenfindung und den Innovationsprozess zu setzen, Problemfelder aufzuwerfen, Marktsegmente, Zielgruppen und relevante Technologiefelder zu benennen.

Im Rahmen strukturierter und moderierter Ideenfindungssitzungen oder Innovationsworkshops wird das kreative Denken zu vorgegebenen Problemstellungen direkt angeregt. Manche Unternehmen setzen regelmäßig Themenschwerpunkte im Unternehmen mit der Aufforderung, dazu Ideen zu entwickeln oder diese als Stimulus für die vertiefende Recherche zu verstehen.

Es besteht ein strukturierter agiler Innovationsprozess, beispielsweise unter Nutzung von Scrum. Die auf agilen Teams und einer Zeittaktung in Sprints basierende Vorgehensweise ist erprobt und wird in der täglichen Praxis mit hoher Konsequenz und stringenter Taktung angewandt. Die Akteure halten sich an ihre Rollen, Befugnisse und Deliverables.

Die Innovationsarbeit erfolgt in kleinen, bereichsübergreifend besetzten Teams. Die Teams organisieren sich weitestgehend selbst und eigenverantwortlich. In regelmäßigen Abständen findet eine Fortschrittsabstimmung in Arbeitsplatznähe statt. Ihr kurzzyklisches Vorangehen erfolgt im Takt der Sprints, ebenso die hierüber erforderliche Ergebniskommunikation und Abstimmung.

Die Innovationsarbeit ist geprägt von einer unmittelbaren Einbindung von Kunden. Sie tragen dazu bei, die Erwartungen des Kunden entwicklungsbegleitend zu vertreten und eine möglichst frühzeitig beginnende und fortlaufende Durchführung von Zwischentests zu unterstützen. Regelmäßig gepflegte Partnerschaften, aktive Kooperationen und ein von Netzwerken geprägter Erfahrungsaustausch sind feste Bestandteile der agil ausgerichteten, pragmatisch erfolgenden Innovationsarbeit.

Das gesamte Unternehmen achtet auf eine ausgewogene Verteilung aller Produkte in ihrem Lebenszyklus. Frühzeitig wird Neuentwicklungsbedarf identifiziert und eine durch systematische Analysen schmerzlicher Schwachstellen und eingehender Rückmeldungen von Kunden untermauerte Ideenfindung initiiert. Dies mündet in Technologie- und Produkt-Roadmaps.

Agiles Vorgehen braucht die volle Unterstützung der Unternehmensleitung. Gefragt ist auch eine Offenheit der Mitarbeiter. Agilität anzustreben, ist mehr, als agile Methoden und Kreativtechniken einzuführen. Auch mehr, als einen neue Organisations- und Führungskultur zu pflegen oder sich von der Startup Kultur mit ihrer sicherlich äußerst erfrischenden Innovationskultur inspirieren und zu neuen Geschäftsmodellen leiten zu lassen.

Agile Innovation prägt ein neues und engagiertes Tätigwerden für den nötigen Wandel, verknüpft mit der Entschlackung von Prozessen und Bürokratie, mutig aus dem bekannten Korsett der Märkte und Geschäftsaktivitäten heraustretend.

Agile Innovation kann man nicht per Dekret verordnen. Agile Methoden in einem Team oder Fachbereich einzuführen, aber alles ringsherum beim Alten zu belassen, ist in aller Regel zum Scheitern verurteilt.

Agile Innovation braucht Luft zum Atmen. Hierarchie macht daher nur Sinn, wenn sie tut, was sie soll, nämlich Komplexität reduzieren, damit sich Talente auf ihre Fähigkeiten konzentrieren können. Der Deal ist: Ich gebe dir optimale Bedingungen und Freiraum, in dem sich Talente entfalten können. Und du gibst mir Ideen, damit die Organisation funktioniert.

Agile Innovation baut auf Zuversicht. Ein wichtiger Begriff, der noch mehr umfasst als das Wort Vertrauen. Zuversicht ist Zutrauen in die Problemlösungsfähigkeit und damit auch in die Innovationsfähigkeit eines Teams. Man muss sich und seine gesamte Organisation, sein Unternehmen, sein Zusammenwirken mit Kunden und Partnern radikal verändern, eine neue Kooperationskultur vorleben, mit Geduld und direkter Kommunikation intensiv Überzeugungsarbeit leisten und alternativen Herangehensweisen eine Chance lassen. Aber es lohnt sich!

Sicher ist: Ihre Transformation zu einem agil innovierenden Unternehmen wird Sie vor einige Herausforderungen stellen, mit denen Sie heute noch gar nicht rechnen. Und Sie werden höchstwahrscheinlich auch nicht gleich beim ersten Versuch alles richtig machen. Sie wissen ja, Fehler dienen in agilen Organisationen dem Erkenntnisgewinn!

Folgen Sie entschlossen der agilen Einstellung, überprüfen Sie Ihre Arbeit, schauen Sie sich an, was Sie hätten besser machen können, und verbessern Sie es.

Vermeiden Sie bekannte Fallstricke, die leider häufig auftreten

1. Die Dringlichkeit wird nicht genug hervorgehoben
Ihre Mitarbeitenden müssen verstehen, dass dies kein unterhaltsames Experiment ist. Es ist ein notwendiger Schritt, damit Ihr Unternehmen weiterhin erfolgreich sein kann. Es muss etwas passieren. Und es muss jetzt passieren! Haben Sie keine Angst, allen zu sagen, dass die Folgen von Nichtstun katastrophal sein könnten.

Häufig lehnen Menschen Veränderungen ab, da sie alles weiterhin so tun wollen, wie sie es schon immer getan haben und gewohnt sind. Sie weisen eine besondere Beharrungskompetenz auf. Es läuft ja vermeintlich alles bestens. Sie werden von diesen Menschen viele Gründe hören, warum agile Organisationsformen und die agile Innovation nicht funktionieren oder warum jetzt gerade nicht der richtige Moment für eine agile Transformation ist.

Schaffen Sie daher bei allen Beteiligten gleich zu Beginn ein Gefühl der Dringlichkeit, damit die Leute verstehen, dass jetzt etwas passieren muss. Argumentieren Sie auf der Basis belastbarer Zahlen und Fakten und vermeiden Sie es, Ängste zu schüren!

2. Es gibt keine ausreichend starke Führungskoalition
Viele Firmen haben ein schwerwiegendes Problem: Langweiler, Machtmenschen, Systemerhalter, Alphatiere und Kreativitätsverweigerer werden nach oben befördert.

Kaum ein Unternehmen schafft es, sich dauerhaft so aufzustellen, dass Bürokraten nicht die Macht an sich reißen. Von Bürokraten bestimmte Organisationen sind innovationsfeindlich. Sie drängen die Erneuerung an den Rand. Die Zustandserhaltung erfährt Heiligenstatus.

Agile Innovatoren brauchen Führende, die rausgehen und ihre Mitarbeitenden überzeugen. Führende, die wissen, wie man andere für die Zukunft begeistert. Eine gute Führungskraft zwingt niemanden zum Folgen, sie leistet Überzeugungsarbeit und bringt so andere dazu, ihr folgen zu wollen.

Ohne ein klares gemeinsames Verständnis und Zielebild der Führenden kann es passieren, dass Ihre Mitarbeitenden zwar der agilen Methodik folgen, aber trotzdem noch in Silos denken. Hier hilft ebenfalls nur Überzeugungsarbeit zu leisten, bevor Sie mit der Transformation beginnen und herauszufinden, wer die geeigneten Führungskräfte in Ihrer Organisation sind, die die Menschen für sich gewinnen können? Diese müssen Sie an Ihrer Seite wissen!

3. Ein Mangel an Vision oder diese zu schlecht kommuniziert
Innovationen sind immer Entdeckungen. Sie brauchen Geduld und Ausdauer, Kommunikation und Konsens, eine breite und solide Basis. Das ist ein zähes Geschäft, aber unvermeidlich. Ihre Mitarbeitenden müssen die Gründe verstehen, warum Sie es machen.

Es geht nicht darum, die Silo-Struktur aufzubrechen, und auch nicht darum, agil zu werden; das sind alles Antworten auf die Frage, „wie" etwas umgesetzt wird. Das „Warum" ist wichtiger: Sie möchten innovativer werden. Sie möchten, dass Ihre Kostenstruktur wettbewerbsfähig bleibt, oder Sie möchten sich besser auf die sich verändernden Märkte einstellen. Egal, was das „Warum" ist: Stellen Sie sicher, dass Sie und Ihre Mitarbeitenden es verstehen!

Es kann leicht passieren, die Vision im Eifer des Gefechts aus den Augen zu verlieren, wenn alle gespannt sind, was als Nächstes kommt. Das Risiko besteht darin, dass die Mitarbeitenden agilen Methoden um ihrer selbst willen folgen. Sie führen Sprint Planning Meetings durch, verstehen jedoch die Gründe dafür nicht wirklich. Oder sie glauben, dass sie all das tun, um ein paar Kennzahlvorgaben zu erfüllen, was nicht wirklich motivierend und sinnstiftend ist.

Sobald Sie die Vision entwickelt haben, kommunizieren Sie sie. Mehrfach und engagiert. Agile Teams schreiben die Produktvision oft in großen Buchstaben an die Wand ihres Projektbüros. Auf diese Weise werden alle daran erinnert, wohin die Reise geht. Und das muss begeistern!

4. Hindernisse aus dem Weg räumen
Nichts ist frustrierender für Mitarbeitende als aufgefordert zu werden, etwas zu verändern und dann dazu nicht in der Lage zu sein. Darum ist ein sehr wichtiger Schritt von Veränderungsinitiativen und vor allem der agilen Transformation, Hindernisse wirkungsvoll zu beseitigen und die Menschen zu stärken.

Wenn Sie möchten, dass Ihre Teams autonom arbeiten, müssen Sie ihnen Entscheidungskompetenz geben und Vertrauen schenken. Häufig erlebt man jedoch das Gegenteil, wenn das Management die agilen Werte und Prinzipien nicht wirklich verinnerlicht hat, Entscheidungen der Teams nicht akzeptiert oder in die Sprint-Planung mit Top-Down-Anforderungen störend eingreift. Ihre neue Aufgabe als agil Führender ist es, innovationsfreundliche Rahmenbedingungen zu schaffen und mit klaren Zielsetzungen Leitplanken für die Entwicklungsarbeit zu setzen. Mehr nicht! Und das ist schon viel genug.

Sorgen Sie vor allem für optimale Arbeitsbedingungen in Ihren Innovationsbereichen. Unternehmen, die Arbeitsplätze nicht zeitgemäß ausstatten, leben in Zeiten des Fachkräftemangels gefährlich. Sie riskieren Frust in der Belegschaft und sogar Kündigungen aufgrund der unbefriedigenden technischen Ausstattung.

5. Keine systematische Planung und Schaffung von kurzfristigen Erfolgen
Kurzfristige Erfolge sind ein zweischneidiges Schwert: Einerseits helfen Sie als Motivationsinstrument, die Dynamik aufrechtzuerhalten und die spürbare Energie nutzen, die Leistung der Teams wertschätzend anzuerkennen. Schnelle erste Erfolge sollen aber nicht dazu veranlassen, zu denken, dass die Transformation damit abgeschlossen ist.

Sie müssen das richtige Gleichgewicht von Fördern und Fordern finden. Vergessen Sie nicht, kurzfristige Erfolge angemessen zu feiern und gleichzeitig die Teams auch daran zu erinnern, dass sie noch nicht fertig sind. Erklären Sie den Sieg nicht zu früh und teilen Sie jeglicher Form von Planungswut und überbordender Bürokratie dauerhaft eine wirkungsvolle Absage.

6. Agile Innovation hat nichts mit Jugendwahn zu tun!
Es ist ein Irrtum, Innovation vor allem als jugendliche Tugend zu verstehen. Und es ist albern, zu glauben, dass junge Menschen innovativer sein könnten als ältere. Eine Trumpfkarte erfolgreicher Innovation ist die berufliche Reife, nicht die trotzige Rebellion. Innovation braucht auch Erwachsene, ganz gleich wie alt sie sind.

Es ist doch eine Binsenweisheit: Der Erfahrungshintergrund und die Marktkenntnis der Mitarbeiter steigen mit der Anzahl erfolgreich durchgeführter Projekte. Dem Verbinden beider Welten gehört daher die Zukunft. Wissen, Erfahrung und jugendliche Neugier sowie eine erfrischende Aufbruchsstimmung sind beste Nährböden für agile Innovation.

Agile Innovation ist nicht der Kampf der Ungestümen, der Jungen, der Revolutionäre gegen die Alten, Verstockten und Unbelehrbaren. Das ist ein Mythos, den eine neue Innovationskultur beseitigen muss. Eine agile Innovationskultur nützt alle zur Verfügung stehenden geistigen und kreativen Ressourcen. Sie verbindet Erfahrung und Experiment in schlagkräftigen Teams!

7. Die agilen Veränderungen werden nicht in der Unternehmenskultur verankert
Wenn Sie Veränderungen und agiles Denken verankern möchten, müssen Sie dies immer wieder wiederholen, bis sie zum ungeschriebenen Gesetz des „So machen wir das hier"

werden. Wenn die neue agile Arbeitsweise und das agile Innovieren nicht zu Ihrer neuen Unternehmenskultur werden, werden Sie rasch beobachten, wie sich die Dinge allmählich wieder auf dem alten Stand einpendeln.

An dieser Stelle kommen die Zyklen zum Tragen, in denen alles in einer agilen Welt abläuft. Sie wiederholen den Vorgang immer wieder, bis er zur Routine wird und die alten Gewohnheiten abgelegt sind. Bis die Mitarbeitenden und die Führungskräfte das agile Arbeiten voll und ganz verinnerlicht haben. Das ist die vielleicht größte Herausforderung, aber auch die, die langfristige Erfolge bringt. Doch wenn die Ausführung nicht stimmt, kann auch dies scheitern. Beispielsweise wenn Dinge nur um ihrer selbst willen getan werden, weil die Methodik es so verlangt und Agilität zu einer Art dogmatischen Religion zu werden droht.

Warum es sich lohnt?
Mit agilen Methoden erreicht man zweifellos eine schlankere, flexiblere und anpassungsfähigere Organisation mit weniger Engpässen sowie eine Kultur, die auf Wertschöpfung und Erneuerung ausgerichtet ist. Im Innovationsprozess führt dies zu einer fortlaufenden Ausrichtung an den wirklichen Kundenbedürfnissen sowie zu neuartigen Produkten und Dienstleistungen, die vom Kunden wirklich akzeptiert und am Markt adäquat honoriert werden.

Beflügelt wird das Innovationsgeschehen, wenn die Teams die Herausforderungen innerhalb der Wertschöpfungskette verstehen und ihre ganze Energie darauf verwenden, Hindernisse zu beseitigen, anstatt den Schuldigen zu suchen, wenn etwas schiefläuft. Darüber hinaus werden Veränderungen auf weniger Widerstand treffen, da die selbstorganisierten Teams in die Entscheidungsfindung einbezogen werden.

Wenn ein Team auch dafür verantwortlich ist, Probleme zu beheben, wenn das Produkt herausgebracht wurde, ist der Anreiz größer, es von Anfang an richtig zu machen. Sie werden von Anfang bis Ende über die gesamte Lieferkette zusammen daran arbeiten, zuverlässige Neuprodukte auf den Markt zu bringen. Vor allem die Kunden profitieren auf diese Weise von besseren, schnelleren Dienstleistungen und Produkten, die ihnen wirklichen Mehrwert bringen; entwickelt von Menschen, die das Produkt am besten verstehen, sich dafür begeistern und bereit sind, einen angemessenen Preis zu bezahlen, der am Markt Bestand hat.

Zudem können Änderungen an einer Wertschöpfungskette schneller und einfacher vorgenommen werden, wenn alles im gleichen Team bleibt und nicht verschiedene, voneinander abhängige Organisationsbereiche beteiligt sind. Das verkürzt die Markteinführungszeit, da Entscheidungen lokal getroffen werden. Innovationen können schneller auf den Markt gebracht werden und die Reaktionen darauf kommen auch direkt wieder an das Team zurück.

Der große Gewinner ist die Belegschaft und das Betriebsklima, wenn die Mitarbeitenden nicht mehr in einem ständigen Konflikt der Silos gegeneinander ankämpfen und nicht mehr von Entscheidungen abhängig sind, die irgendwo anders im Dickicht überbordender Hierarchien oder in Besprechungen mit exklusivem Teilnehmerkreis über ihre Köpfe hinweg getroffen werden, von Menschen, die von den Folgen der Entscheidungen weit entfernt sitzen.

Agile Organisationsformen gehen einher mit Hierarchieabbau, Selbstbefähigung und Selbstbestimmung der Mitarbeiter. Doch keine Sorge! Sie funktionieren auch ohne Managementtheater erfolgreich. Unternehmen tun deshalb gut daran, ihre Mitarbeiter mit mehr Eigenverantwortung auszustatten. Dann ist Führung allgegenwärtig. Es ist nur so, dass die Führungsaufgabe nicht institutionalisiert ist.

Eine neue Freiheit, neues Vertrauenskapital und vor allem ein hohes Verantwortungsbewusstsein entstehen, wenn agile Teams gemeinsam Entscheidungen fällen und für das Ergebnis ihrer Teamarbeit persönlich verantwortlich sind. Hierbei können die Teammitglieder neue Ideen ausprobieren. Sie arbeiten als Team an einem gemeinsamen Ziel. Das macht mehr Freude als einander zu bekämpfen.

Testen Sie fortlaufend Ihre Position und den Umsetzungsstand der Veränderungen
Es ist wichtig, dass Sie zu Beginn eines Veränderungsprojekts den Ist-Stand der Umsetzung aufnehmen und fortlaufend ein Umsetzungscontrolling betreiben. Dies hilft, Skeptiker, die unweigerlich auftreten, auf Basis objektiver Fakten mit der Situation zu konfrontieren und mit ihnen gemeinsam Lösungswege zu erarbeiten.

Vermeiden Sie hierbei persönliche Kritik und ein selbstgefälliges Lamento. Orientieren Sie sich an Eckpunkten Ihres Zielbilds. Beschreiben Sie dieses mit Zielzuständen, die Sie abfragen und fortlaufend in ihrem Umsetzungsstand anhand eines einfachen Punktesystems bewerten. Ein entsprechendes Beispiel ist in Anhang VI dieses Buchs aufgenommen.

Mut zur Veränderung – Machen!
Tatsächlich ist es unbequem, agile Methoden erfolgreich einzuführen und durchzuhalten. Denn dazu muss man sich von alten Gewohnheiten und vertrauten Arbeitsweisen trennen, neue Wege auskundschaften und immer wieder überprüfen, wie man sich noch weiter verbessern kann. Ein klassisches Veränderungsprojekt mit all seinen typischen Facetten!

Fangen Sie daher behutsam an, wenn Sie bei sich agile Methoden einführen möchten. Führen Sie zu Beginn nur eine neue Methode ein und überprüfen Sie an ausgewählten, wenigen Pilotprojekten immer wieder, wie weit diese zum Unternehmen und zu den Entwicklerteams passt. Der Sprung aus der Komfortzone fällt nicht allen leicht.

Agile Innovation ist nicht starrsinnig oder dogmatisch. Sie lässt Luft für Veränderungen, ist dynamisch und nicht vorhersehbar. So wenig, wie es die Zukunft ist. Starten Sie mit aufgeschlossenen Stakeholdern in dieses Abenteuer. Es wird sich lohnen!

Weiterführende Literatur

Dillerup, R., Stoi, R., *Unternehmensführung. Management & Leadership. Strategien, Werkzeuge, Praxis*, Vahlen (2016)

Foelsing, J., Schmitz, A., *New Work braucht New Learning*, Springer (2021), S.46–83

Frensch, J., Wördenweber, B., *Verhaltensorientiertes Innovationsmanagement – Spielerische Anleitung für Teams und Unternehmensführung*, Springer Gabler (2021), S. 89–111

Holzbaur, U., *Nachhaltige Entwicklung: Der Weg in eine lebenswerte Zukunft,* Springer (2020), S. 317–322

Lundak, J., *Agile Prozesse – Fallstricke erkennen und vermeiden*, entwickler.press (2009)

Mockenhaupt, A., Schlagenhauf, T., *Digitalisierung und Künstliche Intelligenz in der Produktion*, Springer Vieweg (2024), S. 61–70

Müller, B., *Disruptive Geschäftsmodelle erfordern neue Innovationsprozesse*, Open Automation, Heft 4/2019, S. 24–26

Müller-Friemauth, F., Kühn R., *Ökonomische Zukunftsforschung, Grundlagen – Konzepte – Perspektiven*, Springer Gabler (2017), S. 96–106

Pfannstiel, M. A., Siedl, W., Steinhoff, P. (Hrsg.), *Agilität in Unternehmen*, Springer Gabler (2021), S. 1–13, 15–32, 33–50

Plugmann, Ph. (Hrsg.), *Innovationsumgebungen gestalten Impulse für Start-ups und etablierte Unternehmen im globalen Wettbewerb*, Springer Gabler (2018), S. 239–254

Puckett, S., Neubauer, R. M., *Agiles Führen: Führungskompetenzen für die agile Transformation*, Business Village (2018), S. 49–75

Swoboda, M., *Innovational Leadership*, Springer Gabler (2020), S. 19–20, 61–69

van Lieshout, B., van der Waal, H.-J., Karsten, A., van Solingen, R., *Agile Transformation: Organisationen strukturell beschleunigen und beweglicher machen*, dpunkt (2021), S. 31–62

Anhang

Anhang I – Innovation Scorecard zur Verfolgung der Innovationseffizienz

Bewertungsgröße	Ziel	Ist	
Umsatzanteil Neuprodukte an Jahresumsatz (Produkte < 3 Jahre am Markt)	≥ 25 %		🟥
Umsatzanteil mit Bestandsprodukten, die eine Lebenszeit von > 7 Jahren aufweisen	≤ 40 %		🟨
Neuheiten und Markteinführungen pro Geschäftsjahr (Beispiel: Unternehmen mit ca. 100 Mio. € Jahresumsatz)	≥ 5 / Jahr		🟩
Mittlere Time-to-Market je Entwicklung Angabe in Monaten, ab Projektstart	≤ 12 Monate		
Patent- und Schutzrechtsanmeldungen pro Jahr (unternehmensspezifisch, hier als Beispiel Unternehmen mit ca. 100 Mio. € Jahresumsatz)	≥ 8 / Jahr		
Fachveröffentlichungen und Marketingkampagnen zu Innovationsschwerpunkten	≥ 10 / Jahr		
Anzahl durchgeführter Innovationsworkshops mit internen und externen Partnern / Kunden (unternehmensspezifisch)	≥ 4 / Monat (intern) ≥ 2 / Monat (extern)		
Produktauszeichnungen und Preise im Geschäftsjahr (unternehmensspezifisch)	≥ 1 / Jahr		
Disruptiver Anteil an Neuproduktumsatz (Produkte < 3 Jahre am Markt)	≥ 20 %		
Anteil umsetzbarer Ideen in Innovationspipeline zu Ideen in laufender agiler Bearbeitung	≥ 2,0		

Ampelsystematik

- Grün: Ziel zu 100 % erreicht oder übererfüllt
- Gelb: Zielerreichung zwischen 80 % und 100 %
- Rot: Zielerreichung unter 80 % unter der Zielmarke

Anhang II – Schnelltest zur Vorauswahl potenzialträchtiger Ideen

Schnelltest zur Vorauswahl potenzialträchtiger Ideen im Ideenauswahlprozess			
1. Strategischer Fit, Übereinstimmung mit Unternehmens- und Innovationszielen			
0 Punkte	**1 Punkt**	**2 Punkte**	**3 Punkte**
< 10 %, Übereinstimmung mit aktueller Strategie praktisch nicht erkennbar.	< 50 %, kein unmittelbarer Bezug zu aktueller Unternehmens- und Innovationsstrategie.	< 75 %, mehrere Anknüpfungspunkte zur aktuellen Strategie sind vorhanden.	> 90 %, (nahezu) vollständige Übereinstimmung mit Zielen und aktueller Strategie.
2. Marktpotenzial, geschätzte Größe und erschließbarer Anteil			
Kein bedeutendes Marktpotenzial in kommenden 3 Jahren erkennbar, < 5 % Jahresumsatz.	Marktpotenzial ansatzweise in kommenden 3 Jahren erkennbar, < 15 % Jahresumsatz.	Attraktives Marktpotenzial in kommenden 3 Jahren erkennbar, < 30 % Jahresumsatz.	Erhebliches Marktpotenzial in kommenden 3 Jahren erkennbar, > 30 % Jahresumsatz.
3. Markt-/Branchenzugang, Erschließbarkeit und Markteintrittsbarrieren			
Völlig neuer Markt, völlig neue Branche, bisher nicht bekannt und vom Unternehmen nicht adressiert, hohes Eintrittsrisiko.	Neuer Markt- bzw. Branchenzugang, durch das Unternehmen aber mit Risiken erschließbar.	Marktzugang existiert. Erschließung durch das Unternehmen noch erforderlich, Risiken vertretbar.	Markt- und Branchenzugang bestehen und werden bzw. wurden durch das Unternehmen schon bearbeitet.
4. Generelle Machbarkeit und Umsetzbarkeit durch das Unternehmen, Risiken der Umsetzung (technisch, allgemein)			
Derzeit nicht darstellbar bzw. mit hohen Risiken verbunden, Erfolgschancen < 10 %.	Derzeit nicht darstellbar, generell aber möglich, evtl. mit Partnern, Erfolgschancen < 50 %.	Machbar, mit Investitionen und Kompetenzaufbau verbunden, Erfolgschancen > 50 %.	Umgehend machbar, ohne bedeutsame Risiken, Erfolgschancen > 90 %.
5. Innovationsgrad und Alleinstellungspotenzial, Neuheit und Bauchgefühl			
Zu gering, keine Neuheit. Wettbewerber sind etabliert, der Zielmarkt ist verteilt oder gesättigt.	Gering, Wettbewerb ist aber beherrschbar, Markt hinreichend bedienbar.	Innovativ, Chance auf Alleinstellung und profitable Markterschließung ist gegeben.	Disruptiv, Alleinstellung und marktbeherrschende Stellung als Pionier ist möglich.
	Summenbildung		

Anhang III – Checkliste zur Bewertung und Verbesserung der Innovationseffizienz

---

Unternehmens- und Innovationsstrategie, Vision und Ziele

Zu bewertende Kriterien

☐   Die Unternehmensstrategie ist aktualisiert, klar und griffig formuliert, im Unternehmen bekanntgemacht, wird von den Mitarbeitenden verstanden und gelebt.

☐   Aus der Unternehmens- ist eine Innovationsstrategie passgenau abgeleitet worden. Auch diese ist aktualisiert, klar und griffig formuliert, im Unternehmen bekanntgemacht, wird von den Mitarbeitenden verstanden und gelebt.

☐   Eine Vision ist gemeinsam mit den Mitarbeitenden und Führungskräften abgeleitet worden. Sie ist griffig formuliert, stiftet Sinn für die Mitarbeitenden und gibt eine prägnante Zukunfts-ausrichtung sowie einen angestrebten, begehrenswerten Zielzustand vor.

☐   Verständliche Zielebilder sind für den allgemeinen Zielzustand sowie für die als nächstes in einem 6-Monatszeitraum zu erreichenden wichtigen Detailziele vorliegend. Die Zielebilder sind mit allen relevanten Prozessbeteiligten kommuniziert.

☐   Über die Zielebilder und die Zielerreichung ist ein intensiver und konstruktiver Austausch eingeleitet worden. Es wird lösungsorientiert und kritisch debattiert.

☐   Zielsetzungen sowie Aufträge (Mission) sind heruntergebrochen und bilden abgestimmte, schlüssige Leitplanken für Führende und Mitarbeitende ohne einzugrenzen.

☐   Die Ziele sind smart, also prägnant formuliert, im Umfang überschaubar, aber jedes Ziel für sich spezifisch, messbar, ambitioniert, realistisch und terminiert.

☐   Das Führungsverhalten ist an den Zielen ausgerichtet. Die Ziele und ihre Erreichung sind in die Kommunikationsaktivitäten beim täglichen Standup-Meeting, beim Bearbeiten der Sprint-aufgaben und bei den Retrospektiven gegenwärtig bzw. visualisiert.

☐   Die Zielsetzungen sind stabil und aufeinander abgestimmt, kollisionsfrei.

☐   Über die Zielerreichung und eine evtl. erforderliche Zielanpassung wird im oberen Manage-ment in einem vierteljährlichen Rhythmus diskutiert. Ein eventueller Anpassungsbedarf und die Notwendigkeit weiterer Maßnahmen werden abgeleitet.

☐   Ein einfaches, aber aussagekräftiges Kennzahlsystem ist etabliert und wirksam.

☐   Eine aktualisierte Produkt- und Technologie-Roadmap ist gemeinsam erarbeitet und ver-abschiedet. Die Innovationsarbeiten in agilen Sprints sind darauf ausgerichtet.

Market Pull

(Fortsetzung)

Unternehmens- und Innovationsstrategie, Vision und Ziele

Zu bewertende Kriterien

☐ Megatrends und aktuelle Marktentwicklungen sind bekannt und auf ihre Bedeutung für das Unternehmen systematisch analysiert.

☐ Aktuelle Marktentwicklungen basieren auf einem institutionalisierten Austausch mit Kunden und Stakeholdern der Zielmärkte und anvisierter Branchen.

☐ Für die relevanten Zielmärkte liegen schlüssige und über den Beobachtungszeitraum durchgängige Daten vor. Diese sind fortlaufend bewertet für den Zielmarkt, die eigene Position in diesem und die Positionierung der wichtigsten Marktbegleiter.

☐ Relevante Marktbegleiter unterliegen einer ständigen Beobachtung. Die wichtigsten Trends, Kunden, ihre Aktionsfelder, Patente und Strategieansätze sind identifiziert.

☐ Neue Marktchancen werden systematisch analysiert und gehen in die Vertriebs- sowie in die Innovationsstrategie ein.

☐ Marktinformationen, Erfahrungswerte und konkrete Bedürfnisse aus den Branchen sind im Rahmen von Kundenbefragungen und Netzwerkaktivitäten extrahiert.

☐ Ein monatliches Vertriebscontrolling sowie ein Markteinführungscontrolling bei Neuprodukten sind etabliert und Gegenstand von Kurzberichten, bei denen neben der Analyse der Informationen konkreter Handlungsbedarf inkl. Maßnahmen aufgezeigt wird.

☐ Kundenbesuche und -rückmeldungen sind dokumentiert, die daraus sich ableitenden Handlungserfordernisse sind beleuchtet und zusammengeführt, gehen in die Innovationsarbeit als wichtige Informationen konkret ein.

☐ Mitarbeiter mit besonderer Marktkenntnis aus dem Vertrieb sind in die Zusammenführung der Market Pull Erfordernisse aktiv eingebunden, ebenso Schlüsselkunden und relevante externe Partner (z. B. über Audits, Innovationsbeiräte).

Technology Push

(Fortsetzung)

Unternehmens- und Innovationsstrategie, Vision und Ziele

Zu bewertende Kriterien

☐ Spezifizierte Technologiefelder sind einem ständigen Beobachtungsprozess unter Einbeziehung externer Partner und Sichten unterzogen. Die Erkenntnisse werden systematisch extrahiert, ihre Relevanz für vorbereitende Maßnahmen ist bewertet.

☐ Die Themenschwerpunkte der Technologiebeobachtung und die Suchfelder für Recherchen sind klar identifiziert, Monitoring-Aufgaben sind arbeitsteilig geklärt, die Technologiebewertung funktioniert. Jeder Themenschwerpunkt wird mindestens einmal pro Jahr in einem Innovationsworkshop beleuchtet und seine Relevanz analysiert.

☐ Es gibt festgelegte Technologieentwicklungs- und Lieferantenpartnerschaften. Dieser Austausch erfolgt institutionalisiert und findet mindestens halbjährlich unter Einbeziehung bereichsübergreifend im Unternehmen wirkender Schlüsselkräfte statt.

☐ Technologien, deren Relevanz für die weitere Unternehmensentwicklung identifiziert sind, werden in Machbarkeits- und Vorentwicklungsvorhaben systematisch analysiert und anforderungsbezogen weiterentwickelt. Funktion statt Form entscheidet.

☐ Ein Kompetenz- und Personalentwicklungsprogramm ist etabliert und wird gelebt. Im Unternehmen werden relevante Themen in Schulungen adressiert oder Mitarbeitende werden zur Weiterentwicklung auf Fachseminare und Tagungen entsendet.

☐ Rückmeldungen von Messen, Fachinformationen, Tagungen, Schulungen und wichtigen Kundenterminen sind die gelebte Praxis. Gewonnene Erkenntnisse gehen gebündelt in die fortlaufende Technologie- und Strategieentwicklung ein.

☐ Technologiefunktionen sind beschrieben. Test und Prototypenableitung erfolgen streng modular unter besonderer Beleuchtung der Schnittstellenanforderungen. Sie sind der aktuellen Produktentwicklungsarbeit immer einen Schritt voraus.

☐ Zu relevanten Technologieführern (Lieferanten, Partner, Kunden) bestehen tragfähige Beziehungen, die eine sichere Zulieferung und ggf. eine zweite Lieferquelle, frühzeitige Tests und einen Komponentenaustausch im Beta-Status ermöglichen.

Schutzrechte

Zu bewertende Kriterien

☐ Die aktuellen Wettbewerber, ihre Produktankündigungen und Patente sind bekannt.

☐ Alle eigenen Technologieüberlegungen und Ideen sind auf Überschneidungen mit bestehenden Schutzrechten geprüft.

☐ Schutzrechtsanmeldungen sind für neue Ideen angestoßen.

☐ Ein ständiges wirkungsvolles Monitoring der Schutzrechtsanmeldungen mit besonderer Aufmerksamkeit auf bekannte und neue Marktbegleiter ist etabliert und wirkt.

☐ Lizenzoptionen für relevante Schutzrechte Dritter werden regelmäßig überprüft.

☐ Regelungen zur Zusammenarbeit, zur Wahrung der Vertraulichkeit und zum Umgang mit schutzfähigen Ideen sind schriftlich mit den Partnern getroffen.

☐ Regelmäßige Ideensammlungen und deren Bewertung in Innovationsworkshops werden umgehend einer Analyse möglicher Schutzrechtsanmeldungen zugeführt.

☐ Schutzrechtsanmeldungen Dritter mit Bezug zu eigenen Suchfeldern und Produkten werden auf nutzbare Synergieeffekte und mögliche Lizenzierungen bewertet.

Partnerschaften und Netzwerkarbeit

(Fortsetzung)

Unternehmens- und Innovationsstrategie, Vision und Ziele

Zu bewertende Kriterien

☐ Für jedes maßgebliche Technologiesuchfeld und für jeden als relevant identifizierten Markt-trend ist ein Partnernetzwerk aufgebaut, das fortlaufend abgefragt und um seine Einschätzung gebeten wird.

☐ Bei neuen Technologiefeldern werden frühzeitig mögliche Lieferanten identifiziert. Mit diesen wurde Kontakt aufgenommen. Die Weiterentwicklungspläne dieser Lieferanten sind bekannt. Erste Vorversuche sind vereinbart bzw. bereits in Arbeit.

☐ Relevante Fachtagungen und Fachzeitschriften sind identifiziert und werden arbeitsteilig be-sucht bzw. gesichtet. Rückmeldungen gehen unmittelbar in den Strategie- und Innovations-prozess ein.

☐ Auf relevanten Messen und Branchentreffen erfolgt ein intensives Scouting neuer Trends, Ideen, Startups und sonstiger Anbieter relevanter Technologien und Produkte.

☐ Zu Hochschulen und Forschungseinrichtungen bestehen auf als bedeutsam identifizierten Suchfeldern Austauschbeziehungen. Studierende werden gezielt zur Mitwirkung an-gesprochen, z. B. im Rahmen von Praktika und Abschlussarbeiten.

☐ Messeauftritte von Partnern werden gezielt zur gemeinsamen Produkt- und Dienstleistungs-präsentation genutzt. Die Chancen der Weiterempfehlung sind aufgegriffen. Ein Austausch von Erkenntnissen sowie eine Ergebniszusammenfassung erfolgt.

Innovationsmarketing

Zu bewertende Kriterien

☐ Eine frühzeitige Abstimmung der Kommunikation von Innovationsthemen sowie der Vor-stellung neuer Produkte und Dienstleistung wird beherzigt.

☐ Produkteinführungen und (neue) Schwerpunktsetzungen der Themenarbeit im Innovations-prozess sind durch intensive Maßnahmen der Öffentlichkeitsarbeit flankiert.

☐ Über Marktentwicklungen, Zukunftstrends und neue Produktfähigkeiten wird pro-aktiv und ambitioniert berichtet. Dadurch werden Partner, Kunden und Märkte auf neue Trends hin-gewiesen und ein frühzeitiger Bezug zum Unternehmen hergestellt.

☐ Zu aktuellen Markttrends aber auch über alle Produkte und Serviceleistungen der Markt-begleiter liegt eine zahlen- und faktenbasierte Einschätzung vor. Vor allem hochwertige Markteinschätzungen sind hierbei von besonderer Relevanz.

☐ Stärken und Alleinstellungspotenziale eines neuen Produkts sind identifiziert und den Mit-arbeitenden im Kundenkontakt auf anschauliche und wirkungsvolle Weise bekanntgemacht. Pilotkunden und Zielmärkte sind identifiziert und konkret benannt.

☐ Ein Markteinführungscontrolling ist aufgesetzt und erlaubt eine Bewertung der Wirksamkeit sowie die vollständige Berücksichtigung von Erfolgsfaktoren der aktuellen.

☐ Markteinführungs- und Marktbearbeitungsmaßnahmen.

Organisation, Kultur und Personalentwicklung

(Fortsetzung)

Unternehmens- und Innovationsstrategie, Vision und Ziele

Zu bewertende Kriterien

- ☐ Agilität und agile Methoden sind im Unternehmen bekannt und werden gelebt.
- ☐ Agile Teams und Rollen sind besetzt, das nötige Rollenverständnis ist entwickelt. Gearbeitet wird nach den Grundwerten agiler Innovation und mit hoher Sprint-Disziplin.
- ☐ Agile Teams passen ihr Handeln sehr schnell an neue Herausforderungen und veränderte Rahmenbedingungen an.
- ☐ Agile Teams pflegen eine Fehlerkultur und diskutieren Erkenntnisse lösungsorientiert. Fehler sind zwar nicht gewünscht. Aber wenn sie offensichtlich sind, dienen sie dem Lernen und Erkenntnisgewinn. In Vordergrund steht eine ehrliche und vollständige Ursachenanalyse ohne Schuldzuweisungen sowie ohne unmittelbare Konsequenz.
- ☐ Agile Teams und agil Führende prägen und leben eine vorbildliche Vertrauenskultur, die von Respekt gegenüber allen Mitarbeitenden, besonderen Gestaltungsfreiräumen und großer Offenheit geprägt ist.
- ☐ Eckwerte für Regeln des Umgangs sind klar ausgesprochen, prägnant ausformuliert.
- ☐ Agile Teams ringen um die beste Lösung, nicht aber um die Durchsetzung der eigenen Deutungshoheit. Rechthaberei ist ihnen fremd.
- ☐ Unternehmerisches Denken und Handeln liegt vor.
- ☐ Agile Organisationen entwickeln agile Unternehmensstrategien. Sie denken und handeln konsequent aus der Kundenperspektive. Große Teile der Strategie werden partizipativ unter Einbeziehung von Mitarbeitenden entwickelt.
- ☐ Agile Innovation setzt auf eine Vielzahl von Prototypen (MVP). Ihre Entwicklungsarbeit wird bereits in einem frühen Stadium durch Funktionsprototypen bestimmt. Formgebung und Design sind solange sekundär. Was zählt, ist die Akzeptanz des Lösungsvorschlags beim Zielkunden.
- ☐ Agile Teams beherzigen eine hohe Zeit- und Aufgabendisziplin und weisen sich auf diese hin, spornen sich eigenverantwortlich zu Regeleinhaltung und verlässlicher Aufgabenerfüllung an.
- ☐ Die Retrospektive als fester Bestandteil agiler Arbeitsorganisation sowie die sachdienlich kritische Reflexion aller Arbeiten und Ergebnisse prägen eine vorbildliche Kultur der kontinuierlichen Verbesserung.
- ☐ Eine ausgeprägte Lernkultur sowie die intensive Hilfestellung untereinander sind gelebte Werte.
- ☐ Die Planung im Kurzzeitfenster ist hoch und durch einen direkten Personenbezug der Arbeitspakete gekennzeichnet.

Nachhaltigkeitsaspekte

(Fortsetzung)

Unternehmens- und Innovationsstrategie, Vision und Ziele

Zu bewertende Kriterien

☐ Zu Beginn einer Produkt- oder Geschäftsmodellkonzeption werden gezielt Nachhaltigkeitsaspekte und Chancenbeiträge zu einer Kreislaufwirtschaft diskutiert.

☐ Bei der Komponenten-, Material- und Lieferantenauswahl werden alle drei Säulen der Nachhaltigkeit, der ökologische Fußabdruck sowie die Chancen einer Weiterverwendung bzw. der Nutzung von Recyclinganteilen bewertet und maßgeblich berücksichtigt.

☐ Materialien, die verwendet werden, sind nach Möglichkeit sortenrein. Ihre Recyclingfähigkeit und die Möglichkeit des möglichst einfachen Rückbaus sind berücksichtigt.

☐ Demontage- und Materialrückgewinnungsaspekte in wesentlichen Phasen des Produktlebenszyklus sind berücksichtigt.

☐ Der Energie- und Ressourcenverbrauch ist optimiert und fußt wo immer möglich auf erneuerbaren Quellen und geeigneter Energiespeicherung.

☐ Bei Kaufentscheidungen und Investitionen werden die Einflüsse auf alle drei Säulen der Nachhaltigkeit konsequent beleuchtet und bewertet.

☐ Sorgfaltspflichten in der Zusammenarbeit mit Lieferanten und Kunden sind – gesetzlich und ethisch begründet – vollumfänglich berücksichtigt.

☐ Greenwashing ist eine wirkungsvolle Absage erteilt.

Anhang IV – Kreativitätstechniken für die agile Innovation

Brainstorming

Das Brainstorming gehört zu den Klassikern unter den Kreativitätstechniken. Häufig werden nicht nur in Unternehmen Brainstormings zur Ideen- und Lösungsfindung durchgeführt. Hintergrund ist die Einfachheit und die weite Verbreitung dieser Technik, die ein sofortiges Durchstarten ermöglicht. Benötigt werden hierfür lediglich Moderatorenkarten, eine Pinwand, ein Stift und ein paar Notizzettel bzw. ein Block.

Beim Brainstorming geht es darum, möglichst viele Ideen zu generieren. Die Qualität der Ideen ist zuerst einmal nebensächlich. Alle Mitwirkenden widmen sich der zuvor dargelegten Hauptfragestellung und schreiben innerhalb einer gesetzten Zeit (meist wenige Minuten) alles ungefiltert auf, was Ihnen dazu in den Sinn kommt. Je nach Fragestellung können dies auch vollkommen artfremde Begriffe sein, die später dennoch einen Sinn ergeben.

Es wird zunächst einmal nichts kritisiert oder ausgeschlossen. Jeder Input ist wertvoll und wird festgehalten, selbst wenn es sich um total ausgefallene Vorschläge handelt. Erst nach Ablauf der Zeit werden alle gesammelten Eingebungen genauer analysiert, bewertet und sortiert. Ordnen Sie die Begriffe im Brainstorming inhaltlich oder streichen einzelne Wörter, die nicht passend erscheinen. Hier können auch Prioritäten gesetzt werden, welche Idee als besonders vielversprechend ist und als erstes verfolgt werden soll.

Brainstorming ist wie ein Kickstarter für die Ideenentwicklung und damit in der Regel der erste Schritt zu einer guten Lösung. Richtig gute oder neue Ideen zu entwickeln braucht vor allem Zeit, denn zu Beginn fallen uns immer erst die offensichtlichsten Lösungsansätze ein. Nicht immer ist jedoch die naheliegendste Idee die Richtige, um eine effektive Problemlösung zu bieten. Erst im weiteren Verlauf des Brainstormings kommen wir in der Regel auf neue, wirklich innovative Ideen. Stellen Sie zur Ideensammlung heterogene, untereinander nicht allzu vertraute Teams zusammen, die nicht ohnehin laufend miteinander diskutieren. Achten Sie auf eine günstige Zusammensetzung des Teams: Einige haben Angst, sich zu blamieren, weil etwa Vorgesetzte anwesend sind. Achten Sie auf eine ruhige Umgebung, die nicht ablenkt.

Zu einem guten Brainstorming gehört die Lust, auch mal einen spontanen Gedanken unreflektiert rauszuhauen. Introvertierten Mitarbeitern ist so etwas meist fremd, weshalb sie beim Brainstorming nicht so richtig zum Zug kommen.

Ein weiterer Kritikpunkt: Brainstorming ruft vor allem bereits bekannte Assoziationen ab. Dies liegt an der natürlichen Trägheit des Gehirns. Es spart Energie, wo es nur kann, und bleibt deshalb, wann immer es geht in den eingefahrenen Denkmustern. Beim Brainstorming rufen die Teilnehmer deshalb zuerst die Ideen aus ihren Denkschubladen ab, die ganz oben aufliegen. Erst wenn der erste Schwung abgearbeitet ist, dringen sie tiefer und es kommen die eigentlich wertvollen Ideen hervor. Brechen Sie daher nicht zu früh ab, auch wenn der Ideenfluss scheinbar schon zum Erliegen gekommen ist.

Brainwriting und Brainwalking

(Fortsetzung)

Brainstorming

Diese Methoden sind Abwandlungen des Brainstormings. Das Brainwriting setzt auf Schrift-
lichkeit und bindet alle Mitwirkenden ein, gibt also auch weniger extrovertierten Teilnehmern,
die Chance, sich einzubringen. Hierbei sitzen alle Anwesenden im Kreis um einen Tisch. Jeder
schreibt seine Ideen ganz oben auf ein DIN-A4-Blatt.
Nach 5 bis 10 min werden die Ideen an den linken Tischnachbarn weitergegeben. Dieser ergänzt
die Idee mit seinen Gedanken. Jede Idee wird solange weitergereicht bis jeder die Gelegenheit
hatte, alle Ideen zu ergänzen. Die aufgeschriebenen Skizzen bilden danach die Diskussionsgrund-
lage.
Brainwalking macht sich die Tatsache zunutze, dass Bewegung den Kopf frei macht und Raum für
Kreativität schafft. Hierbei werden Flipcharts an verschiedenen Stellen im Raum verteilt. Jeder
Teilnehmer wandert die einzelnen Stationen ab und ergänzt die Flipcharts mit den eigenen Ein-
fällen. Die Ergebnisse werden im Anschluss diskutiert.

Mindmapping

Ebenfalls einer der Klassiker unter den Kreativitätstechniken, der ähnlich funktioniert wie das
Brainstorming. -Allerdings gehen Sie beim Mindmapping strukturierter vor. Mit einer Art Karte –
der Mindmap – werden die Gedanken strukturiert und die Ideen visualisiert.
Es wird ein zentrales Thema festgelegt. Ausgehend von diesem zentralen Begriff in der Mitte eines
Blattes Papier leiten Sie assoziierte Begriffe ab und ordnen diese mit Bezug zur übergeordneten
Kategorisierung an. Im Zentrum stehen dann mit dem Ausgangsthema noch eng verwandte Stich-
worte. Mit zunehmender Entfernung werden die Zusammenhänge abstrakter, was Ihnen im Idealfall ganz neue Impulse bietet.
Auf diese Weise können Verbindungen hergestellt werden und Zusammenhänge werden sichtbar. Wichtig dabei ist jedoch, dass nur mit Schlüsselbegriffen gearbeitet wird. Auf Detail-
beschreibungen sollte verzichtet werden.

Gruppendiskussion

Ideen können nicht nur aufgeschrieben, sondern auch ausdiskutiert und präsentiert werden. Genau
dabei geht es bei der Gruppendiskussion, die sich vor allem in größeren Teams oder Gruppen eignet.
Anfangs finden sich kleinere Gruppen von jeweils drei bis fünf Teilnehmern zusammen, die
untereinander Ideen sammeln, Vorschläge machen und Lösungsansätze entwickeln. Dabei sollten
Notizen und Stichpunkte gemacht werden, um alles festzuhalten. Ist diese Phase abgeschlossen,
werden die Gruppen neu gemischt.
In der zweiten Gruppendiskussion kommt jeweils ein Teilnehmer aus jeder Gruppe zusammen, um
eine neue Diskussion zu beginnen. Es werden also alle Ansätze der ersten Gesprächsrunde mit-
gebracht, ausgetauscht und ergänzt. Dabei sollte jeder versuchen, die anderen zu überzeugen aber
gleichzeitig offen für deren Vorschläge sein, um das optimale Ergebnis zu erzielen.
Als letzte Runde kann noch einmal in die ursprüngliche Konstellation zurückgekehrt werden, um
noch einmal alle Eindrücke und Ideen zu besprechen, die in den verschiedenen Diskussionen entstanden sind. Zum Abschluss sollten die Ideen in großer Runde gesammelt, analysiert und bewertet
werden.

6-3-5 Methode

(Fortsetzung)

Brainstorming

Es gibt insgesamt sechs Teilnehmer, die jeweils ein Blatt Papier bekommen, auf das sie drei Spalten und sechs Zeilen zeichnen. Dann schreibt jeder drei Ideen in die erste Spalte. Nach fünf Minuten wird das Blatt an den Tischnachbarn weitergegeben, der in die zweite Spalte eine weitere Idee schreibt und die ihm zugeleiteten Ideen mit eigenen Gedanken erweitert.

Das Ganze geschieht bei sechs Teilnehmern genau fünf Mal – bis also jeder einmal jeden Zettel hatte und diesen mit eigenem Input ergänzen konnte.

Auch, wenn der Name der Methode die Größe des Teams vermeintlich vorgibt, ist die Technik grundsätzlich auch mit mehr oder weniger Teilnehmern durchführbar und es ist immer wieder erstaunlich, wie viele gute Ideen dabei fokussiert entwickelt werden.

Design Thinking

Beim Design Thinking wird gezielt die Perspektive gewechselt und aus Sicht des Kunden überlegt. Erster und wichtigster Schritt beim Design Thinking ist deshalb eine klare Identifizierung des Kunden oder der Zielgruppe. Wer soll angesprochen werden? Was wünscht sich der Kunde? Welche Bedürfnisse stehen an erster Stelle? Wie können diese bestmöglich befriedigt werden? So kann ein genaues Bild potenzieller Kunden gewonnen werden, auf die das weitere Vorgehen angepasst wird. Weitere Details, siehe Abschn. 6.4.

Walt Disney Methode

(Fortsetzung)

Brainstorming

Die Walt Disney Methode geht auf den Schöpfer von Micky Maus und Donald Duck zurück. Der US-Filmproduzent entwickelte diese Methode, um Denkblockaden zu überwinden. Dazu schlüpfen die Teilnehmer in drei verschiedene Rollen und argumentieren aus dieser speziellen Sichtweise, um kreatives Denken anzuregen:

• Der Träumer ist enthusiastisch, inspiriert und assoziativ. Als Träumer dürfen wilde Ideen gesponnen werden, alles ist erlaubt. Der Träumer denkt chaotisch und visionär und lässt sich weder durch (logische) Regeln noch Traditionen einschränken. Seine Leitfragen: Was wäre die ideale Situation? Was ist mein Traum dazu? Was fällt mir Verrücktes und Ausgefallenes dazu ein?

• Der Realist muss anschließend die generierten Ideen hinterfragen und konzentriert sich dabei auf das Machbare, jedoch mit viel gutem Willen. Als Pragmatiker denkt er Voraussetzungen und nächste Schritte zur Umsetzung durch: Falls die Idee des Träumers umgesetzt würde, was wäre dazu nötig? Was würde es kosten? Wichtig ist, dass der Realist stets vor dem Kritiker gehört wird. So bekommt die Vision die Chance, ihr Potenzial zu zeigen.

• Der Kritiker stellt schließlich konstruktive Fragen, prüft, analysiert und verbessert das vorläufige Ergebnis. Dabei geht es darum, die Chancen und Risiken abzuwägen. Der Kritiker versucht alle möglichen Hindernisse zu benennen und aufzudecken: Kann das realisiert werden? Was kann gar nicht funktionieren? Welches sind Risiken? Was wurde übersehen? Was spricht dagegen?

Danach beginnt der Prozess von vorne: Der Kritiker übergibt die Lösung zurück an den Träumer, der sie weiterspinnt und so weiter. Sobald der Kritiker keine offenen Fragen mehr hat, der Realist von dem Gelingen des Projekts überzeugt und der Träumer von dessen Strahlkraft begeistert ist, liegt ein optimales Ergebnis vor.

Diese Methode eignet sich sowohl für Gruppen als auch für Einzelpersonen und vor allem für größere, fundamentale Entscheidungen. Damit sie funktioniert, sollte die Größe der Gruppe neun Personen nicht überschreiten.

Durch die klar getrennten Rollen werden die Teilnehmer gezwungen, sich dem Problem aus einer bestimmten Perspektive zu nähern. Für viele Menschen ist dieses angeleitete Einnehmen einer Perspektive eine große Erleichterung. Allerdings fällt es gerade Anfängern oft schwer, sich so sehr zu fokussieren und die eigene Perspektive auszublenden. Mit ein wenig Übung allerdings bringt die Methode jedoch einen großen Mehrwert. Um sie vollständig durchzuführen sollte man sich genug Zeit nehmen, um zu einem wirklichen Ergebnis zu kommen, denn es kann notwendig sein, mehrere Iterationen der Methode zu durchlaufen.

De Bono Hüte

(Fortsetzung)

Brainstorming

Die De Bono Hüte-Methode funktioniert ähnlich wie die Walt-Disney-Methode, auch hierbei werden verschiedene Rollen eingenommen. Der britische Psychologe und Lehrer für kreatives Denken, Edward de Bono, erweiterte Disneys Modell jedoch auf sechs Perspektiven und wies ihnen verschiedenfarbige Hüte zu:

- Der weiße Hut steht für analytisches Denken. Fokus liegt auf Fakten, Zahlen und Daten. Eine neutrale Sichtweise steht im Vordergrund.
- Der rote Hut steht für emotionales Denken. Hierbei geht es um Emotionen und Gefühle. Der Fokus liegt sowohl auf positiven als auch negativen Gefühlen.
- Kritisches Denken steht für den Inhalt des schwarzen Hutes. Inhaltlich dreht sich alles um Kritik, negative Aspekte und Risken. Einwände stehen im Vordergrund der Diskussion.
- Der gelbe Hut steht für optimistisches Denken. Der Fokus liegt auf den Chancen und Möglichkeiten. Im Vordergrund stehen alle Vorteile.
- Der grüne Hut steht für kreatives Denken. Neue Ideen und kreative Vorschläge sollen hervorgebracht werden. Erzeugt wird so viel Neues, wie möglich. Innovation steht hierbei im Vordergrund.
- Der blaue Hut symbolisiert Ordnung und Kontrolle. Wir strukturieren unsere bisher gesammelten Erkenntnisse, Kritiken, Ideen und Gedanken. Im Vordergrund stehen hier die Moderation und Zusammenfassung.

Pro Hut sollten Sie sich ca. 5 min Zeit nehmen. Die genaue Dauer ist jedoch abhängig von Thema und Anwendungsfall. Beginnen Sie immer mit dem weißen Hut und arbeiten Sie sich über die anderen Hüte durch bis zum Abschluss mit dem blauen Hut. Die Reihenfolge der Hüte kann man dem Thema anpassen. Wichtig ist, dass alle Teilnehmer während der Diskussion immer den gleichen Hut zur selben Zeit anhaben.

Empfohlen wird, Symbole parallel zur Nutzung der Methode einzusetzen. Entweder farbige Hüte, Karten, eine Folie oder ein Flipchart mit dem entsprechenden Hut. Während der Diskussion hilft es, den aktuellen Hut visuell vor sich zu haben, um nicht in eine andere Sichtweise abzudriften. Im Verlauf der Diskussionen kommt es häufig vor, dass Teilnehmern noch etwas zu einem vorherigen Hut eingefallen ist. Wichtig ist hier, dass wir während der Diskussion nicht zurückspringen. Informationen, die Teilnehmern dann noch einfallen, sollten still notiert werden. Es ist besonders wichtig, die Diskussion nicht zu vermischen.

Advocatus Diaboli

Bei Advocatus Diaboli handelt es sich um eine abgespeckte Version der De Bono Hüte. Als Advocatus Diaboli bezeichnet man jemanden, der konsequent Gegenargumente zu einer Sache liefert. So jemand kann ein Bedenkenträger sein oder er nutzt es als rhetorische Strategie: Dann handelt es sich um eine Kreativitätstechnik, bei der eine ernste Auseinandersetzung mit den Gegenargumenten stattfindet. Dies hilft, die eigene Position stärker herauszuarbeiten. Oder aber es wird durch die intensive Beschäftigung mit den Gegenargumenten ersichtlich, dass die ursprüngliche Idee so nicht funktioniert.

Lernen aus der Vergangenheit

(Fortsetzung)

Brainstorming

Normalerweise richten Kreativitätstechniken den Blick nach vorne: Was muss getan werden? Wie erreichen wir das Ziel in der Zukunft? Welche Schritte müssen gegangen werden? Auf der anderen Seite können Sie aus der Vergangenheit lernen, denn nur die wenigsten Fragen, Probleme oder Situationen sind wirklich vollkommen neu.

Denken Sie deshalb zurück und fragen Sie sich: Wie wurde ein ähnliches Problem schon einmal gelöst? Wie sind andere dabei vorgegangen? Dabei geht es nicht zwangsläufig darum, einen Lösungsweg zu kopieren, weil selbst die Ideen ausbleiben. Vielmehr sollen Sie Ihre Kreativität anregen, neue Erkenntnisse gewinnen und feststellen, dass es durchaus Lösungen gibt, selbst wenn Sie diese noch nicht sehen.

Ihre Erkenntnisse können außerdem eine gute Grundlage sein, um an eigene Ziele, Erwartungen und Bedürfnisse angepasst zu werden.

Osborn-Methode

Alex Osborn gilt nicht nur als Urvater des Brainstormings, sondern auch als Entwickler einer weiteren Kreativitätstechnik, die heute seinen Namen trägt: die Osborn-Methode.

Die Technik stammt aus dem Jahr 1957 und hat das spielerische Modifizieren bestehender Produkte oder Themen zum Ziel. Sie beinhaltet zum Beispiel Perspektivwechsel, Inversion und Kombination. Es ist eine Art Fragenkaskade, um Assoziationen im geschäftlichen oder auch privaten Umfeld zu fördern.

Die Fragen lauten:
- Adaptieren? Wofür kann ich es noch verwenden? Welche Bedingungen können geändert werden?
- Anpassen? Weist das Problem auf andere Ideen hin? Kann etwas übernommen werden?
- Verändern? Was lässt sich ändern? Welche Eigenschaften lassen sich umgestalten?
- Vergrößern? Lässt sich etwas hinzufügen? Lässt sich etwas verstärken?
- Verkleinern? Lässt sich etwas wegnehmen? Lässt sich etwas abschwächen?
- Ersetzen? Was lässt sich ersetzen? Kann man etwas austauschen?
- Umordnen? Kann die Reihenfolge geändert werden? Kann an der Struktur etwas verändert werden?
- Umkehren? Kann der Ablauf umgekehrt werden? Wie sieht das Gegenteil aus?
- Kombinieren? Können Ideen verbunden werden? Kann die Idee in Teile zerlegt werden?

Eine noch detailliertere Liste von Fragen wird auch Osborn-Checkliste genannt. Diese sollten entweder auf Karten geschrieben und zufällig gezogen, beziehungsweise spontan beantwortet werden.

SCAMPER

(Fortsetzung)

Brainstorming

Auch die Kreativtechnik SCAMPER arbeitet mit einer Checkliste aus verschiedenen Fragen und ist deshalb mit der Osborn-Methode verwandt. Der Begriff selbst ist ein Akronym, das sich aus den englischen Begriffen zusammensetzt, die ihr Erfinder, Bob Eberle, damals kombinierte:

• Substitute: Welche Komponenten, Materialien, Personen lassen sich ersetzen?
• Combine: Welche Funktionen, Angebote, Dienstleistungen überschneiden sich oder lassen sich kombinieren?
• Adapt: Welche zusätzlichen Elemente können ergänzt werden?
• Modify: Lassen sich Farben, Größe, Materialien, Menüpunkte modifizieren?
• Put to other purposes: Wie kann man Vorhandenes noch nutzen?
• Eliminate: Weniger ist mehr: Welche Elemente/Komponenten lassen sich entfernen, verein-fachen, reduzieren?
• Reverse: Lassen sich Elemente auch entgegengesetzt nutzen oder die Reihenfolge ändern?

Was auf den ersten Blick vielleicht etwas trivial wirkt, hat es jedoch in sich: Was die Kreativ-technik so effektiv macht, ist der provozierte Perspektivwechsel der den Fragen innewohnt. Sie stellen damit alles, was Sie bisher als normal oder gegeben hingenommen haben noch einmal infrage oder gar auf den Kopf.

Kopfstand

Sie müssen für diese Kreativitätstechnik nicht gleich wirklich kopfstehen, doch gedanklich stellen Sie dabei tatsächlich alles auf den Kopf. Der Kerngedanke dabei lautet: Drehen Sie die Frage-stellung oder das Problem komplett um und suchen Sie nach Vorschlägen für das genaue Gegen-teil.

Anders formuliert: Was klappt mit großer Sicherheit überhaupt nicht und erreicht das Gegenteil von dem, was eigentlich umgesetzt werden soll? Oder: Was müssten wir tun, um den Umsatz zu verringern?

Klingt zunächst absurd und kontraproduktiv, regt die Kreativität aber ungemein an, denn häufig fällt es uns leichter, Antworten auf gegenteilige Fragen zu finden, aus denen sich dann wiederum Ideen generieren lassen, die das Ursprungsproblem lösen. Durch das Umdenken kommen Sie auf völlig neue Ideen, sehen ein Problem aus einer anderen Perspektive und können frischen Wind in Ihre Ideensuche bringen. Positiver Nebeneffekt: Sie grenzen das Gebiet der besten Idee immer weiter ein, weil Sie schon sehr genau wissen, was nicht funktioniert.

Morphologischer Kasten

Der morphologische Kasten ist eine sehr analytische Kreativitätstechnik, um komplizierte Prob-leme und Aufgabenbereiche ausführlich zu erfassen und möglichst viele Lösungen vorurteilslos zu betrachten. Richtig angewandt kann ein morphologischer Kasten ein umfangreiches Bild aller möglicher Lösungen bieten und somit als Kreativitätstechnik die optimale Grundlage zur Ent-scheidungsfindung bilden.

Der Weg dorthin ist mitunter aber etwas komplizierter, als bei anderen Kreativitätstechniken. Ver-einfacht ausgedrückt geht es darum, ein Problem in alle relevanten Parameter, also Eigenschaften oder Elemente, zu zerlegen. Für jeden dieser Parameter werden anschließend alle möglichen Aus-prägungen aufgelistet.

Anhand dieser Auflistung lassen sich nun alle unterschiedlichen Kombinationen finden, entweder ganz systematisch oder indem von vornherein Prioritäten gesetzt werden, welche Parameter be-sonders wichtig sind oder welche Ausprägung bevorzugt wird.

Coffee to Go

(Fortsetzung)

Brainstorming

Für diese Kreativitätstechnik werden insgesamt acht bis 20 Personen benötigt. Diese bilden Gruppen mit je vier bis fünf Personen, die sich zusammen an einen Tisch setzen und sich 20 bis 30 min lang über die jeweilige Fragestellung austauschen. Die Ideen, die dabei entstehen, halten Sie schriftlich fest.

Nach Ablauf der Zeit bleibt eine Person als Moderator am Tisch sitzen, die anderen verteilen sich auf die weiteren Tische. So entstehen neue Gruppenzusammensetzungen, in denen der Moderator die zuvor gesammelten Erkenntnisse zusammenfasst und die neuen Gruppenmitglieder Stellung nehmen. Danach kann es entweder noch für einige Runden so weitergehen oder die Ursprungsgruppen finden sich direkt wieder zusammen und tauschen sich erneut über die gesammelten Ideen aus. Zum Schluss findet eine offene Besprechung in der Großgruppe statt.

Customer Journey

Mit der Customer Journey (dt. Kundenreise) lassen sich die Bedürfnisse und Erfahrungen von Kunden während der verschiedenen Phasen der Zusammenarbeit aufdecken und Optimierungsansätze in der User Experience ableiten, zum Beispiel Fragen wie:

Wo vergeht zu viel Zeit zwischen den Kontaktpunkten? Wie können wir einen Kontaktpunkt gestalten? Wie können wir das Erlebnis an einem konkreten Kontaktpunkt noch verbessern und die Bedürfnisse des Kunden erfüllen, besser übererfüllen.

Die Customer Journey ist eine nutzer-zentrierte Kreativitätstechnik. Genaugenommen ist es eine angewandte morphologische Matrix, die den zeitlichen Verlauf der Kundeninteraktion analysiert und erlaubt, neuzugestalten. Bestandteile der Customer Journey:

• Touch Points: Kontaktpunkte zum Kunden
• Kanäle: Über welchen Kanal finden diese Kontakte statt
• Kundenerlebnis: Welche Bedürfnisse hat der Kunde? Wie fühlt er sich davor? Wie fühlt er sich danach?
• To-Dos: Welche Arbeitsschritte werden an dieser Stelle durchgeführt?

Persona

Das Modell der Persona ist im nutzerzentrierten Design und im Marketing ein fiktionaler Charakter, der beispielhaft für einen typischen Nutzer steht. Die Eigenschaften und Merkmale der Person werden wie in einem Steckbrief zusammengefasst und sollten facettenreich sein. Hierfür können Name, Alter, Wohnort, Funktion, Hobbys, Vorlieben, Ziele, Wünsche oder Frustrationen aufgelistet werden. Wichtig ist, das spezifische Problem bzw. das Thema im Hinterkopf zu behalten.

Bei der Entwicklung von Produkten, Dienstleistungen, Marken u.v.m. hilft das Modell der Persona, sich in tieferliegende Bedürfnisse und Wünsche der potenziellen Zielgruppe hineinzuversetzen und sie sich bildlich vorzustellen.

Im zweiten Schritt können aus den Personas dann Nutzerbedürfnisse und -frustrationen herauskristallisiert werden. So kann für ein bestimmtes Problem fokussiert werden, welches dann weiterbearbeitet wird.

Im Design Thinking Prozess ist die Persona ein wichtiger Bestandteil bei der Erstellung eines nutzerzentrierten Standpunkts, der ein Problem treffend zusammenfasst und fokussiert.

Eine detaillierte Persona kann eine Vielzahl an Faktoren und Lebenssituationen erfassen, die das Nutzerverhalten beeinflussen. Häufig werden Personas aus möglichen Extremnutzern erstellt, die besonders stark ausgeprägte Bedürfnisse und Eigenschaften haben, denn wenn das Produkt für diese speziellen Charaktere funktioniert, dann kann es auch noch viel mehr Menschen oder Hauptnutzergruppen ansprechen.

Futuristische Ideen

(Fortsetzung)

Brainstorming

Der Moderator stellt den Teilnehmern im Kreativworkshop eine futuristische Aufgabe: Stellt Euch vor, wir wären im Jahr 2050. Wie würden wir das Problem dann angehen?

Der Grundgedanke hinter dieser Methode ist es, die Grenzen der Umsetzbarkeit erstmal außer Acht zu lassen, als würde man davon ausgehen, dass die vorgeschlagene Lösung im Jahr 2050 umsetzbar wäre. Dadurch sind der Kreativität keine Grenzen gesetzt und im Idealfall lassen sich später mithilfe anderer Methoden realistische Ansätze finden mit denen die zunächst zu futuristisch erscheinende Idee final umgesetzt werden kann.

Reizbildanalyse

Bei der Reizbildanalyse nutzen die Teilnehmer ein willkürlich ausgewähltes Bild, um über eine Frage nachzudenken. Das Bild hat nichts mit der Fragestellung zu tun. Auf die Art kommen Dinge zusammen, die eigentlich nichts miteinander zu tun haben. Die Reizbildanalyse stößt die Tür zu kreativen Ideen auf. Und so funktioniert die Reizbildanalyse:

In einer ersten Phase analysieren die Teilnehmer ein Problem und definieren es. Sie äußern spontan Ideen und Lösungen. Anschließend definieren sie das Problem neu.

In einer zweiten Phase übergibt der Moderator den Teilnehmern meist 3 Bilder. Diese sollten mit dem eigentlichen Thema nichts zu tun haben. Beispiele sind Fotos aus der Natur, von Tieren, Menschen oder aus dem Sport. Die Teilnehmer betrachten die Bilder und setzen sich mit ihnen auseinander: Was zeigen sie? Welche Gestaltungsmerkmale weisen sie auf? Welche spontanen Gedanken und Gefühle entstehen in diesen ca. 5 min?

In der dritten Phase übertragen die Teilnehmer die Ausgangsfrage auf das Bild und suchen Verknüpfungen (Zeitbedarf ca. 5 bis 10 min).

Die vierte Phase bildet eine Auswertung und Diskussion. Hierbei diskutieren die Teilnehmer die Ideen und deren praktischen Gehalt.

Wer es noch nicht versucht hat, darf sich auf Überraschungen gefasst machen: Mit Blick auf einen Strommast oder ein Formel 1 Team beim Reifenwechsel über neue Serviceleistungen nachzudenken, löst ungewöhnliche Ideen aus. Die Reizbildanalyse erlaubt es, Fragen in einen neuen Zusammenhang zu stellen. Darin liegt ihr besonderer Charme für Teams mit Experimentierlust, die Neues jenseits immer gleicher Ideen suchen.

Kill Your Company

(Fortsetzung)

Brainstorming

In fortschreitenden Innovationsprozessen lauert oft die Gefahr, in der eigenen Innovations-Blase festzustecken und das entstehende Produkt negativ zu beeinflussen. Hier bieten sich spezielle Methoden an, um den aktuellen Stand der Entwicklung kritisch zu hinterfragen.

Bei der Kill Your Company-Methode wird gezielt nach Schwachstellen eines Produkts, einer Dienstleistung oder eines Geschäftsmodells gesucht. Leitfragen hierbei: Worüber beschweren sich unsere Kunden? Was waren die kritischsten Fragen während explorativer Interviews? Wo hat unser Prototyp enttäuscht?

Es ist wichtig diesen Schritt wertneutral und sachlich zu führen, da alle Verantwortlichen dieser möglichen Stolpersteine der Entwicklung innerhalb dieser Methode mit einbezogen werden müssen. Dabei bietet es sich in diesem Zusammenhang an, den spielerischen Charakter der Methode explizit zu erläutern und die Teilnehmer zu ermutigen, etwas zu übertreiben, um den realen Bezug nur unterschwellig mit einfließen zu lassen.

Im Anschluss werden die gefunden Schwachstellen priorisiert. Welche der aufgefallenen Punkte bieten das größte Verbesserungspotenzial? Wo wird die größte Schwachstelle offenbart? Hilfreich ist es, wenn bereits konkretes Kundenfeedback im Vorfeld gesammelt und gesichtet werden konnte, um damit zu arbeiten.

Und wenn diese Rückmeldungen fehlen, kann man sich dennoch in die Personas hineinversetzen und die potenziellen Hauptkritikpunkte herleiten. Aus den gefundenen Schwachstellen wird dann ein Konkurrenzprodukt entworfen, welches perfekt auf die Persona zugeschnitten ist. Dieser neue Prototyp wird dann analysiert und Rückschlüsse auf die eigene Entwicklung und deren verbesserten Kundennutzen werden gezogen.

Für diese Methode gibt es verschiedene Einsatzmöglichkeiten in unterschiedlichen Phasen und Reifegraden eines Innovationsprozesses. Unter anderem bietet es sich innerhalb und außerhalb von klassischen Innovationsumgebungen in folgenden Bereichen oder zu folgendem Zweck an: Validierung oder Ergänzung eines bestehenden Produkts oder Dienstleistung, als Bestandteil der Strategieentwicklung, innerhalb einer SWOT-Analyse oder zur kritischen externen Prüfung eines Produkts oder einer Dienstleitung.

Hierbei kann auch zusätzlich ein sog. „Unboxing" herangezogen werden, bei der eigene Mitarbeitende und externe Unterstützer das Produkt unter Beobachtung auspacken, zusammenbauen und in Betrieb nehmen müssen.

Die Kill your Company-Methode hat einige simple Vorteile. Sie ist intuitiv verständlich und ohne großen organisatorischen oder materiellen Aufwand durchführbar. Sie zeigt schnell und eindeutig die Schwachstellen des Produkts oder der Dienstleistung auf und bezieht direkt die Lessons Learned in den weiteren Innovationsprozess mit ein. Der spielerische zerstörerische Ansatz macht Spaß und sorgt für ein positives Teamgefühl, wenn man diese Aufgabe gemeinsam meistert.

Jedoch gibt es auch einige Nachteile, die nicht außen vor bleiben sollen: Nachdem die Methode umgesetzt, neigen die Teilnehmer dazu sehr sicher zu sein. Es besteht die Gefahr einer Einstellung, die suggeriert, jegliche Gefahr gebannt zu haben. Dass dies nicht stimmt, wird spätestens bei erneuter Durchführung der Methode in einem weiteren Innovationszyklus deutlich.

Weiterhin bleiben ein Risiko der völligen Übertreibung und damit einhergehende persönliche Verletzungen. Natürlich sollen Worst-Case Szenarien durchgespielt werden, nichtsdestotrotz hat das Ergebnis bei völligem Realitätsverlust keinen Wert. Hier ist es Aufgabe des Moderators, einen angemessenen Rahmen zwischen Realität und Kreativität zu setzen.

Die Methode ersetzt kein Risikomanagement, hat aber großes Potenzial den Innovationsprozess zu bereichern. Sie bietet sich innerhalb des agilen Innovationsprozesses gut als Kick-Off einer neuen Sprint-Phase oder innerhalb einer Ideate-Phase an, um Feedback zu generieren und das entstehende Produkt oder die Dienstleistung deutlich zu verbessern.

(Fortsetzung)

Brainstorming

5. Why

Häufig erlebt man, dass Retrospektiven im Scrum darauf beschränkt sind, Aspekte lediglich zu sammeln. Der nächste Schritt, die Dinge zu hinterfragen, wird leider nicht angegangen.

Geht es also im Rahmen der Retrospektive darum, aktuellen Entwicklungen und neu gewonnenen Erkenntnissen genauer auf den Grund zu gehen und dabei fundierte neue Einsichten zu gewinnen, dann hilft es, mindestens 5 mal penetrant die Warum-Frage zu stellen, um die Dinge und vor allem die Abhängigkeiten und Erkenntnisse aus der vorangegangenen Fragerunde wirklich gründlich zu hinterfragen.

Wenn wir wirklich etwas verändern wollen, müssen wir zwei entscheidende Dinge tun: Den wahren Grund finden, warum etwas so ist, wie es ist. Und sich dann zu fragen: Was können wir zukünftig tun, damit es nicht wieder passiert?

Im Rahmen des agilen Innovationsprozesses wird diese Methode vor allem angewendet, um Kundenbedürfnisse tiefgründig verstehen zu können.

Zu Beginn fühlt sich diese Methode häufig nicht immer intuitiv an und man muss sich bei den ersten Malen häufig dazu zwingen, nicht nach dem zweiten Warum einfach abzubrechen. Je häufiger man diese Methode anwendet, desto flüssiger läuft sie.

Und nach dem fünften Warum ist im Allgemeinen der Kern der vorher gesammelten Themen erforscht. Anhand dieser Erkenntnisse lassen sich wertvolle Maßnahmen ableiten, die beim nächsten Sprint im Fokus stehen sollten.

Anhang V – Vorlage eines Business Model Canvas

Business Model Canvas (BMC)

Key Partners
Schlüssel-Partner

- Lieferanten?
- Technologiepartner?
- FuE Hilfestellung?
- Netzwerke?
- Marktbegleiter?

Key Activities
Schlüssel-Aktivitäten

- Innovationsworkshops
- Kundenkontaktgespräch
- Customer Journey
- Anforderungsprofil
- Design Thinking

Key Resources
Schlüsselressourcen

- Kompetenzen
- Entwicklungsbedarf
- Budget
- Verfügbarkeit und Möglichkeit der Ergänzung?

Value Propositions
Wert- und Nutzenversprechen

- Warum ist die Lösung besser / beachtenswert?
- Schlüsselfunktionen?
- Alleinstellungschancen?
- Problem & Lösung beschreiben
- Nutzenargumente aus Kundensicht
- Skalierbarkeit und Re-Use

Customer Relationships
Kundenbeziehungen

- Stand der Kundenbeziehung
- Austausch mit Kunde und agile Kooperation
- Chancenpotentiale?

Channels
Vertriebs- und Kommunikationskanäle

- Wie und wo erreiche ich meine Kunden?
- Markteintrittsbarrieren?
- Produktvorstellung?
- Kommunikation
- Marktbearbeitung

Customer Segments
Kundensegmente

- Zielgruppe?
- Zielmärkte?
- Partner und Schlüsselkunden?
- Erreichbarkeit?
- Chancen / Risiken?
- Marktanteile?

Cost Structure Kostenstruktur

- Fixkosten und variable Kosten?
- Entwicklungskosten und –risiken? Produktionskosten und Zukäufe?
- Markteinführungskosten, Kosten für Kundenakquise, Vertrieb?
- Personalbedarf und –kosten? Kosten der Kompetenzentwicklung?
- Partnerarbeit und Chancen der Förderung / Risikominimierung?

Revenue Streams Erlösstruktur
Welche Einnahmequellen sind möglich?

- Ertragspotentiale und Preisstabilität?
- Pilotkunden und Pilotprojekte?
- Preisrisiken und Absatzchancen?
- Wachstumspotentiale und Wettbewerb?

Anhang VI – Self-Assessment: Checkliste zur Bewertung des Agilitätsgrads und der Erreichung des Zielebilds der agilen Innovation

Für jeden einzelnen Punkt ist die Erreichung des beschriebenen Zielebilds auf einer Skala von 1 bis 5 zu bewerten, wobei 5 eine vollständige Erreichung des Zielzustands markiert.

Agilität als Kultur und Wertesysteme	Punkte				
Zu bewertende Kriterien	1	2	3	4	5
☐ Agilität und agile Methoden sind im Unternehmen bekannt und werden gelebt.					
☐ Agile Teams und Rollen sind besetzt, das nötige Rollenverständnis ist entwickelt. Gearbeitet wird nach den Grundwerten agiler Innovation und mit hoher Sprint-Disziplin.					
☐ Agile Teams passen ihr Handeln sehr schnell an neue Herausforderungen und veränderte Rahmenbedingungen an.					
☐ Agile Teams pflegen eine Fehlerkultur und diskutieren Erkenntnisse lösungsorientiert. Fehler sind zwar nicht gewünscht. Aber wenn sie offensichtlich sind, dienen sie dem Lernen und Erkenntnisgewinn. In Vordergrund steht eine ehrliche und vollständige Ursachenanalyse ohne Schuldzuweisungen sowie ohne unmittelbare Konsequenz.					
☐ Agile Teams und agil Führende prägen und leben eine vorbildliche Vertrauenskultur, die von Respekt gegenüber allen Mitarbeitenden, besonderen Gestaltungsfreiräumen und großer Offenheit geprägt ist.					
☐ Eckwerte für Regeln des Umgangs sind klar ausgesprochen, prägnant ausformuliert.					
☐ Agile Teams ringen um die beste Lösung, nicht aber um die Durchsetzung der eigenen Deutungshoheit. Rechthaberei ist ihnen fremd.					
☐ Unternehmerisches Denken und Handeln liegt vor.					
☐ \Agile Organisationen entwickeln agile Unternehmensstrategien. Sie denken und handeln konsequent aus der Kundenperspektive. Große Teile der Strategie werden partizipativ unter Einbeziehung von Mitarbeitenden entwickelt.					
☐ Agile Innovation setzt auf eine Vielzahl von Prototypen (MVP). Ihre Entwicklungsarbeit wird bereits in einem frühen Stadium durch Funktionsprototypen bestimmt. Formgebung und Design sind solange sekundär. Was zählt, ist die Akzeptanz des Lösungsvorschlags beim Zielkunden.					
☐ Agile Teams beherzigen eine hohe Zeit- und Aufgabendisziplin und weisen sich auf diese hin, spornen sich eigenverantwortlich zu Regeleinhaltung und verlässlicher Aufgabenerfüllung an.					
☐ Die Retrospektive als fester Bestandteil agiler Arbeitsorganisation sowie die sachdienlich kritische Reflexion aller Arbeiten und Ergebnisse prägen eine vorbildliche Kultur der kontinuierlichen Verbesserung.					
☐ Eine ausgeprägte Lernkultur sowie die intensive Hilfestellung untereinander sind gelebte Werte.					
☐ Die Planung im Kurzzeitfenster ist hoch und durch einen direkten Personenbezug der Arbeitspakete gekennzeichnet.					

(Fortsetzung)

Agilität in Teamarbeit und Kommunikation	Punkte				
Zu bewertende Kriterien	1	2	3	4	5
☐ Agile Innovation zeichnet sich durch eine angemessene Zahl an Iterationen und erfolgreich abgeschlossener Sprints aus. Zu wenige Iterationen sind Hinweise auf die mangelnde Berücksichtigung von Kundenrückmeldungen, zu viele Iterationen weisen auf eine zu geringe Fokussierung und eine unklare Ziel- bzw. Anforderungsdefinition hin.					
☐ Agil arbeitende Teams zeichnen sich durch konzentriertes und fokussiertes Arbeiten bei minimaler Ablenkung aus.					
☐ Agile Teams weisen ein hohes Commitment auf. Sie bewerten ihre Teamleistung realistisch und verzichten auf umfangreiche Planungsdebatten, die wenig zielführend sind.					
☐ Ressourcenbudgets werden mit hohem Verantwortungsbewusstsein eingehalten.					
☐ Eine offene, kurzzyklisch erfolgende Kommunikation kennzeichnet das Zusammenarbeiten agiler Teams.					
☐ Es gibt kein Vertuschen, es wird fröhlich und erfrischend miteinander kommuniziert, Rechthaberei ist völlig fehl am Platz.					
☐ Politisch motiviertes Handeln und Einzelkämpfertum sind den Teams fremd. Es herrscht ein hohes Maß an Teamgeist und intrinsischer Motivation.					
☐ Agile Teams pflegen mit großer Disziplin und verbindlicher Regelmäßigkeit täglich Standup-Meetings zur Abstimmung aktueller und bevorstehender Aufgaben.					
☐ Diese täglichen Kurztreffen finden direkt vor Ort im Labor bzw. am Arbeitsplatz im Stehen statt und werden nicht in einem Besprechungszimmer durchgeführt.					
☐ Anpassungsbedarf in der Themenbearbeitung findet umgehend Berücksichtigung bei den aktuellen Entwicklungsaktivitäten bzw. wird im Backlog festgehalten.					
☐ Die Umschlagshäufigkeit und die Bearbeitung von Themen aus dem Backlog sind hoch.					
☐ Agile Teams pflegen ein hohes Maß an Transparenz bei der Erledigung aktueller Aufgabenstellungen und der Erreichung von Zielpunkten, die sie offen sichtbar machen.					
☐ Eine hohe Ergebnisqualität in der Realisierung der Detailziele ist gegeben.					
☐ In agilen Teams wird über alle Themen hierarchieübergreifend gesprochen, auch über strategische und finanzielle Themen. Transparenz und Dialog sind vorherrschend.					
☐ Das Berichtswesen ist sehr schlank gehalten, auf umfangreiche Powerpoint Präsentationen wird verzichtet.					
☐ In die Ergebnisberichterstattung und bei Sprint Reviews sind Kunden eingebunden und melden aktiv zurück. Die Qualität der Rückmeldungen ist hoch.					
☐ Agile Teams weisen eine funktionierende hierarchiearme Selbststeuerung auf. Ihre Zusammenarbeit ist von einem offenen Austauschklima ohne Geheimnisse geprägt.					
☐ Macht- und Ränkespiele, Intrigantentum und verletzende Kommunikation gelten als nicht akzeptable Werte, die nicht zum Ziel führen.					
Agilität in der Führungsarbeit	**Punkte**				

(Fortsetzung)

Zu bewertende Kriterien	1	2	3	4	5
☐ Agil Führende sind mutige und pragmatisch agierende Persönlichkeiten, die offen für Neues sind, neugierig sich an Neues wagen und sinnstiftende Visionen sowie eine abgestimmte und angemessene Zielsetzung entwickeln.					
☐ Agil Führende ermuntern von sich aus zu einem hierarchiefreien, eigenständigen Zusammenwirken der Teams und setzen sich für innovationsfreundliche Rahmenbedingungen ein, agieren als befähigende Coaches, sehen sich als Vernetzer.					
☐ Agil Führende teilen sich ihre Führungsverantwortung mit verschiedenen Rollen und Menschen. Bei Scrum sind dies der Product Owner, der Scrum Master und das Team.					
☐ Vor allem die Product Owner zeichnen sich durch ein hohes Verantwortungsbewusstsein und eine besondere Offenheit für Neues und Innovatives aus.					
☐ Agil Führende halten sich an Spielregeln. Sie stoßen innerhalb laufender Sprintphasen keine neuen Themen und Aufgaben an.					
☐ Agil Führende wissen um ihre kulturprägende Verantwortung. Sie wirken in Vorbildfunktion, leben agile Werte und sind in einer ausgewogenen Balance fördernd und fordernd tätig.					
☐ Agil Führende beherrschen das aktive Zuhören im Austausch und bei Konflikten.					
☐ Agil Führende beherzigen eine ruhige, sehr klare und an ihrer Entschlossenheit kaum anzuzweifelnde, dennoch wertschätzende Kommunikation.					
☐ Das bestimmende Führungsinstrument agil Führender ist das Zielebild und eine klare Beschreibung von Zielzuständen.					
☐ Agil Führende beherzigen die Rahmensetzung durch Leitplanken und ein agiles Rollenverständnis als ermächtigende Coaches auf Augenhöhe, welche den Teams den nötigen Spielraum zur eigenen Organisation und Entwicklung einräumen.					
☐ Agile Innovation steht für eine enge Kooperation zwischen Markt- und Technologieverantwortlichen, ein ehrliches und gemeinsames Ringen um Fortschritt, der auf einer ausgewogenen Balance zwischen Marktinteressen und Technologieimpulsen besteht.					
☐ Politisch motiviertes Handeln und Einzelkämpfertum sind den Führenden fremd. Es herrscht ein hohes Maß an Teamgeist und intrinsischer Motivation.					
☐ Eine Kompetenzanalyse der wesentlichen Mitarbeiter ist durchgeführt und auf aktuellem Stand. Diese berücksichtigt auch Erfahrungswerte aus der früheren beruflichen Tätigkeit an anderer Stelle.					
☐ Häufiges, offenes und konstruktives Feedback im direkten häufigen Austausch sind gelebte Konstanten der Führungsarbeit und keine Lippenbekenntnisse auf Papier.					
☐ Der Personalentwicklungsbedarf ist identifiziert und die entsprechenden Weiterbildungsmaßnahmen sind initiiert, werden genutzt und wirken.					
☐ Die Auffrischung der Mannschaft mit neu entwickelten Kompetenzhintergründen ist ein fortlaufender Prozess, der eine hohe Aufmerksamkeit bei den Führenden genießt.					

(Fortsetzung)

Agilität in der Marktbeobachtung und Partnerarbeit	Punkte				
Zu bewertende Kriterien	1	2	3	4	5
☐ Das Unternehmen verfügt über ein tragfähiges, umfassendes Netz an verlässlichen Partnern, mit denen man ständig in einem Themenaustausch steht und wichtige Erkenntnisse teilt.					
☐ Eine fortlaufende Überprüfung von Markt- und Technologieentwicklungen findet statt, Erkenntnisse fließen unmittelbar in die Rahmensetzung der nächsten Sprints und in die Aktualisierung von Technologie-, Innovations- und Produkt-Roadmaps sowie in die laufende Marktbearbeitung ein.					
☐ Kundenfeedback – positiv und negativ – geht in die Bewertung der nächsten Entwicklungserfordernisse ein.					
☐ Reklamationen sind wichtige Hinweise auf Schmerzen und Sehnsüchte der Kunden, die gezielt erfasst werden.					
☐ Agile Strukturen und Prozesse sind streng kundenzentriert und schlank. Ausgangspunkte von Prozessbetrachtungen sind Kundenreisen (Customer Journey).					
☐ Agil Innovierende stehen in einem ständigen Kontakt mit wichtigen Kunden und als Experten anerkannten Branchenkennern.					
☐ Kunden erhalten frühzeitig Einblick in den Entwicklungsfortschritt. Sie bekommen Prototypen und Beta-Versionen frühzeitig zum Test. Ihr Feedback findet sofortige Berücksichtigung.					
☐ Agile Teams diskutieren frühzeitig ihr Zielebild mit Marketingverantwortlichen und bereiten so eine umfassende und wirkungsvolle Markteinführungskommunikation vor.					
Agilität in Innovationsworkshops und Ideenrunden	**Punkte**				
Zu bewertende Kriterien	1	2	3	4	5
☐ Agile Workshops finden regelmäßig statt und sind durch einen bereichsübergreifend zusammengesetzten Teilnehmerkreis aus, der auch Firmengrenzen bewusst überschreitet und externe Sichten von Kunden, Wettbewerbern und Experten einbezieht.					
☐ Agile Workshops zeichnen sich durch ein hohes Maß aller Teilnehmer aus, die engagiert und konstruktiv, stark fokussiert an einem Thema arbeiten, sich hierbei respektvoll begegnen, aktiv zuhören und alternativen Ideen Raum zur Diskussion lassen.					
☐ Die ersten Prototypenanforderungen sind als funktionale Beschreibungen erfolgt und zunächst zu Anforderungen zusammengeführt, bevor an die Detailüberlegungen gegangen wird.					
☐ Ein besonderer inhaltlicher Tiefgang wird im Verlauf des Workshops erreicht, der von einer Fokussierung auf das Kernthema gekennzeichnet ist.					
☐ Die Effizienz der Themenworkshops, die erzielte Ergebnisgüte und die sorgfältige, disziplinierte Nachbearbeitung aufgeworfener Fragestellungen sind hoch. Keiner duckt sich weg, schert aus.					
☐ Die Ergebniszusammenfassung und die Ideensammlung in agilen Innovationsworkshops weisen einen hohen Anteil grafischer Visualisierungen auf. Zielzustände werden als Zielebilder festgehalten.					
☐ Kreativtechniken und Gamification werden bewusst genutzt.					

(Fortsetzung)

Weiterführende Literaturhinweise

Beck, K., *Extreme Programming: Die revolutionäre Methode für Softwareentwicklung in kleinen Teams*, Addison-Wesley (2000)

Blatt, M., Sauvonnet, E. (Hrsg.), *Wo ist das Problem? – Mit Design Thinking Innovationen entwickeln und umsetzen*, Vahlen (2017)

Böhmann, T., Warg, M., Weiß, P. (Hrsg.), *Service-orientierte Geschäftsmodelle – Erfolgreich umsetzen*, Springer-Gabler (2013)

Breyer-Mayländer, T., *Führung braucht Klarheit*, Hanser (2015)

Breyer-Mayländer, *Management 4.0 – Den digitalen Wandel erfolgreich meistern*, Hanser (2017)

Brinjolfsson, E., Mc Affee, A. *The Second Machine Age*, Börsenmedien (2015)

Christensen, C. M., *Innovator´s Dilemma: When New Technologies Cause Great Firms to Fail*, Harvard Business Review Press (1997)

Gausemeier, J., Plass, C., Wenzelmann, C., *Zukunftsorientierte Unternehmensgestaltung – Strategien, Geschäftsprozesse und IT-Systeme für die Produktion von morgen*, Carl Hanser (2009)

Günthner, W., ten Hompel, M. (Hrsg.), *Internet der Dinge in der Intralogistik*, Springer (2010)

Häusling, A., Römer, E., Zeppenfeld, N., *Praxisbuch Agilität – Tools für Personal- und Organisationsentwicklung*, Haufe (2018)

Kolbusa, M., *Management beyond Ego – Teams in der neuen Arbeitswelt zu außergewöhnlichen Erfolgen führen*, Ariston (2020)

Kraus, G., Becker-Kolle, C., Fischer, T., *Handbuch Change -Management*, Cornelsen (2006)

Liebermeister, B., *Digital ist egal, Mensch bleibt Mensch – Führung entscheidet*, Gabal (2017)

Lotter, W., *Innovation – Streitschrift für barrierefreies Denken*, Körber (2018)

Pichler, R., *Scrum – Agiles Projektmanagement erfolgreich einsetzen*, dpunkt (2008)

Rabenbauer, T., *Führungsprinzip Wertschätzung – Mitarbeiter begeistern, motivieren und binden*, Hanser (2017)

Sommerlatte, T., Keuper, F. (Hrsg.), *Vertrauensbasierte Führung – Credo und Praxis*, Springer Gabler (2016)

Vogel-Heuser, B., Bauernhansel, T., ten Hompel, M. *Handbuch Industrie 4.0 Bd. 2 Automatisierung*, Springer Vieweg (2017)

Wolf, H., Bleek, W. G., *Agile Softwareentwicklung: Werte, Konzepte und Methoden*, dpunkt (2010)

© Springer Fachmedien Wiesbaden GmbH, ein Teil von Springer Nature 2025
M. Glück, *Agile Innovation*, https://doi.org/10.1007/978-3-658-46584-1

Stichwortverzeichnis

© Springer Fachmedien Wiesbaden GmbH, ein Teil von Springer Nature 2025
M. Glück, *Agile Innovation,* https://doi.org/10.1007/978-3-658-46584-1

MIX
Papier aus verantwortungsvollen Quellen
Paper from responsible sources
FSC® C105338

If you have any concerns about our products,
you can contact us on
ProductSafety@springernature.com

In case Publisher is established outside the EU,
the EU authorized representative is:
Springer Nature Customer Service Center GmbH
Europaplatz 3, 69115 Heidelberg, Germany

Printed by Libri Plureos GmbH
in Hamburg, Germany